大单元 微专题

必修 下册

主 编 褚树荣

高中语文名师教学实录

高中语文名师教学实录丛书

课件下载

复旦大学出版社

丛书编委会（按姓氏笔画排列）

尤立增（河北省张家口市第一中学 正高级教师、特级教师）

成　龙（上海市虹口区教育学院 正高级教师、特级教师）

朱文成（安徽省利辛县第一中学 正高级教师、特级教师）

孙晋诺（江苏省苏州中学园区校 正高级教师、特级教师）

应　健（杭州市余杭第二高级中学 正高级教师、特级教师）

杨仕威（杭州市余杭区教育发展研究学院 正高级教师、特级教师）

张永飞（浙江省临海市回浦中学 正高级教师、特级教师）

陈　赣（上海市松江区教育学院 正高级教师、特级教师）

林忠港（浙江省丽水市教育教学研究院 正高级教师、特级教师）

郑义广（宁波滨海国际合作学校 教研组长）

赵长河（北京市第十八中学 正高级教师、特级教师）

宣　沫（上海外国语大学附属外国语学校松江云间中学 正高级教师、特级教师）

黄宏武（浙江省慈溪中学 正高级教师、特级教师）

董宝礼（山东省阳信县第一中学 正高级教师、特级教师）

蒋雅云（北京师范大学附属嘉兴南湖高级中学 正高级教师、特级教师）

谢　澹（浙江省绍兴市第一中学 正高级教师、特级教师）

褚树荣（浙江省宁波市教育局教研室 正高级教师、特级教师）

薛海兵（江苏省南通第一中学 正高级教师、特级教师）

学术秘书

郑义广 （宁波滨海国际合作学校 教研组长）

序　摸着石头过河

河流从不催促不想过河的人。只是每个面临渡口、向往远方的人,都要想方设法摆渡自己。从2017年新课标颁布,到2023年新教材推开,六年时间,把我们都推到了渡口。

课改的"巨流河"汹涌而至。单篇精读与群文联读、项目学习与专题教学、整本书阅读、综合实践活动,语文之河惊涛拍浪。我们有现成的桥吗?我们有熟悉的船吗?都没有!但是我们必须过河,等不得,盼不得,退不得。每个教师都在寻找合适的方式过河。那么,就让我们"摸着石头过河"吧!

为什么是微专题?

新教材推开以后,教学领域出现了很多探索,如"项目化学习""大单元教学""专题教学""整本书阅读""综合实践活动"等等。我们认为,所有这些来自一线的实践探索都有价值,都值得敬重。但我又觉得所有探索,都要顾及现实语境——固定不变的教学周时数、扩充的新教材内容、绕不过去的选考和高考、学生在时间投入上的现实主义选择等。换句话说,我们的教学,只能在"螺蛳壳里做道场"——在有限的时间里完成扩充的教学内容,而且要走"中庸之道"——既要渗透新课标理念,又要基于学情、教情;既要完成教学任务,又不能随便扩张教学时空;既要落实新教材追求,又要照顾教师的教学习惯。这时候,就要改变原先一课一课铺开了、拆散了教的做法,而尽可能把每个单元里蕴含的重要知识、核心概念、关键能力、审美基因、文化话题提取出来,聚焦为微、精、深的教学点,然后通过短、平、快的教学,完成新教材的任务。伤其十指,不如断其一指;面面俱到,不如选点开掘;天女散花,不如一枝独秀。这就是我们选择微专题的初衷。

为什么是这180个微专题?

我们将统编高中语文教材的教学点提炼为180个微专题,包括必修上册50个,必修下册50个,选择性必修上册23个,选择性必修中册27个,选择性必修下册30个。为什么是这180个微专题呢?可以是其他主题的微专题吗?可以是其他数目的微专题吗?完全可以。教师就是课程,尤其是语文课程内容的开发,你对课程怎么理解,你的知识结构和专业擅长如何,你就有怎样的课程。所以,这180个微专题,没有"法定意义"上的规定性,但是它又是有学理依据的,是恪守教学原则的。从专题来源上讲,是我们对单元导语、课文文本、学习提示、单元任务进行"四位一体"式统整的结果。从专题取向而言,是依标而学、因体而教的结果。教材的每个单元都是直接对应课标中的学习任务群,这个单元的微专题学些什么,要到课标里寻找方向,要到单元主题里校准目标。因体而教,就是是什么文体,文体有什么特点,就教什么,就怎样教。同样是整本书阅读,《乡土中国》和《红楼梦》的学习专题就有所不同;同样是文选型单元,文学类文体单元和实用类文体单元学习的专题要有所区别;而文选型单元和综合实践活动单元,前者重阅读与鉴赏,后者重实践与活动,微专题活动就大有区别。这里特别要提出的是"核心概念"一词,除了通常意义的语文知识之外,我们引进了逻辑学、学习理论、文学理论、文艺批评领域那些新的、形成共识的、又适合中学生学习的知识,化作我们的微专题内容,如文化母题、图尔敏论证、申论、思维导图等。

需要指出的是,这180个微专题,仅仅是给一线老师提供的一份选择性的"菜单"——你如果对其中几个"菜"感兴趣了,觉得对你的学生的胃口了,你不妨拿去尝一尝。

为什么有三种微专题教学课型?

必修和选择性必修教材有三种类型的单元——22个文选型单元、2个整本书阅读单元和4个综合实践活动单元,共28个单元。明眼的老师很快就能发现,本丛书除了整本书阅读单元和综合实践活动单元之外,每个单元都有阅读、写作和综合实践活动微专题。文选型单元以阅读微专题为主,阅读微专题主要是落实阅读与鉴赏、梳理与探究等关键能力的培养,如体验感知、信息提取、理解阐释、推断探究、赏析评价、积累整合、筛选提炼、归类分解等。另外每单元还有一次写作微专题和综合实践活动微专题。每单元一次写作训练,这是教材规定必须要有的,主要基于单元学习任务来设计。按每单元两个教学周来计算,写作微专题大约每两周安排一次,每次集中训练学生某一种写作能力。综合实践活动微专题相当于义务教育阶段语文教材的"综合性学习",是以学生的实践活动为主,又有项目化学习的特点。4个综合实践活动单元是必修上册的"家乡文化生活""词语积累与词语解释",必修下册的"信息时代的语文生活",选择性必修上册的"逻辑的力量"。前3个单元,每单元安排4个综合实践活动微专题。逻辑非常重要,是需要补课的,所以"逻辑的力量"安排了5个综合实践活动微专题。也许大家对于文选型单元为什么也要安排综合实践活动微专题不理解。我们认为,除了阅读与写作之外,学生还缺乏聆听理解、讨论交流、制作展示、调查访问等社会化的语文能力,而这些能力恰恰是走入社会、参加工作最需要、最常用的语文能力。所以,我们将实践与阅读、写作结合,特地安排展示会、推荐会、交流会、讨论会、报告会等综合实践活动微专题。实践证明,这些活动是深受学生欢迎的。

为什么是专题目标+预习任务+教学实录+教学反思的形式?

微专题要联读哪些文本?要掌握哪些核心概念?要训练什么样的关键能力?"专题目标"是言简意赅的说明。"预习任务"是非常重要的一环,我们的实践证明,没有充分的预习就没有成功的微专题教学。"教学实录"和"教学反思"属于"课堂行为分析",这应该是一线老师最需要、最欢迎的内容。这个阶段我们已经有了了很好的践履:"大单元统筹·微专题教学"《统编高中语文必修教材名师设计百例》在《语文教学通讯》(2021年7、8合刊)发表,《统编高中语文选择性必修教材名师设计八十例》在《语文教学通讯》(2022年1、2合刊)发表。虽然,大部分设计都经过了课堂教学的实践,但"没有最好,只有更好",微专题教学还需不断改善。改善的最好途径,就是重新备课,重进课堂,再整理教学实录,撰写教学反思。

　　我以为,通过教学实录的整理,反观自己的课堂行为是否符合教学设计的预期,是否符合新教材的意图和新课标的理念,这是一线教师实现"双新"背景下教学转型的"不二法门"。换句话说,课程标准、教材意图、各类专业部门的指导意见,能否落实在课堂上,完全要看我们的教学行为。语文同行有无借鉴的例子,研究人员有无研究的样本,就要看一线老师对自己的教学行为有无记录。更重要的是,我们的课堂效果能否优化,我们的专业水准是否在提升,特别需要我们对自己的课堂行为反观自照。我相信广大老师都有自己的眼光和识力。与教学设计相比,"教学实录"是教学现场的还原。当然,有些实录经过了修饰,我们不能因此说实录不"实",经过合适而节制的删减修饰,实录会有更多的参考价值。与专家点评相比,"教学反思",是执教者的夫子自道,老师们结合自身经验和教学实际,告诉我们该专题在教什么,为什么这样教,教学过程的得意和遗憾之处是什么,当然还有一些实操建议——过来人的经验和教训,这是特别值得记取的。

　　2017年12月30日,教育部新闻发布会上,语文课程标准正式颁布;2019年秋季,全国部分地区开始使用新教材;2023年秋季,全国所有高中全部使用新教材。在微专题教学这条路上,我们已经走了六年。180个微专题教学实录,就是这六年的教学践履。

　　教学之河,有惊涛如雪,也有静影沉璧。课标、教材和教学上的亮点与创意,犹如浮光跃金的水面,让人欢欣鼓舞。而新课标和新教材带来的与传统教学理念和教学习惯的落差,则如汹涌暗流,使人望而却步。多数一线老师没有"到中流击水,浪遏飞舟"的条件,但可以"摸着石头",彼此照应,谨慎过河。180个微专题教学实录,就是摸索着过河的样子。

2023年4月4日

目　录

第 三 单 元

第 四 单 元

第 五 单 元

第八单元

第一单元

沂水春风:《侍坐章》的文学叙事和政治愿景

执教/浙江省宁波中学　褚树荣

本课课件

【专题目标】

《侍坐章》在《论语》中是罕见的含有叙事要素的篇章,可以看作叙事文学的滥觞。本专题安排二教时。第一教时赏析《侍坐章》的文学性,第二教时在熟悉叙述要素的基础上,理解并探讨孔子的政治愿景。

【预习任务】

1. 朗读课文5遍,读准下列字音:曾皙、饥馑、哂之、以俟君子、礼乐、铿尔、撰、莫春、沂、舞雩、吾与点也。

2. 了解下列词语的意思:千乘之国、邦国、礼乐、宗庙、会同、端章甫、瑟、冠者、舞雩。

3. 参读课内外资料,以"这是_____的感叹"为首句,写一段50字以上的话,解释对"喟然叹曰"的"叹"的理解。

4. 课前阅读下列四则文本:

一

子曰:"道①不行,乘桴②浮于海,从我者,其由与?"子路闻之喜。子曰:"由也,好勇过我,无所取材③!"(《论语·公冶长》)

注:①道:学说,主张。②桴(fú):用来在水面浮行的木排或竹排,大的叫"筏",小的叫"桴"。③材:通"裁",裁度事理。

二

子见南子①,子路不说②。夫子矢之曰③:"予所否者④,天厌之!天厌之!"(《论语·雍也》)

注:①南子:卫灵公夫人,行风淫乱,名声不好。据《史记·孔子世家》,孔子见南子为礼节性拜访。②说:通"悦"。③矢:发誓。④予所否者:如果我做得不对的话。所……者,是当时誓词中的惯用格式。否,不当,不对。

三

孟武伯问:"子路仁乎?"子曰:"不知也。"又问。子曰:"由也,千乘之国,可使治其赋①也,不知其仁也。""求也何如?"子曰:"求也,千室之邑②,百乘之家③,可使为之宰④也,不知其仁也。""赤也何如?"子曰:"赤也,束带立于朝⑤,可使与宾客言也,不知其仁也。"(《论语·公冶长》)

注:①赋:兵赋,向居民征收的军事费用,一说军队。②千室之邑:有一千户人家的大邑。邑是古代居民的聚居点,大致相当于后来的城镇。③百乘之家:指卿大夫的采地,是采地中的较大者。当时卿大夫有车百乘。④宰:家臣、总管。⑤束带立于朝:指穿着礼服立于朝廷。

四

颜渊、季路侍①。子曰:"盍各言尔志?"子路曰:"愿车马衣轻裘②,与朋友共,敝之而无憾。"颜渊曰:"愿无伐③善,无施④劳。"子路曰:"愿闻子之志。"子曰:"老者安之,朋友信之,少者怀之。"(《论语·公冶长》)

注:①侍:指侍立,站在旁边陪着。②车马衣轻裘:"轻"字为衍文(传抄刻印过程中误增的文字。衍,增加)。③伐:夸。④施:夸耀,表白。

【教学实录】

师:大约2500年前,一个明朗的早晨,或者安详的午后,几个学生又习惯地围坐在孔子的身边,一场平常又伟大的对话开始了。说它平常,因为这样的对话经常出现在孔子和他的学生之间;说它伟大,因为这样的对话,几千年来一直影响着中国的政治、文化、教育和知识分子的人生。今天,让我们"穿越"时光,再次重温那次伟大的对话。先请你们朗读PPT上的词语。(播放PPT第1、2页,展示——曾皙、饥馑、哂笑、俟、礼乐、铿、撰、莫春、沂、舞雩、与点,指明学生朗读并正音)

任务一:梳理《侍坐章》的叙述要素

师:同学们,我们来看看参加对话的双方。请看PPT上的表格(表1),填写上对话者的姓、名、字。(播放PPT第3页,展示表1)

表1

对话者	姓	名	字	生年	与孔子年龄差
孔子	孔(一说孔子姓子,氏孔)	丘	仲尼	公元前551年,鲁襄公二十二年	—
子路				公元前542年,鲁襄公三十一年	少孔子9岁
曾皙				生年不可考	少孔子26岁以下
冉有				公元前522年,鲁昭公二十年	少孔子29岁
公西华				公元前509年,鲁定公元年	少孔子42岁

(教师指定四名学生分别说出子路、曾皙、冉有、公西华的姓名和字——子路,姓仲,名

由,字子路;曾皙,姓曾,名点,字子皙;冉有,姓冉,名求,字子有;公西华,姓公西,名赤,字子华。教师提示四人与孔子的年龄差)

师:这次对话大概发生在孔子晚年回到鲁国的时候。对话是围绕什么主题展开的呢?

生:问将来干什么,用现在的话说就是人生规划吧?

师:对。一般的说法就是"志"。孔子问"志",学生言"志"。我们一起分角色把课文朗读一遍。我读孔子的话和提示语,你们4个同学分别读子路、冉有、公西华和曾皙。(教师播放PPT第4页,展示表2,师生分角色朗读课文)

表2

学生	孔子问"志"	学生言"志"
子路	则何以哉?	千乘之国,可使有勇,且知方也
冉有	求!尔何如?	可使足民,至于礼乐,以俟君子
公西华	赤!尔何如?	宗庙会同,端章甫,愿为小相
曾皙	亦各言其志也	浴乎沂,风乎舞雩,咏而归

师:同学们注意到了吗?这是一次相对完整的课堂对话。如果要把这次对话过程拍成微电影,从孔子发问开始到曾皙尾随追问为止,可以切分几个主要镜头?

生:三个镜头就够了,第一个是孔子开始上课的开场白,第二个是大家对话镜头,第三个下课后,曾皙尾随追问的镜头。

生:微电影先要拍分镜头,然后把分镜头再连接起来的。为了突出每个学生的"志",我认为每个学生和先生的对话都要有一个特写镜头。

师:你很懂微电影的拍摄。你具体说说看?

生:第一个镜头是全景,把师生双方都拍进去。第二个镜头是拍子路的,拍出他溢于言表的样子,课文说"率尔"。第三个镜头是冉有,第四个镜头是公西华,第五个镜头留给曾皙的时间长一些,他还在鼓瑟呢,拍出他自由潇洒的样子。最后一个镜头才是下课镜头。

师:你处理得很仔细。如果要体现出每个人的性格,应该突出什么细节作为特写?

生:子路的"率尔",孔子的"哂""喟然",还有曾皙的"舍瑟而作"。

师:是的,这些都是课文里明示的。还有几个人没有提示语,他们的表情会如何?

生:冉有应该是自信中有谦虚,公西华年纪最小,彬彬有礼,应该是虚心好学的样子,曾皙应该是人淡如菊的表情。

师:说得很不错。我把同学们的拍摄建议归纳一下,是否是这样?(播放PPT第5页,展示表3)

表3

镜头名称	学生行为	孔子行为	性格表现
镜头1	全景,学生侍坐	面带微笑状	孔子循循善诱、启而不发,教育艺术高超
镜头2	子路仓促抢答	讥讽一笑	孔子含蓄批评,子路直率坦诚、自信张扬

镜头名称	学生行为	孔子行为	性格表现
镜头3	冉有自信中带谦虚	满意貌	孔子循循善诱,冉有自信而又谦虚低调
镜头4	公西华彬彬有礼	肯定貌	孔子循循善诱,公西华善言而又彬彬有礼
镜头5	曾皙舍瑟起身回答	深有同感,点头	孔子大为感慨,曾皙自在潇洒、追求高远
镜头6	曾皙尾随追问	慨然回答	孔子对学生了如指掌,曾皙刨根问底

师:同学们,这场对话中的人物,性格各异,形象跃然纸上——子路率直坦诚,自信张扬;冉求对理财自信,对礼乐谦虚;公西华善于言语,很是低调;曾皙自在潇洒,追求高远。一个比一个谦虚含蓄,一个比一个有修养,一个比一个有理想。

生:为什么说一个比一个谦虚含蓄,一个比一个有修养,一个比一个有理想呢? 难道曾皙的志向就想做一个"孩子王"? 他的理想很高远吗?

师:这位同学很好,有疑则问。我们先来看PPT——(播放PPT第6页)

四子侍坐,固各言其志,然于治道亦有次第。祸乱戡定,而后可施政教。初时师旅饥馑,子路之使有勇知方,所以戡定祸乱也。乱之既定,则宜阜俗,冉有之足民,所以阜俗也。俗之既阜,则宜继以教化,子华之宗庙会同,所以化民成俗也。化行俗美,民生和乐,熙熙然游于唐虞三代之世矣,曾皙之春风沂水,有其象矣。夫子志夫三代之矣,能不喟然兴叹?(〔清〕张履祥《备忘录》)

生:原来这四个学生所言的"志",是符合社会发展规律的呀。

师:当然,张履祥说这四个人言说的先后,符合"治道"的"次第",这也是一家之言,但能够自圆其说,我们姑妄听之。所以我说一个比一个有理想。当然这不是定论。可供大家讨论。现在我们来总结一下,这篇课文的记叙与《论语》其他篇目(包括初中学的)有什么不一样?

生:体裁有变化。《论(lún)语》的"论"是编撰的意思,"语"是孔子及弟子之言。属于语录体,这篇也写对话,但有文学叙事的要素。

生:这篇课文叙事有曲折的过程。开头引而不发,结尾余音缭绕,中间有悬念,有跌宕,还有高潮。

生:对话描写很生动,神情毕肖,很有镜头感。

生:好像一篇小小说。三言两语,各个人物就跃然纸上,但是又很有性格。

师:刚才几个同学恰好从不同角度梳理了这篇课文的叙事要素。所以,《侍坐章》可以说是中国叙事文学的滥觞。我的小结是——(播放PPT第7页)

《侍坐章》的叙事要素

情节:有着开端发展、高潮冲突的叙事性;

场面:有着情景生动、言行毕肖的现场感;

形象:有着性格各异、跃然纸上的形象性。

任务二:理解《侍坐章》的政治愿景

师:同学们,上节课我们是把《侍坐章》作为一个文学文本来解读的。这节课换个角度,从政治角度来细读这个文本。先从"哂""与""叹"这三个字入手。下面先请同学们齐读孔子与子路的对话。(学生齐读)"哂"的本义是微笑,《玉篇》解释为"笑也",《正韵》解释为"微笑"。在这个对话语境里,微笑的背后有什么样的意味呢?

生:我认为有讥笑的意思。孔子认为"为国以礼",子路却把"勇"放在首位,为人处世之道的"方",放在第二位。孔子是不认可的。

生:人际相处之道讲究"温良恭俭让",子路"其言不让",孔子就有批评他不谦虚的意思。

生:孔子一直和子路不对路。孔子说过,"由也,好勇过我,无所取材"。所以,他也不太喜欢子路大言不惭的样子。

师:孔子与子路的关系,不是本节课的讨论重点。但是,他们两个人的关系,是最有人情味,也最真诚、最有趣的关系,课外大家可以找一些资料探究。我们从"哂"字里,显然可以读出孔子的两点思想,即治理国家要"治国以礼""为政以德",人际交往要讲究即"温、良、恭、俭、让"。孔子认为他"其言不让",这个"哂"字的背后,是有批评的意味的。我们再来研究"与"字。(教师要同学齐读孔子和曾晳的对话)。"与"的意思是什么?孔子为什么对三子的志向不"赞同"?

生:"与"是赞许的意思。孔子对其他几个人的志向不"与",是因为其他人的志向不如曾晳的志向境界高远。

生:对于其他几位的志向,孔子只是问,没有表态。没有表态并不意味着不赞同。我们从预习的资料里,可以看到,孔子对于其他几个人的志向也是认同的。

师:这位同学很有见地。我们来看PPT。(播放PPT第8页)

孟武伯问:"子路仁乎?"子曰:"不知也。"又问。子曰:"由也,千乘之国,可使治其赋也,不知其仁也。""求也何如?"子曰:"求也,千室之邑,百乘之家,可使为之宰也,不知其仁也。""赤也何如?"子曰:"赤也,束带立于朝,可使与宾客言也,不知其仁也。"(《论语·公冶长》)

师:这段话显然有两个信息值得注意。一个是弟子们的志向和孔子对于他们的期许是一致的,另一个是子路、冉有、公西华是否达到仁的标准,孔子说"不知其仁也"。这里就有两个问题值得思考——孔子对于子路、冉有、公西华的志向究竟是怎样的态度?曾晳的志向是否接近于"仁"?

生:因为儒家讲究"君子之仕也,行其义也",儒家的人生价值观就是修身,齐家,治国,平天下。对于子路的"由也为之",是没有非议的。

生:"安见方六七十如五六十而非邦也者?""求也,千室之邑,百乘之家,可使为之宰也",说明孔子认为冉有有治国富邦之才,对冉有的志向也是肯定的。

生:公西华也一样,"赤也为之小,孰能为之大?""赤也,束带立于朝,可使与宾客言也"。

孔子认为公西华有治国外交的才能。

师:大家结合课外文章,读得很好。孔子为什么对三子的志向不"赞同"? 其实是一个问题陷阱,刚才同学们并没有被我"带节奏",你们都认为孔子对于他们的志向是赞同的,但是为什么单单是"开小差"鼓瑟的曾皙,他的志向令孔子"喟然而叹曰:吾与点也"? 是否曾皙的志向接近于"仁"? 下面我们结合"喟然而叹"来探究。(播放PPT第9页)

> "曾点所讲的这个境界,就是社会安定、国家自主、经济稳定、天下太平,每个人都享受了真、善、美的人生,这也就是真正的自由民主——不是西方的,也不是美国的,而是我们大同世界的那个理想。"(南怀瑾《论语别裁》)
>
> "孔子与点,盖(点)与圣人之志同,便是尧舜气象也。""在于老者安之,朋友信之,少者怀之,使万物莫不遂其性。"(〔南宋〕朱熹《论语集注》引程颐语)

生:在南怀瑾看来,曾皙对于志向的描绘,接近于"大同世界",朱熹则认为那是"尧舜气象"。两者都是社会实行"仁政"的结果。

师:你认为曾皙的沂水春风的景象,是孔子的理想国,当然是施仁政、行王道的结果。就此看来,曾皙的志向确实比诸子更高一等,引发孔子的喟然感叹。但是,我要告诉你们,关于孔子为什么会深有感慨地赞许曾皙,在历史上众说纷纭,已成一桩公案。下面我们结合孔子的生平,探究孔子为什么"喟然而叹"。一个"叹"字,可有多少理解?(播放PPT第10页,展示表4,并快速解释)

表4

孔子年龄	列国	事件
55岁	鲁	齐选美女八十人,衣以文衣,并文马三十驷馈鲁君。鲁君臣荒于女色,怠于政事,不按礼制送膰肉,孔子失望,去鲁适卫,开始为期十四年的周游列国
55—59岁	卫	卫灵公不用。孔子决计投晋国赵简子。至黄河,闻赵简子杀贤人,返回卫国。之后如曹适宋。适宋路上,与弟子习礼于树下,宋司马欲害孔子,派人把树砍倒。孔子微服而行,逃到郑国,郑国不纳,取道适陈
60—63岁	陈	在陈地周游。离开陈地,在陈蔡被困七月,绝粮。连续遇到隐士被嘲,济世之心不改
64—67岁	卫	孔门弟子多仕于卫,求孔返卫,孔子返卫。孔子夫人亓官氏卒于卫
68岁	鲁	齐师伐鲁,冉求为季氏将左师,与齐军战于鲁郊,克之。季康子问他何处学战,冉求答以孔子,遂荐孔子于季氏。季康子派人迎孔子归鲁
68岁后	鲁	鲁终不能用孔子,孔子亦不求仕,专心从事文献整理和教育,删《诗》《书》,定《礼》《乐》,修《春秋》

(教师解释后,组织小组讨论"叹"背后的心曲,分小组在落寞心理、共鸣心理、教化心理、理想愿景等角度中选择一个角度,写成发言提纲,小组派代表发言)

生(第一组):我们小组认为,这个"叹"是稍显落寞的感叹! 孔子自36岁到齐国,55岁到卫国,60岁在陈国,68岁才回鲁国。我们虽然不知道这次对话发生在什么时候,但是可以肯定的是,孔子前半生周游列国,推广儒道,并不如意,甚至可以说是颠沛流离,结果是"道不通",甚至发出"乘桴浮于海"的感叹! 就在屡次碰壁、历尽沧桑之后,一个安详的午后,或者明朗的早晨,这个襟怀像清风明月一样的曾皙,这个随意散淡、自得其乐的鼓瑟高手,他在先生面前描述的阳春三月好风景,正好触及了孔子灵魂深处的伤痛,产生了共鸣"吾与点也"。所以这是稍显落寞的叹息。(学生鼓掌,教师表扬学生发言中渗透的感情)

生(第二组):这是深有同感的感叹! 孔子在《微子》中说,"危邦不入,乱邦不居,天下有道则见,无道则隐"。《卫灵公》这一篇中"君子哉,蘧伯玉! 邦有道,则仕;邦无道,则可卷而怀之",他对蘧伯玉的称赞,也体现了这样的思想。《述而》篇中他又赞赏颜回说,"用之则行,舍之则藏,惟我与尔有是夫"。可见,在他看来,邦无道则隐,邦有道则现是一个很高的境界,既需要有对原则的坚守,也需要有变通的智慧。曾皙用行舍藏的人生选择,与我心有戚戚也。这是深有同感的感叹。(学生鼓掌,教师表扬学生发言能够结合联读文本,有理有据)

生(第三组):这是符合政治教化的赞叹! 儒家讲究礼乐教化。"远人不服,则修文德以来之","既来之,则安之"。曾皙的人生理想符合儒家"为国以礼"的政治主张。预习资料里"颜渊、季路侍。子曰:'盍各言尔志?'子路曰:'愿车马衣轻裘,与朋友共,敝之而无憾。'颜渊曰:'愿无伐善,无施劳。'子路曰:'愿闻子之志。'子曰:'老者安之,朋友信之,少者怀之。'"曾皙所从事的职业,虽然是做"孩子王",但他的志向更符合孔子政治教化的理想。(学生鼓掌,教师表扬学生发言能够结合资料,有比较地说出差别)

生(第四组):这是对大同世界"礼乐仁和"的赞叹! 你看一个四五十岁的老年人,带着二十几岁的年轻人和十来岁的孩子,在河边戏水,在台上吹风,然后愉快地唱着歌回家。曾皙描述的正是一幅"礼乐仁和"社会的愿景。

师:这一组讲了一个很重要的概念,叫作"礼乐仁和",我补充解释一下。所谓"礼",就是被濯于沂水,以除灾祈福;所谓"乐",就是风乎舞雩,在舞雩台上唱唱歌;所谓"仁",就是大家内心安详清明,这一群人都做到了;所谓"和",就是少长和乐,大家都开心。这就是"大同世界"的景象,真是孔子的社会愿景。这一组说得很好!

师:四个小组从四个角度,深刻地揭示出"叹"复杂而丰富的意蕴。如果把你们四个小组的发言整合起来,就是一篇很好的探究性小论文。这节课,我们抓住"哂""与""叹"三个字,初步理解了孔子的政治主张和社会理想。(播放PPT第11页)

孔子的仁政理想

(1) 人际之道:温良恭俭让;

(2) 价值取向:经世致用,修身,齐家,治国,平天下;

(3) 人生态度:用行舍藏,有道则行,无道则隐;

(4) 政治主张:治国以礼,为政以德;

(5) 社会愿景:礼乐仁和;

(6) 终极目标:世界大同,尧舜气象。

师:现在,我们由点到面,看看孔子思想在文化史上的地位。第一个问题是由《侍坐章》到《论语》,我们如何认识《论语》在中国文化上的地位?

生:后人称"半部《论语》治天下",可见其价值之大。《论语》被誉为儒家至高无上的经典之作、中国古代的圣书。

师:是的。林语堂说过《论语》对于中国文化的影响,"犹如西洋耶教的《圣经》一样"。孔子及《论语》对中国的思想、制度、文化、教育等方面都产生过深远影响,潜移默化地影响着人们的日常生活和工作学习,直至今天。

师:第二个问题是,由《论语》到孔子,你怎样认识孔子在中国历史上的地位?

生:汉代大儒董仲舒说过,"天不生仲尼,万古如长夜"。据说 1988 年在法国巴黎,科学家集会认为,人类面临危机,未来要生存,要回到 2000 年前的中国孔夫子那里去。

师:巴黎集会这件事的真实性有待考证。但孔子的儒家学说,影响了中国人讲究实际的气质,对几千年东亚地区的文化和人民生活产生深远影响,这应该是事实。

师:第三个问题是,由孔子到人类文明,孔子在世界文明史上的地位是? 美国有一本书《影响人类文明历史的 100 个人物》,孔子排名第四。公元前 500 年前后,人类在进化的征途中蹒跚、摸索了多少万年,突然在欧亚大陆上出现了人类思想、宗教上的重大飞跃——古印度诞生了释迦牟尼、古中国诞生了孔子、古希腊诞生了苏格拉底……他们观照人生的目的和意义,为人类轰然推开智慧的大门。吴宓先生有一个著名的"坐标"《世界四大宗传》(播放 PPT 第 12 页,展示图 1),它精要地概括了人类古代文化的主要精华,苏格拉底和耶稣犹太代表西方文明,中国孔子和佛陀印度代表东方文明,它们是人类文明大厦的四大支柱,就像四盏明灯,照耀人类文明发展的方向,直至今天的课堂!

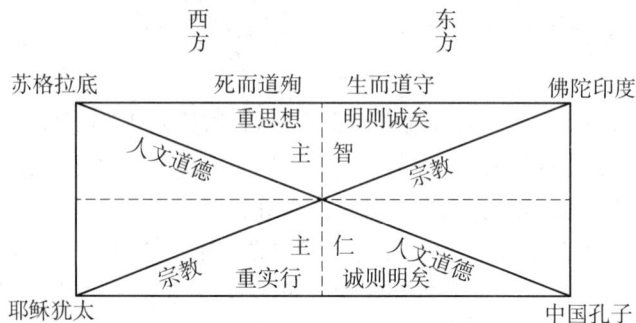

图 1

【教学反思】

1. 预习工作要非常充分。这篇课文的教学安排了四个预习任务,前两个任务要求学生熟读课文,读准字音、理解文化意味的词语,这很重要。第三个任务其实和第四个任务对调更好。课外四则短文的阅读相当于把文本联读放到课外了。从三组学生代表的发言看来,他们是能够将补充内容结合进去的。但多数同学的预习单上,没有留下过多的痕迹。写一段话也一样,检查时发现,好多学生这个作业是空着的,上课只能挑事先写过,且指导过的学生来发言。群文性联读教学,没有充分的预习,就没成功的教学。

2.《侍坐章》作为经典,是可以从多个角度进行多重意义阐释的。原先的设计是从教育、文学、政治三个角度,分别教三节课的。囿于篇幅和执教的时间限制,这个实录展现的是两节连堂课的教学,从文学和政治两个维度进行。因为从教育的维度讲,孔子的教育思想和教育艺术对老师来说是有意义的,对学生不太适用。从文学的维度阐释,这是本次教学的创新点。一方面,《侍坐章》确实跟《论语》其他章节在叙述方式上有别,其文学叙事性在《论语》中是最突出的。另一方面,从故事叙事入手教,学生会有悦纳性,课堂的实践也表明这样的教学内容选择是正确的。

3. 教学是需要建构核心知识、训练关键能力的。为什么说《侍坐章》是中国叙事文学的滥觞?学生发表看法后,我从情节(有着开端发展、高潮冲突的叙事性)、场面(有着情景生动、言行毕肖的现场感)、形象(有着性格各异、跃然纸上的形象性)这三个方面加以梳理,这样就能够帮学生建立起叙述要素之间的关联性。同理,最后对孔子的政治主张和社会理想也进行了梳理:(1)人际之道:温良恭俭让;(2)价值取向:经世致用,修身,齐家,治国,平天下;(3)人生态度:用行舍藏,有道则行,无道则隐;(4)政治主张:治国以礼,为政以德;(5)社会愿景:礼乐仁和;(6)终极目标:世界大同,尧舜气象。

4. 三文合一,从点上拓展到文化纵深。因为本篇课文有详细的注释,文字的理解和积累应该不太有问题,其中句式比较复杂一些,课堂上可以通过语译解决。任务一主要是从文学性要素进行欣赏的,其实就是文章的赏析。任务二则主要是从文化的理解角度施教的,特别是最后从《侍坐章》到《论语》,从《论语》到孔子在中国文化史、世界文明史上的地位进行拓展,就把文章这个"点"放在中西文化背景的"面"上观照,做到文字、文章和文化的"三合一"。

欲言王道，何患无辞：孟子的礼乐、民本与王道思想

执教/浙江省宁海中学　吕晓岚

本课课件

【专题目标】

精读《齐桓晋文之事》，联读《庄暴见孟子》，完成情境任务"孟子是如何'聊天'的"，通过文本揣摩与趣味探究，提升语言表达素养，解读孟子的礼乐、民本、王道思想。

【预习任务】

1. 运用批注法和评点法认真阅读《齐桓晋文之事》和《庄暴见孟子》，了解两篇文言文的大意。

2. 梳理孟子与齐宣王在《齐桓晋文之事》（表1）和《庄暴见孟子》（表2）中的对话，重点关注文言语气词及句式的使用，翻译重要（加粗）的句子。

表1

齐宣王	孟子	"聊天"策略
齐桓、晋文之事可得闻乎？	仲尼之徒无道桓文之事者，是以后世无传焉，臣未之闻也。**无以，则王乎？**	
语气词：乎	语气词：乎 句式：疑问句	
德何如则可以王矣？	**保民而王，莫之能御也。**	
语气词：矣 句式：疑问句	句式：＿＿＿＿＿＿＿＿	
若寡人者，可以保民乎哉？	可。	
语气词：哉 句式：疑问句		

续 表

齐宣王	孟子	"聊天"策略
何由知吾可也？	臣闻之胡龁曰：王坐于堂上，有牵牛而过堂下者，王见之，曰："牛何之？"对曰："将以衅钟。"王曰："舍之！吾不忍其觳觫，若无罪而就死地。"对曰："然则废衅钟与？"曰："何可废也，以羊易之。"不知有诸？	
语气词：也 句式：_____	语气词：_____ 句式：_____	
有之。	是心足以王矣。百姓皆以王为爱也，臣固知王之不忍也。	
	语气词：矣、也	

表2

孟子	齐宣王	"聊天"策略
王尝语庄子以好乐？有诸？	(变乎色)寡人非能好先王之乐也，直好世俗之乐耳。	
句式：疑问句	语气词：_____ 句式：_____	
王之好乐甚，则齐其庶几乎！今之乐犹古之乐也。	可得闻与？	
语气词：_____ 句式：_____	语气词：_____ 句式：_____	
独乐乐，与人乐乐，孰乐？	不若与人。	
句式：比较疑问句		
与少乐乐，与众乐乐，孰乐？	不若与众。	
句式：比较疑问句		

3. 借助表1、表2梳理两篇文章中的人物对话，关注每个人物发起的话题，重点关注话题的"切换"，从各自的"话题链"中探究话题的切换艺术，鉴赏高手的"聊天"智慧。

【教学实录】

第一课时　策略剖析，共情体验

师：(播放PPT第1、2页)同学们，我们常说"孔孟之道"，关于孟子，大家能够说出哪些他的个人信息呢？

生：是儒家学派代表人物，被称为"亚圣"。

生：提倡"民贵君轻"的思想。

生:他的言论都收录在《孟子》这本书中。

师:能回忆起孟子的言论吗?

生:民为贵,社稷次之,君为轻。

生:故天将降大任于是人也,必先苦其心志,劳其筋骨,饿其体肤,空乏其身……忘了。

(生笑)

生:……行拂乱其所为,所以动心忍性,曾益其所不能……

师:孟子爱聊善聊,以上多是孟子与他人"聊天"时的"金句"。聊天对很多人来说是一件简单平常的事,好的聊天者能借助聊天交流思想,达成目的,增进友谊,但如果碰到聊天"终结者",瞬间就能把"天"聊"死"。如何成为一个聊天高手?《齐桓晋文之事》和《庄暴见孟子》两篇文章,也许可以助你一臂之力。

任务一:孟子"聊天"策略分享会

师:课前已经布置同学们运用评点方式进行自主阅读,并提供表格来帮助大家梳理两文的对话。请大家依据表3,交流孟子的"聊天"策略。(播放 PPT 第 3 页,展示表3)

表3

"聊天"话题	策略概括	策略例证	策略评价

说明:策略一般指①可以帮助实现目标的方案集合;②根据形势发展而制订的行动方针和斗争方法;③有斗争艺术,能注意方式方法。

师:《齐桓晋文之事》中,孟子与齐宣王"聊天"使用了哪些策略?

生:在"聊天"刚开始的时候,齐宣王想问齐桓晋文之事,这个话题被孟子生生掐断。"仲尼之徒无道桓文之事者,是以后世无传焉,臣未之闻也",大意是孔子他们没说,后世的人没传,我没听说,无情地打断了齐宣王的话题,并强行转到他自己想说的话题——王道,自此掌握了整场对话的主导权。

师:能否概括你说的这个策略?

生:装傻,避而不谈,巧转话题。

师:我注意到你刚才使用了"强行"这样的词汇,你认为其中"巧"的是?

生:原文说"无以"——不得已,齐宣王还是接受了这种话题的转换。本质的原因是接下去要说的"王天下"也是齐宣王爱听的。所以虽然强转话题,但也是对方感兴趣的话题,所以可以说"巧"。

师:关键在于,这是孟子本人此次"聊天"最想说的吧!追问一句,"齐桓晋文之事"和孟子所说的"王",有什么异同?

生："齐桓晋文之事"指以武力征服天下，是霸道，和孟子所说的王道、仁政有着本质的区别。表面上是一样的，都是称王，实现统治。

师：我们可以总结为霸道和王道的区别。好，还有吗？

生：我认为孟子在向齐宣王提出"王道"这个话题时，使用了宾语前置句"莫之能御"，没有人能抵挡，谁都拦不住，来肯定"保民而王"这种做法的效果。同时，在齐宣王自我怀疑，问出"若寡人者，可以保民乎哉？"这样的问题时，用一个字"可"表达了对齐宣王能力的充分肯定。我把这种策略称为"充分肯定"，或者"斩钉截铁"。效果非常好，齐宣王明显对孟子的认可很受用，也更有信心和兴趣追问"保民而王"的具体做法了。

师：说得很好。斩钉截铁，原文句子为什么给你这种感受？

生：应该是因为短促吧，而且否定词作宾语前置，很有气势，翻译过来是"谁都拦不住""无人可挡"。"可"就更短促有力了。

师：用这两种句式在"聊天"中肯定对方，效果很好。还有吗？

生：接下去也是避而不谈，孟子再次避开了齐宣王的追问，反问齐宣王是不是有"以羊易牛"这事儿。

生：我认为孟子故意把话题引向"以羊易牛"，是先抑后扬，也表明自己对齐宣王是非常了解的。孟子分析"以羊易牛"事件的时候，齐宣王对孟子提到自己当时的所作所为也感到很困惑，甚至以为孟子想要借此批判自己，但孟子转而肯定了齐宣王，认为这是他有不忍之心的体现，这是连齐宣王自己也没有想到的！

师：齐宣王想——我这么优秀吗?!（生笑）先抑后扬，出其不意！这种"聊天"策略效果如何？

生：齐宣王会被感动——孟子对自己这么关注且认可，从日常小事中分析出了自己高贵优秀的品质，所以他引用《诗经》的话，夸赞孟子善于揣摩他人的心意。

师：确实如此，"聊天"中，用先抑后扬的方式出其不意地夸赞对方，效果很好。这需要一个前提——要对"聊天"对象有充分的了解，对吗？好，还有吗？

生：当齐宣王问出"此心之所以合于王者，何也？"时，孟子也没有正面回答，而是以对比和比喻从反向说明力举百钧却不举一羽，明察秋毫而不见舆薪，意在提醒齐宣王是否施行仁政和王道，关键取决于"为"还是"不为"。以此类推，齐宣王既然有"恩足以及禽兽"的不忍之心，如果"功不至于百姓"，那么完全是因为不愿意做。可为而不为，源于对所为之事的不重视。就像有千钧之举却不愿意举一根羽毛，有看见极细微的东西的视力但看不见满车的柴草一样，纯粹是不想做、不愿意做而已。孟子以浅显的生活事件为喻，向齐宣王申明，身为一国之君推行王道是能够做到的，关键在于他愿不愿意做。齐宣王之所以"王之不王"，是"不为也，非不能也"。

师：分析很全面，包括后文"挟太山以超北海"和"为长者折枝"这一组也是同样的手法，请你用简洁的话概括这部分内容中孟子的"聊天"策略。

生：用生活常识来进行比喻、类比、对比，让问题更直接、简单、形象，明确给出自己的观点和态度。

师：非常棒！你提到的关键词有生活常识、比喻、类比、对比，孟子一下子使用了这么多的策略，齐宣王有些招架不住了。（生笑）

师：至此，问答形势发生了变化，孟子提出尖锐的"大欲"之问，齐宣王笑而不言。"聊天"似乎陷入僵局。孟子是怎么做的？

生：孟子对齐宣王的"大欲"是十分清楚的，但齐宣王还想遮遮掩掩。于是孟子连用几个问句，故意列出了几个肯定不是齐宣王"大欲"的选项让他进行排除，在他矢口否认的时候，孟子直接指出了他最真实的欲望就是"欲辟土地，朝秦楚，莅中国而抚四夷也"。让他无法反驳，因为他否定了此外所有的欲望选项。

师：你分析得非常准确，怎么概括这个策略？

生：我觉得可以说是明知故问，自问自答，逼人就范。

师：概括得真好！"聊天"至此，气氛已经非常紧张了。

生：齐宣王其实已经不太想聊了，他可能会觉得孟子知道得太多了，也管得太多了。这个时候孟子必须提出新的能够让齐宣王感兴趣的话题，所以他说"以若所为，求若所欲，犹缘木而求鱼也"，指出了问题，并且在齐宣王有所怀疑的时候把后果说得更为严重——"后必有灾"，再次激发了齐宣王想要一问究竟的疑惑心理。我把这个策略概括为"恶果刺激法"。

师：用最坏的结果刺激对方必须重新审视自己的做法和欲望，对吗？赞叹孟子的智慧，也叹服这位同学的分析！还有吗？

生：孟子在"聊天"的最后"放了大招"，先讲了武力征伐的最坏结果，然后又构建了保民而王的美好蓝图，让齐宣王自行对比，"后必有灾"和"孰能御之"的反差太大了，齐宣王面对这样的反差，只能低下头来谦虚听取孟子此次"聊天"最重要的内容，那就是保民而王的具体措施——"制民之产"。可以概括为"正反后果假设法"。效果也非常好，击破了齐宣王的心理防线。

师："不愤不启，不悱不发"，当一个人非常困惑，迫切想得到解答的时候，就是被教授的最佳时机。至此我们可以说，孟子终于达成了此次"聊天"的终极目标！（教师将学生所说策略逐一书写在黑板上）

师：《庄暴见孟子》一文就简短许多，同样也记载了孟子与齐宣王的对话，这一次孟子又采用了什么样的"聊天"策略呢？

生：孟子从庄暴那里获取了信息，与齐宣王"聊天"时先发制人。

师：怎么理解"变乎色"？

生：齐宣王可能有些紧张，不知孟子说这话的意图，可能觉得孟子要借此来劝说自己，来者不善，又羞愧，又气愤。

师：你对齐宣王的心理分析透彻。能继续说说孟子此后使用的"聊天"策略吗？

生："寡人非能好先王之乐也，直好世俗之乐耳"，齐宣王面对孟子突如其来的提问，作了解释，"我喜欢音乐，但我喜欢的是俗乐"。孟子一听他承认自己好乐，马上顺着他的话说"王之好乐甚，则齐其庶几乎"夸他。这一招可以叫作"顺水推舟"吧。

师：这招效果如何？

生：又激发起齐宣王的好奇心，齐宣王心想，怎么这都能联系到我擅长治国这事儿上？！又满足又好奇，就继续追问了。（生笑）

生：孟子认为好什么乐不重要，重要的是"好"的方式，所以他提供了两种"好乐"的方式，让齐宣王自己选哪种更快乐，也是一个常识问题，答案是显而易见的。这当中既有"偷换概念",又有"明知故问"。最后他又使用了在《齐桓晋文之事》中用过的办法"正反后果假设法",虚设了两种因为赏乐态度、方式不同而带来国家不同结局的画面,表明实施"不与民同乐"的苛政,则民不聊生,民怨鼎沸,实施"与民同乐"的仁政,则国泰民安。

师:连用多个策略——偷换概念、明知故问、正反后果对比,于是孟子又一次达成了自己此次"聊天"的终极目的!(教师板书策略内容,若与前文相同,则在策略旁标注"×2")

任务二:走进"聊天"体验营

师:孟子与齐宣王虽然有着森严的等级关系,但是在战国时期,国君对人才还是十分尊重、信任和宽容的。因此,虽然是君臣之间的"聊天",却也是建立在思想平等基础上的智慧交锋。我们能不能选择《齐桓晋文之事》或《庄暴见孟子》的一个片段,模拟孟子与齐宣王的口吻,来进行现场交流?

师:先请同桌之间选择话题和片段进行分角色对话,之后我们邀请同学来展示。

(同桌开展模拟"聊天",大约10分钟时间)

师:大家在进行这个活动的时候都非常投入,接下去请愿意展示的同学举手。

(教师根据课堂观察和学生模拟语段的选择,邀请三组学生进行展示)

师:作为观察者,我们可以从哪些角度对同学展示的分角色对话表演进行评价呢?老师为大家提供一个参考。(播放PPT第4页,展示表4)

表4

组别	"聊天"要素	"聊天"片段	评价维度				综合评价
			话题兴趣度	话题引导力	语言亲和力	情感参与度	
组1							
组2							
组3							

说明:①"聊天"要素为《齐桓晋文之事》或《庄暴见孟子》;②采用10分制评价方式,从四个维度,对三组同学的模拟"聊天"进行打分,总分作为综合评价的成绩。

师:三组同学的模拟"聊天"声情并茂,带着之前我们对孟子"聊天"策略的深入剖析,充分利用语气词和特殊句子、修辞手法,表现了孟子"聊天"中步步为营的智慧,以及齐宣王复杂的心理变化。评价的同学依据表格,点评有理有据,给分合理中肯。

师:同学们,总结本堂课的两个任务,我们不难发现,孟子不仅善用譬喻和对比来说理,而且还会通过句式和语气词的变换带动齐宣王深聊。(播放PPT第5页)赵承谟《孟子文评》中评道,"其放之也,有万斛之重;其揽之也,有千斤之力。忽纵忽擒,忽断忽续,忽离忽分,忽而细雨轻风,忽而翻江搅海,令读者几目眩耳聋,而作者实气静神安"。

师:从两人的对话交锋中可以看出,在孟子与齐宣王的对话中,孟子显然争取到了主动权,巧妙地把"霸道"的话题引到"王道"上来,鲜明地提出了"保民而王,莫之能御"的观点。然后围绕这个论点,引类譬喻,对比剖析,最后得出"仁政治天下"的结论。当然,评价其"聊天"能力还要看言语亲和力和情感参与度,让对方能感受到谈话者的真诚,这也是说服别人的有效手段。这一点充分体现在了同学们的模拟"聊天"中。好的,这堂课到此结束,下课!

第二课时

任务三:他们真正想"聊"的是什么?

师:上一堂课我们通过两个任务,既从理论上分析了"聊天达人"孟子的"聊天"策略,也通过模拟"聊天"的实践活动更直观地体验了这些策略在"聊天"中的有效性。我们都知道,孟子与齐宣王"聊天",并不是闲聊,而是彼此都有目的的交流。他们各自真正想"聊"什么?

生:《齐桓晋文之事》中,齐宣王希望从孟子口中了解齐桓公、晋文公是如何称霸的,孟子对此则缄口不言,转而谈王道。孟子希望齐宣王能"制民之产,保民而王"。

师:你把孟子的"聊天"目的精准地概括出来了! 那么《庄暴见孟子》中呢?

生:《庄暴见孟子》中,孟子想从齐宣王"好乐"入题谈王道,齐宣王则避重就轻,"直好世俗之乐耳"。

师:尝试分析两场"聊天"的异同。

生:首先是"聊天"对象相同,都是孟子和齐宣王。最终都谈到了王道,孟子的"聊天"终极目标相同。不同之处在于,《齐桓晋文之事》中孟子最终谈到的是王道的具体做法,制民之产、教化民众等。而《庄暴见孟子》中孟子最后谈到的是王道的思想基础,与民同乐,心怀民众。

生:"聊天"过程中使用的部分策略相同,"聊天"长短不同。

生:齐宣王参与"聊天"的情况也不太相同,《齐桓晋文之事》中齐宣王"聊天"的主动性更强,提问、追问比较多,对于整场"聊天"的推进有很重要的作用。而《庄暴见孟子》中的齐宣王很显然更被动一些,被孟子推着走,"聊天"的意愿不大强烈。

师:很好,这位同学谈到由于齐宣王"聊天"意愿强弱不同,所以一定程度上决定了两场"聊天"的长短。这个角度非常好。两场"聊天"长短悬殊,还有什么原因吗?

生:《齐桓晋文之事》这场"聊天"中涉及话题较多,讨论了"以羊易牛""不为与不能""王之大欲"等,最终才回到"保民而王"的具体措施上。

师:不仅话题多,且策略多,话术高超。《齐桓晋文之事》中,孟子为了说服齐宣王,采取了从侧面、外围等多个角度"迂回曲折"的"聊天"方式,并且孟子的譬喻中含有对比。例如,"挟太山以超北海"与"为长者折枝"的"不能"与"不为","力足以举百钧,而不足以举一羽""明足以察秋毫之末,而不见舆薪"的"为"与"不为","邹人与楚人战"等,这样有什么好处?

生:让文章跌宕起伏,层层深入。

生:充分展现了孟子作为"聊天达人"的高超技术和谈话智慧。

生:人物形象也更丰满了,无论是齐宣王还是孟子。读者也从中更真切地感受到了在那个历史时期中,有着不同立场和利益诉求的人是如何进行有目的的"聊天"的。

师：同学们既分析了两文的异同，又从人物心理、社会背景、读者感受等角度评价了《齐桓晋文之事》所呈现出的"迂回曲折"的"聊天"内容和方式。两场"聊天"，孟子的目的都是宣讲王道，王道的本质究竟是什么？

生：王道的本质是保民而王和与民同乐吧，前者是具体措施，后者是精神态度。

生：王道的本质应该是仁吧，仁是儒家思想的核心，也是孟子王道思想的基础。

师：很好，这位同学能够站在儒家思想的高度上去分析王道。孔子"以仁释礼"，孟子则是"以礼释仁"。孟子论"乐"，注重"乐与民通"。在《庄暴见孟子》中，先肯定"今之乐犹古之乐也"，同时指出"独乐乐"不如"与人乐乐"，"与人乐乐"不如"与众乐乐"，而且用百姓对待"王鼓乐、田猎"时截然不同的感受来"为王语乐"，彰显出"今王与百姓同乐，则王矣"的政治理念。

因此，孟子与齐宣王的"聊天"并未止步于"礼乐"，礼的核心是"仁义"，"乐"的核心是"与民通"的"仁声"，礼乐指的是"保民而王"和"与民同乐"，这是民本思想的具体体现。孟子在《齐桓晋文之事》中描绘了理想的蓝图，"五亩之宅，树之以桑，五十者可以衣帛矣；鸡、豚、狗、彘之畜，无失其时，七十者可以食肉矣；百亩之田，勿夺其时，八口之家可以无饥矣；谨庠序之教，申之以孝悌之义，颁白者不负戴于道路矣。老者衣帛食肉，黎民不饥不寒，然而不王者，未之有也"，最终指向孟子政治理想的最高境界"王道"。孟子的政治理想并不是虚幻的，而是务实的，就像《庄暴见孟子》中所阐述的，"今王与百姓同乐，则王矣"。（播放PPT第6、7页）

任务四：猜猜齐宣王接下来怎么"聊"？

师：之前的分析中，我们忽略了一个共性的点，即两篇文章都以孟子的话语结束。但它们作为真实历史情境，似乎还不够完整，齐宣王的表达似乎有所缺失。如果以齐宣王的话语结束"聊天"，他会说什么？怎么说？我们边读边思考。（播放PPT第8页）

（师生齐读对话内容）

师：请大家在纸上用思维导图的方式呈现两场"聊天"中齐宣王的"聊天"思路。

（学生绘制思维导图。教师将学生的思维导图进行投屏展示。优化后的《齐桓晋文之事》齐宣王"聊天"思维导图见图1，《庄暴见孟子》齐宣王"聊天"思维导图见图2）

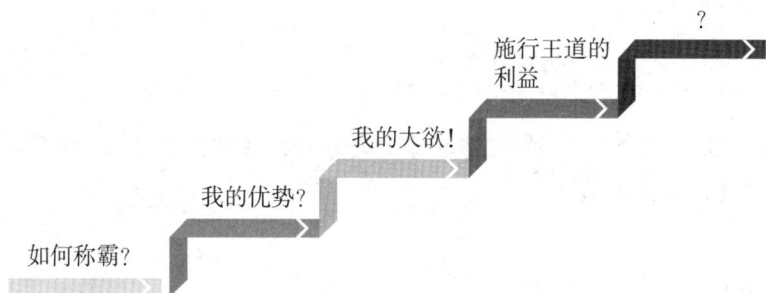

图1

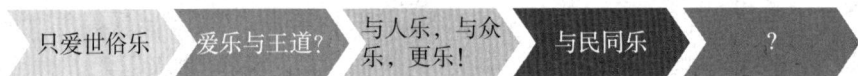

图 2

师:同学们的思维导图非常直观。我们回到前面的问题,如果以齐宣王的话语结束"聊天",他会说什么?怎么说?请选择其中一篇文本,模仿齐宣王的口吻,续写文章的结尾。

提示大家,可以参考《庖丁解牛》《烛之武退秦师》等文言文的结尾形式和思路,也可创新表达。尽量以文言文形式呈现,同时注意保持文章语言风格的一致性,以及前后文语意的衔接和语气的顺畅。

师:我们来看看大家的完成情况。

(教师投屏展示学生续写作品)

> 续写《齐桓晋文之事》:
> 齐宣王曰:诚若夫子之言,则衣食易得,孝悌易申,然时日久长,恐邻国攻之急也,且为之奈何?
> 续写《庄暴见孟子》:
> 齐宣王曰:善哉!寡人闻孟子之言,始知好乐也。

师:请同学们来点评以上两段续写。

生:《齐桓晋文之事》的续写表现了齐宣王的智慧,他尖锐地指出时效性的问题,并反问孟子,我固然可以慢慢保民而王,但邻国未必愿意等我。

生:《庄暴见孟子》的续写则体现了齐宣王对孟子竟能从自己好乐这件事,联系到与民同乐的王道思想,一件看似简单日常的娱乐也包含着治国理政的大道理,齐宣王由衷佩服孟子的智慧和辩才。

师:同学们的续写给了齐宣王表达的机会。每一场带有目的的"聊天",都包含言说内容的选择、言语方式的智慧和双方思想的交锋,是没有硝烟的战争。希望孟子和齐宣王的两场"聊天"能带给你一些启示,助你也成为一个善于聊天的人。留给大家一个课外作业,请看PPT。(播放PPT第9页)请同学们从以下两个题目中任选其一,撰写一篇文章,字数在1000字左右。

课外作业

(1)"聊天高手"教程——学习《齐桓晋文之事》与《庄暴见孟子》有感

(2)我看孟子的王道蓝图

【教学反思】

《齐桓晋文之事》是高中语文必修下册教材中的长篇对话体散文。本文记叙了孟子和齐宣王的一次关于施行王道的谈话。谈话中孟子循循善诱,步步为营,齐宣王则对"保民而王"

的治国理想和具体做法表达了认同和期待。虽然事后齐宣王没有付诸行动，但不可否认的是，本文较为完整地表达了孟子的思想，同时生动地再现了孟子游说过程中的高妙言语艺术。《庄暴见孟子》则是这两人之间的另一则谈话记录。联读两文，能较为充分地了解孟子的王道思想和"聊天"艺术。

基于文体特点，同时考虑到文章既长且难，本次教学创设了以"聊天"为核心的四大情境任务，旨在引导学生以一种更为轻松愉悦的方式深入解读战国时期长篇对话体散文。这四大情境任务分别为：孟子"聊天"策略分享会；走进"聊天"体验营；他们真正想"聊"的是什么？猜猜齐宣王接下来怎么"聊"？其中，任务一是学生预习任务的延续和展现。在预习中，学生借助表格，在熟悉对话内容的同时，分析出话题的开始、转换、承接等，关注句式和语气词的使用，归纳提炼孟子"聊天"策略，并对其效果进行评价。任务二则基于前一任务的完成，引导学生在实践活动中检验上一任务中所归纳的"聊天"策略的有效性。同时，学生观众可借助评价表对展示的"聊天"片段进行评价。第三个任务旨在引导学生进一步探究孟子的王道思想与民本、礼乐的关系，从而理清三者的本质关联。最后一个任务是在学生熟悉两文中的对话逻辑后，将话语权"交给"齐宣王，引导学生合理想象，并用文言文进行续写。

以上四个情境任务的设置由易至难，层层深入，环环相扣，以"聊天"为核心词汇的情境设置带给学生一种亲切日常的感受，而在情境中设置任务分析"聊天"策略并进行现场模拟，以及续写文章，为齐宣王"发声"等，都充分体现了核心素养对课堂教学实践的引领。当然在实际的教学中，由于文本长度和难度的现实问题，学生完成以上任务还是存在一定困难，尤其是在任务三、任务四的完成过程中，学生普遍表现出对孟子王道思想的难以把握，以及对齐宣王在两场"聊天"所呈现出的人物形象和为政思想感到困惑。课堂上的具体教学策略和引导启示方法仍有待改进。

汪洋恣肆，仪态万方：庄子寓言的想象与夸张

执教/玉环市楚门中学　杜韦滨　王梦茜

【专题目标】

精读《庖丁解牛》，联读《逍遥游》片段和《外物》片段等，感受庄子寓言的想象与夸张艺术，体会庄子深刻的哲学思想，探讨想象与夸张艺术对后世文学的深远影响。

【预习任务】

(1) 做文言卡片。梳理本文的重点实词、古今异义、词类活用、特殊句式。

(2) 做读书卡片。请在文段中摘录出疑难句、重点语句。

(3) 做知识卡片。查询资料，初步了解庄子的艺术风格、哲学思想及对后世文学的影响。

【教学实录】

师：同学们，今天我们来学习庄子的《庖丁解牛》。（播放PPT第1页）这篇文章属于哪一文学体裁呢？

生（齐）：寓言。

师：你们的依据是什么？

生：因为这篇课文是通过一个故事来讲述一个道理。

生：讲的一些故事细节有点夸张。

师：非常好，寓言最常用的手法就是比喻、夸张，还有？

生（齐）：想象。

师：很准确，同学们，来看看老师给的定义，和你们总结的很相似。（播放PPT第2页）我们一起来读一读。

> 寓言：用比喻性的故事来寄托意味深长的道理，常用夸张、拟人等手法，带有讽刺或劝诫的性质，言简意赅。

师:庄子正是把超尘绝俗的思想与恢诡谲怪的形象、汪洋恣肆的文风相结合,开创了散文艺术的新境界。(播放 PPT 第 3 页)

> 汪洋辟阖,仪态万方,晚周诸子之作,莫能先也。(鲁迅《汉文学史纲要》)

任务一:聚焦文体,研读文本

师:那么同学们,读完了《庖丁解牛》,你觉得这个寓言中最夸张、最有想象力的一个细节是什么? 请结合原句进行赏析。(播放 PPT 第 4 页)

生:"謋然已解,如土委地",像是动漫场面,刀子轻微一动,牛已迅速而解,这是脱离现实的,以此说明庖丁拆解牛是完全按照结构来的。

师:非常好,既联系生活经验,又有理有据地作了分析。能不能试着读一读?

生(读):謋然已解,如土委地。(读得平淡随意)

师:同学们,要想读出最后令人惊叹的效果,你们觉得要读好哪几个词?

生:拟声词"謋然"。

师:还有呢?

生:"委"。

师:音调、语速上呢? 先试着用不同的设计读一读。

(生读,讨论)

生:"謋然"音调上扬,"委"稍稍重读,后半句语速比前半句稍慢些。(生范读)

师:这个感觉就出来了。来,同学们,我们一起把这个句子读一读,记得读出夸张的惊叹的动漫效果。"謋然已解",预备,起。

(生齐读,读出了夸张的味道)

师:进步非常快。还有没有其他的句子,表现出寓言夸张的特点的?

生:"今臣之刀十九年矣,所解数千牛矣,而刀刃若新发于硎",用了这么久,使用次数那么多,还是崭新的,也不符合现实,很夸张。

师:这个细节抓得也很到位。你能不能也试着读一读呢,读出夸张的意味来。

(生读句子,前半句平淡,后半句重音落在"新发")

师:注意到重音的处理了。我们想一想,庄子要借这句话表达什么呢?

生:侧面表现庖丁解牛的高超技术。

师:怎么读能最好地表现出庖丁的骄傲之情?

生:重音落在"十九""数千",语气词拉长。

师:大家一起再来试试看。

(生齐读,有韵味)

师:这次朗读的重音、语调设计得恰到好处,有一种自豪之情洋溢出来了。那么,还有没有其他值得我们细细品味的语句呢?

生:"手之所触,肩之所倚,足之所履,膝之所踦,砉然向然,奏刀騞然,莫不中音。合于《桑林》之舞,乃中《经首》之会",把屠宰的工作讲得像是在跳舞,很有想象力。

师:我们也一起来把这个句子读一读。

(生齐读,个别字词读音有错)

师:"中"这个字音怎么读? 为什么?

生:"中"在这里是"合于、合乎"的意思,应该读第四声。

师:这个句子生僻字有点多,同学们结合注释,再把文意疏通一遍。

(生默读,疏通)

师:我们一起试着再来读一读,读出优美的感觉。

(生齐读,语调、语速适宜)

师:读出了四个短句排比的节奏感,再试着把后半句的重音落在《桑林》《经首》,因为这两首是古代经典的乐曲,在崇尚礼乐的社会里,这两部曲子具有特定的价值和位置。

(生齐读,处理得当)

师:很好,同学们的朗读和解读都越来越精准了。没错,把解牛这一件多少充满恐怖的事情和高雅的乐曲合在一起写,这种思维的反常和跳跃,也是一种想象和夸张手法的运用。

师:还有没有同学进行补充的呢?

生:有一个细节,我不是很确定。"臣以神遇而不以目视,官知止而神欲行",庖丁只用精神去解牛,是真的有这样的境界呢,还是作者运用了夸张的手法呢?

师:这个问题问得很好,有没有同学可以帮忙解疑释惑的?

生:我觉得这是一种想象,是一种比喻方法。毕竟不可能不用感官。庄子借用夸张,强调、突出要依据"道"去行事。

师:他的回答有没有解决你的疑惑呢?(生点头)老师也很欣赏这位同学的解读,他从写作意图切入,从"为什么这样写"去揣摩、思索,给出了极佳的答案。

师:在对文本的细读中,在交流和碰撞中,我们对课文内容和夸张、想象的表现手法有了更真切的理解。接下来,给你们2—3分钟的时间,小组合作,梳理、归纳运用夸张手法的文本细节,思考夸张的特点和作用。

(学生梳理、思考、讨论)

师:时间差不多了,请各组同学依次发言。

生:全篇在描述解牛场景、解牛技巧、刀刃状况等方面运用了夸张的手法,放大"道"的好处,来说明"道"的境界及"道"的重要性。

生:夸张是运用想象,在数量上、性质上,进行夸大,而非客观描述,以此来强调、突出作者所要表达的思想情感。这篇课文就是在各个细节上用夸张描写,来宣传"道"。(教师播放PPT第5页,展示表1)

表1

内容	语段	赏析
解牛场景	手之所触,肩之所倚,足之所履,膝之所踦,砉然向然,奏刀騞然,莫不中音。合于《桑林》之舞,乃中《经首》之会。	解牛本是一件血淋淋的俗事,在庄子的笔下却很有艺术的味道。这段动作描写,将解牛写得似乎是在表演舞蹈,又似乎在演奏一曲美妙的音乐。《桑林》和《经首》是古代经典的乐曲,在崇尚礼乐的社会里,它们具有特定的价值和地位。将解牛这一件多少充满恐怖的事情和高雅的乐曲合在一起写,就是一种思维的反常和跳跃,就是一种想象和夸张手法的运用。
解牛技术	(1)臣以神遇而不以目视,官知止而神欲行。 (2)动刀甚微,謋然已解,如土委地。	解牛的高超的技术,已经达到了炉火纯青的境界,解牛的时候庖丁只是用精神去感受,不需要调动感觉器官;解牛到了一种"道"的境界,超越了技术的层面,是一种想象和夸张的艺术手法。
刀刃状况	今臣之刀十九年矣,所解数千牛矣,而刀刃若新发于硎。	解牛十九年,解牛数千头,但是刀刃依然像从磨刀石刚磨出来那样锋利无比,这在现实生活中是不可能的,这是想象和夸张的手法,侧面体现了庖丁解牛的技术高超。

师:非常好,同学们讲得都很到位了。老师稍作补充,想象的奇异不能脱离细节的真实,其本身的夸饰也要能引领读者专注在被放大的细节上,去感知、审视,获得对生活、生命的启迪。那么庄子希望我们由此获得什么启发呢?(播放 PPT 第6页)

他的哲学用诗意盎然的散文写出,充满赏心悦目的寓言,颂扬一种崇高的人生理想,与任何西方哲学不相上下,其异想天开烘托出豪放,一语道破却不是武断,生机勃勃而又顺理成章,使人读起来既要用感情,又要用理智。(金岳霖《中国哲学》)

师:此外,形象生动的譬喻既是寓言这种文体的特点,也是《庄子》重要的艺术特点。庄子生活在大动荡、大变革、社会矛盾错综复杂的战国时期,有着独特的哲思,同学们能从丰富的比喻中读出些什么呢?

生:刀在错综复杂的牛体结构中游走,在于能找到空隙,说明不能跟困难硬碰硬,才能保全身心。

生:牛比喻社会,刀比喻人。如果不按牛的天然结构去解牛,硬生生"割""折",刀就无法保全。而庖丁能久用如新,正在于他能根据牛的结构,于筋骨交错聚结之处谨慎处理。所以其实庄子是想说,人要在复杂的社会里生存,就要遵循规律,避开矛盾之处。

生:庖丁的技术提高也是有一个过程的,从"所见无非牛者""未尝见全牛"到"官知止而神欲行"状态下的"更无牛",这个过程中离不开反复的练习——"所解数千牛"。运用到人的生活处事中,就是要注重实践,勤于练习,在这个过程中认识规律、把握规律,才能进步。

生:我想接着上一组同学做一个补充,庄子是在借此阐发政治主张和社会理想。庖丁解牛的三个阶段,不仅是养生,也是治国、平天下的三个阶段,从无知的日常活动,到有些研究了解的阶段,最终达成"道"的境界,与自然规律合一。

师:战国时期,礼崩乐坏,民不聊生。儒家大贤如孔孟,为了推行政治理想,改变乱局,主张积极有为,奔走于诸侯之间,道家则侧重提倡避开矛盾,遵循自然规律,这正体现了《庄子》寓言特色——用高度形象化的寓言,去阐述高度抽象的哲理。

任务二:拓展联读,深化认识

师:在预习时,许多同学提出不太理解"道"的概念。接下去,我们拓展阅读《庄子·逍遥游》中的另外两段,来增进理解。(播放PPT第7页)

> 北冥有鱼,其名为鲲。鲲之大,不知其几千里也。化而为鸟,其名为鹏。鹏之背,不知其几千里也;怒而飞,其翼若垂天之云。是鸟也,海运则将徙于南冥。南冥者,天池也。《齐谐》者,志怪者也。《谐》之言曰:"鹏之徙于南冥也,水击三千里,抟扶摇而上者九万里,去以六月息者也。"(《北冥有鱼》)

> 惠子谓庄子曰:"魏王贻我大瓠之种,我树之成而实五石。以盛水浆,其坚不能自举也。剖之以为瓢,则瓠落无所容。非不呺然大也,吾为其无用而掊之。"庄子曰:"夫子固拙于用大矣。宋人有善为不龟手之药者,世世以洴澼絖为事。客闻之,请买其方百金。聚族而谋之曰:'我世世为洴澼絖,不过数金。今一朝而鬻技百金,请与之。'客得之,以说吴王。越有难,吴王使之将。冬,与越人水战,大败越人,裂地而封之。能不龟手一也,或以封,或不免于洴澼絖,则所用之异也。今子有五石之瓠,何不虑以为大樽而浮乎江湖,而忧其瓠落无所容?则夫子犹有蓬之心也夫!"(《五石之瓠》)

师:通过多篇文本的对读、比较,同学们对"道"——庄子的核心思想有没有新的理解呢?请各小组依次发言。

生:我发现《五石之瓠》和《庖丁解牛》的结构很像,都是大故事里面套小故事。《五石之瓠》中,要将药方、瓠发挥出最大的作用,就不能局限在世俗功利。庖丁也是一样,他不是通过这门技艺求生,而是在追求更高的境界。那么,庄子的"道"大概是说,放弃狭隘的功利心,追求更高的价值,才能发现真理吧。

师:这个小组给大家做了一个很好的示范。既有文本结构的解析,还有建立在文本细读基础上的比较阅读,抓住了共同点,来解释"道",有分析、有总结,声音响亮。有请第二个小组。

生:我们组也做一个补充,《五石之瓠》也是运用了夸张的手法,十升为一斗,十斗为一石,庄子写的这个葫芦能容得下五百升的东西。其次,这么大的葫芦,你不能按照一般葫芦来看它,就像解牛要依据牛的结构一样,要依据它的特性行事。所以,我们小组觉得"道"是说事物的本质、事情的规律,要遵循规律行事。

生:我们小组认为三篇语段里主体最后的状态是一样的,鹏翱翔于天地间、瓠"浮于江湖"、庖丁游刃有余,都达到了一种逍遥自在的状态,与自然合一的状态,这就是"道"的境界吧。

师:同学们的联读能力相当不错。老师对大家的思考做一个总结。"道"有多层含义,可以指宇宙的本原,自然规律或万物发展变化所依循的规律,也可以指向宇宙万物的同一性。

请同学们在今天讨论的基础上,修改知识卡片上的相关内容。(播放 PPT 第 8 页)

> ## 庄子的哲学思想
> - 在反复实践中积累经验
> - 探求规律,运用规律,遵循规律
> - 顺应环境,随俗沉浮,回避矛盾,以保全性命,养护精神
> - 道:宇宙的本原,自然规律或万物发展变化所依循的规律,也可以指向宇宙万物的同一性

任务三:探讨影响,形成建构

师:运用超常的想象、大胆的夸张是庄子创作寓言的常用手法,他几乎所有的故事都怪诞奇幻,这使得庄子的散文既有诗歌的意蕴,又有哲理的光辉,对后世文学有着深远的影响。

同学们在课前已经通过查找资料,搜集了一些深受庄子文风影响的作家作品。老师把出现频率最高的几则摘录如下。(播放 PPT 第 9 页)请同学谈谈为什么选取这几则材料。

> ### 谈谈庄子想象和夸张的艺术特征对后世文学的影响
> 我欲因之梦湖月,一夜飞度镜湖月,湖月照我影,送我至剡溪。(〔唐〕李白《梦游天姥吟留别》)
> 老兔寒蟾泣天色,云楼半开壁斜白。玉轮轧露湿团光,鸾佩相逢桂香陌。黄尘清水三山下,更变千年如走马。遥望齐州九点烟,一泓海水杯中泻。(〔唐〕李贺《梦天》)
> 我欲乘风归去,又恐琼楼玉宇,高处不胜寒。起舞弄清影,何似在人间。(〔宋〕苏东坡《水调歌头》)
> 天接云涛连晓雾,星河欲转千帆舞。仿佛梦魂归帝所,闻天语,殷勤问我归何处。
> 我报路长嗟日暮,学诗谩有惊人句。九万里风鹏正举。风休住,蓬舟吹取三山去!
> (〔宋〕李清照《渔家傲》)

生:《渔家傲》《水调歌头》直接化用、沿袭《庄子》内容的诗句,如"九万里风鹏正举""乘风归去",都有想要与天地合一的自在。

生:它们大多提到了梦境,想象奇特,视野宏大,有庄子艺术的影子。

生:都运用了比喻、夸张、联想,李贺的奇诡、李白梦境描写的神秘莫测、李清照梦境的辽阔缥缈,都很有庄子的浪漫主义色彩。

师:"飞度镜湖月""遥望齐州""乘风归去""星河欲转"等句子充分地体现了这种浪漫主义的特色,颇有那种洋洋洒洒、想象诡谲的艺术力量,从中可以看到庄子想象和夸张艺术特征的影响。(播放 PPT 第 10 页)

《庄子》语言上汪洋恣肆，诙谐夸张，李白称赞为"吐峥嵘之高论，开浩荡之奇言"。

《庄子》构思上丰富奇特，变化多端，刘熙载称之为"意出尘外，怪生笔端"。

师：除了上面提到的诗人诗句，柳宗元寓言想象奇幻、辛弃疾词奇雄壮阔，从中也可以看到《庄子》想象和夸张艺术特征的影响，即便在汤显祖的传奇、吴承恩和施耐庵的小说里，我们也能见到《庄子》的影子。我们一起带着对庄子浪漫主义的感悟，对庄子"道"的更深的理解，齐读课文。

（生有感情地齐读）

师：节奏、情感都把握得非常到位。中国的先秦是一个属于思想家的年代。在群星璀璨的夜空中，庄子是那类耀眼的星座之一。他以洋洋洒洒、想象诡谲的艺术力量向人们传播"天道自然，养生全身"的思想。

庄子的思想被后人称之为最早的关注人心灵的哲学。

在这节课，我们一起领略了庄子那洋洋洒洒、想象诡谲的艺术魅力，对其深邃的哲学思想有了更深的理解。课后，希望同学们拓展阅读，修改完善读书卡片、知识卡片，并张贴在展示栏。

【教学反思】

这节课的教学基本依循毛刚飞老师的教学设计，主要抓住《庖丁解牛》这篇文本中的想象和夸张，探究其背后的深刻思想，并联系其他文本和后世作品加深体会。教材的单元导语中说"了解中华文化的一些重要理念，领会其中包含的人文精神，深化对传统文化的认识""要在理解文意的基础上，整体把握经典选篇的思想内涵""初步了解儒家、道家思想的特征，体会相关篇章论事说理的技巧和不同的表达风格"，在学习提示里进一步指出"《庄子》常用寓言来表达思想，形象生动，富于启发性""要深入思考'依乎天理''因其固然'等语句的含义，结合对庖丁解牛过程的描写，理解其高超技艺之中蕴含的'道'，从而全面把握这个故事的寓意"，以上要求已经在毛老师的教学设计得到集中的落实。

这节课在具体设计时注意到了学生的文言文学习习惯和理解水平，适当照顾了具体的学情。比较有创意的地方在于教师通过指导诵读，引领学生关注文句，揣摩文意，走近文本。在有限的教学时间里突出重点字词的落实，同时又避开了繁琐的字词串讲。当然，考虑到高一学生的心智发展水平、必修教材提出的"深入思考""理解'道'""全面把握"的要求，这节课通过课外拓展，用更多的素材帮助学生建立经验以外的认知。当然这方面的努力不一定达得到预期的设定。值得一说的是，从教学的经过看，师生有必要改变常见的将"想象""夸张"仅作为一种艺术表现手段来认识的局限。《庄子》中的"想象""夸张"并不像"有意为之"的技巧，更像是"与生俱来"的禀赋，可能源于庄子对认识"道"的一种自信，一种精神上的自由，所以才会有后世称为的"汪洋恣肆，仪态大方"的艺术风格。这样一种发自精神自由的"想象""夸张"，在拓展材料中也是同样存在的，教师有必要在教学中适当点明。

君子见机，达人知命：士子的智慧与功业

执教/江西省宜春中学　刘京平

本课课件

【专题目标】

精读《烛之武退秦师》，联读《宫之奇谏假道》，剖析士子的智慧与功业之间的因果关联，思考士子的前途命运谁来做主的问题。

【预习任务】

1. 借助工具书，结合注释，扫清《烛之武退秦师》《宫之奇谏假道》的字词障碍，翻译并熟读全文。

2. 阅读《烛之武退秦师》并思考以下问题：郑伯凭什么相信烛之武可以退秦师？烛之武是如何让秦伯改变心意的？烛之武拥有如此的智慧，为何早得不到重用？

3. 阅读《宫之奇谏假道》并思考以下问题：对于"晋侯复假道于虞以伐虢"这件事，虞公和宫之奇各有怎样的看法？他们的看法为何如此截然不同？事实证明，他俩看问题谁更精准？你是否赞成"良禽择木而栖"的说法？为什么？

【教学实录】

师：（播放PPT第1—3页）《左传》代表了先秦史学的最高成就，同时也是一部非常优秀的文学著作，长于记述战争，又重视记录辞令。这节课，我们要在预习并掌握文言字词的基础上，通过精读《烛之武退秦师》，联读《宫之奇谏假道》，剖析士子的智慧与功业之间的因果关联，思考士子的前途命运谁来做主的问题。谁能告诉大家，我们将要讨论的"士子"是什么人？

生：士子是我国古代对品德好、有学识或有技艺的人的美称，士子为高层研判形势、谋事创业出谋划策，相当于现代的顾问、智库和智囊团。

师：这位同学的回答概念清晰，诠释清楚，语言清爽，表达得特别精准。大家能按图索骥，列举一些我国历史上知名士子的名字吗？

生：刘邦手下的谋士张良。

生:项羽手下的谋士范增。

生:刘备手下的谋士诸葛亮。

生:曹操手下的谋士程昱。

生:曹丕手下的谋士司马懿。

生:孙权手下的谋士鲁肃。

师:很好,大家列举的都是如雷贯耳的名家大腕,干的可都是惊天动地的大事。今天我们学习的《烛之武退秦师》《宫之奇谏假道》这两篇文章,里面的烛之武、宫之奇,也是两位"大咖"。下面我们通过其言其行、其人其事,来解读士子谋事创业的智慧与他们的功业。

任务一:剖析烛之武的智慧与功业

师:郑国"国危矣"的原因是什么? 谁来说?

生:"晋侯、秦伯围郑,以其无礼于晋,且贰于楚也。"当时的形势是"晋军函陵,秦军氾南",大军压境,来势汹汹。

师:请大家阅读课文,"国危矣"是谁说的?

生:"国危矣"是郑国大夫佚之狐对郑文公说的。

师:该说法是否言过其实? 为什么?

生:就当时的局势来看,小小郑国被秦晋两大强国包围,郑国确实危在旦夕。

生:"国危矣"是郑国爱国人士、朝廷上下的一致观点。

生:"国危矣"并非哪个别有用心的人的言过其实或者耸人听闻。

生:只要略有知觉、略有头脑的人都会持有"国危矣"这样的观点。

师:如此看来,"国危矣",郑国的气氛空前紧张,几乎人人如热锅上的蚂蚁。那么,面对这样糟糕的局面,谁能挽狂澜于既倒?"国危矣,若使烛之武见秦君,师必退",这句话体现了佚之狐哪些过人之处?

生:体现了佚之狐对局势的发展趋势判断精准。

生:体现了其对烛之武的智慧和谋略判断精准。

生:体现了其对秦晋同盟的含金量、协同作战的决心判断精准。

生:体现了其对郑伯救国之急切、郑伯之知人善任判断的精准。

师:请大家用笔画出与郑伯相关的句子,并据此分析郑伯的性格特点。

生:虚怀若谷,察纳雅言。

生:知人善任,任人唯贤。

生:主动揽责,礼贤下士。

师:请大家琢磨一下,晋秦围郑,烛之武为何不去见晋侯而选择去见秦伯? 两边同时用功不是更好吗?

生:晋侯是晋秦围郑的"主犯";秦伯属于"从犯",只是跟随而已。

生:郑国此前有两件事得罪了晋国。一是晋文公当年逃亡,路过郑国时,郑国没有以礼相待。二是在晋楚城濮之战中,郑国曾出兵帮助楚,结果以楚国失败而告终。但是,郑国没有得罪秦伯。

生:烛之武不去见晋侯而选择去见秦伯,显然是想从敌方堡垒最薄弱的地方下手。

生:可能烛之武懂得统一战线。(大家笑)懂得尽可能去团结一切可以团结的朋友,积极去争取一切可以争取的力量。

师:博古通今,条分缕析,大家的思路都非常开阔啊。我们继续来分析,烛之武是如何让秦伯改变心意的?

生:帮秦伯分析战争发展态势,站在秦伯的立场上,为秦伯谋利,这是诱之以利。

生:在为秦国谋利的基础上,巧妙挑拨离间,轻松瓦解秦晋同盟,这是离间计。

生:告诉秦伯,亡郑对秦国有百弊而无一利,存郑对秦国有百利而无一弊,这是诱之以利。

生:告诉秦伯,晋国言而无信,贪得无厌,秦跟晋结盟,并不值得,这是动之以情。

生:"邻之厚,君之薄也",告诉秦伯,亡郑就是强晋,就会损害秦国,这是晓之以理。

师:烛之武既然拥有如此高妙的智慧,为何早得不到重用?

生:晋秦围郑之前,郑国没有用烛之武的必要性,更无用烛之武的紧迫性,也就是没有需求。

生:晋秦围郑之前,没有人向郑伯推荐烛之武,郑伯不清楚烛之武的智慧,自然不会重用他。

师:烛之武的遭遇,带给我们怎样的启示?

生:有人需要的智慧,才是真智慧;我们要学习和掌握对他人有用的真本领。

生:酒香也怕巷子深。(大家笑)展示、宣传和广告也是生产力。

生:千里马没有伯乐,就要想办法当自己的伯乐,否则会被埋没。

生:人生是需要平台的,需要推广的,只顾埋头学习是远远不够的。

师:晋秦围郑前后,烛之武的智慧与功业有何变化?

生:烛之武的智慧应该没什么变化,但功业发生了翻天覆地的变化。

师:导致这种变化的原因有哪些?

生:导致这种变化的原因是烛之武有了用武之时势,时代需要他了。

生:烛之武也有了用武之平台,他有表现的机会与平台。

师:烛之武的功业与他的智慧之间,具有怎样的因果关联?(播放PPT第4页)

剖析烛之武的智慧与功业

思考题目:烛之武的功业与他的智慧之间,具有怎样的因果关联?

思路提示:将烛之武放在具体历史情境中、放在他与其他人的互动中去剖析。

推荐角度:烛之武本人;佚之狐对他;郑伯对他。

推荐用词:根本,前提,关键。

生:烛之武本人的智慧,是他取得功业的根本。如果没有智慧,佚之狐不会推荐;如果没有智慧,郑伯也不可能给他机会与平台。

生:佚之狐的赏识和推荐,是烛之武取得功业的前提。否则,智慧再多都是白搭。

生:郑伯的赏识和任用,给他的机会和平台,是烛之武取得功业的关键。

生：古往今来，有本事的人如过江之鲫，但不是所有有本事的人都能被赏识。如果没人赏识，没人推荐，没人任用，那么即使有再高的智慧，那也是枉然，那也不可能取得理想的功业。

师：怪不得都说，读史可以明智。从大家的分析可以看出，历史真是一面镜子，可见镜鉴人生。（播放PPT第5页）

任务二：剖析宫之奇的智慧与功业

师：《宫之奇谏假道》记录了晋献公向虞国行贿，以假道为名，行灭国之实的历史事件。我们耳熟能详的成语"假道伐虢""唇亡齿寒"，就是源于此事。其中的计谋与战略，成为《三十六计》当中的经典。现在我们来分析《宫之奇谏假道》中宫之奇的其人其事、其言其行。我们依旧按照前面的做法，也就是将人物放在具体的历史情境中、放在他与其他人的互动中去剖析。

师：请大家首先琢磨，晋献公吞并虢国和虞国成功的秘诀是什么？

生：晋献公以本国宝物作诱饵，诱敌手上钩。

生：晋献公六亲不认，不顾同宗亲情。

生：晋献公心狠手辣，唯利是图，为达到目的，不择手段。

生：晋献公看透了虞公，吃准了虞公，狠狠算计和利用了虞公。（大家笑）

师：用"辅车相依，唇亡齿寒"解说虞国和虢国的关系，宫之奇说清楚了吗？如果说清楚了，虞公为何不听劝？

生："辅车相依，唇亡齿寒"，这里采用了比喻的手法。这样的比喻化深奥为浅易，化抽象为形象，化陌生为熟悉，将虞国和虢国的关系说得形象生动、清楚透彻，按理来说，这是非常好懂的。

生：虞公他之所以不听劝，不是因为宫之奇没说清楚，而是虞公头脑发热，意气用事。

生：虞公被晋国送的宝马和美玉蒙蔽了双眼，挡不住诱惑，看不透形势。

生：也有可能，虞公觉得晋国是挡不住的，与其与强晋为敌，不如顺水推舟，给晋做个人情。

生：虞公幻想晋国会念及旧情、同宗、"我帮了你的忙"等因素，为虞国留下一点生路。

生：虞公生在乱世却不懂政治，真是太傻太天真。（大家笑）

师：对于"晋侯复假道于虞以伐虢"这件事，虞公和宫之奇各有怎样的看法？

生：宫之奇对晋侯的狼子野心洞若观火，坚决反对假道，认为此举会给虞国带来灭顶之灾。

生：虞公却不以为然，贪图晋侯一点礼物，顾及同宗的情分，同意假道，结果因小失大，害人害己。

师：宫之奇是如何劝谏虞公"晋，吾宗也，岂害我哉？"这一观点的？

生：宫之奇形象生动地给虞公上了一堂历史课，扳着指头跟他一个一个数过来，告诉他历史上因为利益杀亲戚的事情并不少。

生：是啊，自周朝开国以来，谁不是沾亲带故的？你看他们因为亲情手软了吗？你跟晋献公再亲,能亲过同族兄弟吗?人家连兄弟都杀,何况你一个八竿子打不着的同宗了。

生:宫之奇深刻地揭示了一个残酷的真相,试图用情感的纽带挡住利益的巨轮,就好像是螳臂当车,而当你怀着侥幸的心理试图这么做的时候,你就会发现,把感情看得越重,最后你伤得越深。

师:在虞公前面,宫之奇如此深刻的历史课,管用吗?

生:唉,烂泥扶不上墙。历史课后,虞公似乎有所顿悟。但没想到的是,他竟然换了一个听起来更离谱的理由。虞公说,"吾享祀丰洁,神必据我"——我举行祭祀,供品丰盛而又洁净,神明必定会保佑我。

师:对虞公的这一幻想,宫之奇是怎么回应的?

生:宫之奇给他泼了一盆冷水。告诉他"皇天无亲,惟德是辅"。意思是,上天不会偏向任何一个凡人,只有美好的德行才能让自己立于不败之地。天地是没有情感的,它只会以它的客观规律去运行。

师:宫之奇的话说得如此明白,可是依旧驱散不走虞公的魔障。虞公和虞国最后的下场如何?

生:虞公不听劝告,答应了晋国的要求。晋国借道灭掉虢国后,归来时顺便就把虞国灭掉了,并且捉住了虞公。

师:你是否赞成"良禽择木而栖"的说法?为什么?

生:赞成。因为"良禽择木而栖"的本质,是英雄主动去寻找自己的用武之地,主动掌握自己的前途和命运。

生:此处不留爷,自有留人处。

师:宫之奇的智慧与他的功业之间,具有怎样的因果关联?(播放 PPT 第 6 页)

剖析宫之奇的智慧与功业

思考题目:宫之奇的功业与他的智慧之间,具有怎样的因果关联?

思路提示:将宫之奇放在具体历史情境中、放在他与其他人的互动中去剖析。

推荐角度:宫之奇本人;虞公对他。

推荐用词:根本,前提,关键。

生:宫之奇有智慧,这为宫之奇建功立业提供了根本条件;不过,仅靠这些智慧,还不一定能建功立业。在有眼无珠、刚愎自用的虞公手下,哪怕宫之奇的智慧再高,那都是白搭。就像《马说》里的千里马,很可能就"只辱于奴隶人之手,骈死于槽枥之间",被白白浪费、埋没了。(大家笑)

生:放错了地方,宝贝也会成为废品。(大家笑)

生:放错了地方,才子也会穷途末路,落入令人同情的境地。"冯唐易老,李广难封。屈贾谊于长沙,非无圣主;窜梁鸿于海曲,岂乏明时?所赖君子见机,达人知命。……孟尝高洁,空余报国之情;阮籍猖狂,岂效穷途之哭!"(全班鼓掌)

师:王勃说得真好,"君子见机,达人知命"。(继续播放 PPT 第 6 页)

任务三：剖析士子的智慧与功业

师：刚才我们通过精读《烛之武退秦师》，联读《宫之奇谏假道》，剖析了烛之武功成名就和宫之奇心想事不成这一正一反两个案例。现在我们不妨把视野放得更加开阔一点，争取归纳古往今来士子的智慧与他们所取得的功业之间的因果关联，并在此基础上，思考士子的前途命运谁来做主的问题，思考我们的青春、我们的人生谁来主宰的问题。

师：我国历史上，有哪些知名的士子？

生：刘邦手下的谋士张良，项羽手下的谋士范增，刘备手下的谋士诸葛亮，曹操手下的谋士程昱，曹丕手下的谋士司马懿，孙权手下的谋士鲁肃。

生：孔子也是啊，孔子周游列国，不就是想去当智囊吗？（大家笑）

生：姜子牙，辅佐武王伐纣建立了周朝。

生：范蠡，春秋时期杰出的智士能臣。家事、国事、天下事，无不精通，从政、从商，总是得心应手，堪称千古奇人。当然，越王执意要去伐吴，未听范蠡劝阻，险些丧命。幸亏范蠡献计才保越王不死。范蠡帮勾践成为春秋时期最后的一位霸主。在功成名就之后，范蠡抵御住了功名利禄的诱惑，急流勇退。（全班鼓掌）

生：商鞅，管仲，刘伯温……

师：大家能够从这些知名士子身上"提取公因式"吗？分析出知名士子的智慧与功业之间，究竟具有怎样的因果关联吗？（播放 PPT 第 7 页）

剖析士子的智慧与功业

思考题目：(1) 古往今来士子的智慧与他们所取得的功业之间有什么因果关联？

(2) 士子的前途命运谁来做主？

(3) 我们的青春、我们的人生谁来主宰？

思路提示：将士子放在具体历史情境中、放在他与其他人的互动中去剖析。

推荐角度：本人；他人；时代。

推荐用词：根本，前提，关键。

生：士子本人要拥有能够成就他人的愿望，能够解决他人的麻烦、被他人需要的真智慧。

生：拥有真正的智慧，是士子取得功业的基础条件和根本条件，却不是全部条件。

生：要有人赏识，有人推荐，有人任用。

生：要生逢其时，要创造需求，要自我推销。

师：有智慧的士子如果要建立较大的功业，应该怎么做？请同学们为士子提些建议，要求写具体，要有可操作性。

（学生思考，写作）

生：好酒也怕巷子深。有智慧的士子，要创造机会展示自己的智慧。

生：良禽择木而栖。有智慧的士子，要认真甄别与挑选有利于发展的平台。

生：有智慧的士子要等待机会，抓住机会，更要想办法创造机会。

生:功成不必在我。有智慧的士子当以天下为己任,以人民幸福为追求。

生:成功必定有我,但功成不必在我。谋天下之利,不计个人得失。

师:大家思维敏捷,思路开阔,观点深邃,富有启发,从不同角度指明了士子谋事创业、建功立业的康庄大道。让我们为自己的青春智慧鼓个掌。(全班鼓掌)

师:希望大家能够以这些观点指导自己的青春之路,好好把握自己的前途命运,尽全力为中华民族的伟大复兴贡献自己的智慧和热血。

师:下面布置两道课外综合训练题。请大家选择自己最感兴趣的活动参加,并做好准备。(播放PPT第8页)

课后练习

1. 开展一次辩论赛,探讨英雄与时势的关系。

正方观点:时势造英雄;反方观点:英雄造时势。

2. 开展一次演讲比赛,题目是:我命由我不由天。

请同学们根据自己的所见所闻,所思所感,发表自己的见解和主张。

【教学反思】

理想的语文课,我认为应该尽可能做到"四个要":眼界要宽,开掘要深,素养要实,形式要活。本专题引导学生精读《烛之武退秦师》,联读《宫之奇谏假道》,聚焦士子的智慧与功业之间的因果关联,思考士子的前途命运谁来做主的问题。并在此基础上,引导学生为自己谋事创业、建功立业总结方法,找对策略,鼓励学生自觉将自身发展与国家、民族、时代紧密结合,尽全力为中华民族的伟大复兴贡献自己的智慧和热血。本课教学具有如下特点:

1. 群文阅读,拓宽眼界。本专题聚焦《烛之武退秦师》《宫之奇谏假道》,并拓展到古往今来的知名士子的智慧与功业。就像由一片叶,到一棵树,再到整个森林,点面结合,举一反三,撒得开,收得拢。

2. 焦点集中,开掘较深。本专题聚焦士子的智慧与功业之间的因果关联,切入点小,以便在有限的教学时间里,尽可能把问题分析得比较透彻,尽可能把两者的因果关联揭示得比较彻底。如果追求面面俱到,如果不敢果断舍弃,教学就可能蜻蜓点水,或者旁逸斜出,看似热闹却让学生收获寥寥。

3. 训练有法,落实素养培育。本节课始终围绕着文本,稳步推进阅读、思考、写作的训练,在引导学生扫除文言字词障碍并熟练翻译原文的基础上,将人物放在具体历史情境中、放在与其他人物的互动中去剖析,重点分析其人其事,其言其行,从而培育学生语言的建构与运用、思维的发展与提升、审美的鉴赏与创造、文化的传承与理解这些语文核心素养,并且这些素养的提升效果都能在课堂上,通过学生的课堂表现予以显性化和可视化。

4. 听说读写,形式灵活。本微专题教学设计了三个环环相扣的教学任务,采用师生互动、生生互动、生本互动等形式,让同学们听一听,说一说,读一读,写一写,讲一讲,教学形式比较活泼,课堂气氛比较活跃,学生思维比较深入,学习态度比较主动,智慧碰撞比较频繁,教学效果自然也比较好。

5. 立德树人,设计巧妙。本专题让学生将古代士子的前途命运与新时代的新青年的前途命运放在时代背景下去对比,去观照,引导学生形成生逢其时的感慨,进而感恩时代、感恩祖国,并自觉将个人发展与祖国、民族、时代紧密结合,为中华民族的伟大复兴贡献力量。

6. 学法指导,经验可复制。古往今来,但凡取得杰出成就的人,都善于在不同地方找到相同点、共同点、一般规律;或者在相同地方找到不同点、差异点、区别点。本专题引导学生寻找同为士子的烛之武、宫之奇他们功业的不同点,并在古往今来不同的成功的士子身上寻找相同点,琢磨他们之所以取得功业,或之所以失败的规律。求同思维和求异思维,是求得大学问常用的思维方式。

性格与命运：英雄性格与事业成败

执教/浙江省宁波中学　褚树荣

【专题目标】

联读《鸿门宴》及相关文本，从三个维度探究英雄性格和命运之间的关系：通过文本细读，分析项羽和刘邦的性格；通过比较，探究两位英雄的不同特点；通过扩展阅读，探讨英雄性格与事业成败的关系。

【预习任务】

1. 细读课文《鸿门宴》，用短语梳理情节发展过程。

2. 扩展阅读下列参考文本：

(1)《史记·项羽本纪》自"项籍者，下相人也"至"虽吴中子弟皆已惮籍矣"。

(2)《史记·高祖本纪》自"高祖为人，隆准而龙颜"至"项羽有一范增而不能用，此其所以为我擒也"。

(3)《史记·陈丞相世家》自"项王不能信人"至"士之顽钝嗜利无耻者亦多归汉"。

3. 朗读项羽的《垓下歌》、刘邦的《大风歌》、杜牧的《题乌江亭》、王安石的《乌江亭》、李清照的《夏日绝句》各五遍。

【教学实录】

第一课时　解读项羽：鸿门宴上谁是英雄？

师：（播放PPT第1页）同学们都预习过课文了，我来检查一下你们的预习质量。（教师播放PPT第2—4页，学生完成注音、解释字意、翻译句子、辨别词类活用类型的练习）

师：再请你们看PPT上的这些成语，它们都与楚汉争霸这段历史有关。你们看后有什么感觉？（播放PPT第5页）

楚虽三户,亡秦必楚	三户亡秦	胯下之辱	破釜沉舟	项庄舞剑,意在沛公
背水一战	四面楚歌	霸王别姬	成也萧何,败也萧何	明修栈道,暗度陈仓
解衣推食	楚河汉界	韩信点兵,多多益善	中原逐鹿	作壁上观 沐猴而冠
约法三章	独当一面	妇人之仁	十面埋伏	伐功矜能 锦衣夜行 衣锦还乡
无颜见江东父老	取而代之	拔帜易帜	先发制人	付之一炬 国士无双
秋毫无犯				

生:说明楚汉相争是中国历史上轰轰烈烈的大事件,现在象棋上都有楚河汉界。

生:这些成语是历史事件的浓缩。成语是我们历史和文化的重要部分。

生:这些成语大多与刘邦和项羽两个集团盛衰有关,这两位是对汉文化产生过深远影响的英雄。

任务一:了解背景——楚汉英雄横空出世

师:是的,"斯人虽已逝,千载有余情"。我们先来了解项羽,请大家齐读PPT,谈谈你们对项羽的初步印象。(播放PPT第6、7页)

> 项籍者,下相人也,字羽。初起时,年二十四。其季父项梁,梁父即楚将项燕,为秦将王翦所戮者也。项氏世世为楚将,封于项,故姓项氏。项籍少时,学书不成,去,学剑,又不成。项梁怒之。籍曰:"书足以记名姓而已。剑一人敌,不足学,学万人敌。"……秦始皇帝游会稽,渡浙江,梁与籍俱观。籍曰:"彼可取而代也。"梁掩其口,曰:"毋妄言,族矣!"梁以此奇籍。籍长八尺馀,力能扛鼎,才气过人,虽吴中子弟皆已惮籍矣。(《史记·项羽本纪》)

生:项羽力能扛鼎、才气过人,吴中子弟都怕他,说明他在江湖很有影响力了。

生:项羽少有大志,跟刘邦完全不同。刘邦说,"大丈夫当如此也",他直接说,"取而代也"。

师:是的,乱世出英雄!这位少有大志的项羽,在秦末乱世中横空出世了!公元前209年陈涉起事。公元前208年楚怀王与诸将约"先入咸阳者王之"。公元前206年刘邦先入咸阳,项羽挥军西向。于是刘项二位风云人物会于新丰鸿门,一场对中国历史产生深刻影响的最著名的宴会开始了。

师:同学们预习过课文,请根据宴会前、宴会中、宴会后三个阶段,用几个短语概括故事情节。(每组抽一个学生朗读概括的短语,学生根据情节的发展,依次概括)现在,我把自己的概括展示一下(播放PPT第8页,展示表1),你们觉得怎么样?

表1

过程	项羽方的活动	刘邦方的活动
宴会前	无伤告密 范增说羽	笼络项伯 定计赴宴

过程	项羽方的活动	刘邦方的活动
宴会中	项王留饮　范增举玦 项庄舞剑　项王赐酒	刘邦谢罪　樊哙闯营 沛公如厕　沛公逃脱
宴会后	项王受璧　范增破斗	沛公脱险　张良留谢 诛杀无伤

生:这样清楚——分成刘邦和项羽两大阵营,用一张表格就把课文内容浓缩了。

任务二:考察项羽细节——鸿门宴上谁是英雄?

师:谢谢表扬。用四字短语概括情节,是一种概括能力,用表格梳理情节是一种建构能力,同学们以后要多加注意。现在我们先来考察项羽在鸿门宴上的细节,请大家填空。(播放 PPT 第 9 页)

　　无伤告密,项羽_____。项伯劝说,项羽_____。刘邦道歉,项羽_____。项羽留饮,_____。范增举玦,项羽_____。樊哙闯帐,项羽_____。刘邦送礼,项羽_____。

(学生对照文本,在横线上依次填入这些词语:大怒;许诺;摊底;位分尊卑;默然;赞许;受璧)

师:性格藏在细节里。根据细节,我们可以见到项羽的内心。譬如他得到曹无伤的密告,就勃然大怒。既然楚怀王与诸将有约,"先破秦入咸阳者王之",刘邦就是"王关中"也并未背约,项羽为什么勃然大怒呢? 这一个"怒"字,可以见出项羽轻信"细说"、轻率耿直、轻狂自大、不可一世的性格。下面我们分成六个小组,每小组点评一个细节,另外两个小组来评价同学们的点评。(教师巡视,学生将点评写在书上,教师请点评得较好的同学发言)

生:我点评的是"项伯劝说,项羽许诺"这个细节。既然项羽已经传令"飨士卒",击沛公,为什么项伯一席话,又让他改变了主意呢? 我觉得是因为他爱慕虚荣,自大的心理得到满足。同时这也体现出项羽是守义的,"人有大功而击之"是不义的,项羽没有那么做。

生:这也说明他重用亲信,信任亲信。如果是别人说,他可能不听,项伯就不一样了。

生:项羽性格有点反复。军令大事,令出必行,怎可以轻易改变决定呢?

师:好,有道理,评论组有何评论?

生:其他分析得很好,但说项羽是守义的,我有不同意见。春秋无义战,楚汉争霸也是这样,实力和利益为先,那有什么守义不守义?

(原先的学生欲表达不同意见)

师:有不同意见很好,课后你们可以再交流。在宴会上刘邦道歉了,项羽马上摊底子,"此沛公左司马曹无伤言之"。你们组的看法呢?

生:项羽听了刘邦假惺惺的赔礼道歉后,马上说出军事机密,真是愚不可及啊!

生:这也说明项羽有坦荡磊落的胸襟,胸无城府。同时也说明他轻视曹无伤这类小人,不想保护他,想借刀杀人。

师:评论组以为呢?

生:曹无伤这样的卧底在两军相争时非常重要,项羽怎么会借刀杀人呢?这点智商都没有?不可能。

师:你的评论在战略层面上看是有道理的,放在个人性格层面分析,项羽确实看不起人格低下的人。"项羽留饮,位分尊卑"这个细节,历来是经典。我们先看PPT。(播放PPT第10页,展示图1)从鸿门宴的座位安排上,我们可以看出什么?

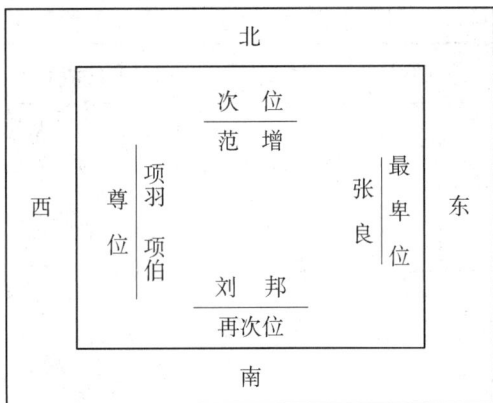

图1

生:宴席的坐次以坐西向东最尊,次为坐北向南,再次为坐南向北,坐东向西侍坐。鸿门宴中"项王、项伯东向坐",是最上位,范增南向坐,是第二位,再次是刘邦,张良则为侍坐。

生:可以将刘邦安排在范增的位置上啊,项羽真可谓目中无人,性格自大。

师:评论组有意见否?

生:这也是当时双方力量的体现。你叫刘邦东向坐,按他的性格是死活不肯的。所以还是一切从实际出发。

生:"范增举玦,项羽默然"这个细节。"范增数目项王,举所佩玉玦以示之者三",但"项王默然不应"。项羽心高气傲,刚愎自用,他觉得刘邦根本不是自己对手。

生:我有补充,这也体现出项羽太看重武力和荣誉,太讲究游戏规则。

生:正如范增所说,项羽"为人不忍",他不愿乘人之危,刘邦称"臣"谢罪,项羽更会认为杀之"不义"。

师:这确实是令后人扼腕叹息的细节。那对于"樊哙闯帐,项羽赞许"这个细节,你们组有何看法?

生:樊哙闯营,可谓无礼,可是项羽不但没有恼怒,反而称之为"壮士",又是赐酒,又是赐食,又是赐座。听了樊哙的指责,也"未有以应"。说明项羽对樊哙有惺惺相惜之感。

师:项羽赞其闯帐之勇?叹其声势之壮?感其护主之义?嘉其事理之明?可能都有一点。这说明项羽的性格具有两面性。钱锺书有一段很有见地的评论——(播放PPT第11页)

《项羽本纪》仅曰:"长八尺余,力能扛鼎,才气过人",至其性情气质,都未直叙,当从范增等语中得之。"言语呕呕"与"喑噁叱咤","恭敬慈爱"与"僄悍滑贼","爱人礼士"与"妒贤嫉能","妇人之仁"与"屠坑残灭","分食推饮"与"玩印不予",皆若相反相违,而既具在羽一人之身,有似双手分书,一喉异曲,则又莫不同条共贯,科以心学性理,犁然有当。(钱锺书《管锥编》)

师:请你们根据刚才分析的细节,结合钱锺书的评论,用并列的短语写一句话,点明项羽的两面性格,如"爱人礼士又妒贤嫉能"。

(学生写,教师巡视,一分钟后,学生轮流发言,教师点评)

师:刚才同学们概括得很精彩,有的用了钱锺书的原话,有的结合刚才的细节,我也概括了几句,供你们参考。(播放PPT第12页)

项羽的两面性格
①志向远大但又政治近视;②雄才大略而又单纯天真;
③光明正大但又僄悍猾贼;④爱人礼士而又妒贤嫉能;
⑤遵守规则而又率性妄为;⑥敏感过激而又麻木迟钝;
⑦为人不忍而又残忍暴力;⑧当机立断而又优柔寡断;
⑨英雄豪迈而又儿女情长;⑩分食推饮而又玩印不予。

第二课时　解读刘邦:鸿门宴上谁是英雄?

任务三:探究刘邦的"细节"——鸿门宴上谁是英雄?

师:这节课,我们主要来看看刘邦的表现,也从细节入手。我们分成四个小组,每小组探究一个细节。(播放PPT第13页)我来分配一下任务。第一组任务,看看刘邦的两种表情——项伯来访,刘邦大惊,张良追问,沛公默然。这是两种很有意思的表情。请你们揣摩刘邦的心情。第二组任务,听听刘邦的"称人"和自称——刘邦称项伯为"伯",称项羽为"将军",称张良为"君""公",称自己为"臣"。这里有什么讲究吗?第三组任务,想想刘邦在两个场合的提问——刘邦在张良告知项羽第二天要来攻打的时候,两次问张良"为之奈何",在借故离开宴席时问樊哙"为之奈何",这两次提问获得了怎样的结果?第四组任务,谈谈刘邦的两个决定——一是决定第二天一早向项羽当面致歉,二是决定在剑拔弩张的时刻不辞而别。请从时机把握和准备事项等方面评述刘邦的两个决定。现在请你们每组前后桌形成四人小组,探究这些细节背后的性格。然后派一人发言。

(全班前后桌组成小组,讨论两分钟)

生(第一组):"惊"是大惊失色。大军压境,覆巢之下无完卵,形势非常危险;表情默然,说明当时刘邦也许在积极思考应对,也许根本就是一筹莫展。但从他的才略来说,应该是在老谋深算中。

生(第二组):"伯"就是"大哥"之意,称项伯"伯",俨然和项伯是一家人。我们统计了一下,刘邦前后四次称项羽"将军",极奉承之能事,体现刘邦工于心计——人在屋檐下,不得不低头啊。抬高项羽,拉近项伯,尊重张良,放下身段,委曲求全。(全班鼓掌)

生(第三组):刘邦问张良,张良为他定下接见项伯,当面陈情的计策,并且使赴鸿门宴成为可能。问樊哙呢,樊哙一席话坚定了他中途逃脱的决心,并且使他摆脱鸿门宴的危险成为可能。也许刘邦内心已经有主意了,但在关键时刻,仍然不忘向下属征询策略,这真是虚心

纳下,善于用人,同时也能集思广益。(全班鼓掌)

生(第四组):我们这一组的任务特别难,我们就学习老师的表格化,列了一张表格。(教师示意到讲台上展示,学生展示表2)

表2

决定	时机	准备
赴宴	旦日从百余骑	①称兄长;②奉卮酒;③约婚姻;④带重礼;⑤从百骑
离席	樊哙从良坐	①樊哙做贴身警卫;②留下张良以尽礼数;③脱身独骑,减少目标;④小道间行,节省时间;⑤入营再谢,以防反悔

师:这是一个很精彩的分析,堪称完美的表格!已经超过我的水平!(全班大笑,鼓掌)根据刚才四组同学的探究,我们发现刘邦不但是一个政治家,也是一个军事家,也是一个出色的军事指挥员,小到一个局部细节,他都安排得非常细致,滴水不漏。可以说,这两个决定是几千年来所有杀机潜藏的宴会中最智慧的决定,是一个英雄和政治家的分野,也是两个英雄成败的分水岭,是汉兴楚弱最初的历史转机。

任务四:项刘比较——两个各有擅长、各具风采、各有归宿的英雄

师:接下来我们要再做一个探究任务,即从四个方面比较这两位英雄。第一组比较刘邦与项羽的出身与志向;第二组比较二人的用人与团队;第三组比较两人的性格与处事风格;第四组比较两人的政治才具与军事才能。每个组将讨论的结果,写成一段话,或分条陈述。现在开始,5分钟后派代表上台讲。

(学生进入第二次讨论)

生(第一组):我先给大家朗读一段《史记·高祖本纪》——

> 高祖为人,隆准而龙颜,美须髯,左股有七十二黑子。仁而爱人,喜施,意豁如也。常有大度,不事家人生产作业。及壮,试为吏,为泗水亭长,廷中吏无所不狎侮。好酒及色。常从王媪、武负贳酒,醉卧,武负、王媪见其上常有龙,怪之。高祖每酤留饮,酒雠数倍。及见怪,岁竟,此两家常折券弃责。
>
> 高祖常繇咸阳,纵观,观秦皇帝,喟然太息曰:"嗟乎,大丈夫当如此也!"

生(第一组):这说明第一,刘邦的出身不及项羽,"项氏世世为楚将,封于项,故姓项氏"。刘邦当过最大的官就是泗水亭长。也就是说他们一个是贵族,一个是平民。第二,刘邦天生是做皇帝的料,腿上有七十二颗黑痣为记号,身上常有龙虎之像。项羽就是一个"万人敌"的大将军。第三,他们两个都少年就有大志向,要做乱世中的救主。

生:我补充本组的讨论,这两个人都是乱世英雄,都是不拘小节的人。可见,非常之人,就有非常之行为,不太遵守常人的规则。

生(第二组):项羽这边范增有计不能用,项伯成事不足败事有余,项庄舞剑,也无可施

展,陈平也无所作为。而刘邦这边呢,张良定下妙计,樊哙生死关头闯帐,夏侯婴、靳强、纪信忠诚护主。项羽这边说得夸张一些就是一个"猪团队"啊!

师:说"猪团队"确实夸张了,说明你们这组为项羽着急。这两个人的团队,我们看一看PPT。(播放 PPT 第 14 页,稍加解释)

> 夫运筹策帷帐之中,决胜于千里之外,吾不如子房;镇国家,抚百姓,给馈饷,不绝粮道,吾不如萧何;连百万之军,战必胜,攻必取,吾不如韩信。此三人,皆人杰也,吾能用之,此吾所以取天下也。项羽有一范增而不能用,此其所以为我擒也。(《史记·高祖本纪》)
>
> 项王不能信人,其所任爱,非诸项,即妻之昆弟,虽有奇士不能用。……项王为人,恭敬爱人,士之廉节好礼者多归之。至于行功爵邑,重之,士亦以此不附。今大王慢而少礼,士廉节者不来,然大王能饶人以爵邑,士之顽钝嗜利无耻者亦多归汉。(《史记·陈丞相世家》)

师:团队不同,主要是集团的领袖不同。同一个韩信,原来在项羽麾下默默无闻,在刘邦团队中被拜为大将军,成为汉朝开国功臣之一。

生(第三组):刚才老师说过,团队不同其实是领袖不同。项羽本身是盖世英雄,"力拔山兮气盖世",他是一个杰出的军事家,但不是一个英明的政治家。项羽陷入垓下之围,仍然感叹,"天亡我,非战之罪",说明他临死时对于战略上的失误和性格上的缺陷仍缺乏醒悟。刘邦虽然"慢而少礼,士廉节者不来,然大王能饶人以爵邑",说明他对于人性有足够的了解,这就能够用人。刘邦具有君王的胸怀和气度,是一个出色的政治家。至于范增说的"望其气,皆为龙虎",什么大腿上有七十二枚黑子的记号等,都是历史宿命论的说法,不足为凭。(同学鼓掌)

生(第四组):我们这组比较两人的政治与军事才能。项羽不但在战术上失误,如鸿门宴上,放走刘邦;彭城大战后,寻求正面决战,不巩固后方。在战略决策上也有失误,听信谎言,先齐后汉,退守垓下,不返江东。刘邦在萧何帮助下,保障后勤,建立了根据地。项羽转战南北,没有稳固的根据地和大后方。刘邦能够等待时机忍让,抓住时机。彭城之战后,以持久战对速决战,最后集中优势兵力打歼灭战,取得了楚汉争霸的胜利。项羽灭秦后,"分裂天下而封王侯",使社会再次回到秦统一以前的分裂割据、群雄争霸的动乱状态。因此,顺历史潮流者昌,逆历史潮流者亡!刘邦在楚汉战争胜利后,即仿秦封建帝制,建立了汉帝国,这是顺历史潮流而进步的。(同学鼓掌)

师:同学们真是做足了功课,了解很多课外的资料来印证自己的观点。刘项的功业相反,成败各异,原因有很多。根据刚才的讨论,我们做了梳理,但人物臧否是很难有定论的。(播放 PPT 第 15 页,展示表 3)

表3

比较项目	刘邦	项羽
性格特点	深谋远虑、委曲求全	刚愎自用、胸无城府
志向目标	志在统一帝业	志在分封诸侯

比较项目	刘邦	项羽
团队用人	量才录用、知人善任	任人唯亲、众叛亲离
政治才能	目光远大,知晓天下大势	争强好胜,只重眼前得失
军事战略	雄才大略的军事家	叱咤风云的战术家
经济后勤	巩固根据地,经济有保障	流寇战术,屡占屡失
人心向背	人心所向,深得拥戴	残暴无信,失去民意

任务五:楚汉英雄与历史、文化的关系

师:同学们,我们知道刘项之争、楚汉战争对汉族文化有着深刻影响,留下了很多成语,成为我们的集体意识了。楚汉战争历时三年多,战地之辽阔,规模之巨大,韬略之丰富,英雄之涌现,前无古人。楚汉战争对于中华文化的影响,后无来者。项羽分封刘邦为汉王,刘邦打败项羽建立汉朝,形成了中国历史上长达四百余年的长期统一局面,促成多民族的融合以及汉文化的发展。你们还能举出一些例子,说明楚汉英雄对于我们的影响吗?

生:我觉得最典型的就是汉朝国号"汉"。这个字,又被衍生、扩展,产生了很多专用名词,如汉族、汉人、汉字、汉语、汉文、汉服等,影响了汉民族的文化心理、行为习惯和思维方式。

师:是的,从汉字来说,确实可以说从来没有一个朝代对我们汉民族有这样深远长久的影响。但是,古人对于项羽的失败,总是有无尽的叹息,曾进行过种种假设。宋人钱舜选诗曰,"鸿门若遂樽前计,又一商君又一秦",他认为鸿门宴上项羽假如听从范增的计谋,项羽可能成为秦始皇第二。你同意这种说法吗?(播放PPT第16页)

生:性格就是命运。项羽的性格让他摇摆犹豫,恪守规矩,太讲信用,不能机变,他无法战胜心底的价值和道德底线。所以,他不可能听从范增的劝言。即使听从了范增的意见,项羽赢得天下,也是一个暴君。英雄的性格决定历史走向,这是个人命运的必然,也是历史的必然。

师:那么,退一步讲,即使鸿门宴上没有抓住机会,最后在垓下之围中,假如当初项羽听从乌江亭长的劝说,楚汉相争的历史将会产生怎样的结局? 杜牧"胜败兵家事不期,包羞忍耻是男儿。江东子弟多才俊,卷土重来未可知"和王安石"百战疲劳壮士哀,中原一败势难回。江东子弟今虽在,肯与君王卷土来",你支持哪一方呢?

生:杜牧认为"卷土重来未可知",王安石认为"中原一败势难回"。李清照也对项羽"不肯过江东",发出深沉的喟叹和高度的赞美。历史具有偶然性,但是,偶然性一定隐藏在必然性当中。项羽假如听从乌江亭长的劝说,是可以逃脱垓下之围的。但是,逃脱了垓下之围,就能扭转历史乾坤吗?过了江东,项羽无非延长楚汉相争的时间罢了,最后胜出的,一定是刘邦。

师:说得很好! 在历史发展的关键时刻,决定命运的,从来就是政治家、战略家,而不是

一位英雄、一个军事家。与刘邦相比,项羽具有人格的魅力,具有"万人敌"的才具,但是,他不是政治家,不是战略家,最多是一个军事家而已。时间和历史将会给刘邦多得多的机会。

师:有人说刘邦出身无赖流氓,楚汉相争是流氓与贵族的较量;也有人说刘邦具有雄才大略,是政治家,楚汉相争是政治对军事的胜利。你们觉得有道理吗?

生:据说刘邦鄙弃书史,不讲信义,见到儒生就往他们的帽子里撒尿,看见父亲有被烹之险,居然会讨口肉汤,为了逃命,危急之际会把儿女推下车去。除了信奉成大事、立大功,"大丈夫当如是"的豪迈人生观,他通权达变,视贵族的礼仪规则如无物。

生:项羽早年虽然学过"万人敌",却不懂得战争是政治的继续,认识不到贵族势力走向衰亡与平民阶层登上历史舞台的时代风会,反说是"天亡我,非战之罪",岂非荒谬?无怪后人称他为"呆霸王"。

师:乱世争雄,波诡云谲,贵族的白手套未免缓不济急,惟有底层出身的豪杰依赖非常手段才能应付裕如。当楚汉争雄相持不下的时候,项羽竟要求与刘邦单打独斗,按照军事贵族的决斗规则以一决胜负,省得生民涂炭。这从智力上固然看低了刘邦,但从贵族的行为规则上看,却又高看了对手。在沛县起家的游民刘季看来,所谓正当的手段、公道的规则,那充其量不过是好笑的"妇人之仁"罢了,他是宁可斗智不斗勇的。尽管从正统视角来看,项羽也许算不上纯正的贵族,不过正是这位浪漫的楚人,为封建时代贵族势力的终场——这"天地一大变局"——演出了一幕华丽苍凉的英雄悲剧。

【教学反思】

1. 本课教学是"因体而教,三文合一"的实践。《鸿门宴》作为一篇文言名篇,梳理与积累其中的文言字词非常重要。司马迁以文学的语言,神情毕肖地描绘了鸿门宴上的各色人等,读起来活色生香,应该布置学生课前高声朗读。成语是从汉语中提炼的精华,通过学习古代诗文积累成语是了解古代文化的重要方式。《鸿门宴》群文中关涉大量成语,要尝试理解应用。作为历史传记,其情节梳理和人物性格分析,应该作为教学重点之一。作为章法欣赏的经典对象,应抓住刘邦和项羽两个人在宴会前后的细节描写进行分析细读,从而认识两位英雄不同的性格。作为文化的一个窗口,《鸿门宴》对于中华文化影响深入而持久,这里在第二课时做了重点处理。连类而及,以点带面,纵深挖掘,力求使学生在一场宴会中,看清两个人、两个团队、两股势力、两种不同的命运和两种不同的历史结局,从而使学生对于性格与个人命运、历史转折有一个清晰的认知。

2. 关于课前预习和课后练习。读这类经典文章,了解历史背景,完成预习任务很重要。现在学生学习任务繁重,教师要梳理提供秦末至西汉一段简史给学生,这样学生才能从历史发展中认识到鸿门宴的重要性。而且也不会一味以为项羽就是一个"呆霸王",也不会单纯地认为刘邦就是一介平民的"刘三"。通过对背景和史料的了解,才能比较公允地判断一段历史、一个英雄,才能从史料中培养史识。本篇课文有很多沉淀到中华文化中的因素,值得梳理,如成语,如人称,如座次,如礼物,如车骑,如相关的诗文,如后人的评述等,都应该成为参考的资料。这些都要在教学后,以课后练习的形式加以巩固。

3. 从教学内容和节奏来说,第一课时稍为优游自如,第二课时就显得紧张。主要原因是第二节课的内容综合性比较强,课外要参读的资料比较多,学习任务又多是分析评论性的,部分学生就显得不太适应,跟不上节奏。要解决这个问题,课前要将分组预习任务很明确地布置下去,而且要督促检查。特别是探究刘邦的细节和多角度比较刘、项这两个任务,教师不但要做好示范,而且要对学生如何完成任务有具体的要求。卡尔维诺说过,所谓"经典作品",是那些你经常听人家说"我正在重读……"而不是"我正在读……"的书。从这个意义上说,《鸿门宴》将是一场永不会散场的阅读盛宴。

有层次，明条理：阐述自己的观点

执教/浙江省宁波中学　严雨清

本课课件

【专题目标】

学会有层次、有条理地阐明观点。沿着把握观点特征，发现经典思路，阐述评价观点的路径，在学科认知情境中观察比较、思考探究，在具体实践活动中获得启示，学会表达。

【预习任务】

阅读《子路、曾皙、冉有、公西华侍坐》《齐桓晋文之事》《烛之武退秦师》，完成以下任务：

1. 梳理整合三篇文章中孔子、孟子、庄子的主要思想，并思考这些思想之于当下的意义和价值。选择其一，谈谈你对此的看法。

2. 为了更好地阐述对这一问题的看法，你做了哪些准备或用了哪些方法，使你的观点阐释更加完整且清晰？

【教学实录】

师：同学们，你可能经历过这样的苦恼——明明脑海里诸多想法，却理不出一条清晰的主线；明明在心里酝酿许久，却在开口的瞬间失了章法。今天，我们就来挑战一下，争取将自己的观点阐述得有层次、有条理。（播放PPT第1页）

任务一：聚焦事件，多向思考

师：首先，我们来聚焦一个历史事件。《说苑》记录过这样的故事，楚王在打猎的时候丢了一张他十分喜爱的弓，随从们见之便立刻请命前去寻找，楚王却认为"楚人遗弓，楚人得之"，意思是说，我虽丢了弓，但捡到的也是楚国人，何必执着于将其找回呢？你能猜一猜孔子听闻此事的反应吗？假如此时孟子、庄子也在场，他们又会如何评价楚王的做法呢？（播放PPT第2页）

生：我觉得孔子会认同楚王的做法，因为在这件事情上，楚王表现出来的仁爱之心是孔子所推崇的。

生：我认为孟子也会支持。我们在《齐桓晋文之事》中学到过"保民而王"，楚王不沉溺于享乐，而是能想到楚国百姓，这就是有保民之意。

师：你能联系课文当中孟子的政治主张，从中找到依据，很不错。

生：庄子可能会不置可否吧。毕竟庄子主张的是顺应天道，丢或不丢都是顺其自然、不可强求的一件事，没必要强调得弓之人会是楚人。

师：在你看来，庄子可能会发出"既遗之，则安之"的感叹，得失自有安排。

生：老师，我觉得孔子有可能会吹毛求疵。你看先前师生四人言志的时候，明明子路、冉有、公西华都讲得挺好，但孔子只对曾皙之志赞叹有加。如果楚王说话太急的话，可能会被孔子笑。（全班笑）

师：你认为孔子可能提出的更苛刻的要求是什么？

生：我想不出。

师：没关系。我们来看看《说苑》后续的记载，"仲尼闻之，曰：'惜乎其不大，亦曰"人遗弓，人得之"而已，何必楚也！'"孔子认为楚王还不够大气些，为什么得弓之人必得楚人呢？人人皆可得之。看来很符合你的预测啊！那么，从对同一事件各方的反应中，同学们收获了关于阐述观点的哪些启示呢？

生：同一件事，不同的人会有不同的观点。侍卫急欲找弓，楚王认为无需寻找，孔子认为人人可得。每个人都有自己的想法。

师：为什么大家的观点会有差异？

生：他们的理念不同，追求不同。孔子、孟子是儒家思想的践行者，庄子秉持的是道家无为的思想。

师：不同的认知决定了不同的观点。

生：他们想要达成的目的也不一样。比如，侍卫就是一心为主，他以为楚王想要找回丢失的弓，而庄子等人则是为了展示自身主张。

师：不同的意图也能造成观点的差别。看来，把观点阐述清楚的前提是确定立场，先把观点"想清楚"。（播放PPT第3页）那么，整理观点形成的思路就显得尤为重要。我们不妨从所学课文中去找一找"理清楚"的方法。

任务二：回顾所学，寻获支架

师：本单元所选的诸子文章以说理为宗。请同学们根据表1来梳理一下其中的观点，并简要概括孔子、孟子、庄子从观点出发所阐述的内容。（播放PPT第4页，展示表1）

表1

背景	观点	内容
探讨理想社会	孔子：吾与点也	

背景	观点	内容
探讨治国之策	孟子：＿＿＿＿＿＿＿＿＿＿	
探讨解牛之道	庖丁：＿＿＿＿＿＿＿＿＿＿ ＿＿＿＿＿＿＿＿＿＿	

生：我先来说说孟子的观点，应该是"保民而王，莫之能御"。他先肯定了王有仁心，有行王道的基础，再推演了王亦具备推恩行王道的能力，而后又从反面指出不行王道必有灾的后果，一步步让齐宣王认同自己的"王道"理念。

师：你已经将孟子的思路梳理得非常清晰了，非常棒。

生：我没有找到孔子的观点，我觉得这篇文章中孔子并没有描绘自己的主张。

师：没有具体描述意味着没有表达观点吗？

生：他说他赞同曾皙。

师：换言之，曾皙之志就是孔子之志。前三子的志向与孔子之志有关联吗？

生：三子之志是实现曾皙之志的基础，先强兵，再富民，后知礼，层层推进，就能够构建起有序和乐的大同社会。

师：你也已经不自觉地将孔子观点形成的理路给疏通了。或许能够给接下来梳理庄子观点的同学一点启发。

生：其实庄子的观点也不是庄子自己说出来的，而是借用了庖丁之口。庖丁的观点是"臣之所好者道也，进乎技矣"，但我说不清他的说理过程。

师：他描述了自身的解牛经历，对吗？

生：是的。他讲述了自己不同阶段解牛的变化，然后从变化中得出了"依乎天理"的道理。

师：由事即理，从具体经验中得到抽象道理。大家看，后面所描写的刀具的变化，是不是也遵循了这个逻辑？我们不妨来进一步观察这三个观点形成的理路，我准备了三个思维导图，大家来匹配一下，这三个观点的形成过程分别和哪个思维导图更加契合？（播放 PPT 第 5 页，展示图 1、图 2、图 3）

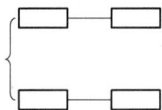  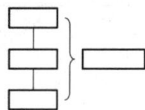

图 1　　　　　　　图 2　　　　　　　图 3

生：我能够确定的是图 3，对应的是《侍坐章》，左边是强兵、富民、知礼依次递进，三者合而为曾皙描绘的图景。

师：整体来看，分总思维的确更适合《侍坐章》所展现的行文思路。那么图 1 和图 2 呢？

生：图 2 可能是《齐桓晋文之事》，我猜这个阴影部分是表示和空白部分形成对比。只有孟子在说理的时候，从反面假设不行王道的后果。

师:的确。空白部分其实就是行王道的两个条件——王有仁心,王能推恩。

生:图1符合《庖丁解牛》的阐述思路。一方面,庖丁展示自身解牛状态的变化,然后分析变化背后的本质差异;另一方面,又阐述解牛刀具使用情况的差异,追溯了自己刀具如新的原因。

师:整体看,庖丁描述了两个变化;局部看,由果溯因,阐释解牛之道。三篇文章体现了三种阐述观点的思路。由此可见,我们既可以分解观点,对观点的内涵进行多角度解读,也可以对观点形成的理路进行追问探究,还可以从反面观照观点,在对比之中强化自身观点。(播放PPT第6页,展示图4)

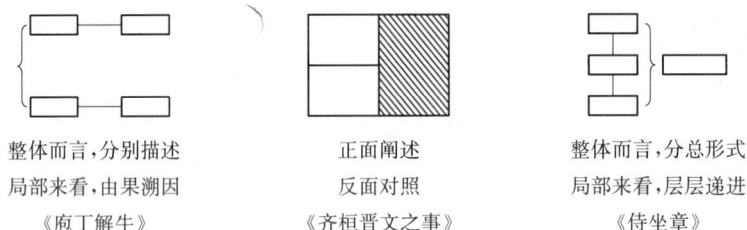

整体而言,分别描述	正面阐述	整体而言,分总形式
局部来看,由果溯因	反面对照	局部来看,层层递进
《庖丁解牛》	《齐桓晋文之事》	《侍坐章》

图4

任务三:绘制提纲,写清条理

师:接下来,我们就带上这些方法到具体情境中去试一试。大家是否考虑过诸子所构想的理想社会,于今天的社会而言有哪些值得借鉴的地方?不妨将你的观点用思维导图的方式展现出来。注意在绘制过程中,要标明内容之间的层次逻辑。请大家小组合作,确定好观点,集思广益,完成这份思维导图。(播放PPT第7页)

(学生成果展示,见图5、图6)

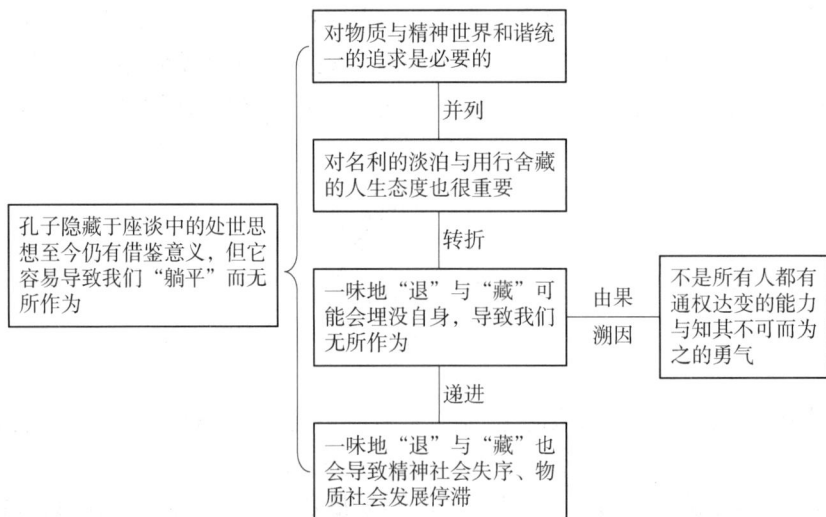

图5

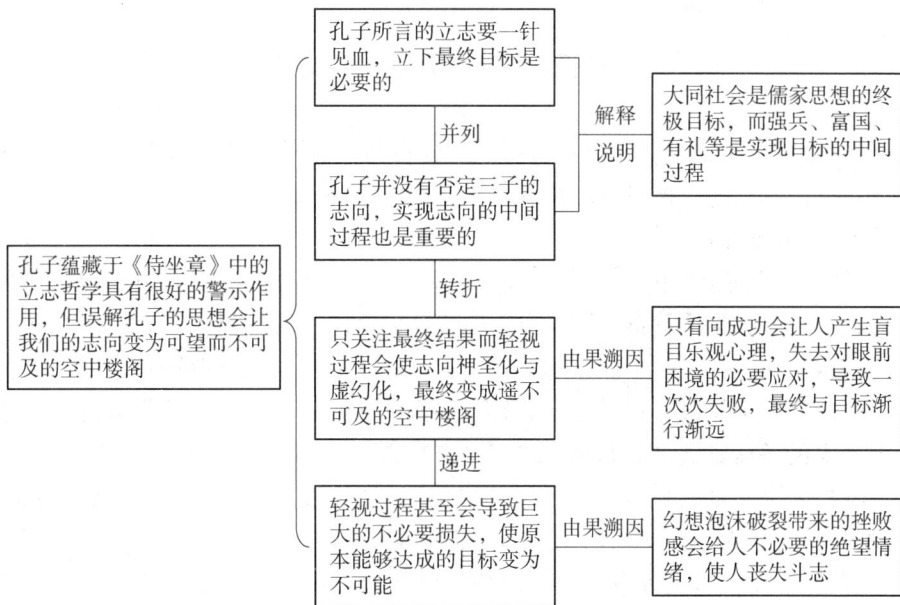

图6

师:能否根据图4这份思维导图来说一说你们小组的讨论结果?

生:我们小组认为,孔子认同的这幅"沂水春风"图有可能成为我们"躺平"而无所作为的借口。物质世界和精神世界并重是必要的,同时,秉持淡泊名利、用行舍藏的态度也很重要。但是一味地"退"和"藏"可能会埋没自身的才能,导致我们无所作为,甚至导致整个社会的发展陷入迟滞,因为不是所有人都有通权达变的能力和知其不可而为之的勇气。

生:孔子蕴藏于《侍坐章》中的立志哲学具有很好的警示作用,但误解孔子的思想会让我们的志向变为可望不可即的空中楼阁。孔子所言的立志要一针见血,立下社会大同的最终目标是必要的。并且,他也没有否定三子的志向,说明实现"大同"志向的中间过程,即强兵、富国、有礼也是很重要的。如果只关注最终结果而轻视过程就会使志向虚幻化。因为只看向成功会让人产生盲目乐观的心理,失去对眼前困境的必要应对,最终与目标渐行渐远。轻视过程甚至会导致巨大的损失,尤其是幻想泡沫破灭带来的挫败感会带给人不必要的绝望情绪,使人丧失斗志。

师:大家有没有发现,将思维导图转换为文字时,为使观点阐述更有条理,发言的同学不自觉地运用了一些关联词? 比如,"同时""并且"等,可以用在并列层级间。转折层级间,我们可以使用——

生:"但是""然而"。

师:因果层级、递进层级呢?

生:因果关系可以使用"因此""由是观之"等,递进可以用"不仅……而且……"。

师:不止于这些逻辑关系,比如写作经常会用到的选择层级,我们就可以使用"与其……不如……"等关联词。请大家再做整理,挑选合适的关联词,将自己的思维导图转化为一段有层次、有条理的文字。同桌之间互相交流一下自己的成果,并为对方的观点阐释打分。

任务四:同伴互评,分享观点

师:接下来,我们召开"诸子思想之我见"的分享会。请同学们分孔子思想、孟子思想、庄子思想三组进行交流,每组推荐一到两份有代表性的阐释文段在全班范围内进行交流与分享。(播放PPT第8页)

生:孔子"民德归厚,天下归仁"的礼乐治国思想与当今社会实现人民幸福的目标相通。子路、冉有、公西华的"强兵""富国""知礼"思想为实现这一目标提供了切实的途径,极具现实意义。首先,强兵能捍卫一个国家的主权、安全、领土完整,是立国的首要条件。哪怕一穷二白的年代,我们都不畏惧与强敌对抗,抗美援朝的历史就证明了维护国家安全的重要性。其次,富国为人民幸福提供物质基础。唯有国家富裕,人民的收入和生活水平才能提高。先前的改革开放,如今的全面脱贫,均可见得"富民"是社会发展的重要话题。而且我们发现,脱离富国的强兵亦是无基高楼,日久必塌,可以苏联为前车之鉴。最后,"仓廪实而知礼节,衣食足而知荣辱"。目前,义务教育、高等教育、继续教育已经成为贯穿我们人生的主旋律。正是教育让我们有机会提高认知,开阔眼界,丰富心灵。

师:非常棒。观点明确,条理清晰,能够在评价时结合现实情况,融入自我感受。

生:"依乎天理""因其固然",庄子蕴藏于庖丁解牛之中的处世思想至今仍有借鉴意义,但它也容易成为我们逃避现实的借口。诚然,任何技艺的臻于完美必然伴随精力的投入与谦逊好学的态度。同时,对规律的探寻与顺应,亦是人保全自我的必要法则。但是,身处当下社会,一味只知顺应或许会将我们束缚于舒适圈,从而错过更险峻的风光。毕竟并非所有人都会尝试突破自身极限,庄子这一思想可能成为我们前行道路上止步不前的挡箭牌。更重要的是,这个世界亦需要有人去突破既定的社会范式,而积极主动的抗争姿态、突破姿态应成为我们处世的重要品格。

师:这段分享其实是在提醒我们不要误读庄子思想,切莫假借先贤"无为"之名,行消极怠工之实。辩证地看待先贤思想,是我们需要具备的批判性思维。

生:保民而王的观点或已不适用于当下社会。毕竟,我们生活的世界,社会运行的依据是法律而非个人意志。但需指出的是,这一观点所浸润的"以人为本"的理念可以成为我们做事的准则。因为即便规则已定,但落实在人,过程中是否拥有"人"的意识将决定最终成效。由此可见,诸子思想虽离我们越来越远,但其智慧光芒依旧影响着我们的生活。

师:虽然简短,但观点十分有见地。反其道行之,先否定孟子保民而王的思想,实际是用了欲扬先抑的手法,肯定了这一思想的永恒价值。同学们,语言背后是思维,把观点阐述清楚的前提就是能够"想清楚",将脑海中繁芜纷杂的思绪"理清楚",最后才是运用一定的语言技巧将其"写清楚"!

【教学反思】

基于必修下册第一单元的"单元学习任务"旨在引导学生完成"思辨性阅读与表达"这一任务,我在教学过程中确定了如下三个目标:一是理解诸子思想,立足现实思辨。本单元诸子散文所展示的思想有其永恒价值,但也存在不合宜、易被误读的局限。引导学生立足现实进行观照,可使其在理解古代文化经典的基础上,增强思维的逻辑性和深刻性。二是借助经典文本,形成方法建构。我以该单元第一课三篇诸子散文为依托,绘制思维导图梳理诸子阐述观点的思路,而后归纳出阐述观点的典型方法,帮助学生打开思路,形成建构。三是确定自我立场,尝试阐述观点。学生的观点之所以含糊不清、牵强附会,往往是由于其立场不定、意图不明。因此,"写清楚"的前提是"想清楚",而"想清楚"的前提就是要让学生意识到"自我立场"的重要性。

回顾教学过程,我发现陌生化、情境化的学习活动更易于激发学生的参与热情。比如学习任务一中,我改编《说苑》里"楚王遗弓"的情境,要求学生任意代入孔、孟、庄其中一人,推测其反应。该活动瞬时点燃了学生讨论的欲望,大家的答案亦能够从天马行空走向合乎情理。在这一过程中,学生对三篇诸子散文及其观点的认知也在回顾中得到进一步巩固。当然,陌生化的活动不是让学生漫无目的自由发挥,漫谈胡侃之后一无所得的活动,而应该是根据文章、基于学情设置的,有铺垫、有边界、能落实的活动。如此方能真正实现高效学习,达成素养提升。此外,多方式、多频次地展示学生成果更利于提升学生的探究质量。本堂课中,除了常规的师生问答,我还利用多媒体直接展示学生绘制的思维导图,邀请学生上讲台完成一段观点阐述并拍摄视频记录。为学生提供各种展示平台,尊重学生的思考并留下可视化痕迹,这让学生更加关注自己思考成果的质量是否足够好,对课堂的投入度自然也就更加高了。

事实上,本堂课更侧重阅读课的表达,而非写作课的表达,如果有更多的课时,不妨进一步延伸,可指导学生在具体的议论文写作上有更多尝试。

质疑与论辩:脚踏实地还是仰望星空?

执教/浙江省金华市汤溪高级中学　杨建华

本课课件

【专题目标】

精读《子路、曾皙、冉有、公西华侍座》和《齐桓晋文之事》,参读《庖丁解牛》《烛之武退秦师》及其他先秦作品。借助相关素材,辨析、讨论先秦儒家思想是否脱离当时社会实际。训练论辩技巧,锻炼组织活动的能力,加深对儒家思想的认识,提升思辨性阅读与表达的能力。

【预习任务】

师生确定辩题:先秦儒家思想是否脱离当时社会现实? 正方观点——先秦儒家思想扎根现实,理性务实。反方观点——先秦儒家思想脱离现实,不切实际。

1. 学生自主选择观点,组成辩论队(每队四名辩手),预先草拟辩词。
2. 协商确定辩论赛流程、规则、注意事项等。
3. 推选辩论赛主持人一名、评委五名。
4. 熟读、深思本单元中先秦作品,从中收集支持本方观点、驳斥辩敌观点的论据。
5. 阅读先秦思想史等相关著作,搜选其中可作为辩论论据的材料。

【教学实录】

环节一:宣布规则,明确流程

生(主持人):各位辩手、各位同学,大家好。这里是"先秦儒家——脚踏实地抑或仰望星空"辩论赛的辩论现场。请允许我首先介绍今天辩论赛的评委,他们分别是语文组蔡老师,兄弟班级语文课代表金同学、申同学,经推选产生的本班评委曹同学、徐同学。欢迎五位评委!(学生鼓掌)

生(主持人):下面介绍场上的辩论队。在我左侧的是正方代表队,正方代表队由一辩杨同学、二辩王同学、三辩金同学、四辩黄同学组成。欢迎他们!(学生鼓掌)在我右侧的是反

方代表队,反方代表队由一辩程同学、二辩郑同学、三辩吴同学、四辩郭同学组成。欢迎他们!(学生鼓掌)

生(主持人):下面我宣布本场辩论赛的辩题——先秦儒家思想是否脱离当时社会现实?正方观点是先秦儒家思想扎根现实,理性务实。反方观点是先秦儒家思想脱离现实,不切实际。辩论的评分细则(见表1),事先已经下发给每位评委、辩手和现场观众。请大家仔细阅读。

表1

项目	赋分	一辩	二辩	三辩	四辩	群众辩手	总分
论据丰富,引述恰当	20分						
论证有力,说服力强	20分						
表达流畅,富有文采	20分						
应对敏捷,反驳机智	20分						
举止得体,风度良好	20分						
合计							

说明:①每位辩手满分100分,群众辩手综合表现满分100分,每队满分共500分。②五名评委独立打分,计分时去掉一个最高分、一个最低分,以三个有效分数的平均值作为最后成绩。③根据两队最终总成绩决出优胜队,根据辩手个人成绩决出最佳辩手。

生(主持人):辩论流程和辩论规则事先已由评委和辩手协商形成,在此再次明确——

(1)辩手任务安排:一辩、二辩、三辩分别从儒家思想的内容、儒家人物的人生态度、儒家思想的社会影响三个角度阐述己方观点、反驳辩敌观点。四辩进行总结陈词。在总结陈词结束后,群众辩手可以向辩敌提出1—3个问题,要求辩敌回答。问题可由场上正式辩手回答,也可由对方的群众辩手回答。

(2)发言顺序安排:一辩,正方先行阐述观点,反方后手反驳;二辩、三辩,反方先行阐述观点,正方后手反驳;四辩,正方先行总结陈词,反方后手总结阐述;群众辩手发言按举手先后确定顺序。

(3)发言时间安排:每位辩手发言时间为3分钟,每一环节双方攻辩时间为2分钟。

(4)教师点评安排:在辩论结束后,由教师评委蔡老师对辩论赛进行点评,并宣布成绩(获胜队及最佳辩手名单)。

环节二:互相辩难,砥砺思想

生(主持人):辩论赛正式开始,首先请双方一辩从思想内容角度,辨析先秦儒家思想是否脱离当时社会实际。正方一辩阐述观点。

生(正方一辩):我方认为,先秦儒家思想的主要内容都具有很强的现实针对性。先秦儒家思想主要有"礼乐"思想、"仁"及"仁政"思想。提出礼乐思想,主要针对当时"礼崩乐坏"的社会现状。他们提倡、推行礼乐制度,努力修复、改良已经破坏的社会秩序,没有一丝一毫脱离现实的倾向或嫌疑。提出"仁"及"仁政"思想,主要针对当时社会阶级矛盾复杂、尖锐的现实。先秦儒家提出并践行"仁者爱人""推行仁政"的思想,有效缓解了当时的社会矛盾,局部解决了当时的社会问题,这一思想应是当时最佳救世良方,具有很强的现实意义。先秦儒家不仅为时代提供了治国济民、振衰起敝的目标,同时提供了达成这一目标的具体措施,如《齐桓晋文之事》所倡"制民之产""推恩"等措施。其措施具有可操作、易生效的特点,贴合实际。儒家提出达成社会理想的过程应循序渐进,修身,齐家,治国,平天下,从小事做起,从个人做起,从日常做起,具有鲜明的务实特点。综上,先秦儒家思想无论从其理论本身还是从其实践反映来看,都表现出立足现实、理性务实的特点。

生(主持人):请反方一辩阐述反方观点。

生(反方一辩):我方认为,先秦儒家思想的主要内容严重脱离当时社会现实。首先,儒家心心念念要恢复的礼乐制度,是数百年前的西周旧制度,是昨日黄花,已经落伍于时代,儒家欲以此救世,本就是不切合实际的天真想法。其次,儒家"仁"及"仁政"思想推行的前提条件是,当时的统治者对百姓有仁爱之心,能够切实减少自己的欲望,不扰百姓,不侵犯邻国。但当时的诸侯均有"辟土地,朝秦楚,莅中国而抚四夷"的野心和欲望,这一前提根本不存在。所以所提出的思想、措施仅是空中楼阁,看着很美,但在现实中并不能施行。最后,乱世用武,盛世用文,这是中国政治史一大定律。先秦时代战祸绵延,处于其中的儒家反对不正义的战争,强调战争的伦理意义,不言"齐桓晋文之事",是典型的鸵鸟心态,回避现实矛盾。

生(主持人):请攻辩。

生(反方四辩):对方辩友强调了先秦儒家思想理性、务实的特点。请问,孔子在《侍坐章》中否定子路、冉有、公西华的具体施政措施,推崇曾皙的乌托邦,这也是先秦儒家的理性和务实吗?

(观众鼓掌)

生(正方一辩):我们认为,曾皙的志向,"莫春者,春服既成,冠者五六人,童子六七人,浴乎沂,风乎舞雩,咏而归",一点也不乌托邦,相反,它是生活的真切诗意。请问反方辩友,假如这是你的志向,你会觉得那是天边不可企及的星辰吗?孔子认可曾皙的志向,正是明明白白地告知他的弟子,也清清楚楚告知我们后人,儒家思想,侧重大处着眼,小处着手,个人修行。假如这都不算是理性务实,那什么是理性务实呢?

(观众持续鼓掌,反方辩手欲再次反驳)

生(主持人):攻辩时间到。

请双方二辩从儒家主要人物的人生态度的角度,辨析先秦儒家思想是否脱离当时社会现实。反方二辩首先阐述观点。

生(反方二辩):我方认为,儒家主要人物,如孔子、孟子、荀子,他们的人生态度积极,但务虚不务实,很大程度上脱离了当时的社会现实。"知其不可而为之"是儒家人物人生态度的标志性标签。但明知其不可为而为,为"为"而"为",本就是一种不考虑实际、非理性的做法。先秦儒家不避艰险,积极投身社会施行变革,历来为人们所称道。但是他们达成变革社会的途径单一,就是寻找统治者,谋取职位,当官。他们的积极入世,简化成了积极入仕(是"仕途"的"仕"),严重忽视了社会之道、解决社会问题之法纷繁复杂的实际。

生(主持人):请正方二辩阐述观点。

生(正方二辩):反方辩友的观点非常情绪化,不够辩证。我们认为,"知其不可而为之"鲜明体现了先秦儒家立足现实、积极作为的人生态度。在部分客观条件不具备的条件下,试图通过主观努力创设条件以完成工作、达成目标,辩证地看,这既是对客观条件的尊重,也是对自己主观努力的尊重,这不能说是脱离现实,而是更高层次地依托现实、利用现实。中国的历史证明,要想匡世济民,最好的办法是登上政治舞台。先秦儒家积极入世,热衷仕宦,正好说明儒家已经为时人及后人找到了一条贴合实际的遂行社会使命、实现人生价值的最好道路。

生(主持人):双方二辩观点阐述完毕,请攻辩。

生(正方一辩):刚才反方辩友说先秦儒家代表人物改变社会现状的路径单一,只有从政一条。假如确如辩友所说,那请问,孔子、荀子的教育家称号是后人错给的吗?先秦儒家做出的杰出教育贡献可以随意抹杀吗?请对方辩友做出尊重历史事实的回答。

生(反方四辩):我们呼吁正方辩友看清历史事实。历史的真实是,孔子因为不切实的理想、不务实的政治实践,被现实碰得头破血流之后,才被迫走上教育之路。我们说孔子是伟大的教育家,恰好从反面说明了他从政的失败和非理性。

生(正方二辩):能够根据实际变化而调整自己的人生方向,那不正好说明了先秦儒家代表人物具有理性、务实的人生态度吗?

(观众鼓掌)

生(主持人):攻辩时间到。

请双方三辩从先秦儒家思想产生的社会影响角度,辨析先秦儒家思想是否脱离当时社会现实。先请反方陈述观点。

生(反方三辩):实践是检验真理的唯一标准。我方认为,先秦儒家思想没有在先秦时代产生实质性的影响,这说明了其思想不切合当时实际。孔子、孟子都曾席不暇暖,游说各诸侯国,但各诸侯最终都没有采用儒家思想治国。春秋战国各国君主大多采信兵家、法家、纵横家的建议,并且取得明显强国、富国成效。秦用法家商鞅而秦兴,魏用兵家吴起而魏强。以上事例说明儒家思想脱离了当时社会实际。儒家思想一直等到西汉时期才被用为治国思想,说明它虽然优秀,但超越了当时的时代。

生(正方三辩):我方认为,先秦儒家思想扎根现实,立足实际,在当时即产生了巨大影响。脱离实际的思想学说,有如昙花,旋开旋灭,但儒家在当时即成为显学。这说明其有扎实的现实根基。儒家培养了大量的弟子,孔子"有弟子三千,其贤者七十二",孟子也门生甚众,这些学生活跃在春秋战国时期的政治、经济、文化、学术舞台。儒家为推行自己的思想进行了脚踏实地的准备。

生(主持人):双方三辩观点已经亮明,请攻辩。

生(反方四辩):荀子是先秦时期儒家思想的集大成者,他的思想却逐步向法家靠近。这说明,先秦儒家巨子已经发现了儒家思想的迂阔,不近事理,脱离实际。请问正方辩友,你们是如何解释儒家大师荀子培养了法家的代表人物韩非子、李斯这一历史现象的?

生(正方二辩):我们这样认为,荀子培养出韩非子、李斯,这是儒家思想具有很强的包容性和辐射力的一个表现。它能孵化出其他流派思想,恰好说明了它具有巨大的理性价值,也说明了它紧密联系现实的特点。荀子对儒家思想的调整,完美证明了在先秦时代,儒家思想有能力根据社会发展变化做出切合实际的自我修正。

生(主持人):攻辩时间到。请正方四辩总结陈词。

生(正方四辩):我方认为,先秦儒家思想的诞生,源于现实的需求。它为当时的社会确立了可以达成的奋斗目标,也为达成这一目标设计了一整套比较贴合实际的攻略,培养了一大批杰出的人才。先秦儒家代表人物秉持积极入世的人生观,积极投身于社会改造和建设,对当时的社会生活产生了极大的积极影响。同时,儒家思想为中华文化奠定了很好的精神基础。因此,先秦儒家思想就是一棵扎根现实、结出现实效果的思想大树。

生(反方四辩):我方认为,先秦儒家思想,其思想源自过时的西周文化,天生与现实有不小的隔膜。先秦儒家的代表人物,比如孔子、颜回、孟子等都是两眼仰望星空,不太注意脚下大地的人物,所以虽然他们终身奔走呼号,推销自己的施政方略,但最终没有被接受。先秦儒家思想一直到数百年后的西汉才落地生根,开花结果,虽然优秀,但是超前,没有真正地切合先秦实际。综上,我们认为,先秦儒家思想比较严重地脱离了当时的社会现实是不争的事实。

生(主持人):请群众辩手向双方提问质询。

生(正方群众辩手):我们所学的课文《烛之武退秦师》中,开篇强调郑国因"无礼于晋"而遭侵伐,结尾强调发动战争需有"仁""智""武"的支撑。"礼""仁""智"等就是典型的儒家思想观念。《烛之武退秦师》里的相关表述,非常直接、明显地说明儒家思想已经融入当时社会,成为社会文化的一部分。反方辩友,"元芳你怎么看呢"?

(观众笑)

生(反方四辩):我建议对方辩友再好好读读《烛之武退秦师》,弄明白以下两个问题。第一,晋文公讨伐郑国真正的原因是郑国曾"无礼于晋",还是郑国"贰于楚也"? 第二,晋文公最后撤兵,究竟是因为他突然醒悟到自己的行为不合乎儒家的仁义道德观,还是害怕自己的军队被秦、郑两国前后夹击"包了饺子"? 毫无疑问,晋文公所说的"礼""仁""智"都不过是借口和面子话。假如某种思想观念已经完全沦为一种虚伪的说辞,我们能说这思想是理性务实的思想吗?

(观众笑声,掌声)

生(反方群众辩手):我想向正方辩友提一个问题。正方辩友始终没有清楚解释这个问题——如果先秦儒家思想植根于现实,具有很强的现实意义,那么,先秦各诸侯国为什么都拒绝采纳儒家学说作为自己的治国思想?

生(正方一辩):我们觉得,"风物长宜放眼量"。我们评判一种学说、一种思想是否具有价值,是否具有现实性,不能局限于一时一地的得失。假如我们陷于成王败寇的功利主义泥淖中,我们就没有办法看清思想的庐山真面目。比如,1927年国民大革命失败,是否就意味着马克思主义不切合中国实际,不能继续引领中国的革命了呢? 答案显然不是。同样,儒家思想在传播过程中经历的某些挫折,并不能就证明儒家思想脱离了当时的社会现实。

环节三:点评总结,体悟思辨

师:各位辩手、各位同学,非常高兴能参与今天的辩论活动。各位辩手的精彩表现,大家已经目睹耳闻,在此,我想我无需做太多说明。下面,我主要就今天的辩论内容,谈谈自己的看法。大家能就这一话题展开激烈交锋,这就很好地表明了先秦儒家思想既有脚踏实地的一面,又有仰望星空的一面。我建议同学们在赛后从以下三个方面再做进一步探究。第一,在脚踏实地和仰望星空两个特性间,先秦儒家思想究竟偏向何者?我们可以联系儒家思想的发展史,做进一步的探究。看看不同时期,不同历史背景当中,这个思想倾向会不会有所变动。第二,先秦儒家思想是脚踏实地的一面对中国文化的影响更大,还是仰望星空的一面影响更大?我们可以参考古今学者的论述,再思考,再辨析,再讨论。第三,儒家思想涵盖范围较大,内容涉及政治、道德、哲学、教育等诸多范畴,不同范畴的思想与现实联系紧密程度可能存在不同。建议大家区别对待。

(成绩宣布,略)

【教学反思】

学习任务"包产到户(学生)"是本课的突出特点。整个辩论赛的组织,比如主持人的遴选、辩手的推选、评委的邀请、辩论流程的安排、评分细则的制订、奖品的置办等,都由学生"专权决断"。教师只在论题的选定过程中提供必要的帮助和建议。这样的操作模式,最大限度地调动了学生参与学习、参与活动的积极性和自主性,有效锻炼了学生,尤其是辩手。各位辩手,包括双方的群众辩手,都投入了大量的时间和精力梳理、研究、分析本单元课文内容,学到了在一般阅读评析课上不可能学到的内容。

本课(辩论赛)主要存在两个问题。第一,部分学生对儒家思想理解不深,对先秦历史所知较少。这导致了辩论赛中部分论述出现硬伤。建议拟采用本实录教学设计的老师,在赛事准备过程中,提醒学生静心、精心梳理已经学习过的先秦诸子散文,充分利用初中教材所选《〈论语〉十二章》《〈孟子〉三章》《〈庄子〉二则》《〈礼记〉二则》等短文的内容,做到前后勾连,温故知新。第二,部分作为观众、听众的学生的学习情况未得到有效观照。建议采用本设计的老师,在辩论赛流程安排中,适当增加观众、听众的活动比例。

第二单元

灵魂与法则:戏剧的矛盾冲突

执教/宁波市惠贞书院　方璐

本课课件

【专题目标】

精读《窦娥冤》,联读《雷雨》《哈姆莱特》等相关文本,初识戏剧的矛盾冲突,理解戏剧冲突的发展规律,体会戏剧冲突在戏剧艺术中的价值。

【预习任务】

1. 排演戏剧:学生自主报名,成立戏剧小组,设计台本,排演《窦娥冤》,在课堂上展演片段,教师点拨。

2. 完成学案:学生依据学案,分别寻找《窦娥冤》《雷雨》《哈姆莱特》中设置的戏剧冲突,绘制出冲突关系图,并思考这些戏剧冲突的共同规律;查阅戏剧冲突发展的相关知识,初步赏析《窦娥冤》《雷雨》《哈姆莱特》中的戏剧冲突。

【教学实录】

任务一:冲突初体验

师:看完戏剧小组自排自演的《窦娥冤》,你们有什么感受?(播放PPT第1、2页)

生:非常精彩。

师:请赞美得具体一些。

生:我觉得刽子手戏份不多,但演员很投入。一句"好冷风也"把疑惑、惊叹的感情都体现出来了。还有身体上仰、微微停顿的动作设计。

生:演员最重要的是台词,窦娥指天怨地的几个语气词"天也""地也""哎"很有感染力,演员跟角色共情了。

师:这不是独角戏,好演员还得有好搭档。他们的配合有什么打动你的地方?

生:窦娥立誓的时候,情绪很激动,要让楚州亢旱三年,一听这话,监斩官立马跟上一句

"打嘴",非常严厉和果决。这个地方他们配合得很默契。

师:哦! 看得很认真,我们采访一下演员,你为什么这么设计呢?

生(饰演监斩官):因为窦娥的誓言一个比一个决绝,让我感受到很大的压力,因此反应也就不再像之前那样平静,我觉得这里演出了那种对抗感。

生(饰演窦娥):我看到人世间没有正义,天地鬼神助纣为虐,整个世界一团漆黑。我觉得这里的控诉一方面是对当时的官僚阶层,一方面又是对"我"的命运——"我"生活在那样一个时代,这种冲突是无可避免,无处可逃的,所以我在质问苍天大地时加入了一些哭腔。

师:说得太好了,看来窦娥还在角色当中。这出戏在排练的时候,演员就抓住了戏剧冲突这个核心,演员的台词和舞台表现,无不在酝酿冲突、表现冲突,才让演出精彩绝伦。

任务二:冲突我来找

师:冲突是戏剧之魂,古今中外的戏剧都聚合了丰富的冲突,我们先来找一找,《窦娥冤》《雷雨》《哈姆莱特》中围绕着主人公有哪些戏剧冲突。(教师播放 PPT 第 3、4 页,学生寻找戏剧冲突)

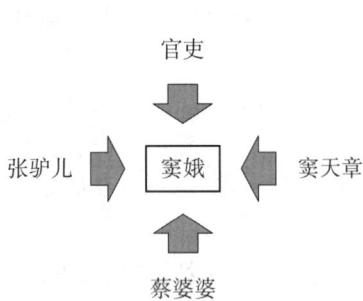

图 1

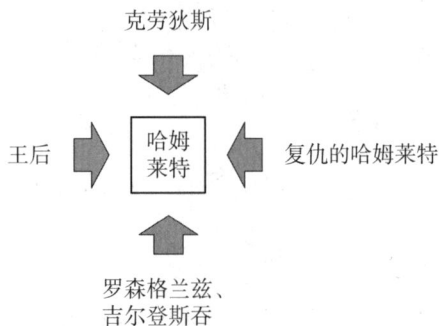

图 2

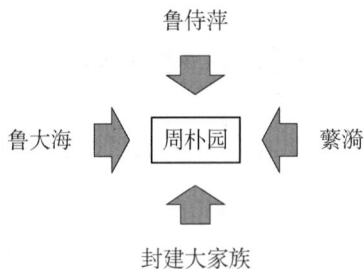

图 3

生:窦娥和污蔑她的张驴儿之间有冲突,跟冤枉她的官僚代表桃杌也有冲突。

生:周朴园和鲁侍萍之间有尖锐的矛盾冲突,一个在美化过去,一个是在揭露过往。

生:哈姆莱特和克劳狄斯也有冲突,他们之间有血海深仇。

生:我觉得冲突不一定是角色之间的冲突,可能一个人在社会中生存,也会与大的社会环境、自然环境之间产生不可调和的矛盾。比如,鲁侍萍的悲剧就是因为不被周朴园的家族接受,或者说不被封建传统、门当户对的文化接受,窦娥就是被封建文化势力所压迫的底层女性。

师:说得太好了!也就是说,戏剧冲突的类型不止一种,可以是人物关系冲突,也可以是人与环境的冲突。还有没有其他类型的冲突呢?

生:我觉得哈姆莱特在说"to be or not to be"的时候,内在应该也是有冲突的,一方面想要复仇雪恨,一方面又犹豫不决,顾虑重重。这种内心的矛盾应该也是戏剧冲突的一部分吧。

师:你的见解很独到!能不能从另外两出戏中找到相同类型的冲突呢?

生:周朴园是冷酷的,但从家中布置和与鲁妈的对话里,我又能感受到他没有被泯灭的情感,他的内在也是冲突的吧。

生:鲁侍萍理智的时候,想要埋葬过往,但又忍不住责问周朴园,忍不住想见儿子周萍。

师:好,那么根据大家找到的冲突类型,也就是人物关系冲突、人物内心冲突和人物环境冲突,我们来试着完善学案中的冲突关系图。

师:请再思考,这些戏剧冲突需要具备哪些特点?(播放PPT第5页)

生:冲突要丰富一些,不同人物之间,不同人物个性,还有人物跟环境之间,都可以设计冲突,让冲突富有变化和层次感。

生(沉思片刻):冲突要足够激烈、尖锐,但又合情合理。

师:一部戏在几个小时里就要被呈现出来,说明冲突还要?

生:紧凑、集中。

师:没错。尖锐激烈、紧张集中、曲折多变的冲突才能成就一出好戏。

任务三:冲突我来赏

师:那么如何在剧本中安排戏剧冲突,让它在舞台上尖锐激烈、紧张集中、曲折多变,让观众得到强烈的情感体验呢?美国剧作家拉约什·埃格里在《编剧的艺术》中曾对冲突创作规律做出过一些规律性的探索。(播放PPT第6—8页)

冲突从一个最简单的基本开始:攻击与反击。……没有攻击和反击,便没有升级的冲突。

冲突的强度由一个具有三个维度的主人公的意志力决定。……迫使两股意志坚定、毫不妥协的力量彼此争斗便会创造出强劲的、升级的冲突。

如果对手之间势均力敌,我们就会看到真实的、持续升级的冲突。([美]拉约什·埃格里《编剧的艺术》)

师:能不能用自己的话来说说这则材料提供了哪些关于戏剧冲突的规律?

生:就是说冲突具体表现为攻击和反击,冲突的双方要势均力敌,还要有比较强烈的行为意志力。

师：我拿排球比赛来打个比方。排球赛中，你来我往，有攻击有反击，才好看；剧本也是这样，台词你来我往、有攻击反击的过程，这出戏才精彩。排球赛中，队员求胜心越大，比赛往往越精彩；剧本中主角意志越强烈，剧本冲突越激烈，这场戏往往越精彩。这里的主角意志可以是某种情感，也可以是某种性格特征，比如极端理性、优柔寡断等，这些会以台词、动作、神情等形式呈现出来。排球赛双方势均力敌，才能持续地你来我往，单方面压制的球赛不好看；一方有压倒性优势的戏剧也缺乏吸引力，在戏剧创作中，安排势均力敌的关系才能让戏剧冲突不断发展。

师：那么教材中《窦娥冤》《哈姆莱特》《雷雨》的节选片段是如何通过设计攻击反击内容、强化主角意志、安排势均力敌的冲突双方等方式，让戏剧冲突不断发展的呢？请四人小组合作，选择其中一个剧本，结合节选的台词艺术、舞台提示来进行赏析。（播放PPT第9页，展示表1）

表1

剧目	攻击反击	势均力敌	主角意志
《窦娥冤》			
《雷雨》			
《哈姆莱特》			

生：我们组研究的是《哈姆莱特》，我们发现哈姆莱特反问奥菲利亚"你贞洁吗？""你美丽吗？"，是用反问来进攻，奥菲利亚用"殿下，难道美丽除了贞洁以外，还有什么更好的伴侣吗？"，是以问代答来反击，两人是势均力敌的，所以就有了强烈的戏剧冲突感。

师：对于《哈姆莱特》这出戏，还有没有补充？

生：我补充一下，我觉得哈姆莱特这个形象主角意志非常强烈，比如他反复地说"出家去吧"，表明他对丑恶、虚伪的现实的愤怒，所以才有了后面复仇的选择。

师：也就是说选择复仇，产生强烈的冲突，是一种必然。人物的意志会推动戏剧冲突发展。

生：我们研究的是《雷雨》，也是从反复出现的台词里发现了强烈的主角意志，比如鲁侍萍"我要提，我要提""我没有找你，我没有找你"，相同台词反复出现，就是为了刻画人物的悲愤痛苦，使得冲突发展合情合理。

师：为了让这出戏的冲突发展合情合理，作者还有没有别的设计呢？

生：我们觉得冲突双方势均力敌的设计非常巧妙。周朴园拥有现实层面的钱权势力，但鲁大海拥有道德正义，因此两人的对抗呈现了一种势均力敌；鲁侍萍原本是弱势的，但她处于暗处，因此与处于明处的周朴园又构成了势均力敌的矛盾双方。这样一来，两组人物的对话才能不断深入，最终到达矛盾的顶峰。

师：哦！原来势均力敌的根源在这里，打开了思路。谁来沿着这个思路分析《窦娥冤》？

生：发誓起愿、托梦申冤的窦娥和欺压窦娥的贪官恶民大概也是势均力敌的吧。我觉得窦娥的主角意志可能不仅仅在台词上有所体现,在窦娥发誓许愿之后,舞台提示里有"内做风科",大风起兮,也是她的意志带来的环境变化,体现了窦娥抗争的意志。

师:读得很仔细。戏剧冲突不仅仅体现在台词中,舞台提示也在酝酿冲突、推进情节。依循精心设计的台词和巧妙的舞台设计,这些冲突在极为有限的演出时间里,经历了完整的诞生、发展、高潮的过程,才成就了一部跌宕起伏而又合情合理的戏剧。(播放 PPT 第 10 页,展示表2)

表2

剧目	攻击反击	势均力敌	主角意志
《窦娥冤》	(1)州官错判窦娥是攻击,窦娥指斥天地"不分好歹何为地?""错勘贤愚枉做天"是通过反问来进行反击。 (2)张驴儿诬陷窦娥是攻击,窦娥通过三桩誓愿的独白来反击。 (3)窦娥发誓是一种攻击,监斩官"打嘴!哪有这等说话"是反击。	发誓起愿、托梦伸冤的窦娥和不断欺压窦娥的贪官恶民是一种势均力敌。	窦娥发誓愿后,舞台提示中的"内做风科"体现主人公的斗争意志,使与外界的冲突激烈。 三桩誓愿里一系列的典故"苌虹化碧""望帝啼鹃""东海孝妇"都是强烈意志的体现。
《雷雨》	"谁指使你来的？命！不公平的命指使我来的"通过问答的错位来加剧冲突。	周朴园的现实权势和鲁大海的道德正义之间是一种势均力敌。 在暗处的鲁侍萍和在明处的周朴园是一种势均力敌,可以不断引导对方说话。	"我要提""我没有找你"的反复来表现强烈的主角意志,从而加剧冲突。
《哈姆莱特》	"你贞洁吗?""你美丽吗?"这样的反问是攻击,"殿下,难道美丽除了贞洁以外,还有什么更好的伴侣吗?"这样的以问代答是回击,在攻击反击中加剧冲突。	哈姆莱特和国王在斗争中彼此试探,势均力敌。	"生存还是毁灭"一段通过独白来刻画哈姆莱特内心犹豫和复仇这两种意志的斗争,从而让人物内在冲突集中展现。 反复地说"出家去吧",表明对背叛的愤怒。

师:剧作家为什么要如此安排戏剧冲突呢? 结合这三出戏的冲突来分析。(播放 PPT 第11页)

> 人类最崇高的精神在悲剧的观看中体现出来了,幸运的人们因不幸人们的遭遇而感动、同情,不幸的人们因不幸的遭遇而有一种感同身受的感觉。([英]博克)

生:如果没有尖锐的戏剧冲突,窦娥的誓愿抗争、哈姆莱特的徘徊苦闷、周朴园的冷酷无情就不能淋漓尽致地体现;如果没有激烈集中的戏剧冲突,鲁侍萍和周朴园的往事就无法被观众直观深刻地了解。

生:从剧本创作角度来说,无论是正义最终得到伸张的《窦娥冤》,还是不堪承受命运之重的《雷雨》,还是复仇身死的《哈姆莱特》,都是通过冲突的发展来推动舞台进程。在角色间的攻击反击中,戏剧冲突不断积累、叠加,最终才给戏剧画上了震撼人心的句点。

生:对于观众来说,戏剧是有距离的生活,观众能在戏剧的矛盾冲突中,审视自己。

师:审视自己,看见自己,你看向了戏剧的深处。伏尔泰认为"每一场戏必须表现一次争斗"。生活即斗争,斗争、矛盾实际上是普遍存在的,又哪里只是戏剧舞台独有的呢? 只是在戏剧舞台上尤为尖锐激烈、集中紧张。观众观戏,观无处不在、无时不在的戏剧冲突,也能得到审美的体验、情感的净化和对生活新的认识。

师:(播放 PPT 第 12、13 页)这节课,我们辨识、赏析了戏剧冲突,下面我们试着运用戏剧冲突来写一个剧本片段。校艺术节正在开展"打造红色剧本,彰显革命情怀"的系列活动,请你以浙江省陆军监狱关押的共产党人为原型,编写一个"狱中剧本"。要求设计合情合理的戏剧冲突,体现戏剧冲突的特点,展现共产党人的精神品质。下课!

【教学反思】

必修下册第二单元属于文学阅读与写作学习任务群,旨在引导学生走近戏剧这一特殊的文学体裁,感受形象、品味语言、体验情感,从而提升戏剧鉴赏能力,丰富审美体验。

本单元选取了古今中外三出经典的戏剧,分别是《窦娥冤》《雷雨》《哈姆莱特》。节选文字阅读量不小,人物关系较为复杂,如何引导学生把握戏剧的特点,理解戏剧作者独特的艺术创造和悲悯情怀,是我所关注的问题。通过搜集资料、阅读戏剧评论等方式,我发现戏剧的矛盾冲突是一把钥匙,能够打开戏剧这一文学体裁的大门,让学生更好地感受戏剧的力量,因而以此为教学点进入这一单元的教学,组织学生联读这三部作品的节选,在阅读与鉴赏、表达与交流、梳理与探究的过程中更全面地领略戏剧艺术。

教学经历了一个从感性到理性的推进过程,从戏剧排演、评价,到对戏剧冲突的梳理、分析,再到对戏剧创作规律的探索、辨识,我希望通过任务驱动学生投入戏剧冲突的探索。编排展演旨在激发学生的学习兴趣,让他们积极主动地揣摩人物关系,比较直观地感受到冲突带来的张力。从感性体验到理性分析的第一步是梳理不同类型的戏剧冲突,发现冲突关系的多元性、类型的丰富性,欣赏戏剧艺术的巧思;第二步则是对戏剧冲突的酝酿、产生、发展、高潮的整个过程进行更为深入的思考,引入一些戏剧理论知识,理解经典戏剧的冲突之所以合情合理,是因为冲突本身经历了一个成长过程,在这个过程中,作者用了许多方法去推动这些冲突发展。从实践来看,学生能够借助戏剧理论,以更为理性的眼光去赏读这些选段,也发现了一些戏剧规律。在课后任务中,我设计了一个写戏剧冲突片段的创作任务,以促进学生对这一教学点的迁移运用。从课后的反馈来看,学生能够运用课堂所学,写出一些冲突感强,有一定戏剧张力的片段。

需要改进之处在于,尽管引入了戏剧理论,这些理论能够成为学生的拐杖,使学生初尝戏剧分析的乐趣,但理论本身或许只能提供一家之言,也许提供更为丰富而多元的理论观点,更能打开鉴赏的视野,促进个性化解读能力的发展。

复杂与多元:戏剧的人物性格

执教/杭州市余杭区教育发展研究学院　杨仕威

浙江省缙云中学　陈玮玮

本课课件

【专题目标】

精读《雷雨(节选)》,抓住人物关系和矛盾冲突,通过揣摩多个细节,把握戏剧人物性格、心理的复杂性。扩展阅读,联系全剧,围绕周朴园对侍萍的用情真假,以及剧中其他主要人物性格的多面性展开讨论,进而深入把握主要人物形象。

【预习任务】

1. 阅读《雷雨(节选)》,结合课文注释,初步了解剧情,再读全剧,梳理《雷雨》的人物关系,绘制人物关系图,整体把握人物形象。思考如果排演话剧《雷雨》,你想扮演哪个人物,撰写选角理由。

2. 查阅相关书籍或借助网络,了解作者和创作背景,阅读曹禺《〈雷雨〉序》,明确作者的创作意图,了解作者对戏剧人物的角色定位。

【教学实录】

任务一:画画人物关系图

师:(播放PPT第1、2页)同学们好!曹禺先生认为"写戏主要是写'人'",在《雷雨》这部戏里,每一个人物都让人印象深刻。要读懂他们,领会作品中的人物性格,首先需要读懂戏里的人物关系。课前,同学们结合课本注释,画了人物关系图,现在我们来展示同学的作品。(播放PPT第3页,展示图1)

师:你画出的人物关系一目了然,并且你还用了三种颜色标注人物身份,能说说这样处理的理由吗?

生:紫色(仿宋体)反映的是周朴园与三位女性的关系,是同辈间的爱恨尊卑;黄色(楷体)是中间色,代表周朴园与子女两代人间的情感隔膜;蓝色(幼圆体)虽很亮,却充满忧郁,

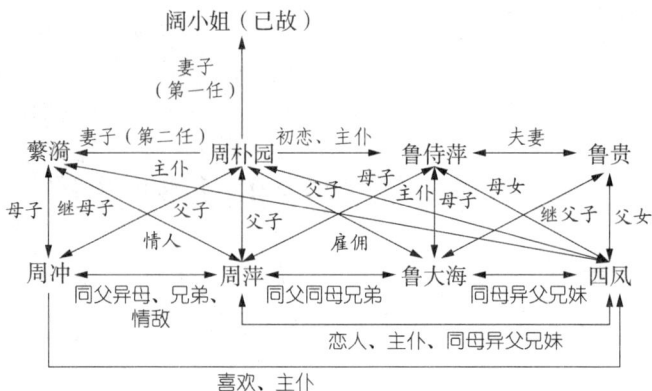

图1

代表周朴园的子女一代,体现出兄妹四人间的复杂伦常,暗示各自身不由己的悲剧命运。

师:真是别具匠心。怎么理解"情感隔膜"?

生:第一幕里,周朴园说"我的家庭是我认为最圆满、最有秩序的家庭,我的儿子我也认为都还是健全的子弟,我教育出来的孩子,我绝对不愿叫任何人说他们一点闲话的"。可是他的儿子一个与继母乱伦,一个想自由恋爱,一个还作为敌对阵营仇视他,他一点也不了解儿女。这就是两代人的情感隔膜。

师:看来你读了全剧。非常好,能联系非节选部分人物语言和行为来进行对比分析。或许两代人的隔膜,就是人与人之间隔膜的一种,后面要学到的小说《变形记》也有亲人间的隔膜,《祝福》是启蒙者与被启蒙者的隔膜,戏剧《等待戈多》则是代表一切身份的人与人之间的隔膜。

师:(播放PPT第4页,展示图2)其他同学在绘制周萍跟繁漪、四凤的关系时都很客观理性地标注"继母子""情人",你却特意标注了感性之词,分别是"罪恶的爱""恋人",这是为什么?

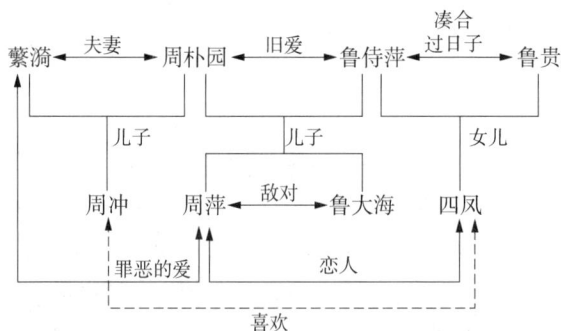

图2

生:繁漪是周萍的继母,他们相爱是违背伦理道德的。周萍可能不是爱繁漪,只是缺少母爱,把她当作替代品。他跟四凤才是正常的青年男女之恋,尽管他们其实是乱伦的兄妹。

师:非常有见地。周萍对繁漪的情感,可能出自俄狄浦斯情结。希腊神话《俄狄浦斯王》

里,主人公俄狄浦斯王子无意中弑父娶母,知道真相后因自悔而剜去双目。心理学家弗洛伊德提出了"俄狄浦斯情结",即"恋母情结"。他认为儿童会不同程度地爱上自己的父亲或母亲,男孩爱上母亲而以父亲为敌,女儿相反。这后来演变成文学母题。

生:周萍知道真相后,举枪自尽,这个情节跟那个王子挖双眼一样是自我毁灭。

师:非常好,迁移能力强。现在,请大家用一个词概括这部戏的人物关系,并用简洁的语言说明理由。

生:复杂。父母、继父母、子女、夫妻、情人、主仆……各种关系都有。

生:混乱。是兄妹又是恋人,是母子又是情人,剧中人物乱伦。

生:电闪雷鸣。剧中人在得知真相后,受到剧烈打击,其关系和情感也是闪电式的,呼应标题。

生:覆巢之下。只是一个地方出现问题,结果两个家庭瞬间破碎。虽然这不是灭门之祸,但主人公死的死,疯的疯,最后没一个正常。

生:荒唐。他们的关系很混乱,倘若在现实中,其发生的概率其实很低。作者可能恰巧借这种荒诞方式来凸显他想表达的东西。

生:因果轮回。命运的齿轮一转,牵动了两代人之间的命运纠缠,如果说周朴园与鲁侍萍之间的始乱终弃是现实悲剧,那么四凤与周萍之间的爱更加惨烈、理想化。鲁侍萍说,"做母亲的给主人当了情人,不想再让女儿重蹈覆辙",然而一切都有因果。周朴园的专制、自我主义让他爱个人利益大于一切,也让儿子周萍软弱无能不敢忤逆父亲,让繁漪独守孤寂、毫无自由,导致后妈与继子之间产生扭曲的爱。周萍因不敢忤逆、一味想逃离,于是产生禁忌之爱;而四凤的不谙世事又让他看到了逃脱的希望,于是周萍爱上了她,不曾想他们又跌落进另一个命运深渊。

师:这位同学把整个故事情节用因果轮回的线串联起来了,不错。正如前一位同学所说,这样的情节在现实生活中完全发生的概率很低,作者是把各种关系集中到戏剧中,意在形成戏剧冲突。(播放 PPT 第 5 页)

> 戏剧冲突是表现人与人之间矛盾关系和人的内心矛盾的特殊艺术形式。它来源于拉丁文 conflitus,可译为分歧、争斗、冲突等。同时也是戏剧中矛盾产生、发展、解决的过程,由戏剧动作体现出来。从戏剧冲突中可以带出人物的性格与剧本的立意。

师:大家都注意到《雷雨》出场人物不多,关系却错综复杂,矛盾冲突不断。这是"雷雨"式的处理方式。这也是"曹禺"式的"原始的生命之感"的外化。我们一齐来读读曹禺《〈雷雨〉序》里的一段文字。(播放 PPT 第 6 页)

> 我爱着《雷雨》如欢喜在溶冰后的春天,看一个活泼泼的孩子在日光下跳跃,或如在邻邻的野塘边偶然听得一声青蛙那样的欣悦,我会呼出这些小生命是交付我有多少灵感,给与我如何兴奋。我不会如心理学者立在一旁,静观小儿的举止,也不能如试验室的生物学家,运用理智的刀来支解分析青蛙的生命……我对《雷雨》的了解只是有如母亲抚慰自己的婴儿那样单纯的喜悦,感到的是一团原始的生命之感。

任务二：说说关系中的人

师：曹禺先生说，"为着读者的方便，我用了很多的篇幅释述每个人物的性格……演员们可以借此看出轮廓"。细节、对话是塑造人物形象的最重要手段，如果你来饰演《雷雨（节选）》中的某个角色，你会选择谁？请从情节、对话、细节等角度分析发言。（播放PPT第7、8页）

生：如果让我演，我会选鲁侍萍。侍萍是一个正直、善良的旧中国底层劳动妇女形象。第一，作为母亲，她慈爱、坚韧。为了孩子能够打多份零工，贴补家用。为了小儿子而忍辱负重继续生存下去。她没有因30年的怨恨陷入复仇的深渊，反而勇敢地活着。第二，作为一名劳动者，她熟记主人家的各项细节，恪尽职守。所有任务都兢兢业业完成，自尊自爱，拒绝周朴园的施舍。第三，作为周朴园曾经的爱人，她敢于突破阶级的局限，自由追爱，这在封建时代，无疑是一种女性自我意识的觉醒。

师：从不同情节的身份变换角度来概括鲁侍萍，不错。我能感受到你对这个人物的欣赏。

生：我也是选择鲁侍萍。在人物形象的理解上，与前一位同学大致相同，但也有些微差异。第一，她敢爱敢恨，拿得起也放得下。虽然被生活磨平了棱角，"学乖了"，但她骨子里还是很刚毅自尊的，她把周朴园给的支票撕毁了，这是对周朴园人格上的蔑视。第二，她为母则刚、隐忍善良。为了孩子一直打工，再嫁；为了儿子的前途尊严，见到多年未见的周萍，能克制内心的激动，不去相认。第三，她天真轻信、理想化。知道眼前人就是周朴园，就多次暗示，希望周朴园认出自己。两人相认后，周朴园的哄骗立马就让她转悲为喜。虽然第一位同学说她能"突破阶级的局限"，但那是年轻时候的鲁侍萍，30年后的她反思说"不懂事"，说明人到中年的鲁侍萍已经否定了曾经的自己，当初的决绝不过是一时冲动，因而不能定性为"女性觉醒"。阅历渐长，鲁侍萍已成为恪守妇德的封建女子。

师：戏剧冲突可以表现为人与人之间的冲突，这是外在冲突；也可以表现为人物内心的冲突，这是内在冲突。鲁侍萍自我定位的变化就是一种内部冲突。你抓住了人物的言行细节来说明你对角色的理解。

生：老师，我想补充一下刚才的发言。我在前面说她是觉醒的、进步的，但她也有一定局限。首先，她在被周家赶出家门后，第一念头是带着小儿子寻死，表现女性性格中脆弱的一面。其次，"是命，不公平的命指使我来的"，从语言细节中看出，鲁侍萍依旧没有认识到悲剧的根源是封建制度，而只将这一切归结于自己命不好，迷信愚昧，作者委婉地指出当时社会，底层劳动者自怨自艾、怨天尤人的现状。最后，鲁侍萍喜欢自称"下等人""不干净""不大规矩"等词，这恰恰说明她门第观念深重，骨子里极度自卑，与她外在行动的反抗构成了矛盾冲突。

师：这位同学在分析时，抓住台词中的重复语言，于不变中探寻人物复杂性格，这样很好。

生：老师，我没有选择节选里的人物。比起周朴园和鲁侍萍等人，我更想尝试扮演节选之外的繁漪这个角色。如果说周朴园在剧中体现的是封建大家长的专制、冷酷、自私，那么繁漪就代表着企图摆脱封建囚笼、追求自由与幸福的新女性形象。她是资产阶级出身的贵小姐,独立、傲慢、崇尚自由,渴望真正的爱情,然而这样一个女人被困在周家空虚的生活之中,渐渐麻木。我喜欢她的那种走极端的性格,尽管在戏中她看似是一个阴鸷的角色,但在这阴鸷之下是她对于这个社会最后的悲壮的反抗。她反抗周朴园的药,反抗母亲身份的束缚,她敢爱敢恨、绝不妥协,为了自己的爱情她用尽了一切,毁灭了一切。与周萍的爱是她在这个沙漠一般的周家最后的一片绿洲,她也许不是真的很爱周萍,但她在生命中真的很需要爱,可以为了这份爱牺牲一切,她身上有一种毁灭的美。我觉得人活于世,就应该像繁漪一样,在这辈子能够为了某件事而疯狂,去用尽一切追求它。

师:这位同学分析得很全面,对文学的感受力非常强。你用几个细节表达自己对角色的理解和热爱,酣畅淋漓。推荐你去读一读王尔德的戏剧《莎乐美》,主人公同样是一个为爱欲疯狂的女子。不过,为了自己的私欲而疯狂毁灭他人的幸福,这是否值得推崇? 作者给予她疯癫丧子的下场,或许是一种委婉的立场申述吧。

任务三:辩辩人间这份情

师:同学们对人物角色各有考量。而且大家不约而同,发现了同一人物的正反两面人性,这样的人物就是"圆形人物"。与之相对的,就是"扁平人物"。扁平人物在十七世纪被称为"性格人物",现在他们有时被称为"类型人物"或"漫画人物",比如样板戏里的正派或反派。在最纯粹的形式中,他们依循着一个单纯的理念和性质而被创造出来,假使超过一种因素,人物的"弧线"即趋向圆形。也就是说,圆形人物就像一个几何体,有多个面,有层次感,有空间感;而扁平人物只展示一个面,一切都向这一个面聚拢。接下来我们继续进行细节分析,以周朴园是否具有温情为例,进一步探究作者塑造圆型人物的匠心。(播放 PPT 第 9 页)

生:我觉得周朴园虽然冷酷自私,为了钱不惜淹死两千多工人,但是也有温情的一面。鲁侍萍提到自己和孩子被赶走时,人称一直在变化。原本一直用单个第二人称,专指周朴园,但当说"你们逼着我冒着大雪出去,要我离开你们周家的门"时,换成群指"你们"了,意味着要赶走她的是家族里的人,不一定是周朴园。前文,当鲁侍萍说"她没有死"时,周朴园连用两个问句,是情急之下的脱口而出,在失控的情况下,他说了一句"我看见她河边上的衣服,里面有她的绝命书",这句是可信的,说明周朴园曾追到了河边。或许周家赶走鲁侍萍是瞒着周朴园的。

生:我觉得周朴园是有温情的。第一,对初恋。周朴园开给鲁侍萍五千块钱的支票,他后来又寄了一笔钱,还打算再追加两万块。我查过,民国时期的一块钱相当于现在的两千元购买力,那么五千块钱是巨款。如果要封口,他完全可以像淹死工人一样处理鲁侍萍,但他没有,甚至还给她一大笔赡养费。从周朴园的立场看,钱是他最看重的东西,他是把自己最看重的东西补偿给鲁侍萍的。第二,对儿子。第四幕里,周朴园会"寂寞地"对周冲说"爸爸有一点觉得自己老了",甚至"恳求地"讨好儿子"后天我们就搬新房子了,你不喜欢么?"最后他也同意让周萍母子相认,让周萍侍奉鲁侍萍,台词前面有"向鲁妈叹口气"的舞台说明,因此,他的这个决定不是虚伪的。

师:周朴园对鲁侍萍是否有真情? 一开始,周朴园不同意两人相认,也是正常人在突然变故下的应激反应。作为父亲,他一方面专制,另一方面也渴望与子女亲近,有温情的一面。

生:我觉得没有真情。周朴园记住这些习惯,就是在用深情伪装自己。不然,为什么鲁侍萍出来了他就变脸了,还拿钱封口? 面具戴久了,自己都信以为真。

生:我觉得有感情。这么多年的习惯都不改变,显然他当初的确是动了真心。我还注意到,第三幕里,鲁侍萍说,"人的心都靠不住,我并不是说人坏,我就是恨人性太弱,太容易变了",虽然她是告诫四凤,但实际在影射周朴园。鲁侍萍不认为周朴园"坏",而是说他变心了,这至少说明当初周朴园对鲁侍萍呵护有加。但周朴园喜欢的是年轻漂亮的梅侍萍,一旦鲁侍萍年老色衰,他就认不出了,还认为对方出现是不怀好意的,甚至立刻回归理性,狡诈地哄骗鲁侍萍,目的达到就马上要用钱解决问题。

师:有道理。或许周朴园真正纪念的只是自己年少的青春吧。曹禺先生在序言中说,"我用一种悲悯的心情来写剧中人物的争执。我诚恳地祈望着看戏的人们也以一种悲悯的眼来俯视这群地上的人们"。(继续播放PPT第9页)

师:布置一项课后活动。戏剧成功与否,还取决于舞台效果呈现的优劣。舞台效果的优劣又往往取决于演员对人物形象的精准把握度。周朴园与鲁侍萍的对手戏是展现人物内心世界的重头戏。请同学们以寝室为单位,选择合适内容,改写演出本,再进行排演,最后参与班级会演。下课。

【教学反思】

《雷雨(节选)》是必修下册第二单元内容,这个单元还有元杂剧《窦娥冤(节选)》、戏剧《哈姆莱特(节选)》。三篇戏剧作品通过剧中人物的悲情遭遇,表现出不同时代、不同民族的剧作家对社会现实的理解,寄托着对人生的深切关怀。用任务驱动学习,对学生综合素养的提升有事半功倍的效果。

本节课设置了三个层进式的任务,逐级助推。第一,要求学生在通读全文的基础上,借助思维导图,梳理人物关系,明确戏剧的外在矛盾冲突。第二,通过设计阅读支架,促使学生精读细节,探究人物复杂多元的性格形象,明确戏剧中的内在矛盾冲突。第三,通过论辩形式,聚焦周朴园,引导学生深入理解人物形象,进而理解"圆型人物"与"扁平人物"的差异。课后活动任务要求学生排演戏剧,体验人物情感,深化对"圆形人物"的理解。

从教学效果来看,学生能结合全剧,在自主、合作、探究中展开学习。但不足之处在于:第一,该教学局限于单篇,没有考虑与其他两篇戏剧的比较阅读,学生对戏剧冲突或人物性格的认识不够全面。第二,课本剧改编和排演专业性较强,教师对学生排演需要进一步指导,这样才不至于浮于表面。受课时限制,这项活动没有很好落实。

心灵的暗语:赏析台词与潜台词

执教/浙江省磐安中学　王琳

本课课件

【专题目标】

精读《雷雨》,联读《窦娥冤》和《哈姆莱特》。品读经典戏剧中的经典台词,掌握戏剧语言个性化和动作性的特点。品味台词的弦外之音、言外之意,感受潜台词的艺术魅力。

【预习任务】

1. 找出你认为最能表现周朴园性格特征的台词,为其标注朗读要点,包括朗读的节奏、语调、重音、情感等。

2. 找出其中你认为最富有戏剧性的台词,说明其在推动故事情节发展方面所起的作用。

【教学实录】

任务一:戏中语·剧中人

师:(播放PPT第1页)通过前面两节课的学习,相信大家对《雷雨》中的人物关系和性格特点已经有了一定的了解。下面我们一起来"连连看"——推测下面几句台词,分别是剧中的哪位人物说的,将台词与对应人物连线。(播放PPT第2页,见图1)

(学生轻声诵读台词,思索)

师:我请一位同学到黑板上来连线。

(一位学生举手上前作答,其他学生轻声讨论)

师:他的连线正确吗?

生:第二句"哼!这家除了老头儿,我谁也看不上眼"不是繁漪说的,而是鲁贵说的。因为繁漪根本不爱周朴园,第一句"我不如娜拉"才是繁漪会说的话,她是一位大胆追求自由和爱情的女性。

师:对,易卜生笔下的娜拉就是不愿意充当丈夫的玩偶,勇敢地离家出走,追求自己的生

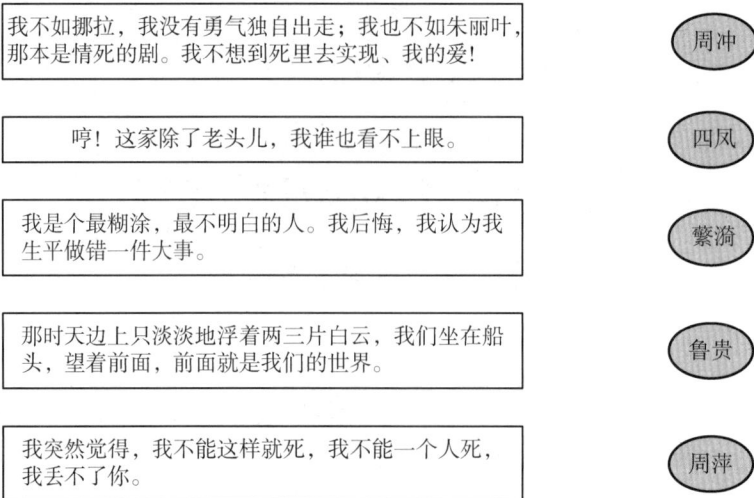

图1

活去了。而鲁贵所谓的"看上老头儿",实际上是看上了周朴园的——

生(齐):钱。

生:第四句"前面就是我们的世界"是周冲的口吻,他是一个进步青年,平等地爱每一个人,希望大家都能快乐。

师:是啊,他是一个多么阳光可爱的少年,在整部戏里只有他能描述出这么美好的场景。(师生共同纠正连线)通过以上的连线,不难发现,曹禺笔下的台词鲜明地展现出了不同人物的性格特点,这正是戏剧语言高度个性化的特点(教师板书:个性化)。

师:那么课文节选这一部分中最能表现周朴园性格特征的台词又有哪些呢? 你觉得哪一句话一说出来,周朴园的形象就立起来了? 这也是课前布置给大家的预习任务,下面我们就以"开小火车"的方式进行回答,从离我最近第四小组开始吧。(播放PPT第3、4页)

生:我找到的是"(忽然严厉地)你来干什么?"和"(冷冷地)三十年的工夫你还是找到这儿来了"这两句。从"严厉地""冷冷地"就能感受到周朴园的冷酷无情。

师:非常好。这位同学不仅找出了个性化的台词,而且为我们提供了品读台词的方法之一——关注小括号里的提示,这部分提示我们称之为"舞台提示"(教师板书:舞台提示)。

生:我找到的是"好得很,那么一切路费、用费,都归我负担"和"很好,这是一张五千块钱的支票,你可以先拿去用。算是弥补我一点罪过"这两处,特别能体现周朴园作为资本家,眼里只有钱的特性。

师:是的,反复提及钱,可见其作为资本家对金钱的看重。

生:我找到的是"我看过去的事不必再提起来了吧",可见这个人非常无情冷漠。

师:和曾经的爱人见面却不愿提及过往的事,确实是无情。

生:我找到的是"你的生日——四月十八——每年我总记得。一切都照着你是正式嫁过周家的人看……弥补我的罪过"。我觉得他是一个念旧的人,前文也提到了旧雨衣、旧衬衣。

师:这位同学的看法和前面三位的不同,怎么理解他这些"念旧"的举动? 到底哪一个才是真正的周朴园?

生:他怀念曾经的那份感情,但他已经不怀念那个人了。

师:没错!鲁侍萍没有出现的时候,他表现得相当深情,保持旧习惯,留着旧衬衣;但是当对方活生生地站在他面前的时候,却避而不提过去。

生:这是他的一种心理安慰,所以他说完鲁侍萍的生日之后,马上就说"那么我们可以明明白白地谈一谈",还是回到钱的话题。我觉得他不只无情,还很虚伪!

师:非常精彩的回答!

生:我找到的是开头的一句话,"不对,不对,这都是新的。我要我的旧雨衣,你回头跟太太说"。感觉他很霸道,在家里说一不二。

师:这位同学找到的这句其实很容易被大家忽略,是对前面几位同学的很好补充,周朴园作为封建家长,专横、霸道的形象立马凸显出来,整个人物更加丰满立体了。下面就请同学们根据课前预习时标注的朗读要点,包括朗读的节奏、语调、重音、情感等,结合刚才我们的讨论分析,来读一读这些极具个性化的台词,演出你们眼中的周朴园。

(学生自由朗读台词、扮演角色,教师巡视、适时点拨)

师:同学们对周朴园角色的把控和演绎都非常到位。老师这里还找了几句其他角色的个性化台词,请联系其性格特征,标注朗读要点,并和你的同桌试着读一读、演一演吧。(播放PPT第5页,展示表1)

表1

人物	性格特征	台词举例
周朴园	伪善冷酷	谁指使你来的?
鲁侍萍	善良刚毅	你?三十年我一个人都过了,现在我反而要你的钱?
鲁大海	疾恶如仇	哼,你们这些不要脸的董事长,你们的钱这次又灵了。
周萍	自私无情	你这种混账东西!
周冲	冲动热情	爸爸,这是不公平的。

(学生自主标注,和同桌自由朗读台词、扮演角色)

师:除了注重个性化的语言表达,戏剧还具有偶然性的特点,正所谓"无巧不成书,成戏必有巧"。而这种"偶然性"主要通过台词来实现。课前已经请大家找出节选部分你认为最富有偶然性、戏剧性的对话,说明其在推动故事情节发展方面所起的作用,下面就请同学来分享你找到的戏剧性对话。(播放PPT第6,7页)

生:鲁侍萍说的那句"不是有一件,在右袖襟上有个烧破的窟窿,后来用丝线绣成一朵梅花补上的?",成功引起了周朴园的注意(众生笑),周反问了一句"梅花?"。

师:非常好,这是两个人相认的关键点,有了这一句,才有后面的相认环节。

生:早在故事一开头,关于窗户的对话,就在为相认的情节做铺垫了。周朴园问了一句"窗户谁叫打开的",鲁侍萍就很自然地走过去关窗,这一举动使周朴园感到很奇怪,才会让鲁侍萍"站一站",并和她展开一系列对话。

师：没错，否则鲁侍萍就此走开，故事就结束了。（播放PPT第8页，展示表2）所以戏剧性台词对故事情节的推动至关重要，这正是戏剧台词动作性特点的体现（教师板书：动作性）。

表2

戏剧性台词	推动作用
鲁侍萍：哦。——老爷没有事了？ 周朴园：窗户谁叫打开的？	这一组台词促使周朴园对鲁侍萍的行为举止有所关注，也才能引出了后面的一系列对话。
周朴园：你告诉她在我那顶老的箱子里，纺绸的衬衣，没有领子的。 鲁侍萍：老爷那种纺绸衬衣不是一共有五件？您要哪一件？	这一组台词是促使周朴园和鲁侍萍相认的重要情节，也是整个故事发展的关键点。

师：通过刚才对台词的赏析可知，品味戏剧语言的关键，是抓住个性化、动作性的特点，体会戏剧台词在塑造人物形象、制造戏剧冲突、推动故事情节发展等方面的重要作用。（播放PPT第9页）

任务二：弦外音·话外意

师：刚才分析周朴园的台词时，我们就对他是否念旧做了讨论，最后发现他并不像他表面那样深情，更多的是伪善冷酷的一面。当他问鲁侍萍"谁指使你来的？"，善良单纯的鲁侍萍不假思索地、悲愤地给出了"命"这一答案；而作为观众，你认为周朴园预设的答案是什么？

生：是鲁贵，周朴园认为鲁侍萍是受鲁贵指使来敲诈自己的。

师：你已经完全看清楚了周朴园的真面目。像这种隐含在台词背后的弦外之音、言外之意，我们称之为"潜台词"。潜台词是指隐藏在台词背后的弦外之音、言外之意，是潜藏在台词背后的人物的思想、愿望、目的，是台词的真实含义。（播放PPT第10页）品读潜台词，透过人物的表层语言，可以辨明人物潜在的心理动机和话语真正的目的，挖掘人物心灵深处的情感；运用潜台词，引发深层次的心理交锋，从而塑造丰满的人物形象，形成剧本内在的戏剧性。

师：请大家结合表1中的个性化台词，思考这些台词的弦外之音，并以第一人称的口吻说出他们的真实含义。（播放PPT第11—13页）

（学生自由诵读台词，思索，举手作答）

生："你？（笑）三十年我一个人都过了，现在我反而要你的钱？"鲁侍萍是想告诉周朴园"我不要你的钱"。

师：为什么要特地强调"三十年""一个人"？

生：她生活得非常辛苦，很不容易。

师：所以这句台词还含有什么意思？

生：这三十年的辛苦不是你用钱能弥补的。

师：解读得非常准确。

生："哼，你们这些不要脸的董事长，你们的钱这次又灵了"，鲁大海是在骂周朴园用金钱收买其他工人，而且不是第一次这么做了，对此他很鄙夷。

师：你可以用第一人称还原出他的内心想法吗？

生：你又用几个臭钱收买了那些立场不坚定的家伙！

师：你台词功底不错呀，表演得很到位！

生："你这种混账东西！"周萍认为"你不该骂我爸爸"。

师：原文用了感叹号，可以试着把这种语气还原出来吗？

生：你怎么可以骂我爸爸！

师：情绪很饱满。周冲这句"爸爸，这是不公平的"又该如何理解？

生：爸爸你不能这样伤害工人，不能这么干。

师：但是他面对霸道专横的爸爸又不能直接说"不能"，所以将其转换为这"不公平"，相对委婉了一些，符合这个家庭中的父子相处之道。由此可见，戏剧语言个性化的特征不仅体现在精练的台词表达上，还体现在丰富的潜台词运用上。（继续播放PPT第13页）

师：对潜台词的准确解读，也是成功演绎角色的关键所在。假设话剧导演请你们分别饰演周朴园和鲁侍萍，表演两人相认后的一个场景（从"周朴园：你——侍萍？"到"周朴园：好！痛痛快快地！你现在要多少钱吧？"），要求你们在开演前阐述人物的潜台词，你会就哪些台词进行阐述呢？潜台词又分别是什么呢？从中反映了两个人怎样的性格特点？请和同桌分角色朗读，并找出有着丰富潜台词的语句，进行分析品读。（播放PPT第14、15页）

（学生分组分角色自由朗读，品读潜台词）

师：老师看到大家表演得非常投入，想必是对潜台词进行了充分的挖掘。哪位同学先来分享一下你体味到的弦外之音？

生：当周朴园得知鲁大海是自己的小儿子时，他的反应是"什么？鲁大海？他！我的儿子？"，一连用了好几个问号，还有一个感叹号，可见他的内心极其震惊、不可思议。

师：你注意到了标点符号，这也是解读潜台词的方法之一。

生：周朴园对鲁侍萍说"你可以冷静点，现在你我都是有子女的人，如果你觉得心里有委屈，这么大年纪，我们先可以不必哭哭啼啼"，就是让她不要提以前的事，直接提钱就好了。

师：为什么不必提以前的事？

生：因为他怕以前的事情败露，会威胁到自己现在的地位、名声。

师：周朴园看似在劝慰鲁侍萍，实则想的都是他自己。

生：周朴园还特别提到了鲁贵，"我看你的性格好像没有大改，——鲁贵像是个很不老实的人"。他在警告鲁侍萍不能让鲁贵知道这些事，否则他会来敲诈我，对我没好处。

师：可见他在短短的时间内，已经把各种可能损害到自己利益的情况都考虑到了，完全没有被三十年前的感情所羁绊。然而鲁侍萍呢？

生："（叹一口气）现在我们都是上了年纪的人，这些傻话请你也不必说了。"鲁侍萍的"不必说"和周朴园不同，她内心其实是有所触动的——你也不是无情无义，彻底忘了我，多少还是记着过去的。所以，不用说什么"弥补罪过"这类的"傻话"了。

师：鲁侍萍还是念着旧情的。通过对比，不难发现周朴园的台词蕴含的潜台词是最丰富的,尤其是刚才同学读的这一段,相对而言,鲁侍萍的话就没有那么多的"话里有话",这也正符合周朴园阴险狡诈的性格和鲁侍萍善良自尊的形象。(播放PPT第16页,展示表3)

表3

人物	台词举例	潜台词赏析	性格特征
周朴园	(忽然严厉地)你来干什么?	你来肯定有不可告人的目的,十有八九是来敲诈勒索我的。	自私虚伪 冷酷无情 阴险狡诈
	(冷冷地)三十年的工夫你还是找到这儿来了。	你一直都在找我,想利用过去的关系敲诈我的钱财。	
	从前的旧恩怨,过了几十年,又何必再提呢? 我看过去的事不必再提起来了吧。	怕别人知道我不光彩的过去,影响我现在的社会地位。	
	那更好了。那么我们可以明明白白地谈一谈。	既然不想提过去的事情,那你有什么要求,你想要多少钱,不必遮掩,可以明明白白地提出来。	

师:总的来说,我们在解读人物的潜台词时,应当联系人物形象特征,抓住个性化词句,并结合舞台提示和标点符号。(播放PPT第17页)

师:今天我们主要品读了《雷雨》第二幕的台词,挖掘了丰富的潜台词。不同类型的戏剧作品在台词风格、潜台词运用等方面均有所不同。请课外联读本单元的另外两部经典之作《窦娥冤》和《哈姆莱特》,完成以下作业。(播放PPT第18页)

(1) 选择教材中《窦娥冤》或《哈姆莱特》中的一个片段进行角色扮演,品读节选部分具有个性化和戏剧性特征的经典台词。

(2) 以本单元的三部戏剧为例,比较传统戏曲、外国话剧和现代话剧在潜台词运用方面的不同,进而概括各自台词(曲词)的特点。

师:下课,同学们再见!

【教学反思】

1. 台词——打开戏剧大门的钥匙

统编高中语文必修下册第二单元是戏剧单元,包含了中国传统戏曲《窦娥冤》、中国现代话剧《雷雨》和外国戏剧《哈姆莱特》三部经典之作。通过本单元的学习,学生应当初步认识戏剧的基本特征,欣赏剧作家独特的艺术手法,品味戏剧语言的魅力。而本堂课聚焦的正是"戏剧语言"这一打开戏剧大门的金钥匙。《雷雨》的台词可谓是经典中的经典,一直为人称道,因此这节课的教学目标主要有两方面:一是品读《雷雨(节选)》中的经典台词,掌握戏剧语言"个性化"和"动作性"的特点;二是品味台词的弦外之音、言外之意,感受潜台词的艺术魅力。

2. 生本——课堂组织的核心理念

任务一"戏中语·剧中人"的两个主问题已经在课前以预习任务的形式让学生自主完成,所以课堂前半部分主要是学生预习成果的展示,让学生互相补充完善,充分体现生本意识。教师则在其中适时引导、及时点拨,帮助学生提炼出"个性化"和"动作性"这两个戏剧语言的特征。课堂的任务二"弦外音·话外意"先引导学生对几句经典台词进行潜台词解读,再以角色扮演的形式,对经典片段进行自主揣摩、交流分享。对于这部分教学内容,学生表现出浓厚的学习兴趣,课堂氛围热烈活跃。通过生生互动、师生互动,学生深入挖掘潜台词,辨明人物潜在的心理动机和话语的真正目的,体会人物心灵深处的情感,进一步把握人物的复杂性和多元化。

3. 反馈——更好地实施有效教学

在课堂开头导入部分的"连连看"环节,因为选取的台词不够典型,学生遇到了一些困惑,花费了比预想中的更多的时间。另外,针对课前预习任务中有关诵读的要求,即"标注朗读要点,包括朗读的节奏、语调、重音、情感等",教师未能在课堂上给予反馈和指导,使得这一预习任务的教学效果打了折扣。这些都需要在以后的教学中予以改进,才能提升课堂有效性。

忧郁的王子:内心独白赏析

执教/杭州学军中学海创园学校　韦玲珍

本课课件

【专题目标】

精读课文《哈姆莱特(节选)》,联读《哈姆莱特》全剧七则内心独白,感受哈姆莱特丰富复杂的内心世界,分析其犹豫延宕原因,理解人物人文主义精神和悲悯情怀。

【预习任务】

自主阅读《哈姆莱特》全剧(朱生豪译),运用圈点勾画方法阅读课文及七则独白(参见表1),完成预习任务单:

1. 用画图或列表方式,梳理哈姆莱特与其他人物的关系,了解其生活环境。
2. 阅读七则独白,填写分析哈姆莱特心理和行为的表格。
3. 同桌合作将第四则独白改写为"择生""择死"的对白,并排练演出。
4. 创制"生存还是毁灭"独白的词云图。

【教学实录】

师:(播放 PPT 第 1 页)同学们,西方有一句谚语,说"一千个读者就有……"(师略停)

生(笑着齐答):一千个哈姆莱特。

师:看来确实是耳熟能详的。那这句谚语表达了怎样的一种认识?

生:谚语说的是阅读感受的个性化问题,不同的读者面对同一个艺术形象有不同的审美体验。生活中常常泛指人们对事物看法不同,仁者见仁,智者见智。

师:不错。但这则谚语还有下半句,完整的语句是"一千个读者就有一千个哈姆莱特,但哈姆莱特不会变成李尔王",说明文学欣赏是差异性和一致性的统一,读者心中的哈姆莱特形象尽管不完全一样,但必然有许多相同的特质。今天我们来分享大家对于哈姆莱特理解的不同与相同。

环节一：冲突下的忧郁

师：（播放 PPT 第 2 页）说起哈姆莱特，人们常常不约而同地称他为"忧郁王子"，说明大家印象中的哈姆莱特总是忧伤、愁闷的。那哈姆莱特的忧郁主要有哪些表现？

生：忧郁的人通常情绪低落，意志消沉，多疑而自卑。哈姆莱特就很典型，他郁郁寡欢，自己说对什么事都没有兴趣，觉得自己匍匐于天地间没有什么用处，甚至想过自杀。他戒备心理强，除了霍拉旭谁都不相信。

生：关键是对于复仇一直在纠结和徘徊。刚说"现在我可以痛饮热腾腾的鲜血，干那白昼所不敢正视的残忍行为"，不一会儿又说"不，那还要考虑一下"。让人感觉特别憋闷，有种"哀其不幸，怒其不争"的感受。

生：我也有这种感觉。他怀疑复仇的正义性，怀疑自己的行动力，七则独白里一直充斥着他不断游移、不断反复的奇怪心态。

师：那你跟大家分享一下作业，说说你的发现。

生：我列出了每一则独白的核心语句，分析其中关联的人物行动和思想变化原因，形成了这张表格（表 1）。大家看，哈姆莱特对复仇的思考有着"决心——困惑——决定——放弃——振作"的轨迹，表明他一直在犹豫在摇摆，越是犹豫也就越陷落在忧郁苦闷之中。

表 1

序号	独白的核心句	哈姆莱特的行动	行为改变的原因
1	女人，你的名字就是脆弱！	痛斥母亲的改嫁	震惊于母亲失贞
2	只让你的命令留在我的脑筋的书卷里	明确为父复仇的决心	鬼魂告知真相
3	我要先得到一些比这更切实的证据	试图验证鬼魂的说法	因伶人表演反省自我
4	生存还是毁灭，这是值得考虑的问题	生与死的困惑	安排上演"捕鼠剧"
5	现在我可以痛饮热腾腾的鲜血，干那白昼所不敢正视的残忍行为	决定行动	验明谋害真相
6	不，那还要考虑一下	放弃行动	不想奸王上天堂
7	让我屏除一切的疑虑妄念，把流血的思想充满在我的脑际	重新振作	受人激励，反省怯懦

师：身为丹麦王子，他拥有丰裕的物质，地位崇高。为什么还会忧郁，导致忧郁的根本原因是什么？

生：哈姆莱特本来生活环境优越，在人文主义氛围浓郁的德国威登堡大学学习，被称为"快乐王子"。后来因父亲驾崩而匆匆返回丹麦奔丧。他因父亲去世而忧伤是常情常理，但克劳狄斯把它贬斥为"逆天悖理的愚行"，要求王子"安于天命"。

师：你的意思是他的忧伤既因为亲人的离世，也因为外在环境与个人意愿间的冲突。请结合自己梳理的人物关系图表，说说你们如何理解哈姆莱特忧郁的原因。

生：我画的是表格（见表 2）。我们可以看到，王子面临着窘迫的处境、沉重的压力——父亲被害、母亲改嫁、同学背叛、朝臣附逆,连恋人也成为帮凶。周围人与王子的关系发生了巨大改变,课文中出场的六个人物都成了他的敌对面,这让他忧郁愁闷,痛苦不堪。

表2

人物	故事前关系	故事中角色	人物处境
克劳狄斯	叔父	杀父仇人、篡位者、昏君	父亲被害
王后(乔特鲁德)	母亲	背叛者	母亲改嫁
波洛涅斯	大臣	同谋者	朝臣失忠
罗森格兰兹、吉尔登斯吞	同学、朋友	走狗	朋友背弃
奥菲利娅	恋人	帮凶	恋人远离

生:我是用图形梳理的(见图1),发现其他人物与哈姆莱特的关系都是双重的。他们原本是哈姆莱特的亲人、恋人、朋友、臣属,如今却成了杀父仇人、失贞者、刺探者、走狗、同谋者。这些完全变形的社会关系对哈姆莱特构成了合围之势,浓重的现实黑暗形成巨大的精神压力,压得他情绪忧郁,进退反复。

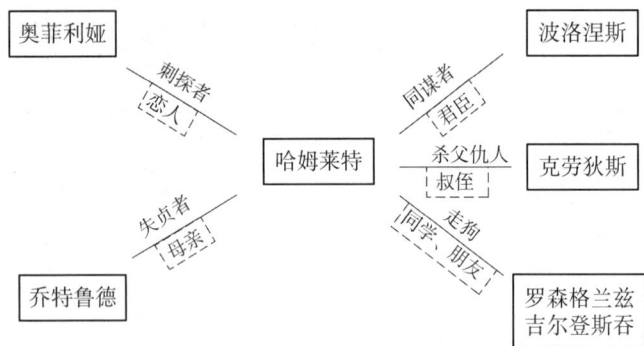

图1

师:两位同学一表一图,向我们清晰地展现出哈姆莱特当时面临的生活处境和精神困境,这些因素使他陷入深深的忧郁之中。但亲人故去,恋人变心,朋友背叛是生活中常有的事,哈姆莱特因此就忧郁了,是不是表现得太脆弱?

生:我觉得不是脆弱,关键在于生活给了他致命的打击。哈姆莱特对世界和人类曾充满美好的想象,认为人理性而高贵,是"宇宙之精华,万物之灵长",世界则是"美好的框架"。但现实是"荒芜不治的花园,长满了恶毒的莠草",呈现给他的都是社会的黑暗、人性的丑陋,彻底改变了他对世界和人的看法。理想的失落、信仰的崩塌,让他陷落在痛苦中难以自拔。

师:阅读很细致,感觉很敏锐。那课文节选部分有没有体现这种失落的痛苦?

生:可以从他对奥菲莉娅的矛盾态度想到。独白里他称奥菲莉娅为"女神",见她又责问她"你贞洁吗?"。奥菲利娅美丽纯真,是他的恋人也是他心中的光,称她为"女神"是真情流露。但后来发现,她要退回爱情信物,就意识到她被仇人利用来刺探自己,因此厉声责问奥菲利娅是否贞洁。

生：我有不同的看法，哈姆莱特指责奥菲莉娅应该是借题发挥批判社会的，也是假装疯癫迷惑敌人。他狠心伤害自己的心上人，劝她出家，都是为了保护她让她远离伤害。

师：看来，同学间也有了不同观点的碰撞了。这个问题，其他同学怎么看？

生：我觉得面对奥菲莉娅退还礼物，哈姆莱特一开始确实是生气指责，后来说把她父亲关起来，让他只好在家里发傻劲，说"你还是逃不过谗人的诽谤"，表明他已经意识到她是被欺骗利用的。看似矛盾的行为只是不同时间、不同场合下的人物心理过程，从中能感受到社会环境的恶劣，还有他孤独奋战的无奈。

师：这样看来，确实是社会的黑暗、人性的丑恶，使哈姆莱特遭受了沉重打击，他的迷惘和忧郁是人文主义理想失落后的内心挣扎。

环节二：犹豫中的高贵

生：老师，哈姆莱特这样情绪低落忧郁，行动又优柔寡断，为什么人们还对他赞誉有加？

师：嗯，这是个有意思的问题。要回答它，可以先弄明白哈姆莱特两难选择的本质，以及他到底在犹豫什么。请两个小组分享一下独白改写和表演作业。（播放PPT第3页）

（学生投影改写作业，并现场表演对白。其他同学简要点评，老师总结）

独白改写（第15小组）

合：生存还是毁灭，这是一个值得考虑的问题。

择死：死了就是睡着了，什么都结束了。我们心头的创痛，以及其他无数血肉之躯所不能避免的打击也都可以从此消失，那正是我们求之不得的结局。而活着却要默然忍受命运的暴虐，生死间哪一种更高贵？

择生：死了确实就是长睡，但那是对命运和苦难的逃避。在那死的睡眠里究竟将要做些什么梦，是耻辱，是蔑视，还是懊悔？这未知的恐惧不能不使我们踌躇顾虑——与奋起抗争比，生死间哪一种更高贵？

择死：可谁愿意忍受人世的鞭挞和讥嘲、压迫者的凌辱、傲慢者的冷眼、被轻蔑的爱情的惨痛、法律的迁延、官吏的横暴和费尽辛勤所换来的小人的鄙视？用一柄小小的刀子，就能清算自己的一生。屈辱地生与高洁地死相比，哪一种更高贵？

择生：你不惧怕吗？那不可知的死后，从未有人回来的神秘国？正是这份未知迷惑了人们的意志，让我们宁愿忍受目前的折磨，不敢向我们所不知道的痛苦飞去。死后一切无可弥补，而生让一切仍可有为，哪一种更高贵？

师：两组同学表演得都不错，得到了同学们的肯定。但我比较好奇，第15小组为什么每一次对白中都要出现"哪一种更高贵"？

生：我俩讨论时发现，整段独白在辩驳"择生"与"择死"，但哈姆莱特关注的核心其实不是生死本身，而是哪一种选择更高贵。所以我们将"哪一种更高贵"作为主题句，彰显出他推崇精神高尚，追求人性高贵的特质。

师：也就是说哈姆莱特思虑的不是生死，而是怎样的生命形式最高贵，所以赢得了黑格尔的赞誉。(播放PPT第4页)。

> 当理想与现实冲突后,哈姆莱特固然没有决断,但是他所犹疑的不是应该做什么,而是应该怎么做。(黑格尔)

师:那哈姆莱特的人性高贵追求有行动表现吗?

生:第六则独白里他放弃了一个绝好的刺杀机会,哈姆莱特就是在成就自己。他的复仇并非仅仅取仇人性命,而是践履人生使命,坚守人文理想。尽管他经常迷失在思想与意志、理想与现实的分裂中,但这只是心理层面的表现,精神深处他依然以人文主义者的立场,理智思考并理性行动。

师:你的见解很精到!那么该如何理解哈姆莱特把为父复仇称为"伟大的事业"?

生:作为儿子,为父复仇是天经地义的责任,可以是生命中最重要或者唯一的事业,但哈姆莱特复仇并非如此简单,个人复仇已升华为"伟大的事业"。他从家庭变故看到宫墙内外的种种丑态,由宫廷阴谋看到时代动乱,由个人不幸想到普遍的苦难,感叹"这是一个颠倒混乱的时代"。克劳狄斯既是杀父仇人,也是混乱时代的制造者。杀死他意味着结束混乱时代,意味着"重整乾坤",开创理想的新时代。

生:哈姆莱特要杀死克劳狄斯,还在于将其视为邪恶的化身。第六则独白中说,不能在忏悔向善时杀死他而要在作恶时,说明杀他是为世除恶。哈姆莱特在自我命运的巨变中,感受到世界的黑暗和人性的丑陋,他想消灭世上的罪恶,所以强调行动目的的正义性,坚持复仇手段的正义性。所以复仇于他是一项伟大的事业。

师:确实,哈姆莱特是悲情式英雄,他经历了痛苦挣扎和曲折思考,但始终坚持原则并走向坚强果断。虽然为父亲报了仇而自己也被奸人所害,但他的复仇是理性的、崇高的,他的死因行动的正义性而高贵伟大,是大写的人。(播放PPT第5页)

> 哈姆莱特挑着理性的灯笼在寻找大写的人。(阿尼克斯特)

环节三:"我们"里的悲悯

师:刚才同学说"生存还是毁灭"两难选择的关键是"哪一种更高贵",那这段独白中你印象最深刻的词语是什么?(播放PPT第6页)

生(七嘴八舌):"睡着了""死""创痛""生存""毁灭"。

师:那印象最深的词语,与"词云图"中频率最高的词一致吗?请这位同学来谈谈。

生:不一致。我印象最深的是"睡着了",词云图中频率最高的却是"我们"(见图2)。我有点困惑,哈姆莱特是独自一人,为什么会反复说"我们"呢?

师:词云图呈现的是词语出现的频次,而同学们刚才说那些词显然偏重内容,两者不能融合一致很正常。那么生死思考的独白中反复

图2

出现"我们"一词,体现了哈姆莱特怎样的特点?

生:说明他平等待人,贵为王子却能体会普通人的生活辛酸。压迫者的凌辱、傲慢者的冷眼、法律的迁延、官吏的横暴等人生"患难",显然不是他这样万人之上的王子需要面对的。他能对这些普通百姓的创痛,感同身受,非常不容易。

生:他心怀天下,能为人们谋幸福。他认为自己肩负重整乾坤的重担,杀死国王不仅是为父复仇,还在于结束混乱的时代,重新给人们打造一个理想的新世界。

生:哈姆莱特在独白中一直使用"我们"以及"他""谁"这样对象不确定的代词,表示泛指一切人。这代表他是站在"人们""人类"的立场,以"我们"大家的身份在说话。他对"生存还是毁灭"的深刻思辨已经超越了个人,成为人类对生存意义、生之痛苦、死之疑惧、意行矛盾等人生问题的诘问和喟叹。这既是他个人对人世苦难的深刻体察和理解,也是他对人类承受人生之苦的怜悯和共情。

师:发言非常精彩!一个人能从自己处境出发,推己及人,体谅他人,体谅世界,那我们说这个人是有悲悯情怀的,是悲悯者。哈姆莱特就是这样的一个"悲悯者"形象。

师:林兆华在导演《哈姆莱特》时曾说他是我们中的一个(播放 PPT 第 7 页)。

> 哈姆莱特是我们中间的一个,在大街上我们也许会每天交错走过。那些折磨他的思想每天也在折磨着我们,他面临的选择也是我们每天所要面临的。生存或者死亡是个哲学命题,也是生活中每一件具体的大事和小事。是或不是,你只能选择其中的一种。(林兆华)

师:哈姆莱特要为人们代言,那他可以是我们吗?

生:我赞同林导的说法。哈姆莱特在探讨的生死问题代表着绝大多数人的思虑,只要人生的苦恼存在,生与死的困惑存在,命运之谜尚未解开,哈姆莱特就是我们的身影,他是一个永恒的文学典型。

生:哈姆莱特的意义还在于树立起了"人"的自我形象。当他不自觉地用"我们"思考时,就意味着摆脱了对神的依赖,不仅承受人类的普遍苦痛,并自觉承担改造世界的使命。他与社会黑暗、人性丑恶相抗争,把人性的高贵和世界的美好点亮,所以说哈姆莱特是我们中间的一个,是真正站着的"人",也就是我们人类。

生:从全剧看,哈姆莱特还从自我遭遇引发对命运的深入思考,实现了从对俗世生命的厌弃转向积极抗争的发展,从而走出复仇英雄的队伍,迈入了思想者的行列,叩响人类对命运的大声质疑。莎士比亚把简单的复仇悲剧提升成性格悲剧、人生悲剧,使之具有了哲理思辨的高度。

师:确实,在莎士比亚笔下,哈姆莱特是生死烦恼的体验者、生命意义的诘问者、人生命运的探索者,它成为所有人的缩影。(播放 PPT 第 8 页)

> 哈姆莱特像我们每一个人一样真实,但又要比我们伟大。他是一个巨人,却又是一个真实的人。因为哈姆莱特不是你,也不是我,而是我们大家。哈姆莱特不是某一个人,而是人。(雨果)

师:尽管每个人会读到不同的哈姆莱特,但他永远就是哈姆莱特,不断地启示我们观照自己的人生体验、人生困惑以及对生命、命运的思考。确实,"一千个读者就有一千个哈姆莱特",那你又读出了怎样的一个哈姆莱特呢?请以"我说哈姆莱特的_____"为题,抓取人物的某一个特点,写一篇文学欣赏短文,字数不少于600字。(播放PPT第9页)

【教学反思】

《哈姆莱特(节选)》是统编高中语文教材必修下册第二单元的课文,本单元是高中教材中唯一的独立戏剧单元。三篇课文都节选经典悲剧名作,但其戏剧冲突类型、戏剧语言特点和人物特性各不相同,相辅相成。单元任务设置有"悲剧"和"悲悯"两个核心点,因此课堂设计聚焦于这两个教学点,通过大单元规划、微专题实施,引导学生了解悲剧作品的基本特征,深入分析哈姆莱特忧郁的原因,理解人物人文主义精神和悲悯情怀。

从文本的维度看,除情节发展和人物关系中的矛盾,《哈姆莱特》更精彩之处在于外在矛盾所激发的强烈心理活动——哈姆莱特的内心独白。所以,教学要紧抓主人公的内心独白,以独白"生存还是毁灭"为轴心,引导学生联读全剧七则独白,一脉贯通构建课堂。"冲突下的忧郁""犹豫中的高贵""'我们'里的悲悯"三个环节层递渐深,引导学生走进主人公的心灵世界,充分理解和感受哈姆莱特的精神特质,在把握人物形象的过程中,深刻感受人物的"美"与被毁灭的无奈,体会故事深沉的悲剧内核。

本课为自读课文,教学要重视凸显学生的课堂主体地位,唤醒学生的自主阅读能力。学生在学习过程中用图表法梳理人物关系,既增进对故事情节的概括和人物性格的理解,也强化良好逻辑思维的运用。用表格梳理比较七则独白、改写独白为对白、分角色演出等活动,引导学生在自主合作探究中综合运用听说读写思,通过比较、归纳、概括、分析等活动促进语言积累与运用的发展。课前预习和课堂分享交流这些学习活动的设计,都着眼于任务驱动,创设语言运用情境,促使学生广泛参与深度学习,在积极语言实践中提升学科核心素养。

此外,教学活动的创意设计贴合学生和教学需要。单元教学任务有台本创作和戏剧演出的要求,但考虑学生的学习实际,设计成更具可行性的独白改写和分角色演出活动。课堂教学一定要基于学情教情,因生而异,因师而异,在学时安排、能力要求和教学效果上实事求是。创意活动设计对接现代生活,考虑学生的切身性,课前作业引进词云图的创制,为语文探究提供切入点。

但本课学习内容丰富,课堂容量大,对学生阅读和思维要求较高,需要安排充分的课前预习活动。因为课堂内容以作业成果的分享和阅读理解交流为主,所以教学要根据学生理解自然引导,无须拘泥于教学环节的顺序。

为了更好的呈现：从"剧本"到"台本"

执教/绍兴市第一中学　谢澹

本课课件

【专题目标】

在学习整部《雷雨》作品的基础上，学习台本知识，了解台本与剧本区别，欣赏名家名角的《雷雨》话剧演出，尝试编排并演出有关片段，以加深对剧本冲突设计、情节安排、人物形象以及艺术手法等方面的理解，以及对戏剧语言的动作性与个性化的感受。

【预习任务】

1. 细读课文节选部分，并完成整部《雷雨》的阅读。

2. 提前布置演出要求：设定总导演一人，分导演若干，采用总导演和分导演负责制，具体要求另行通知。

【教学实录】

环节一：知识学习——从"剧本"到"台本"

师：同学们，我们已经学完了课本中的《雷雨》选段，课外大家也看了整部《雷雨》作品，对人物、情节都有了比较深入的了解，最后就剩下一个任务，也是最激动人心的任务——把这部经典作品搬上舞台。戏剧最重要的生命体现就是舞台呈现。但光有剧本是不够的，我们还要把剧本改写为更适合表演的台本。我们先来看看"台本"的概念。请同学们完成表1。
（播放PPT第1—3页）

台本，就是演出本，专指经过导演处理而作为舞台演出底本的剧本。在舞台演出的过程中，必须使用台本而不是剧本。为了演出需要，可以在台本中补充一些意蕴丰富、充分表现人物性格和内心活动的关键台词或关键动作；悉心体会戏剧情境和人物性格，揣摩最合适的语气、语调，设计最适宜的表演方式等。台本还规定并明晰了诸如演员上下场顺序、时间,灯光变化,音效,道具迁换等。台本是导演写的,体现了导演对剧本的理解,可以说是对剧本的"二次创作"。

表1

角度	台本	剧本
撰写者		
写作目的		
创作内容		

生:从撰写者来说,台本的作者是导演,剧本的作者是剧作家。

生:从写作目的来说,台本主要是为了舞台演出,剧本也可以用来阅读。

师:是的。甚至有些剧本被称为"案头剧本",主要是用来阅读的,当然我们还是提倡要写能演的剧本,而台本就是为演出而生的。

生:从创作内容角度来说,台本从演出需要出发,在剧本基础上,可以补充符合人物性格和内心活动的台词、动作和表演方式,还要规定并明晰相关的舞台呈现,剧本主要由台词和舞台提示两部分构成,是台本的文本基础。

师:(播放PPT第4页)好,我们明确了台本和剧本的区别,接下来尝试做个导演,从表演的角度把剧本改写成台本。(播放PPT第5页)

> 外面争吵声。鲁大海的声音:"放开我,我要进去。"三四个男仆声:"不成,不成,老爷睡觉呢。"
>
> 周朴园　(走至中门)来人!(仆人由中门进)谁在吵?
>
> 仆　人　就是那个工人鲁大海!他不讲理,非见老爷不可。
>
> 周朴园　哦。(沉吟)那你叫他进来吧。等一等,叫人到楼上请大少爷下楼,我有话问他。
>
> 仆　人　是,老爷。(由中门下)
>
> 周朴园　(向侍萍)侍萍,你不要太固执。这一点钱你不收下,将来你会后悔的。
>
> 侍萍望着周朴园,一句话也不说。
>
> 仆人领着大海进,大海站在左边,三四仆人立一旁。
>
> 鲁大海　(见侍萍)妈,您还在这儿?
>
> 周朴园　(打量大海)你叫什么名字?

师:大家猜猜,我为什么选择这一段,它有什么特殊性吗?

生:这一片段是鲁大海上场,前面是周朴园和鲁侍萍互认的结束,后面是鲁大海与周朴园矛盾的开始。

师:大家看,是这样吧。一个新人物上场了。《雷雨》是四幕话剧,课文节选的是第二幕的片段,但作为台本来说,我们可以把一幕再细分为几个场景,比如按照地点的转换、新人物的出现,或者冲突的转化等。细分场景有助于我们更好地揣摩表演。好,然后我们根据刚才台本的概念,看看这个片段可以增加一点什么。(播放PPT第6页)

> (1) 补充一些意蕴丰富、充分表现人物性格和内心活动的关键台词或关键动作。
>
> (2) 悉心体会戏剧情境和人物性格,揣摩最合适的语气、语调,设计最适宜的表演方式等。
>
> (3) 规定并明晰演员上下场顺序、时间,灯光变化,音效,道具迁换等。

师:我们先来看第一、二条,补充关键台词或关键动作,设计最合适的表演方式。这部分有哪些人物?

生(齐答):周朴园、鲁大海、三四个仆人、鲁侍萍。

师:好。同学们看看,比如周朴园可以补充一些什么或者设计一些什么呢?

生:周朴园"走至中门",是怎么走的。

师:你认为是怎么走的?

生:不快不慢,很从容。他是见过世面的资本家。

生:我觉得要慢一点,现在他知道鲁大海的身份了,这几步他会边走边考虑如何对待他。

师:很好,这就是台本,我们可以这样写——步速正常,稍慢;表情从容。还有吗?

生:周朴园"哦"之后,剧本说"沉吟",具体怎么"沉吟"没有说,这个"哦"要怎么说也没说。

师:你能根据你的理解,来演一演这句话吗?

(生演)

师:大家为你鼓掌了。你说说你这样演的原因。

生:我觉得这个"哦"字要饱满,这样会显得从容,不慌张,所以可以慢一点,音调低沉一点,让人听不出情绪(生笑)——那种老奸巨猾的人一般都是喜怒不形于色的。这个"沉吟",停顿的时间要恰到好处,不能太短,给人感觉好像准备好了一样,但也不能太长,让人察觉出他犹豫了。最好的时间应该是让人感觉他想了一下,开恩似地说出"那你叫他进来吧",这句话也要没情绪,不必抑扬顿挫,就是很普通的一件事,对他没有任何影响。演的时候,可以微微低下头,想了想,然后说出这句话。

师:说得比演得还要好。(生笑)这确实就是揣摩和补充了。还有吗?关于周朴园这一段。

生:"周朴园(打量大海)",这里的"打量"也很值得品味。我觉得要演出内心虽然想好好看看这个儿子,表现出来的却是不屑一顾的样子。

师:"不屑一顾",就是可以不看,或者只是瞥了一眼?

生:但他又想看,就是不动声色地看,从上往下看一遍,还带有一定的威严,然后缓缓说出"你叫什么名字"。

师:这个分析还是很到位的。这些写上去,对演员来说,就有指导表演的作用了。好,周朴园我们就讲到这里。我们再来看看其他人物,鲁大海、仆人和鲁侍萍,相对而言仆人比较简单,鲁大海的戏份主要在后面,鲁侍萍快结束这一幕的表演了。有一点同学们不知道注意到没有？周朴园和仆人说话的时候，鲁侍萍在场；周朴园打量鲁大海的时候，鲁侍萍也在场。虽然没有语言，但只要人在舞台上，就是在表演中，大家觉得在这种情况下，鲁侍萍要怎么演呢？

生：第一处，我觉得侍萍应该循声望去，她的内心是混乱的，但不至于行动慌张，所以她站在那里，可能想得很多，也可能什么都还来不及想。因此，我觉得表情比较复杂，父子相见不知道会是什么样的。

师：看来需要一个老戏骨来演这么复杂的心理啊。（生笑）

生：第二处，我觉得鲁大海已经进来了，他先对鲁侍萍说了一句"妈，您还在这儿？"，这个问句是无需回答的，但我想，侍萍可能会回应他的回答，"嗯"。然后周朴园问话，鲁大海把注意力从母亲身上移到周朴园身上，而鲁侍萍应该是在旁边看着周朴园，观察他。

师：观察他？此话怎讲？

生：鲁大海来，鲁侍萍是知道的；鲁大海为什么来，鲁侍萍大概也是知道的；鲁大海会怎么说，鲁侍萍应该也是能判断出的，所以她的注意点应该是周朴园既然已经知道眼前的是他儿子，他会怎么对待他。这也与前面"望着周朴园，一句话也不说"相承接。

师：分析有理。通过以上分析，我们可以看到，为了更好地演出，台本中除了要让每一个重要人物"被看见"之外，还要让每一个人物都有"存在感"，因此所有的表演设计都应该围绕人物展开。

另外还有一点，台本要规定并明晰演员上下场顺序、时间，灯光变化，音效，道具迁换等，这个可以根据我们学校演出的实际情况来设定，我们初步安排两节课时间，尽量少换道具，对灯光、音效的要求不能太高，但不是说这些都不要了，我们还是要考虑得细致一些。仍以上面的片段为例，比如"中门"如何设计？"争吵声"话外的声音如何表现？灯光如何"追"？……这些问题都需要在台本给出建议。

总之，剧本写的是一个故事，台本演的是一种生活；剧本给了台本灵魂，台本赋予了剧本生命。在台本二次创作中，要遵循两个原则——第一，忠实剧本；第二，能够表演。（播放PPT第7页）

师：今天的课就上到这里，希望这节课对大家的演出有所帮助。课后同学们可以观看北京人艺的话剧《雷雨》，并通过他们的演出看看他们对剧本做了哪些创造。好，我期待同学们的精彩演出。

环节二：实践展示——从"台本"到"表演"

这一阶段主要以学生自主活动为主，老师和各组保持沟通，在学生自己排练的基础上，积极有度地参与台本创作和表演指导。

第一，确定演出内容。既要照顾到90分钟的演出时间，同时也要照顾到学生表演的热情，我将表演内容定为五个片段，每个片段都安排不同的演员，这样就满足了更多同学的演出愿望。另外，鉴于班级实际情况，我也同意了部分角色的"反串"。总导演将五个片段通过串台词，勾连出一个相对完整的脉络——

起:各位同学,欢迎来到报告厅观看由高一(2)班、高一(3)班联合排演的戏剧《雷雨》。曹禺称《雷雨》为"我的第一声呻吟",在这场剧中,他构建了一个封建黑暗的家庭,矛盾在其中如暗流般涌动,终于在一天内爆发,化为震撼人心的雷雨。今天,让我们重新走进周家,再去看一眼矛盾的积聚与爆发。你听,周家仆人的拌嘴声已经结束,周家的门,已为我们打开了……

片段1、2:四凤熬的药是周朴园为他的妻子——蘩漪准备的。这个女子生来就有对自由的追求,却错误地踏入了这个死气的家庭中。她整天待在楼上,把自己关在屋里,以至于周朴园疑心她有精神病,不过,今天她却下来了,正在屋中与周冲亲切地交谈。我们不要打扰他们,让我们藏在幕后,听听他们的谈话。

片段2、3:随着开门的声音,周朴园进来了。这个封建家庭的大家长,正被矿上工人的罢工搞得心烦意乱。让我们斗胆拉开帘幕,看看他的出现会为这闷热的气氛带来什么变化。

片段3、4:周朴园所谓的"最有秩序的家庭",不过是他幻想中绝对服从的家庭,而他又是如此盲目,看得见反抗,却看不见蘩漪对自由自主的追求,看不见周冲对淳朴美好的渴望,甚至看不见周萍与蘩漪变态的恋情,看不见周萍与周冲对四凤的追求。于是,矛盾的弹簧被挤压,预示着某一天的爆发。而一个人的出现,让那一天变为了今天。这个人就是四凤的母亲——鲁妈,也就是周朴园心中死了三十多年的梅侍萍。

片段4、5:打断周朴园和鲁侍萍对话的是门外鲁大海和仆人的冲突。他作为工人罢工的代表,试图与周朴园谈判,却被周家仆人强赶出去。为了防止鲁家人破坏他的名声,周朴园又辞退了鲁贵和四凤。晚上,下起了雷雨,周冲到鲁家道歉,却被鲁大海赶出。周萍与四凤幽会,不想被蘩漪听见,又被鲁大海撞上。四凤冒着雷雨,逃出鲁家,逃到了周家。引得众人至周家找四凤。现在,他们都到了周家的中屋,矛盾的源头聚在了一起,是时候爆发了。

结尾:一声枪响,两人疯癫,三人殒命。积蓄三十多年的两家恩怨,这样凌厉而凄惨地做了了断。雷声隆隆,周家的大门正在关上,我们的演出也已到了尾声。感谢各位观看高一(2)班、高一(3)班联合演出的戏剧《雷雨》,我们下次再会。

第二,创作本小组台本。根据上课所学,各小组根据自己的演出剧本创写出台本,以第一小组开场这一段为例,下面是学生写的部分台本。

道具:利用学校图书馆家具作为主要的舞台布景,左边一个花架,近左一个茶几,一把凳子,右边两张沙发,一个大茶几。两块屏风做出门的造型。
鲁贵 (喘着气)四凤!四凤!四凤!(放下在擦的鞋子,站起来,走向四凤)听见了没有啊?
四凤 (只作听不见,依然滤她的汤药)
鲁贵 四凤!
四凤 (等鲁贵走到边上,不耐烦地转头)爸,我都听见了。干什么呀?

鲁贵　（从女儿身边绕过，走到台前，装出无所谓的笑）妈的，这孩子！

四凤　（拿起一把芭蕉扇，又走回中间的茶几旁，挥扇，不耐烦地）这天气这样闷热，回头多半要下雨。老爷出门穿的皮鞋，您擦好了没？（蹲下身子看了看，然后拿起一只皮鞋，笑说）哎呦，这是您擦的！老爷的脾气您可知道，这么随随便便抹了两下……

鲁贵　（一把抢过鞋来，仍然放到原处）嘿，我的事不用你管。

　　　（四凤继续去滤汤药。鲁贵又走到四凤面前）

四凤　（规劝）爸爸，您看您那一脸的油。再把这皮鞋擦擦吧。

鲁贵　（凶凶地）讲脸呢，又学你妈的那点穷骨头，你看她！跑他妈的八百里外女学堂里当老妈：为着一月八块钱，两年才回一趟家。这叫本分，还念过书呢；简直是没出息。（说完继续坐到沙发上）

四凤　（转身，忍气）爸爸，您少说两句吧，这是人家周公馆！

鲁贵　咦，周公馆挡不住我跟我女儿谈家务啊！我跟你说，你的妈啊……

四凤　（拿着药碗，突然转过头）我可忍了好半天了。我跟您先说一下，妈可是好容易才回一趟家。这次，也是看哥哥跟我来的。您要是再给她一个不痛快，我就把您这两年做的事都告诉哥哥。

鲁贵　（讪笑）我，我，我做了什么啦？（觉得在女儿面前失了身份）喝点，赌点，玩点，这三样，我快五十的人啦，还怕他么？

四凤　他才懒得管您这些事呢！——可是他要是知道每月从矿上寄给妈用的钱，您偷偷地花了，他就不会答应您！

鲁贵　（拿擦鞋布擦桌子）那他敢怎么样，（高声地）他妈嫁给我，我就是他爸爸。

四凤　（皱眉，回头看）小声点吧！这有什么喊头？——人家太太在楼上养病呢。

鲁贵　（站起身）哼！（滔滔地）我跟你说，我娶你妈，我还抱老大的委屈呢。你看我这么个机灵人，这周家上上下下几十口子，哪一个不说我鲁贵呱呱叫？来这里不到两个月，我的女儿就在这公馆找上事；就说你哥哥，没有我，能在周家的矿上当工人吗？叫你妈说，她成么？——就这样，你哥哥同你妈还是一个劲儿地不赞成我。这次回来，你妈要还是那副寡妇脸子，我就当你哥的面不认她，说不定就离了她，别看她替我养女儿，外带来你这个倒霉蛋哥哥。

四凤　（不愿听）爸爸。您少说两句吧，我要上楼跟太太送药去了（端起了药碗向左边饭厅走）。

鲁贵　（上前想拉四凤）嘿嘿嘿，别走，我问你一件事儿。（四凤停下，疑惑）前天，我看见大少爷买衣料——（故意停顿）

四凤　（沉下脸）怎么样？（冷冷地看着鲁贵……）

鲁贵　（打量四凤周身）嗯——（慢慢地拿起四凤的手）你这手上的戒指，（笑着）不也是他送给你的吗？

四凤　（厌恶地）您说话的神气真叫我心里想吐。

鲁贵　（有点气，痛快地）你甭这样假门假事，你是我的女儿。（忽然贪婪地笑着）一个当差的女儿，收人家一点东西，拿人家一点钱，这不要紧，我都明白。

四凤　（无奈，急于摆脱）好吧，那么您说吧，究竟要多少钱用。

鲁贵　（得逞的喜悦）哦，不多不多，三十块钱就成了。

四凤　（恶意地）那您就跟这位大少爷要去吧。我走了。（转身）

鲁贵　（恼羞）好孩子，你真以为我不知道你同这混账大少爷做的事吗？

四凤　（面对鲁贵，被惹怒）您是父亲吗？父亲有这么说女儿的吗？

鲁贵　（双手叉腰，恶相地，高声）我是你父亲，我就要管你。我问你，前天晚上——

四凤　（懦弱地）前——前天晚上？

鲁贵　（得意）前天晚上，我不在家，你半夜才回来，我问你，以前你在干什么？

四凤　（掩饰）那，那是太太知道老爷刚回来，又要我检老爷的衣服呢。

鲁贵　哦，（低声，恐吓地）那半夜送你回家的那位是谁？坐着汽车，醉醺醺，只顾着对你说胡话的那位是谁呀？（绕着四凤走，得意地微笑）。

四凤　（惊吓）那，那是——

鲁贵　（大笑）不用说了，那是我们鲁家的阔女婿！——（面向观众）我们这两间半破瓦房居然来了坐汽车的男朋友，找我这当差的女儿来啦！（突然严厉）我问你，你说，他是谁？

四凤　（低下头，退后几步）他，他是——

……

对照剧本，可以发现学生做了以下处理：第一，直接选择四凤和鲁贵的对话开场，省去了教堂医院的序幕部分；第二，四凤和鲁贵的对话也做了删减，但保留了对话的核心内容，凸显四凤的单纯和鲁贵的油滑；第三，对话语言做了更方便表演的处理，主要原则是使其更口语化；第四，加入了更多动作、心理的提示，指导表演。

另外，我们安排了一个全体导演、演员以及组织者的"谢幕"环节。

第三，做好表演辅助工作。这是一项浩大的工程，比如服装就需要与故事背景契合，1925年的中国大地，怎样的服装比较适合，需要做研究性学习；比如化妆，话剧化妆不同于日常化妆，这里有周朴园、鲁侍萍这样的老年妆，有繁漪的太太装、鲁贵的仆人装、周萍的少爷妆等，再加上我们的表演还有反串角色，化妆难度更大，恰好我们有学生家长从事这方面工作，给我们带来了很大的便利。此外，还需要沟通舞台灯光，安排摄影摄像，引导观众入场，设计预热海报，邀请老师……这一切都考验着学生的综合能力。

第四，设计后续学习活动。为了最大限度地用好这一活动，表演结束后，我还设计了主题写作活动：观众写一写观剧有感，演员写一写表演心得，导演写一写活动思考，既为本次活动留一点文字记录，同时也促使学生做一些反思。

第五，我们将表演的影像、文字在学校官网上做了三期推送。第一期是活动综述，第二期是我的活动反思，第三期是学生的活动感言。同时学生的整个剧上传到"哔哩哔哩"网站，让学生的努力被更多人看见，至今这个表演视频有将近五千的浏览量，虽然不能和网红相比，但确实也在校园里扎扎实实"红"了一把。

成果举隅如下：

1. 一场演出

图1 演出海报

图2 演出邀请函

图3 四凤和鲁大海

图4 四凤和周萍

图5 周朴园和蘩漪

图6 相认中的周朴园

2. 一些文字

作为饰演中老年油腻男子鲁贵的女孩子,我看到自己身上还有许许多多可能。鲁贵无疑是我最不想成为的几种人之一,我选择他,有一定的无奈因素,但也是因为我想挑战一下自己。在从自己原本的"一身正气"到向鲁贵的油滑贪婪靠近的过程中,我为了挤出一个油腻一点的笑容尝试了无数个弯起嘴角的弧度,也向好多男生请教如何讲出一长段话的猥琐感。鲁贵的一句脏话,开始觉得还不足以体现其粗鄙而做了改动,后来却发现鲁贵应当是一个懂算计的、会控制自己的情感与态度的人,正像曹禺说的那样应该是"适度"的,因此又改了回来。我以为戏剧表演最重要的就是对人物的诠释。此处要感谢曹禺,他的小提示使我获益颇多。还要感谢鲁贵,他身上强烈的表演性给我提供了很大的发挥空间,从广受质疑到最后获得肯定,我有一种重获新生的感觉。这样特殊的经历,被化上那样的妆,我始料不

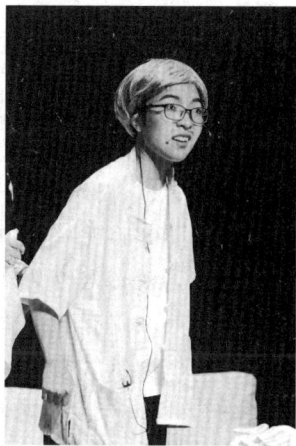

图7

及,但在走上舞台的一刻,我告诉自己,我就是鲁贵。也让我相信,生活是自己选择的,我是我选择的,只要努力,我还能变成更好的样子。

——片段1鲁贵的扮演者:黄翊珊

最后一幕剧无疑是整场戏中最震撼、人物最集中、情感最复杂、矛盾最尖锐的一幕,本着"把最难的做到最好"的信念,我将自己融入了角色。

我们并非演员,我们就是角色本身,每一个动作都力求真实自然,印象极深的是四凤跪在鲁妈面前哭诉的一段,那是要从直立状态不顾一切地扑倒在鲁妈脚下,字字泣血地哀告的。烈日当头,在图书馆前的水泥地上,我不顾疼痛,扑倒了一遍又一遍,穿着的长裤,硬生生被磕破了一个洞。我不怕疼,我就是要寻找四凤当时撕心裂肺的悲伤,当剧痛从膝盖直击入心中的那一刻,我的哭诉忽地真实啦,我知道我找到了四凤的状态,虽然当时膝盖渗着血,可我却是极快乐的。

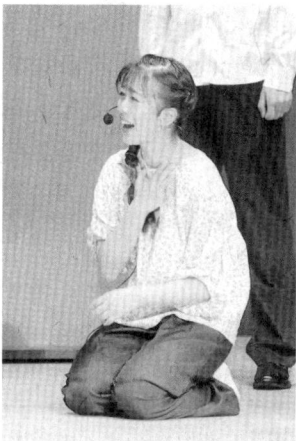

图8

——片段5四凤的扮演者:贺宸欣

【教学反思】

我始终坚信,表演是学习戏剧最好的方式。没有对剧本冲突深入的洞悉,没有对角色性格细腻的体察,没有对时代环境深切的了解,要想演好一部剧,几乎是不可能的。因此,这种以活动引导学生走进作品、理解作品的方式,在我看来要比案头阅读更加深刻。这个从"剧本"到"台本"的教学就是致力于"演"的教学。但在实际操作中,会出现很多问题。我以为,好的语文戏剧表演,需要处理好以下三组关系:

第一,"表演"与"阅读"的关系。相对于"文"来说,"演"更吸引学生。但如果没有对"文"的深入阅读和品味,"演"就会流于空泛与浅薄。布景、服饰、灯光、道具,甚至演员化妆,对于

戏剧表演来说确实是非常重要的,但表演的核心是人物塑造,尤其是台词表现和动作设计,因此在表演之前要引导学生充分阅读剧本,而且是整部作品,不仅仅是课文节选。

第二,"创新"与"再现"的关系。"大话""戏说""解构"流行的时代,经典文本有时是被年轻孩子嘲笑的对象,这种急于创新、勇于创造的胆气与勇气在一定意义上也值得肯定,但要引导学生明确,语文课戏剧单元的表演,其首要任务是借此加深对作品的理解,它是一条走向作品的通道,因此相对于"改编",我更强调"尊重",相对于"创新",我更看重"再现"。其实,"尊重"和"再现"一样有创造的空间,并且这个空间更接近文本,接近语文。

第三,"被看见的少数"和"沉默的大多数"的关系。尽管我在表演中采用"分导演负责制",每个导演都有一支自己的演员队伍,可以让更多同学上台表演。但是相对于观众来说,能参与表演的依然是少数,大部分同学只能自愿或者被自愿地成为观众。如何让活动辐射全体学生,这是一个语文活动应该考虑的重要问题。当然,我们可以安排更多类型的工作,比如制作背景、布置舞台、设计海报等,这些也包含着语文学习,但我认为最有效的方式还是鼓励表演的学生写"导演说""演员说",而观看的学生写"剧评"。语文教学的戏剧表演,并不只能止步于表演,还可以延伸到写作。

以活动拉动理解,以活动激发热情。在整个准备过程中,我看到了很多让人难忘的学习镜头:同学们在课堂学习的基础上再次重新阅读《雷雨》,每个小组把表演的剧本打印出来,上面皱痕累累,做了批注,也写了心得,真正成为表演的台本;住校生们到我办公室来看北京人艺的相关表演,向前辈学习;他们互相帮助,彼此揣摩,"你来一遍,我看看""这样是不是更好些""这个动作要怎么设计"……最后我们的表演在学校最大的舞台演出,七百多人的大报告厅座无虚席,演出获得了自愿前来观看的师生们热情的肯定,学生的感想和剧评也发表在学校的公众号中。戏剧表演让戏剧学习从纸上走到了舞台,从平面变成了立体,鼓舞了学生,甚至让他们更加热爱语文。

台前与幕后：剧评写作

执教/浙江省宁波市镇海区骆驼中学　张梦露

【专题目标】

综合运用所学知识,从主题、人物、表演技巧、导演手法等不同角度对戏剧展开评析,并能提炼观点,展开论述,写成一篇戏剧观后感。

【预习任务】

观看刘添祺导演的作品《巴西Brazil》,从课前任务单中的下列问题中选择 1—2 个展开思考,记录感受:①作品想表达什么主题? 你从哪里看出? ②你印象最深的剧中人物是谁? 为什么? ③你觉得剧中谁演得最好? 为什么? ④小布偶在剧中有什么作用? 如果没有它会怎样? ⑤舞台灯光的变化、配乐的选用有没有给你留下深刻印象? 如有,为什么? ⑥剧中人物的造型和服装符合他们的形象吗?

【教学实录】

师:从小到大,我们在老师的要求下写过很多的读书心得、电影观后感等,大家应该都是经验丰富的了。接下来请大家仔细回忆一下,你觉得在撰写这类文章时最大的问题或困难是什么?

生:我写的读书心得往往就是某本书的故事梗概,自己原创的内容很少。

师:我想这个问题应该很多同学都遇到过,撰写时会用大量的篇幅写文章内容或影片情节,甚至直接引用原文,而缺少自己观点的输出。还有其他问题吗?

生:我比较喜欢抓住某一个最有感触的点来写,但是一下笔就收不住,甚至有些时候心得和看的书毫无关系了。

师:这和第一个同学提出的问题截然不同,走了另一个方向的极端。

生:找不到落笔的点,更多的时候看完没有什么感受。

生:写观后感没有思路,想到什么写什么。

师:想必大家都能与刚刚分享的几位同学产生共鸣,而且没逻辑、无感受的问题在大家的议论文写作中也十分常见。老师把常见的几个问题概括成了四种类型——"读后抄",大量引用文章或影视内容;"空口谈",仅抒发自我感受,无内容佐证;"浅白语",文章过于肤浅,没有思维深度;"直白论",不能紧密联系实际。(播放 PPT 第 1 页)今天这堂课就让我们聚焦影视戏剧观后心得的撰写,一起来看看如何有效解决这些问题,写出一篇独一无二的观剧心得。(播放 PPT 第 2 页)

任务一:集思广益——讨论《巴西 Brazil》感动你的 N 个理由

师:既然是独一无二的观剧心得,自然少不了你的独特感受,这是避免文章同质化的关键。课前已经让大家观看了《巴西 Brazil》一剧,大家也思考了课前任务单中的几个问题。接下来将时间交给大家,请大家结合任务单上的问题,尽情分享《巴西 Brazil》感动你的 N 个理由。(播放 PPT 第 3 页)

生:我觉得机器人演得最好。

师:为什么? 你的依据是什么? 有观点也要有论据。

生:因为他扮演的是没有生命的物品,机器人走路、说话等任何行动都与人不一样,表演难度很大。说话要没有语音语调,动作要刻意表现出不连贯性,这都需要演员打破自己常规的行为方式,表演的难度比演一个人大。而本剧中机器人的表演很到位,最后呈现出的效果也很好。

生:我想补充一下,虽然机器人的扮演者连脸都不能露,但是他的情感是最丰富的,可见演员的用心。

师:很好,在不断地讨论、补充中,我们的论据也变得更加充分。

生:我觉得剧中人物的造型和服装都很好,可见道具组的用心。

师:好在哪里? 观点表达也要清晰到位,不能过于模糊。

生:剧中的服装细节都做得很到位,机器人的身体是破损的,头盔上电路板是外露的,两只眼睛中灯光的亮度也是不一样的,符合机器人年久失修的特点。而躺在床上的植物人所有可以选择的衣服都是医院里的经典条纹服,符合他病人的身份。

生:小布偶在这个剧中非常重要,如果没有小布偶的存在,机器人的独自演出会显得很突兀,观众在观看的过程中也会感到疑惑,最终导致该剧的深刻内涵无法得到完美的诠释。

师:那你能不能对小布偶在这部剧中的作用进行一个总结,让自己的观点更加凝练。

生:小布偶将植物人的内心独白外化,是植物人拥有自主意识的一种体现。

师:鲜明而凝练的观点加上充足的论据,是我们在表达自我感受和认知时所追求的目标。

生:我觉得作品的主题是对人性的思考和批判。男子因为变成植物人不得不躺在床上,但母亲为了省钱省事,租了一个机器人看护。最令人心痛的还是妈妈口中的那句"你怎么还不死",这让他的内心受到了巨大的冲击,也彻底将他击垮。

师:已经有了"观点+论据"的意识,但你说的主题是对人性的思考和批判,分析中却没有提到人性,是不是论据不够贴切? 能不能找到更为贴切的论据?

生:例如,妈妈不愿意为他付 VIP 的钱,不肯给他买视频会员,不给他修机器人,导致他看了整整八年的开机画面。母亲对他的感情,甚至不如一个机器人。机器人对他不仅有无微不至的照顾,甚至在最后关头为了保住他的性命选择自毁。在这一对比下,剧中没有出现的母亲,就是人性冷漠的代表。

师:在导学案问题的引导下,大家都能提出鲜明的观点,并且不断找到论据来证明自己的观点。我把这一过程概括为"感发——发感","感发"即亮出自己鲜明的中心论点,"发感"即找到有力佐证对中心论点进行论证。(播放 PPT 第 4 页)

任务二:毫厘之别——辨析普通读后感与观剧心得的差别

师:很多同学可能就有新的疑问了,这个"感"究竟如何而来? 观剧心得有哪些感受点? 大家能不能分享一下?(继续播放 PPT 第 4 页)

生:从关键的要素入手,例如人物、情节和主题等。

师:细心的同学从课前任务单提供的问题就可以看出,我们在小说学习中常见的人物、情节、环境三要素和主题同样可以作为切入点,迁移到观剧心得的撰写中来。还有别的切入点吗?

生:还可以从一些幕后的内容入手,例如灯光、配乐等。

师:很好,一语点到了观剧心得与其他心得撰写最大的不同之处——戏剧台前幕后构成的独特性。那大家还知道其他台前幕后的工作吗?

生(自由发言):导演、编剧、道具、服装造型。

师:看来大家对这方面的知识还是比较了解的,老师也做了概括,将所有剧组成员的职责罗列了出来。(播放 PPT 第 5 页,展示表 1)表 1 中的任意一个要素以及刚刚提到的情节、主旨等,都可以作为观剧心得的感受来源。接下来请大家对自己的感受进行整理,仿照讨论时"观点+论据"的模式,选择 1—3 个角度,从自己的观演感受中梳理出核心观点,并罗列出论据。

表 1

台前	幕后
演员表演	编剧:撰写剧本
	导演:对剧本进行二度创作,用艺术手段讲好故事
	舞美设计:设计舞台布景
	灯光设计:设计舞台灯光
	道具设计与制作:设计、制作、采购需要的各种道具
	音乐制作:选择或创作合适音乐,并加以剪辑,使之合于戏剧
	服装设计:设计并制作剧中人物服装
	造型设计:为剧中人物设计符合剧情的造型
	灯光控制:负责演出过程中灯光控制
	音效控制:负责演出过程中音乐、音响效果等的控制

（生自行整理撰写，时间3分钟左右）

师：课后也请大家继续整理补充，雕琢语言，就可以写成观剧心得的主体部分。不论切入角度如何转变，感受的来源永远不变，即影视戏剧本身。因此，观剧心得的撰写也离不开引述原剧内容，这往往也是观剧心得的第一部分：述读。（播放PPT第6页）但我们究竟应如何避免"述读"部分占去大部分篇幅的问题呢？接下来请大家完成一个小练习，撰写《巴西Brazil》剧情梗概，要求以已经确定的观剧心得核心观点为基础，字数200字左右。

（生自行撰写剧情梗概，时间5分钟左右。随后，投影展示一位学生的作品）

师：请这位同学说一下自己确定的核心观点，其余同学自行阅读屏幕上展示的、这位同学撰写的剧情梗概。

生：我选取的切入点与主题有关，即"即使处于最绝望的境地，我们也能从中找到一丝光亮、一份温暖"。

师：其他同学阅读完后对他写的剧情梗概有什么修改建议吗？

生：字数还是比较多，感觉把整部剧的内容都概括进去了，建议可以再简略一些。

生：他概括的剧情比较完整，但语言上不够有感染力，没有把该剧一些特别感人的点展现出来，建议可以加一些细节的内容。

师：那这个细节内容应该如何选择呢？

生：可以根据他的核心观点来选择。

师：你很好地把握了老师让大家先确定自己的核心观点这一做法的意图。结合两位同学所说，"述读"切忌大段大段地引述影视戏剧的具体内容，只能是简述与核心观点有直接关系的部分，努力遵循精简、准确、有针对性三个原则。课后也请大家对自己刚刚所写的剧情梗概进行修改，使之更切合你观剧心得的核心观点。老师也针对"人性"这个主题写了一段剧情梗概与大家分享，也供有相同核心观点的同学参考。（继续播放PPT第6页）

> 这是一个植物人被妈妈遗弃，而与机器人惺惺相惜的故事。植物人的母亲用三通从未打通的电话让他期待落空，用一句"你怎么还不去死"将他逼上绝路。即将报废的机器人对他有衣食住行的照顾，有弹脑蹦儿、放音乐的关怀。一边是放任孩子自生自灭的母亲，一边是宁愿牺牲自己也不伤害他的机器人。到底谁更冷冰冰？答案不言而喻。

师：到目前，我们探讨了"述读——感发——发感"三个部分，而观剧心得还有一个非常重要的组成部分，大家知道是什么吗？

生（齐）：总结。

师：没错，在观剧心得中，我把它命名为"结感"，即总结收束全文。接下来请四人小组讨论，观剧心得的结感和普通读后感的结感相同吗？可以从哪几个角度展开？（播放PPT第7页）

（生四人小组讨论，时间3分钟左右）

生：可以与现实生活相结合，做一定的延伸拓展。也可以提出自己的看法，针对某一个问题发出号召。

生：可以照应前文，再次强调自己的核心观点。

师:刚刚两个小组的分享都侧重对后一个问题的解读,因此提出的切入角度和普通读后感结感的切入角度很相似。接下来大家能不能侧重分析一下第一个问题,以便寻找一些新的切入点。

生:也可以从影视戏剧独有的台前幕后成员的职责入手。比如,讲一讲演员的演技或者舞台的表现力怎么样,可以做什么改进。

师:一下子抓住了关键,在这个思路的启发下,其他同学能不能也来说说?

生:可以与其他的戏剧进行横向比较,例如比较不同版本戏剧的呈现效果,分析不同的灯光、音效等与戏剧内容的适配程度等。

师:我也得到了启发。也可以进行纵向比较,例如我们常说的演员演技的提升,可以对该演员在不同戏剧中的表演进行比较。其实普通读后感的结感和观剧心得的结感有相似之处,也因它独有的艺术特点而具有不同之处。但不管怎样结尾,都要与前面的几个部分构成一个有机整体,不能是横空出世的,要结得自然,顺理成章收束全篇。接下来,我们来完成一个小练习,以已经确定的观剧心得核心观点为基础,撰写观剧心得结感,字数150字左右。

(生自行撰写结感,时间5分钟左右。随后,教师随机抽取几位同学分享撰写内容)

师:感谢大家的分享,每个人都结合自己的核心观点找到了不同的结感切入点,老师这里也写了一段结感和大家分享。(继续播放PPT第7页)

> 尼克·霍恩比的《自杀俱乐部》中也有这样一位有着残疾孩子的母亲,但她的选择不同,照顾儿子是她生活的全部。她装饰着儿子周遭的一切,用音乐、影片等让儿子"参与"现实生活。这个儿子是不幸的,他的身体毫无好转,日积月累的疲乏一点点压垮了他的母亲;这个儿子是幸运的,不忍心抛弃儿子的母亲,只能放弃自己,爬上楼准备自杀。两种截然不同的命运不断拨弄着思想的弦,弹奏出独特的感悟——总有一份绝望压得人喘不过气,但总有一份光亮让这个世界充满希望。

师:(播放PPT第8页)戏剧欣赏本身是一种感性的活动,需要我们敏锐地去捕捉自己细腻的情感,但观剧心得的撰写更需要理性的思考,多问自己一些"为什么"。当然,我们也可以借鉴前人的理论与点评,在不断学习中完善自己的思考。希望通过本堂课的点拨,大家可以摸索到观剧心得撰写的一些门道,创作出独属于你的《巴西Brazil》观剧心得。

【教学反思】

语文课程作为一门实践性课程,应着力在语文实践中培养学生的语言文字运用能力。就戏剧而言,课文(剧本)内容的学习和观剧心得撰写相结合,可以在实践活动中帮助学生真切地了解戏剧特征、培养戏剧鉴赏能力,同时丰富个体言语经验,促进个人语言和思维的共同发展。下面结合本次教学,将反思情况交代如下:

1. 任务驱动,形成知识体系

《普通高中语文课程标准(2017年版2020年修订)》提出"文学知识结构化",就戏剧知识而言,想要达成"知识结构化"的目标,学生需有一定数量的戏剧阅读和戏剧知识积累,并进行必要的梳理、整合和归纳。统编版高中语文必修下册第二单元单元教学目标指出,要初步认识传统戏曲和现代戏剧的基本特征,欣赏剧作家设计冲突、安排情节、塑造人物的艺术手法,体会戏剧语言的动作性和个性化的特点,以及理解悲剧作品的风格特征。这些恰恰就是观剧心得撰写的最基础切入点,教师应以观剧心得为任务抓手,反向驱动学生对戏剧进行深入思考,促成单一戏剧教学目标的达成。此外,在观剧心得拓展部分的撰写中,学生须增加阅读、观看量,关联并比较不同戏剧的特征,这有助于学生获得关于戏剧结构、戏剧冲突、戏剧语言和剧组构成及职责等结构化的戏剧知识。

2. 立足实践,建构核心素养

学科核心素养是学科育人价值的集中体现,语文学科核心素养是学生在积极的语言实践活动中积累与构建起来的,并在真实的语言运用情景中表现出来的语言能力,思维方法与思维品质,情感、态度与价值观的综合体现。为此,在戏剧单元中笔者选取了"撰写观剧心得"这一综合培养学生各项核心素养的实践任务。教师应引导学生在观看戏剧演出及阅读剧本的过程中养成正确的审美观念、健康向上的审美情趣与鉴赏品位;在戏剧对比中继承和弘扬中华优秀传统文化、革命文化、社会主义先进文化,拓展文化视野,增强文化自觉;在观剧心得的撰写中形成个体言语经验,促进深刻性、敏捷性、灵活性、批判性和独创性等思维品质的提升。语文学科核心素养的四个方面是一个整体,也需要在这样的综合性实践中逐步建构。

3. 课堂生成,促成深度学习

《普通高中语文课程标准(2017 年版 2020 年修订)》提出要围绕学习任务群创设能够引导学生广泛、深度参与的学习情境。笔者在课前设计了一份预习导学案,以六个问题驱动学生对戏剧的各个要素进行全方位解读。但在课堂分享中发现,学生更为侧重对作品主题、人物情节的观察解读,对表演、灯光配乐、人物造型和服装等涉及较少,难以达成预设的全面解读的目标。此外,在课堂生成中,由于时间限制,难以分享更多的学生作品,学生课堂参与感不强,学生分享内容也多为课前生成,课堂实际生成性不强。这也警示教师,在导学案设计的时候须立足学情,并在课堂上适当给予学生反思时间和恰到好处的"抓手"引导,促进学生在原有基础上的深入思考,促进深度学习目标的达成。

第三单元

依体而学：走进文体的堂奥

执教/浙江省慈溪育才高级中学　郑卫通

本课课件

【专题目标】

联读《青蒿素：人类征服疾病的一小步》《一名物理学家的教育历程》《中国建筑的特征》《说"木叶"》四篇实用类学术性文章，了解课文所属的文类及文体特征，理解作者的探索与发现，分析作者阐述内容、论证观点的方法，学习科学家的科学精神。

【预习任务】

1. 熟读四篇实用类学术性文章，紧扣文章标题，结合核心概念，圈画关键句，初步理解作者的探索与发现。

2. 细读学术随笔《说"木叶"》，思考作者是怎样通过引经据典和富有文采的表达来阐述中国诗歌语言的"暗示性"。

3. 完成导学案，依据知识性读物的文体特点，尝试运用理解性阅读、分析性阅读、批判性阅读、主题阅读等阅读方法。

【教学实录】

师：（播放 PPT 第 1 页）同学们，今天我们要一起来完成实用类学术性文本的联读，今天的阅读任务是比较艰巨的，因为这一文类我们平时接触得较少，再加上一节课我们要完成四篇课文的阅读。但我想只要我们掌握了这一文类的一般特征，以及运用一定的阅读方法，是可以对这一文类进行有效阅读的。

任务一：厘定文体，把握特征

师：（播放 PPT 第 2 页）我们先来看一下实用类文体的特征是怎样的。实用类文体的特征与文学类文体的特征往往是对举的，文学类文体在必修课本中我们接触了不少，比如说《百合花》是什么文体啊？

生(脱口而出):小说。

师:《红烛》呢?

生:诗歌。

师:《雷雨》呢?

生:戏剧。

师:那么《故都的秋》呢?

生:散文。

师:对,它是写景抒情散文。其实实用类文体我们也接触过,比如《"探界者"钟扬》是一篇人物新闻稿,再比如《以工匠精神雕琢时代品质》呢?

(沉思片刻,一生举手回答)

生:是一篇新闻评论。

师:《在马克思墓前的讲话》学过了吗?

生(异口同声):还没有。

师:根据标题同学们能否辨别出这是什么文体?

生:应该属于演讲稿。

师:昨天布置的预习作业,给大家呈现了文学类文体在表现对象、写作思维、文章内涵、语言特点、表达功能上的特点,我想请同学们来讲一讲,与此相对应的实用类文体在这些角度又有怎样的特点?(播放 PPT 第 3 页,展示表 1)

表1

比较项目	实用类文体	文学类文体
表现对象		主观、虚构
写作思维		形象,重想象
文章内涵		内蕴丰富无限
语言特点		形象生动、变形性
表达功能		审美

(学生讨论梳理一分钟)

生:实用类文体的表现对象相对于文学类文体能比较客观具体地呈现在人们眼前。

师:很好,我从你的回答中听到了"客观具体"这样的关键词,请继续讲下去。

生:它的写作思维是相对抽象、重视逻辑的;文章内涵方面因为是介绍客观事物的,所以条理很明晰;语言上运用较多论证方法,用语准确简明;表达功能上主要是为了普及科学知识。

师:你讲得非常好,我也查阅了预习作业,大多数同学是能比较准确地梳理出实用文类的基本特征的。同时我也要告诉大家,实用文类和文学文类的特征并不是非此即彼的,它们往往是彼此渗透融合的。同学们可以具体来说说本单元所选的四篇课文在文体上的特点吗?

生:《青蒿素:人类征服疾病的一小步》是根据演讲稿和论文改编而成,它像是"混搭文体"。

师：你从课文注释当中找到了答案。那么《一名物理学家的教育历程》的文体特点呢？

生：《一名物理学家的教育历程》故事性比较强，单独来看很有自传的色彩，可是内容当中由于包含了物理科学中的许多专业术语，所以比较难定位。（众生点头，以示赞同）

师：其他同学可以补充下自己的见解吗？

生：加来道雄不仅是理论物理学家，他也非常重视科学普及，选文像是一篇科普文。

师：你的视野很宽阔，从作者的研究领域、工作经历去判断文体也是一种好的经验。那么谁再来说说另外两篇选文的文体特点？

生：《中国建筑的特征》是一篇学术性、专业性很强的论文，而《说"木叶"》有学术性，也很有文艺性。

师：你的回答也很专业，我再补充一下，文艺性和学术性兼备的文章，我们可以称之为文艺随笔。

生（恍然大悟）：原来如此。

师：（播放PPT第4页）总之，本单元所选的四篇文章介绍了自然科学和人文科学领域中的探索和发现，有的是介绍性强的科普文章，有的是比较浅显的学术论文，兼顾选文的共性和特性，同学们是可以选择从内涵、思维、语言等多角度阅读分析的。我们不妨以下面两个语段为例，来分析下《中国建筑的特征》的语言特点。（播放PPT第5页）

> 例1：考古学家所发掘的殷代遗址证明，至迟在公元前15世纪，这个独特的体系已经基本上形成了，它的基本特征一直保留到了近代。
>
> 例2：建筑的"文章"也可因不同的命题，有"大文章"或"小品"。"大文章"如宫殿、庙宇等等，"小品"如山亭、水榭、一轩、一楼。

生：例1的语言是很准确严谨的。

师：能结合具体的词句谈谈吗？

生：比如"至迟""基本上""基本特征"这些词的运用使文章表意很严密。

师：你找的都是表意上的限定语，分析得也很好。其他同学还有不同的发现吗？

生：虽然是一篇学术文章，但语言上也是通俗易懂的。

师：你怎么感受到通俗易懂的？

生：例2以文章比喻建筑，用生动形象、通俗易懂的手法让读者体会到建筑规模、大小的不同。

师：依据体裁特点，结合两位同学的回答综合来看，《中国建筑的特征》的语言特点是既严谨准确又通俗晓畅的。这种"依体分析"的方法我们也可以用在本单元其他选文的语言特点、写作思维、文章内涵的分析上。

任务二：依体而学，理解分析

师：（播放PPT第6页）区分文体特点，是我们深入文本、有效阅读的基础。语文学科专家王荣生教授说，"实用类学术性文章要以理解性阅读为主，理解文章要找准切入点"。那

么,在哪里找切入点呢?请同学们分别用一两句话概括四篇课文的作者在各自领域的探索和发现。(思考 3 分钟)

生:林庚通过对"木叶""树叶"等意象不同艺术特征及意蕴的分析,指出诗歌语言的精妙不仅在于外露的意义,更在于潜在的"暗示性"。

师:概括得很好。你提到的"暗示性"这个学术术语是理解这篇文章的关键。同学们也来谈谈自己对其他几篇文章的理解分析。(播放 PPT 第 7、8 页)

生:我来谈谈《中国建筑的特征》,作者将中国建筑的特征概括为九点,提出中国建筑的特征有"文法""词汇",进而阐明各民族建筑的"可译性"。

师:你的回答扣住了文章的关键语句,也兼顾到了文章后半部分的关键概念。

生:我来说说《一名物理学家的教育历程》,作者以自己童年的趣事为例,引入了文章的中心话题,从而阐明自己对物理学产生兴趣的原因,最后指出科学探索是要培养一定的想象力和实践精神的。

师:你概括得很详备,其实作者讲述的两个阶段的三个故事也很好地浓缩在了文章标题当中。

生(举手):屠呦呦阐述了探索青蒿素的艰辛过程,同时也强调了这只是人类征服疾病的一小步。

师:标题中其实就包含了文章的陈述对象,而冒号后面的内容则指明了发现青蒿素的意义,这也正对应了你刚才回答的内容。综上回答,标题、标点、注释和关键句的串联都是我们理解文章内涵、把握行文思路的有效切入点。

师:作者为了让我们更好地理解观点和道理,所运用的说理、论证方式也是多样的。以《说"木叶"》一文为例,作者使用的最主要的论证方法是什么?

生:引用(有的学生说是举例)。

师:那我们来看看《说"木叶"》前两段,说一说作者是如何引用诗句来论证说理的。(播放 PPT 第 9 页,展示表2)

表2

引用诗句	说明观点	论证方法
袅袅兮秋风,洞庭波兮木叶下		
洞庭始波,木叶微脱;秋风吹木叶,还似洞庭波		
后皇嘉树,橘徕服兮;皎皎云间月,灼灼叶中华		
亭皋木叶下,陇首秋云飞;九月寒砧催木叶		
无边落木萧萧下;落木千山天远大		

生:第一组诗句交代了后人从屈原的诗句中得到了启发;第二组诗句说明"木叶"成为诗人笔下钟爱的形象;第三组诗句阐述了诗歌中"树""叶"常见,而"树叶"不常见的事实;第四组诗句暗示了"木叶"广为流传,因为其中蕴含奥妙;第五组诗句介绍了"木叶"从被创造进而发展到"落木"的渊源。

师:像你分析的一样,作者采用举例、引用的方法,逻辑严密、层层深入地引出"木叶"的艺术特征。那么除了引用,作者还采用了什么论证方法呢?我们把目光聚焦到第四段,来比较"高木"与"高树"展现的画面的特点及意味。(播放PPT第10页,展示表3)

表3

诗句	画面特点及意味	"木"的艺术特点
秋月照层岭,寒风扫高木		
高树多悲风,海水扬其波		

生:"高木"展现的是一种落叶千山的画面,让人感觉到空阔疏朗;"高树"给人一种饱满绵密感,让人感觉到层层树叶的波动。

师:你的回答紧贴课文,我发现你提到的"空阔"和"饱满"都是从第四段里提取出来的。这一段还提了"木"的第一个艺术特征,有谁找到了?

生(心领神会的样子):"木"比"树"更显得单纯,它仿佛本身就含有一个落叶的因素。

师:找得很精准。总的来说,大量诗句的引用极大地丰富了文章的内容,而诗句间的对比则鲜明地突出了文章的观点——中国诗歌语言的"暗示性"特点。那么其他选文说明事理,论证观点的方法如何?(播放PPT第11页,展示表4)

表4

课文篇目	举例分析文章阐述、论证基本观点的方法
《说"木叶"》	大量引用诗句,比较分析"高树""高木",归纳出"木"的艺术特征,层层深入论证中国诗歌语言的"暗示性"
《中国建筑的特征》	
《一名物理学家的教育历程》	
《青蒿素:人类征服疾病的一小步》	

生:《一名物理学家的教育历程》,作者通过讲述自身经历,比如说对鲤鱼"科学家"的设想、对爱因斯坦桌上未完成论文内容的探寻,以及他高中时期制造粒子加速器等故事来证明科学研究需要的好奇心、探索精神和坚持不懈的品质。

师:你刚才说他讲述了许多故事,这些故事讲述的是谁的经历?

生:他自己。

师:讲述故事的时候用的是第几人称呢?

生:第一人称。

师:第一人称在讲述故事的时候有什么作用?

生:更能抒发自己的感情,有说服力。

师:还有带给读者一种真实感和亲切感。其他同学再来说说看。

生:屠呦呦的文章运用了列数字的方法,一方面表明了青蒿素提取历程的艰辛,另一方面也说明了科学工作者精确、严密的科学态度。

师：列数字这种方法很具有说服力，在其他几篇文章里也得到了运用。

生：《中国建筑的特征》用了类比的手法，为了说明中国建筑的特征，文章用了文学上的"文法"和"词汇"来类比说明中国建筑与其他建筑之间是有"可译性"的。

师：类比也是便于我们去理解文章观点的一种手法。

生：我就《中国建筑的特征》补充一下，文章举了大量的例子，还引用了《诗经》中的句子，说明中国建筑屋顶舒展的特点，还把中国建筑与国外建筑的特点进行对比分析，并且对一些专业的术语下了定义。（众生点头赞许）

师：你的思考很全面，回答非常充分。四篇课文都属于实用文，但文体上仍有差异，所以在说理、论证方法上也是有差异的，我们要在理解的基础上展开具体分析。总体来说，选文既聚焦客观严谨的科学事实，也兼顾感情上的个人情味。我们不妨来看一看《青蒿素：人类征服疾病的一小步》中的两节文字，来赏析这篇文章的表达特点。（播放PPT第12页）

> 开头"我在童年的时候，曾目睹民间中草药治病救人的事例。那时候，我完全没有想到，我的生命会和这些神奇的中草药紧密地联系在一起；我也从没梦想过有今天这样的隆重时刻，我的研究被国际科学界称颂"，这段话的层次结构是怎样的？
>
> 结尾"我的梦想是：在同威胁人类健康与生命的疾病的斗争中，中医药学进一步发挥威力，为维护世界人民的健康和福祉作出新贡献！"，有什么作用？

（学生齐声朗读）

师：开头这段话表达层次上是怎样的？

生："目睹""联系""称颂"三个动词构成了递进关系，是时间和事理逻辑上的有序推进。

师：那么结尾语段的表达特点呢？

生：结尾通过展望、预示的口吻，引起听众对美好未来的憧憬与向往。而第一人称"我"的口吻则显得亲切，拉近了与听众的距离，产生共鸣。（同学鼓掌肯定）

师：可以说这是一种科学理性与感性表达的完美融合。

任务三：异中求同，文以载道

师：梁思成说，一个民族的自大和自卑都源于对本民族历史文化的无知，只有了解自己的过去，才能站在客观的立场上，产生深层的民族自尊。今天我们通过四篇课文的联读，在阅读方法上获得启迪，除此之外还有哪些思想精神上的启发呢？（播放PPT第13页，展示表5）

表5

人物	研究领域	研究或经历（1—2例）	启迪（学习、学术等）
屠呦呦			
加来道雄			

续 表

人物	研究领域	研究或经历(1—2例)	启迪 (学习、学术等)
梁思成			
林庚			

师:熟读课文,列举其中一位作者的研究经历,说说对你的启迪。

生:我想讲一下加来道雄,他是理论物理学专业的,鲤鱼"科学家"的想象带给了我启迪,我觉得他在童年时期善于思考,还有他在高中时期自主搭建了粒子加速器,他有超乎常人的实践能力。

师:你讲了两个很重要的品质,科学是需要想象力和实践精神的。

生(跃跃欲试):我想讲一讲梁思成,他是一位建筑学家,他把自己的科学研究与文学艺术联系起来,我从中得到启迪——在把专业做得精深的同时,也要拓宽自己的知识面。

师:梁思成确实是有深厚的传统文化积淀的,也有广泛的兴趣爱好,这对他的科学研究也是大有裨益的。

生:我想讲的是林庚,他研究的领域是古代文学,他引用了大量的诗句来推导观点。给我的启迪是,在研究中要有大量的阅读积累,并能体悟其中的内在联系。

师:我们从注释中可以看到,林庚还有诗人的身份,他在古典诗词领域的造诣是极高的。

生:我想讲一下屠呦呦,她搜集了2000个方药,挑选了可能具有抗疟作用的640个,又从其中的200个方药中提取出380余种提取物,她的行动告诉我,在艰巨的任务面前不要畏难,而要有恒心和毅力。

师(提高声调,呼吁状):作为宁波学子,屠呦呦可以说是我们身边的榜样,对于她的为人与科学精神,我想用她说过的一句话来佐证,同学们一起来读一下。(播放PPT第14页)

我喜欢宁静,蒿叶一样宁静。我追求淡泊,蒿花一样的淡泊。我向往正直,蒿茎一样的正直。

——屠呦呦

师:科学不是名利场,需要的正是宁静、淡泊、正直的宝贵精神。

任务四:拓展阅读,学以致用

师:今天联读的四篇实用类学术性文章,我们可以从表现对象、写作思维、文章内涵、语言特点、表达功能等角度进行知识性、理解性阅读,在此基础上深入展开比较分析阅读,甚至是围绕作者观点开展批判性阅读,掌握知识性读物的阅读方法,发展科学思维,培养科学精神。同学们根据今天所学,完成以下两项课后作业。(播放PPT第15—17页)

作业1：结合下列诗句，分析中国诗词中的"柳"，经常出现在什么样的场景中，有怎样的暗示性。

(1) 昔我往矣，杨柳依依

(2) 杨柳岸晓风残月

(3) 袅袅古堤边，青青一树烟

(4) 若为丝不断，留取系郎船

(5) 此夜曲中闻折柳，何人不起故园情

作业2：阅读陈友琴《对于林庚先生〈说"木叶"〉一文的不同看法》，说说学者陈友琴是从什么角度对林庚《说"木叶"》一文观点进行批判的。

【教学反思】

本单元属于"实用性阅读与交流"任务群，人文主题为"探索与创新"。课程标准指出，"本任务群旨在引导学生学习当代社会生活中的实用性语文，包括实用性文本的独立阅读与理解"。基于教材编排特点，我采用了"群文组课"的形式实施教学。以下是关于本次教学活动的介绍与反思。

1. 整装统筹，组装设计

本次教学活动系教育部基础教育课程教材发展中心、课程教材研究所主办的"大单元统筹规划，微专题精准教学——高中语文新教材（下）第三单元实用文类教学研训会"上的一堂展示课。因为六位授课教师要从选文的不同角度开展单元教学，而我是第一位登台施教的教师，所以我把这堂以"依体而学"为主题的示范课确定为基于本单元整体统筹下的阅读指导课。我想，文体的奥秘是蕴藏在语言表达、思维逻辑、思想内涵之中的，不能将它们割裂，空谈文体。这样设计旨在让学生知道实用类学术性文章有多角度、多方法解读的可能性，也为之后微、精、专的组装设计教学做铺垫。

2. 任务驱动，课堂生成

本单元教学目标在于引导学生掌握知识性读物的阅读方法，发展科学思维，培养科学精神。阅读时能把握关键概念和术语，理清文章思路；分析作者阐释说明、逻辑推理的方法，体会文章语言严谨准确的特点；还要运用所学知识，探究实际问题，形成自己的见解。

围绕以上目标，我创设了"厘定文体，把握特征""依体而学，理解分析""异中求同，文以载道""拓展阅读，学以致用"四个任务，驱动教学。在课堂生成和推进中渗透理解性阅读、分析性阅读、反思性阅读、主题阅读方法的介绍与运用。总体上呈现了内容丰富有层次、阅读指导有方法的课堂生态。

3. 施教难点，教学建议

因体而教是指教学过程要围绕文体特征展开，如果教师分析的面铺展得太宽泛，教学容易脱离主线，也可能碍于时间的原因，四篇文章的阅读分析不能有效兼顾。因此，教师要布置预习任务让学生充分预习，问题设计要逻辑严密，巧妙处理课堂预设与生成的关系。

规整与灵动：探寻不同的结构和思路

执教/宁波外国语学校(浙江省八一学校)　俞宁

本课课件

【专题目标】

联读《青蒿素：人类征服疾病的一小步》《一名物理学家的教育历程》《中国建筑的特征》《说"木叶"》四篇文章,聚焦文章结构,探究作者行文思路,感知实用类文本结构的规整和灵动。

【预习任务】

1. 预习《青蒿素：人类征服疾病的一小步》《一名物理学家的教育历程》《中国建筑的特征》《说"木叶"》四篇文章,用简练的语言概括文章内容。

2. 收集文章相关资料,如作者生平、写作背景等,探讨影响行文思路的因素。此议题可由老师提供部分阅读资料,如加来道雄采访稿《时间旅行可以实现》、梁思成建筑设计手稿等,也可以由学生自主查找。

【教学实录】

师：(播放PPT第1页)之前我们已经阅读了第三单元的四篇文章,了解了实用类文本的大致雏形。我们发现,实用类文本相较于文学类文本,不那么容易读。(播放PPT第2页)有同学说,其中有很多的专业术语,学术性强,难以理解；有同学说,难以概括文章的各个部分,把握多个论点之间的联系；还有同学说,尽管这些文章逻辑清晰,自己却不能很好地提炼出关键的论点。这就告诉我们,在阅读实用类文本的时候,第一,要去理解文章中的专业术语和关键概念,第二,要梳理文章的结构。叶圣陶有这样的论述,"作者思有路,遵路识斯真",循着作者的思路可以接近作品的创作意图。(播放PPT第3页)那么,什么是思路？如果把文章比作作者思想前进的一条路,文章从哪里开篇,怎样一步一步往前走,就是作者的思路,在文章中它具体体现为文章的结构。今天,我们这节课的任务就是通过梳理这四篇文章的思路,离文章的真意更进一步。

任务一:梳理内容,纲举目张

师:请大家快速回忆文本,这四篇文本写了哪些内容? 这些内容又是以怎样的方式串联起来? 请大家完成表1。(播放 PPT 第 4 页,展示表1)

表1

课文篇目	文本内容	组合方式
《青蒿素:人类征服疾病的一小步》		
《一名物理学家的教育历程》		
《中国建筑的特征》		
《说"木叶"》		

生:《青蒿素:人类征服疾病的一小步》这篇文章主要根据屠呦呦在颁奖典礼上的演讲和她论文里面的一些内容编写而成。首先讲她发现、提取青蒿素的过程,其次讲她对青蒿素进行的一些临床试验,并且将它制作成药物,再次讲青蒿素的发现对于世界的影响,还有她对于青蒿素药物及其衍生物的一些研究,最后写中医药学对于医学研究领域的贡献。

师:你说得已经很完备了。如果说在这篇文章中,有一些提示能够帮助你概括文章的内容,它们是什么?

生:小标题。

师:你刚才的概括主要就是对小标题的展开。那么,这些内容是以怎样的方式组合在一起的?

生:以发现和发展的顺序来组合。

生:《一名物理学家的教育历程》主要是写加来道雄童年的两件趣事,一个是观察池中鲤鱼,一个是童年时听到了一个科学故事,然后对爱因斯坦未竟事业的猜想,以及高中时期开展加速器实验的事。

师:这三件事情以怎么样的方式组合在一起?

生:他是以科学精神为核心组合的。

师:能给大家具体讲一讲吗? 这三件趣事反映了怎样的科学精神?

生:充满好奇,热爱科学。

师:好奇、热爱、不断探索。

生:《中国建筑的特征》的内容第一为中国建筑体系的九大基本特征,第二是中国建筑的"词汇"和"文法"的概念以及它们之间的联系,第三是各民族建筑之间的"可译性"问题,以各自的形式被共通的需要、问题、情感联系组合在一起。

师:好。分条缕析,逻辑清晰。

生:《说"木叶"》这篇文章主要分析介绍了"树叶""木叶"这些不同的意象在文学中的应用。

师:并且通过比较它们的区别来说明什么?

生:来说明它们不同的适用范围和表达的不同情感。

师:说明它们表达不同的情感,然后说明木叶不同的艺术特征。那这些内容又是以怎样的方式串联起来的?

生:是围绕"木叶"展开的。和"木叶"做比较。

师:围绕"木叶"不断地去联想,以联想发散的思维进行组合。同学们,回到开篇论述,思路是什么?思路是文章怎样开篇,如何一步一步向前走,也就是说作者写文章的时候,怎样把这些文本内容组合起来的一个过程。

任务二:发现结构,绘制图示

师:(播放 PPT 第 5 页)我给大家提供了四幅常见的思维导图的图示,包括括号图(图 1)、气泡图(图 2)、流程图(图 3)和树状图(图 4)。请大家观察这四幅图示,来说一说这些图示的特征。

图1

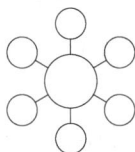

图2

图3

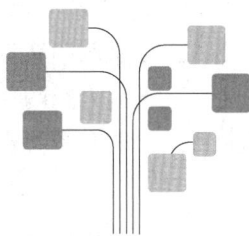

图4

生:括号图强调的是内容之间并列关系,还有总和。

师:好。气泡图呢?

生:中间的圈是外面 6 个小圈的中心,表示有 1 个中心,外面的小圈围绕这个中心进行展开。气泡图的特点是有一个核心,又有发散的部分。

生:流程图表现的是事物发展的过程,比如说箭头表示发展方向,框表示事物发展的阶段,而且它比较强调发展过程的先后顺序。

生:树状图应该是以某一个点或者某一个内容为"树干",然后再根据"树干"不断蔓延出去,找到与"树干"相对应的一些内容。

师:从一点开始不断地延伸出与"树干"相对应的内容。相比前面的三幅来说,你觉得它能够突出思维怎样的一种特点?

生:联系。

师:其他三幅也都能表现联系,这种联系有何不同?

生:可能树状图表现的联系更加发散一些,其中含有分散的、独立存在的点,还有从这一个点中再延伸出去的另一个小点,更能揭示延伸性和拓展性。

师:好。接下来,有两个任务需要大家合作完成。第一,如果说这四幅思维导图能够大致对应这四篇文章的结构,你会怎样选择?并说说原因。(播放PPT第6页)

生:我觉得括号图应该是《中国建筑的特征》,因为它是围绕中国建筑的特征来展开的,其中并列的几个点就体现了特征之间的关系;气泡图对应的应该是《一名物理学家的教育历程》,因为它是以科学精神为核心,也就是想象与兴趣,其他的几个小气泡体现了想象与兴趣在科学研究中的作用;第三幅流程图应该是青蒿素这一篇,因为青蒿素这一篇文章有非常明显的科学研究的发展顺序;最后一篇是《说"木叶"》,因为《说"木叶"》它是一篇文艺随笔,我觉得文艺随笔的特点决定了它的结构具有发散性,就很好地跟树状图中的延伸和拓展相对应。(播放PPT第7页)

师:我们通过对图示特征的分析和梳理,为课文选择了相对应的图示。接下去,就请大家根据选择的图示来修改你们的思维导图。(播放PPT第8页)

生:《青蒿素:人类征服疾病的一小步》有一个比较突出的特点,就是作者用小标题把文章分成了几个部分,并且小标题的语言是相对概括的,所以我一开始画思维导图的时候,就将小标题摘录下来。开篇是屠呦呦女士的一个获奖感言,其中包括她对中草药医学深厚的情结,之后是"发现青蒿素的抗疟疗效",介绍了屠呦呦女士发现青蒿素的背景和过程,之后"从分子到药物"则介绍了屠呦呦女士以及她的团队先提取出了青蒿素分子,再将它制作成药物的过程,"影响世界"则写了青蒿素在中国以及世界范围内的影响,之后"发展与超越"则介绍了屠呦呦女士以及她的团队发展青蒿素衍生物,"中医药学的贡献"的范围更广一点,从青蒿素写到了中医药学对人类的帮助。

生:《一名物理学家的教育历程》,我是采用气泡图的形式进行绘制的。作者选取了三件典型事例,围绕科学精神展开。第一件事情是对鲤鱼世界的一个遐想,作者在观察中产生了对科学浓厚的兴趣,因为好奇而产生快乐,引起遐想,激发了他对科学探究的兴趣。第二件事情是作者少年时期听说爱因斯坦未竟的事业,这激发了他探究的极大兴趣,他刨根问底,要把问题弄清楚,体现了他的毅力恒心,这我认为也是一个科学家应该具有的素养。第三件事是作者自己建立了一个电子感应加速器,从中表现出他对科学研究的浓厚兴趣和无限热情与执着。这些事例都是以科学精神为核心进行展开的。

生:《中国建筑的特征》这篇文章讲的是中国建筑的特征,首先总体介绍中国建筑的特征,然后分点介绍了九大特征,之后提出了"文法"和"词汇"这些概念,再之后提出了"可译性"这一个观点,所以我就用括号图的方式把它呈现出来。

生:我认为《说"木叶"》是由三组对比构成的。第一组对比是"树叶"和"木叶"的对比,它们都可以简称为"叶",但是从古至今就很少有包含"树叶"的名句出现,而"木叶"古往今来都很受欢迎,说明"木"这个字的重要性。然后就引出了第二组对比——"落木"和"木叶"的对比,它突出的也是"木","木"大多是用在秋天叶落的时候,所以"木"的第一个艺术特征是包含落叶的因素。第三组对比是"树"和"木"的对比,通过写"木叶"有落叶微黄的感觉,写"树"

有树干褐绿饱满的感觉,对比写出了"木"的第二个艺术特征,就是微黄干燥带有秋天舒朗的感觉,从而引出主旨——在诗歌中,相似概念的艺术形象也会不同。

师:我也绘制了《青蒿素:人类征服疾病的一小步》(图5)、《一名物理学家的教育历程》(图6)、《说"木叶"》(图7)、《中国建筑的特征》(图8)四篇课文的思维导图,供大家参考、对比。(播放PPT第9—12页)

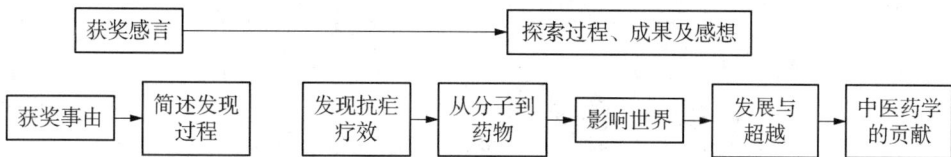

图5

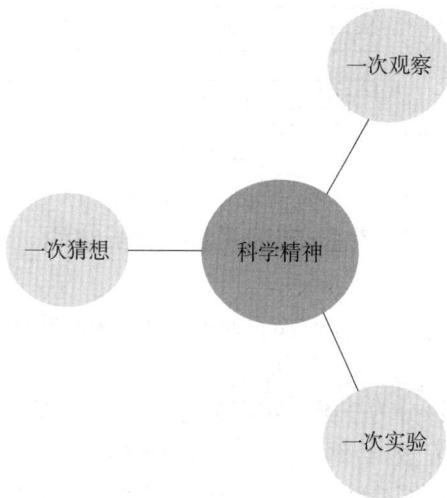

图6

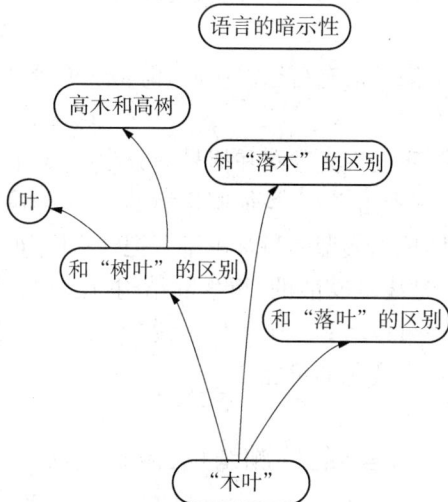

图7

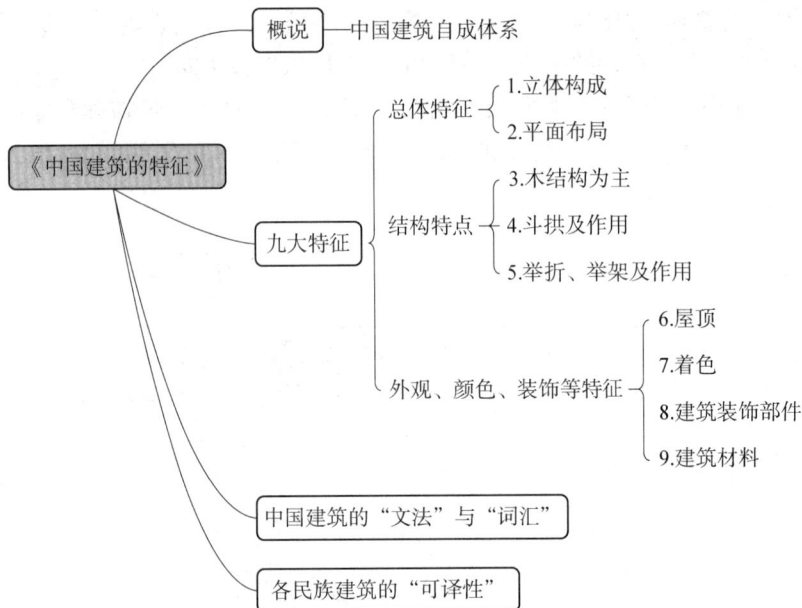

《中国建筑的特征》
- 概说 —— 中国建筑自成体系
- 九大特征
  - 总体特征
    - 1.立体构成
    - 2.平面布局
  - 结构特点
    - 3.木结构为主
    - 4.斗拱及作用
    - 5.举折、举架及作用
  - 外观、颜色、装饰等特征
    - 6.屋顶
    - 7.着色
    - 8.建筑装饰部件
    - 9.建筑材料
- 中国建筑的"文法"与"词汇"
- 各民族建筑的"可译性"

图 8

任务三:理清思路,辨析结构

师:四篇文章的结构各有不同,你们能否对这四种结构进行整合和归纳? 如果将四种结构类型分为两类,你怎么分?

生:气泡图和树状图应该分为一类。它们都有一个中心,然后发散出去。

师:以一个中心进行的发散,给你一种不断向外延伸的感觉。

生:我觉得流程图跟括号图应该是一类的,因为它结构比较固定。

师:"结构固定"是什么意思?

生:括号图就是一个一个列下来的,流程图就是按时间先后顺序进行梳理。它们的步骤都非常清晰。

生:括号图和流程图各个部分都有自己的中心,但是气泡图和树状图的各个部分都围绕固定的一个中心不变,各自发散。

师:(播放 PPT 第 13 页)我也将流程图和括号图分为一类,它们以事物发展的脉络进行组合,括号图是总分的关系。《青蒿素:人类征服疾病的一小步》《中国建筑的特征》这两篇文章显示出相对规整的结构,体现出典型的科学思维。把气泡图和树状图分为一类,因为它们两个,就像同学刚才所说的,是比较发散的、衍生的结构,比较灵动。《一名物理学家的教育历程》中作者回忆自己的过往可以增删一个事例,《说"木叶"》中"木叶"也可以有其他的艺术特征,结构的灵动给了文章更多变化的可能。

任务四:回溯结构,谋篇见义

师:不知道大家是否思考过这样一个问题,结构的形成和哪些因素相关呢?

生：我觉得作家的风格影响行文的思路。

生：文体的结构跟文体的类型是有关的。比如，《说"木叶"》是一篇随笔，《青蒿素：人类征服疾病的一小步》应该是自传和论文的结合，《中国建筑的特征》应该是科技论文，它们文体不一样，所以要使用不同的结构，比如，论文我们肯定要追求规范，结构严谨。

生：还有作者个人的性格和内心的思想。比如说，林庚先生由里而外透出一股诗人气质，文章随性自然。

生：作者通过这篇文章想表达的内容——他的目的性也会决定他使用的结构。比如，《一名物理学家的教育历程》，加来道雄就是想介绍他的童年经历，来传达出一种科学精神，所以他会围绕这个核心选择事例。

生：跟作家性格、职业也有关系，比如梁思成先生作为一名建筑学家，他在绘制手稿的时候也是非常严谨、非常清晰的，他写科普文也是如此。

师：大家已经提供了很多的维度了，我做一个概括。（播放PPT第14页）

师：我想，我们除了去梳理结构、感知结构、辨析结构之外，还要尝试用自己的话去鉴赏结构。我在读这四篇文章的时候，非常喜欢《一名物理学家的教育历程》这篇文章，并写了这样的一段话（播放PPT第15页），请大家也尝试为自己喜欢的文本写一写结构鉴赏。

　　《一名物理学家的教育历程》全文聚焦三件小事，却并非仅依时间叙事，而是将科学精神——好奇、探索一线贯穿。"历程"并非尽数道来，而是取舍相较，这就使文章叙述不蔓不枝，重点突出，事例的剪裁并非随心所欲，而是形式与内容、结构与思想的高度契合。由此我们进入作者所营造的神奇世界之中，更有感于科学精神的可贵。

【教学反思】

微专题学习切口小，要求抓住一个探究点进行深入，小而集中，小而不碎，但我也希望以"微"为基石，通过微专题最终走向系统化的学习。

结构很抽象，在高中学生的阅读体验中，结构是难以具体描述的；结构很关键，它是谋篇之法，是行文谋虑的首要因素。"作者思有路，遵路识斯真"，结构又和文章的内涵深度相关。在此微专题的设置中，确定以"结构"为教学点，希望让学生对文本有"俯视"阅读的思维。

在环节的设置中，难点在于如何让结构被感知和描述，符合学生的认知思维，这就需要尽可能地从这四篇文章的谋篇布局中提炼出核心思路。我最后选择了思维导图中的基础图示——流程图、括号图、气泡图、树状图，作为描绘结构的阶梯。四种图示分别揭示了四篇文章结构的大致雏形，便于抽象的思路可视化，也便于后续的整合和思考。在课堂生成中，学生在此环节反应较好，有思考，有讨论，也有一定的共识。

在环节设计中，是否要加入其他类型的图示？在学生绘制思维导图的时候，是否可以让他们自由选择图示？这些问题仍需斟酌，因为我给予的图示并不是与课文全然契合的。另外，也可以尝试与已经有导图思维的学生进行个别沟通，肯定个性化的导图，在实践中，学生作品的细节很完整，结构也更加灵动，分享效果很好。此外，也可指导学生阅读同类型的其他文章，强化"结构"意识，使学生的阅读更有深度。

概念的图示:破译学术文章的奥秘

执教/宁波市效实中学　刘佳妮

本课课件

【专题目标】

联读《青蒿素:人类征服疾病的一小步》《一名物理学家的教育历程》《中国建筑的特征》《说"木叶"》四篇课文,通过了解、辨析重要概念,理清文章思路,借助图示揭示概念之间的关系,学习学术文章的阅读方法。

【预习任务】

课时一:研读第三单元四篇课文,罗列四篇课文中的重要概念。

课时二:阅读参考资料《思维可视化工具简介》,完成以下思考练习:

(1)你能在其他学科教材中找到概念图的应用实例吗? 请举一例。

(2)你通常会在什么情境下使用思维导图? 请说一说。

(3)你还知道哪些常见的图示? 请列一列。

【教学实录】

第一课时　厘清概念,走近学术

师:(播放PPT第1页)本单元中的四篇文章都是以传递知识信息为主的学术文章。这类文章通常篇幅较长,有很强的专业性,作者会在文章中阐述一些核心概念和学术观点。今天我们读到它,是因为教材编者选录了这些文章,如果我们跳出课本,你还会在什么情况下遇到学术文章呢?

生:在一些科学类的杂志上。

师:科学类的杂志或者专著,它们的学术性都很强。

生:在做语文阅读题的时候会遇到。

师:尤其是在小阅读部分。

生:在一些网站上,像是文学类的网站。

师:文学类网站上的文章跟我们今天所说的学术文章还是会有些区别,但如果是在文学评论类网站,你就会看到许多学术文章了。

师:(播放PPT第2页)其实学术文章的应用场合很广,日常阅读专业书籍、高中时进行研究性学习、大学时撰写论文、未来参加学术研讨会,在这些场景里你都会遇到学术类文章。所以,学习阅读学术文章,对大家以后也是很有帮助的。今天老师就要交给大家破译学术文章奥秘的一把金钥匙——概念。

任务一:列关键词,梳理概念

师:首先,老师要向大家介绍一个学术人的必备工具,学术界最具知名度、最具流量的网站——"中国知网"!"中国知网"是一个检索学术期刊、高校论文等文献的网站。为了让检索者能更快捷地搜索到文章,并尽快把握文章要点,作者或网站编辑会列出几个关键词。这些关键词一般具有怎样的特征呢?(播放PPT第3页)

既然是学术文章,肯定会涉及不少学术概念,所以关键词的第一个特征就是其通常是作者在文本中提出、阐述或辨析的重要概念。其次,我们也可以关注关键词的词性,它往往会以名词的形式出现。最后,文本中的高频词,也常常会被拿来作关键词。此外,我们在找关键词的时候也可以去关注文章的标题或小标题。

知道了关键词的特征,现在任务来了。假如这四篇课文将被收录到"中国知网"上,你是"中国知网"的特邀小编辑,你会如何设置关键词呢? 请为每篇文章确定三到四个关键词。

(学生根据关键词特征,修改学案上的答案。教师请四位学生上台,每人写一篇课文的关键词)

师:大家可以比较一下自己和台上同学写的关键词,看看是否一样,哪里有出入。

生:我对第一篇里"屠呦呦"这个关键词有疑义。因为它不太符合特征里说的文章"提出、阐述或辨析的重要概念"。

师:是了。在这篇文章里作者不可能去阐释"屠呦呦"是个什么概念,我们不能把作者列入关键词。第二篇呢?

生:第二篇里"好奇心"这个词我有疑义。好奇心可能只是作者童年经历一些事情的动力,不算是文章的重点。所以我觉得这个词不太合适。

师:是的,这个词也很难称为文本中的重要概念。你在这一篇里选了什么词呢?

生:我写的是"科学理论"。

师:具体是什么科学理论呢? 提到了什么概念?

生:"平行宇宙"和"更高维度的空间"。

师:好的,"更高维度的空间"可以用文中更精简的一个词,称为"高维世界"。这两个词是文章阐释的重要概念,可以归到关键词中。

生:第三篇的关键词是我写的。

师:好的,可以跟我们分享一下你的理由吗?

生:文章的题目是《中国建筑的特征》,整篇文章向我们介绍了中国建筑,围绕着中国建筑的基本特征展开,因此我觉得这肯定能作为一个重点,可以作为关键词。

师:嗯,"中国建筑""基本特征"可以作为关键词,还有——

生:还有文章第一段就提到的中国的建筑体系,后文中作者也围绕着中国的建筑体系发表了一些自己的见解和议论,所以我觉得"中国建筑体系"也可以作为关键词。

师:作者发表的见解和议论主要是围绕着中国建筑的建筑"词汇"与"文法"展开的,所以你在概括的时候也写了"建筑词汇""建筑文法"这两个词,是吧?

生:是的。

师:很好,你的概括牢牢地抓住了关键词的基本特征。如果要给第三篇再做些补充的话,其实还可以追加一个词。在最后部分梁思成还谈论了——

生:"可译性"。

师:没错,加上"可译性",这样就更为完整了。

生:第四篇同学写的第一个词"古代诗词"和第三个词"文学"有点重复了。因为古代诗词是文学的一种。概念上有点……

师:有点重合了。我们可以把这个关键词提炼得更加精准,这样才能让搜索者迅速筛选文章。《说"木叶"》一文一直在讲诗歌语言的"暗示性",所以我们可以提取"诗歌语言"一词作为关键词,这样一聚焦就更精准了。请坐。老师也列了一些关键词,供大家参考。(播放PPT第4页,展示表1)

表1

篇目	关键词
《青蒿素:人类征服疾病的一小步》	青蒿素、疟疾、中医药
《一名物理学家的教育历程》	平行宇宙、多维空间、高维世界
《中国建筑的特征》	中国建筑、基本特征、文法、词汇、可译性
《说"木叶"》	诗歌语言、暗示性、艺术特征、木叶

任务二:研读文本,辨析概念

师:设置关键词的过程就是我们梳理文本、锁定重要概念的过程,但找出重要概念还只是开启学术文章大门的第一步,阅读学术文章还要注意文中的概念和概念间的联系。我们以《中国建筑的特征》和《说"木叶"》这两篇为例,来对文中的重要概念做进一步研读。

师:请大家以小组为单位回答以下问题——(播放PPT第5页)

1. 细读《中国建筑的特征》:①举例说明什么是中国建筑的"文法"和"词汇"。②如何理解各民族建筑之间的"可译性"?

2. 细读《说"木叶"》:①举例说明什么是诗歌语言的"暗示性"。②说说"木叶""树叶""落木""树""木"这些概念有什么不同。

（学生分组阅读，进行讨论。各组选派一位同学做发言人，回答问题）

师：我们请第一组同学来回答《中国建筑的特征》一文的相关问题，其他小组可以对他们的回答做补充。我们先来解决概念问题，什么是中国建筑的"文法"和"词汇"？

生："文法"和"词汇"其实是一种比喻，作者是用语言文字里的说法来说明中国建筑的构成原理。课文中从第14段到最后都提到了这两个概念。第14段里说，"文法"是"为匠师们所遵守，为人民所承认"的"一定的风格和手法"，是"我们建筑上两三千年沿用并发展下来的惯例法式"，是建筑之间、构件之间的"处理方法和相互关系"。

师：还有吗？

生：还有第15段里还写了"文法"具有的特点，它有拘束性、灵活性，能有多样性的表现。然后"词汇"的概念在第14段里，它是"构成一座或一组建筑的不可少的构件和因素"。

师：很好，在文中找到了很多相关表述。我们还可以结合第16段对"文法"这个概念再做一下提炼概括。"文法"是中国劳动人民在长期建筑活动的实践中形成并沿用的惯例和法式，即建筑构件与构件之间、构件与装饰之间、个别建筑物之间，所具有的一定的处理方法和相互关系。用"文法"把"词汇"结合起来，才能写出一篇中国建筑的"文章"。有例子吗？

生："文法"的例子，就比如说中国建筑结束瓦顶的方式，求得台基、台阶、栏杆比例的方式——所有的建筑的方法都可以算作"文法"。"词汇"就像是梁、柱这些具体的建筑零部件。

师：就像我们所处的教室，墙上的瓷砖好比"词汇"，要怎么拼贴属于"文法"。好的，你已经理解了这组比喻背后作者想要说明的关系。第二个问题，如何理解各民族建筑之间的"可译性"？

生："可译性"概念不太好概括，但意思知道一点。

师：可以举例说明一下你们组所理解的意思吗？

生：就是比如说中国古代建筑的窗户是方方正正、古色古香的木头窗户，欧洲早先的窗户是拱形的，石头做的，它们的材料虽然不一样，但都是窗户，都发挥着增加采光、通风的作用。两者之间就具有"可译性"。

师：这里的木头、石头就是"词汇"，构成窗户的方式就是"文法"，发挥着同样的作用，满足基本相同的生活需求，也就是第19段中所说的"各用不同的'词汇'和'文法'，用自己的形式把这样一句'话'说出来"。中国和欧洲建筑就具有了"可译性"。

生：是的。

师：也就是说不同的民族、不同的时代它们的建筑形式虽然不一样，但建筑的功用、主要性能是一致的，因此能够互译。"可译性"就是指各民族建筑虽然表现出来的形式有很大的不同，但建筑的功用或主要性能是一致的，具有相通性。（播放PPT第6页）

师：接下来请另一组同学来说说《说"木叶"》的关键词。

生："暗示性"就是"概念的影子"。它"丰富多彩、一言难尽"。（学生笑）

师：一言难尽。也就是说，暗示性使得诗歌语言的内涵不仅局限于它自身，而有了更多的余韵。这种余韵是怎么来的？看下第5段。

生：诗人把"语言形象中一切潜在的力量"与"概念中的意义"交织组合起来。

师：是的。诗歌语言的暗示性是诗人把语言形象中的潜在力量和概念中的意义交织组合而形成的，即"意在言外"。我们的问题是举例说明"暗示性"，能说一个例子吗？

生：比如，"木"字令人联想起"木头""木料"等木质的东西，"树"具有繁茂的枝叶，会令人联想到密密层层的浓荫，所以"木叶"和"树叶"给人的暗示就不一样。

师：嗯。给人的暗示是前者疏朗，后者繁密。大家也可以找课文以外的例子，比如古诗词中"霜林""枫林"给人的印象就不一样。同样是指枫树林，"晓来谁染霜林醉"中的"霜林"是不是要比"停车坐爱枫林晚"中的"枫林"更显寒冷凄清一些啊？（学生点头）什么原因？

生："霜"字让人联想到秋霜，感觉树叶上是有白霜的，天气很冷，人的心境也会比较悲伤。"枫"字就只会让人想到枫树，颜色比较暖。

师：说得很好，这就是诗歌语言的暗示性呀。最后一问，说说"木叶""树叶""落木""树""木"这些概念有什么不同。其实上一问举例里已经涉及一些了，可以继续补充。

生："木"暗示颜色是黄色的，触觉上是干燥的；"树"一般是褐绿色的。"木叶"有落叶的微黄与干燥之感，有疏朗的清秋的气息。此外，"落木"比"木叶"更空阔。

师：还有遗漏信息吗？

生：第6段最后，"木叶"是"疏朗与绵密的交织"。

师：好的。之前几个问题都是给概念下定义，是要做整合，但这一问是比较，我们在思考的时候可以聚焦概念间的不同之处。我们来看"木叶""树叶""落木"这三个词，它们是由"木""树""叶""落"四个语素组合而成，它们不同的词义和暗示性造成了概念不同的意蕴。"树"给人的印象是褐绿的，湿润的，枝叶繁密的；"木"给人的印象是枯黄的，干燥的，树叶落尽的；"叶"字带有密密层层浓荫的联想；"落"字强调树叶落下的动态。组合起来后再看，"木叶"按字面解释就是"树叶"，但"木叶"暗含"落叶"之意，"树叶"则给人枝叶茂密的联想，"木叶"是疏朗与绵密的交织，"落木"是"木叶"的发展，显得更为空阔。（播放 PPT 第 7 页）

师：最后，我们来做个简单的小结。（播放 PPT 第 8 页）

课堂小结

1. 在研读学术文章时，有意识地锁定文章中的重要概念，理解它的内涵。

2. 在对概念下定义时，应注意从出现该概念的语段中筛选出关键信息，归纳相同信息，删除重复或多余信息，抓住事物的本质属性。

3. 在对相近概念做辨析时，宜聚焦于同中之异，进行分解式阐释，逐个辨析概念的具体字词，在分解中透彻理解。

师：下节课，我们将学习破译学术文章奥秘的第二把钥匙，让复杂繁琐的概念辨析变得更为简明。请大家做好预习。

第二课时　思维可视，化繁为简

师：（播放 PPT 第 9 页）上节课我们得到了破译学术文章奥秘的第一把钥匙——梳理和辨析概念。在研读过程中，我们要有意识地去锁定文章中的重要概念，还要学会区别内涵相近的概念。但大家有没有觉得，在辨析概念的时候，尤其是表述概念间关系的时候，如果仅仅依靠语言文字来表述，往往不够直观？就像上节课我们对《说"木叶"》一文中"木叶"相关概念的辨析,大家七嘴八舌说了很多,课件里也写了很长,但还是会觉得晕乎乎的。(学生纷纷点头)这节课我们就来解决这个问题。既然文字信息太过繁杂,不如——

生:用图片。

师:没错,但不是纯粹的图片,而是擅长显示关系的图示,这就是我们破译学术文章奥秘的第二把钥匙。将文字信息转化为可视的图示,有利于理清概念之间的关系,理解科学逻辑,把握文章内容,实现知识结构化、思维可视化。也就是说,如果我们能把这些重要概念用图示表达出来,就意味着我们读懂了。化繁为简之后,书就越读越薄了。

任务三:了解图示

师:所谓"工欲善其事,必先利其器",我们先要了解一下常用的思维可视化工具,大家可以参看学案里的资料。我们手上有哪些图示工具呢?

生:概念图、思维导图、思维地图。

师:(播放PPT第10页)还有很多PPT上没有列出的图示工具。我们简单地理一下这些图示。

(播放PPT第11页)第一种叫概念图(示例见图1"细胞"的概念图)。概念图是一种用节点代表概念、连线表示概念间关系的图示方法。它通常为网状图。概念图我们并不陌生,因为很多学科课本中就有它。我今天看了大家的学案,有同学就摘录课本里的概念图,像物质的分类、地球的历史、西欧封建制度。很明显,文科、理科都会用到概念图来呈现知识信息。

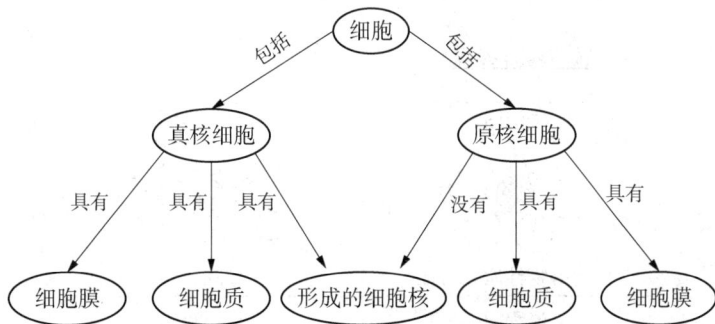

图1

(播放PPT第12页)当然我们最为耳熟能详的是第二种图示工具——思维导图(示例见图2)。思维导图是一种用于记录发散性思维的图形工具。它有一个思考中心,并由此中心向外发散出数个节点,每一个节点又可再向外发散,呈现出放射性立体结构。它和概念图有个比较大的区别点,它是只有一个思考中心的。

我们可以看到虽然图2有很多个发散开的节点,但都是围绕"如何分析一本书"这一个中心展开的。大家通常会在什么情境下使用思维导图?

生:读长文。

生:复习。

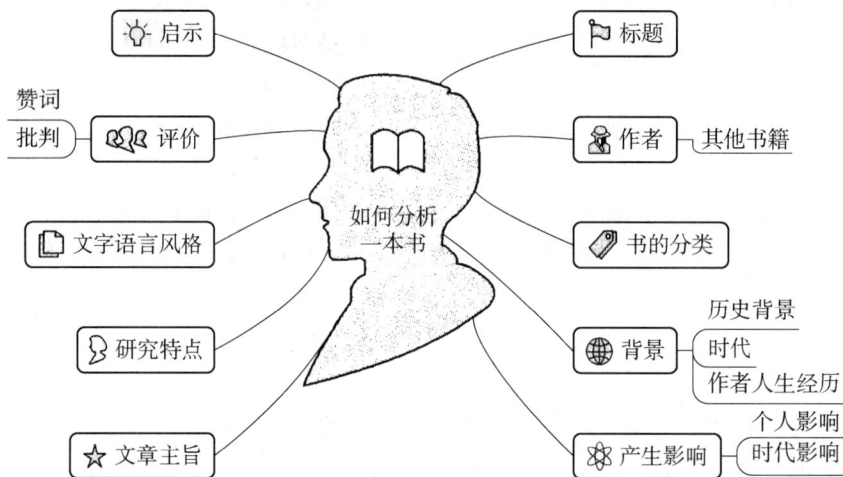

图2

师:说得很好,复习的时候我们要记很多内容,要是把课本内容逐字逐句记下来,脑袋肯定要爆炸了。这时候就可以用思维导图帮我们理清思路。

师:(播放PPT第13页)第三类是最为驳杂的一类图示,称为"思维地图"(示例见图3)。它可以表现多种不同的思维关系,包括定义、分析、比较、归纳、整体和部分、类比、因果等。

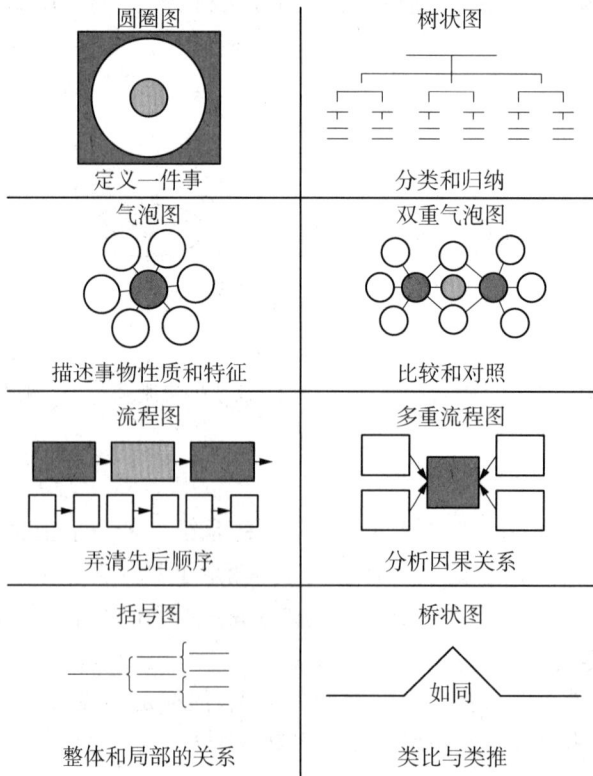

图3

师:除了这些之外,我还看到大家在学案上写了"韦恩图"。这是在哪里用到的?

生:数学课教集合的时候。

师:嗯,解决数列交集的问题。其实有些文科的问题也可以用韦恩图来解决。还有同学画了一个箭头,写了事件和年份,这是——

生:时间轴。

师:时间轴图,经常会在历史书上看到。还有极少数同学画了鱼骨图,鱼骨图可以用来帮我们分析原因。比如"为什么选择××中学"这个问题。大家是高一学生,当时为什么选择我们这所学校呢?

生(七嘴八舌地):住宿条件好;校园环境很好;师资也不错;爸妈希望我来……

师:如果把大家刚才提到的原因画成鱼骨图,我们可以先在一级分支上列出大类——师资条件、校园环境、个人原因等。再在二级分支上进一步展开,比如,校园环境可以细化为自然环境、住宿条件、教学设施等。(播放PPT第14页,展示图4)

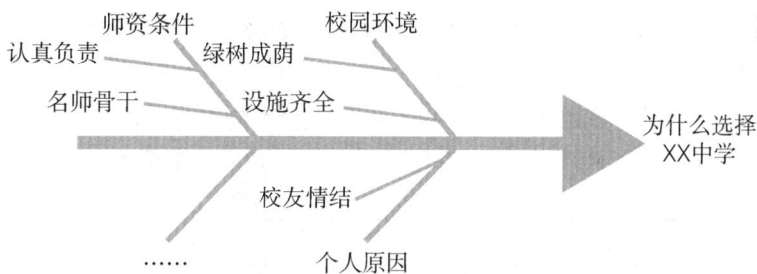

图4

师:鱼骨图可以帮助我们分析因果,也可以用来分析利弊。比方说,当你在犹豫要不要选择这所学校的时候,你可以在鱼骨图上方写优势,在下方写劣势。刚才大家说的都是优点,有缺点吗?

生:离我家有点远。

师:学校离家远,交通不便,算是缺点,那就把这些写在下方。这样画完后就能非常直观地看到优缺点哪个更多,以此来做出选择。(播放PPT第15页,展示图5)

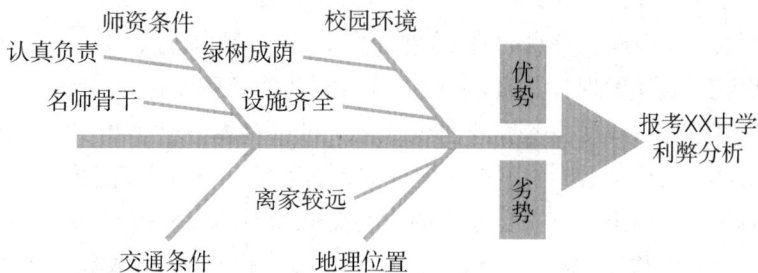

图5

任务四：应用演示

师：了解了这些图示工具后，我们就可以来应用了。老师先来做一个步骤示范。（播放PPT 第 16 页）图示可以用来梳理文章的写作思路，也可以用来揭示概念之间的关系。我想用图示工具来梳理一下青蒿素的研究过程。《青蒿素：人类征服疾病的一小步》这篇文章篇幅很长，首先我要确定有用的文本区间，也就是哪些部分是关于青蒿素的研究过程的。我看到"发现青蒿素的抗疟疗效"一节说到如何发现青蒿素的抗疟疗效，屠呦呦是怎么研究青蒿的，又是如何得到青蒿提取物，这部分我要用到。"从分子到药物"一节里说了如何实现青蒿素从分子到药物的转变，这部分也很重要。"影响世界"这一节主要介绍研究成果，而非研究过程，可以跳过。"发展与超越"这一节提到了研究的新进展，在分子中引入了羟基，出现了双氢青蒿素，还有了新的青蒿素衍生物，这部分也和研究过程有关，需要用上。至此，文本区间就锁定好了，第一步筛选文本信息完成了。

接下来第二步，我要根据想呈现的内容，选择适合的图示。大家能为我推荐一个吗？

生：流程图。

师：嗯，英雄所见略同，我也选流程图，用它来呈现研究过程再合适不过了。现在我就可以来绘制图示了。（教师一边讲解，一边播放PPT 第 17 页，按步骤展示课件中的图示，见图 6）

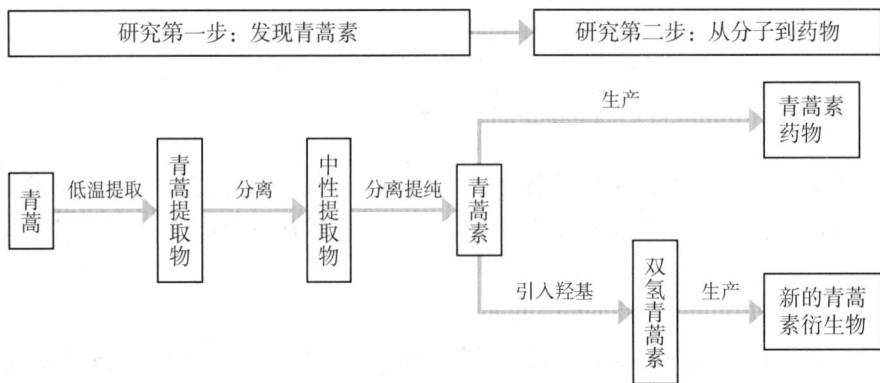

图6

师：刚才我在看文章筛选信息的时候，发现文章的小标题非常好用。文章清楚地告诉我们研究过程有两步，先是发现青蒿素，再是从分子到药物。所以在主流程图中，我就可以填上这两个信息。接下来，我要去探究这两个部分又可以具体分成哪些步骤。在研究的第一步"发现青蒿素"中，我们会看到青蒿是如何变成青蒿素的——将青蒿进行低温提取，得到青蒿提取物，然后从中分离出比较安全稳定的中性提取物，接着进一步分离提纯，得到了青蒿素。第二步中，一方面拿青蒿素生产出了青蒿素药物，另一方面引入羟基得到了双氢青蒿素，生产出了新的青蒿素衍生物。

大家看课件上我绘制的流程图（图 6），我把文章里那么长的文字信息梳理成了一张图，是不是要比你看文本来得清楚、直观、便于记忆？（学生纷纷点头）看来图示确实能够帮我们化繁为简,实现思维的可视化。

任务五:学生实践

师:老师演示完了,三个步骤大家也看到了,接下来轮到同学们来实践一番了。大家以四人小组为单位,运用图示完成以下任务。(播放PPT第18页)

1. 研读《中国建筑的特征》,以图示梳理中国建筑的特征,揭示"文法"和"词汇"的内涵与联系。
2. 研读《说"木叶"》,以图示呈现"木叶""树叶""落木""落叶"等概念,揭示概念之间的关系。

师:第一个任务可以分成两张图来画,一张梳理特征,一张揭示"文法"和"词汇"的定义和关系。上节课我们在对《说"木叶"》这课的概念进行辨析时感觉文字信息非常繁杂,用图示会好一些,但这个任务还是有一点难。同学们不必求全,不一定要把四个概念全部画出来,也可以选择两个来做,重要的是学会用图示工具来呈现概念间的关系。

课堂时间有限,各组可以选择完成其中一个任务。完成后,请小组代表上台来展示你们的探究成果。

(课堂绘制时长10分钟左右。学生上台展示图示)

师:时间有限,大家的探究成果可能不是最完美的状态,但已经做得很棒了。和完成度相比,更为重要的是你选择了哪种图示,它能否和你要呈现的信息完美契合。老师也绘制了一些图示,供大家参考。(播放PPT第19页,展示图7、图8)

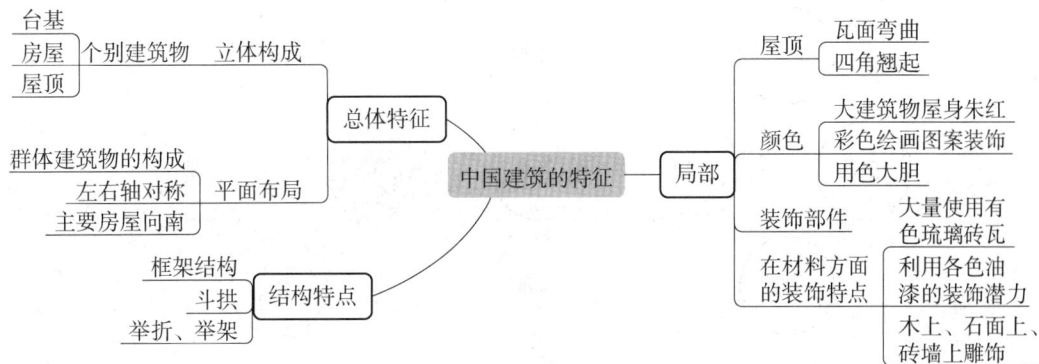

图7

师:图7这张"中国建筑的特征"图,我看到有小组是用气泡图来做的。用气泡图做也可以,但这篇文章内容比较多,画的时候会感觉满眼都是泡泡,看起来乱糟糟的,气泡图在表现层次方面不占优势,更适用于简单地描述事物特点。像《说"木叶"》一课里,如果你要表示"木叶"的"暗示性",就可以用气泡图。但如果你要条分缕析地说明中国建筑的特征,还是选用树形图或者括号图更为合适。

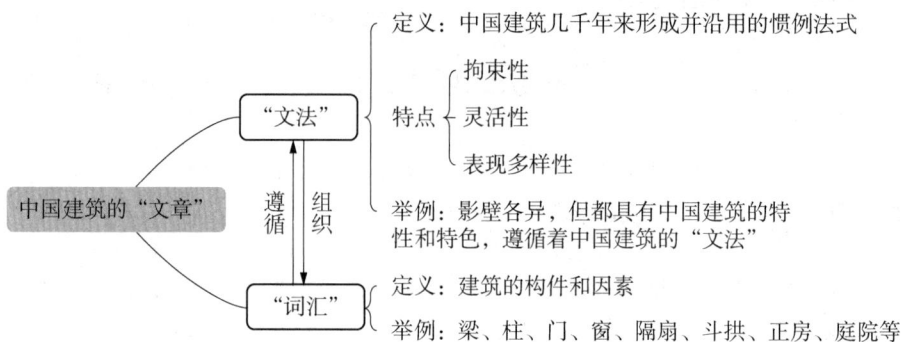

图8

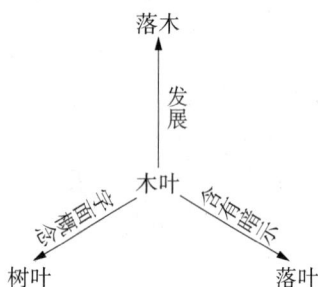

图9

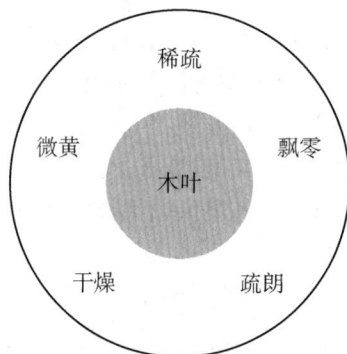

图10

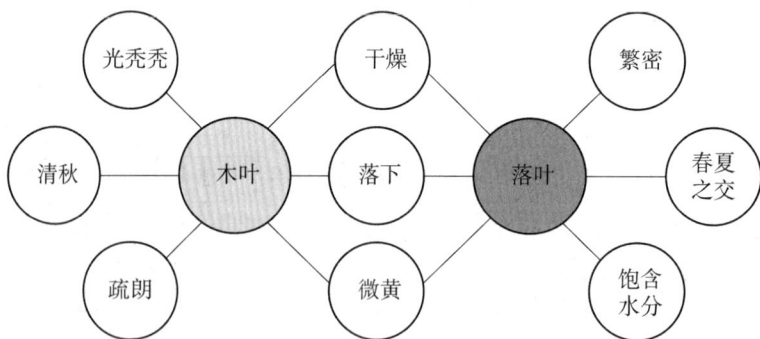

图11

师:第二个任务我尝试了三种不同的图示。(播放PPT第20、21页,展示图9至图11)图9以"木叶"为中心,用概念图表示它和"落叶""树叶""落木"的关系。图10是圆圈图,它适合表示定义,可以用来展示"木叶"的特点,也适用于其他几个概念。图11是双气泡图,它适合做比较,我用它来对"木叶""落叶"这两个概念做辨析。刚才上台展示的同学也是选择了双气泡图,很好地呈现出了概念的异同之处。大家有兴趣也可以尝试将圆圈图和概念图相结合,把这四个概念更为全面地展现出来。所谓"黑猫白猫,能抓老鼠就是好猫",总而言之,无论你用了什么图,哪怕这个图是你创造出来的,只要你能够运用图示工具来解决日常阅读中遇到的问题,那就达到我们的学习目标了。

师:本堂课我们学习了用图示来梳理学术类文章中重要概念的方法,现在大家已经掌握了两把开启学术大门的钥匙,希望大家以后再遇到学术类文章的时候,或者在写学科小论文的时候,能够用上我们今天学习的内容,学会化繁为简。下课!

【教学反思】

本单元中的四篇课文都是以传递知识信息或说明事理为主的学术文章。这类文章通常篇幅较长,有很强的专业性,行文中有较多概念和术语。很多高中生平时看到这样的文章,就心里发怵。但无论是在考场的论述类文本阅读中,还是在未来的求学路上,学术文章是学生无可回避的。因此在导入阶段,我有意识地去拉近学生同学术文章的距离,让他们意识到学术文章并非遥不可及,它普遍地存在于我们身边,以此来降低学习心理上的隔阂感。

在概念教学中,我设计了模拟知网编辑为文章设置关键词的活动,旨在引导学生筛出作者重点提出、阐述或辨析的重要概念。由于导入时已做了心理铺垫,学生对这个情境任务比较感兴趣。在几次执教中,大部分学生能够抓住文本中最典型的核心概念,但也有不少同学存在误区。如:将作者、作品体裁、研究领域列为关键词;不分主次地将用以阐释核心概念的相关专业术语、支撑性概念(如反物质、斗拱)列为关键词;将文章中多次出现的普通名词(如鲤鱼)列为关键词。这些误区暴露出学生对核心概念的筛选标准较为模糊,这一方面是由于学生审题上的粗疏,另一方面许是因为"关键词"一词令学生产生了理解上的偏差。

在辨析概念环节,我挑选了两篇课文布置研读任务。但设问比较传统、平直,在具体的推进中有滞塞之感。"概念"是本堂课的核心,而如何使群文阅读有一个贯穿其中的轴,使课堂任务序列化,这方面我还需要思考学习。

在图示教学中最容易遇到的问题是时间紧和交流不足,这主要是由于学生对各种思维可视化工具比较陌生。教师除了将图示学习任务作为预习作业外,还可以将绘图任务一并前置。学生在课前先绘制初稿,再到课堂上小组合作完成定稿,效率会大大提高。

在执教过程中,碍于时间关系,学生交流评价环节做得不够充分。其实对图示的评价还可细化为量表,从知识性、结构性、简洁性、美观性等角度做评价,学生点评时也会更有方向。

言语之美：文体与语体的关系

执教/浙江省宁波市北仑中学　吴亮亮

本课课件

【专题目标】

联读《青蒿素：人类征服疾病的一小步》《说"木叶"》《一名物理学家的教育历程》《中国建筑的特征》，感受实用文语言准确、客观、理性的严谨之美与灵动、主观、形象的诗意之美，思考文体与语体的关系。

【预习任务】

1. 研读四篇课文，概括语言风格。

2. 参照论文原文，精读《青蒿素：人类征服疾病的一小步》，找出修改的地方，思考修改原因。

3. 细读《说"木叶"》第 6 段节选内容，写一段语言赏析微评论。

【教学实录】

师：（播放 PPT 第 1 页）说到中国传统建筑的典范，同学们会想到哪些极具文化与审美价值的建筑？

生（齐）：故宫、阿房宫、滕王阁、岳阳楼……

师：这些建筑都曾鲜活地出现在文人的笔下，譬如杜牧的《阿房宫赋》就写到了很多中国传统的建筑元素，我们一起来读一读这段文字——

> 五步一楼，十步一阁；廊腰缦回，檐牙高啄；各抱地势，钩心斗角。盘盘焉，囷囷焉，蜂房水涡，矗不知其几千万落！长桥卧波，未云何龙？复道行空，不霁何虹？"（[唐]杜牧《阿房宫赋》）

（生齐读）

师：文中写到哪些建筑元素？

生(齐)：楼、阁、廊腰、檐牙、长桥、复道。

师：其实，这些建筑元素在梁思成的论文中也出现过，请一位同学为大家朗读《中国建筑的特征》中的这段文字，其他同学同样找找其中的建筑元素。(播放PPT第2页)

> 中国所称的一"所"房子是由若干座这种建筑物以及一些联系性的建筑物，如回廊、抱厦、厢、耳、过厅等等，围绕着一个或若干个庭院或天井建造而成的。
>
> 当屋顶是四面坡的时候，屋顶的四角也就是翘起的……在《诗经》里就有"如鸟斯革，如翚斯飞"的句子来歌颂像翼舒展的屋顶和出檐。(梁思成《中国建筑的特征》)

(一生读)

生(齐)：回廊、抱厦、厢、耳、过厅、屋顶、出檐。

师：同样都是描写中国的传统建筑，就语言风格而言，两篇文章有什么不同？

生：杜牧的更典雅，梁思成的更平实。

师：的确，文学性文本运用较多修饰与修辞，文辞华美；而学术性文本则运用较多专业术语，语言平实。今天，我们就来聚焦文体与语体，拨开芜杂的外象，感受实用文的语言之美。

任务一：因体而学，悟语言底色

师：对实用文语言的讨论，论古，可追溯到魏晋的"文""笔"之分。(播放PPT第3页)《文心雕龙》有言，"六朝人分文笔，大概有二途：其一以有韵者为文，无韵者为笔；其一以有文采者为文，无文采者为笔。谓宜兼二说而用之"。追今，蔡元培在《国文之将来》中提出，"应用文，不过记载与说明两种作用。前的是要把所见的自然现象或社会经历给别人看。后的是要把所见的真伪善恶美丑的道理与别人讨论。都只要明白与确实，不必加新的色彩"。将两者兼而论之，实用文语言不求文采，只求明白与确实。

屠呦呦的论文编入教材时做了修改，我们以"发现青蒿素的抗疟疗效"为例，小组合作，找出修改过的词句，并从科学语言的角度来说说编者为何要修改。(播放PPT第4、5页)

> **论文原文**
>
> 疟疾威胁人的生命长达数千年。上世纪50年代，消灭疟疾的国际努力失败。由于抗药性的出现，疟疾重新开始肆虐。1967年，中国政府启动全国范围的523工程抗击疟疾。我所在的研究所很快参与到这一工作中，并任命我领导疟疾研究团队，由植物化学和药理学方面的研究人员组成。我们这个年轻的团队开始从中草药中提纯可能具有抗疟效应的成分。
>
> ……
>
> 我们随后将提取物的酸性和中性成分分离。终于，在1971年10月4日，我们成功得到了中性无毒的提取物，对感染的老鼠和猴子100%有效！这是青蒿素发现的突破口。

师：哪一个小组先来分享？

生：课文第三行加了"1969 年"这一具体的年份，比原文更严谨；还有最后一句"我们终于找到了"的"终于"二字的增加，不仅体现了研究过程的艰辛，还表现了发现青蒿素抗疟疗效突破口时的惊喜，因此最后的标点符号也从句号改成了感叹号。

生：编者把原文"我们成功得到了中性无毒的提取物"中的"无毒"二字改成了"安全性高"。这两个词都在描述青蒿素的特性，但是程度不同，药品剂量的使用是有标准的，超过了也许就会对健康产生一定的影响，因此"无毒"过于绝对，"安全性高"更准确。

生：把原文中的"上世纪"明确为"20 世纪 50 年代"。科学论文主要是展示研究成果，读者多为科研人员；而教材是面向大众的，并且具有延续性。如果换一个参照时间，我们就会对"上世纪"产生理解偏差，因此不够准确。

生：原文中说"疟疾威胁人的生命长达数千年"，编者把"生命"改成了"健康"。因为"生命"与"死亡"相对，非生即死，而疟疾也分很多种，不一定都有致命的威胁，因此"健康"更严谨。

生：编者将第一段最后一句中的"提纯"改为"提取"。"提纯"是去除某种物质所含杂质的方法，而"提取"指的是用物理或化学方法提取所要的东西。因此，从词性角度看，"提纯"是名词，而"提取"是动词，更适合做"成分"的谓语。

生：编者在语序上也做了调整，将"由于疟原虫抗药性的出现，疟疾重新开始肆虐"提到"消灭疟疾的国际努力遭受重挫"之前。因为抗药性的出现是疟疾肆虐和国际努力失败的原因，提到前面能使上下句的因果关系更严密。

师：（播放 PPT 第 6 页）刚才同学们发现的这些不同之处，大致可分为三类——

（1）对研究过程的说明。科研有非常具体的实验过程，因此需要明确时间、地点、机构、人员等基本元素。用"20 世纪 50 年代"替代"上世纪"，添加"1969 年"，将"我所在的研究所"改为"中医研究院"等，都体现了用语的严谨。

（2）对研究对象的描述。将"生命"改为"健康"，将"无毒"改为"安全性高"，无论是对疟疾的病症还是青蒿素的特性，用词都更准确。

（3）对逻辑事理的阐述。把"提纯"改为"提取"是句子成分的需求；添加"终于"是体现情感的需求；把原因提前，是逻辑严密的需求。

师：（播放 PPT 第 7 页）正如汪曾祺所言，"语言的目的是使人一看就明白，一听就记住。语言的唯一标准，是准确"。科学语言，美在严谨；而严谨之美，美在准确、客观与理性。（播放 PPT 第 8 页）实用文，就是通过准确的遣词造句，来客观地陈述研究对象、研究过程，进行理性的事理阐述，传达科学精神。因此，严谨是实用文语言的底色。我们的阅读，就需要抓住数字、关联词、修饰语、时态词、标点符号、逻辑表达等语言标志，来审慎地推敲、领会科学语言的睿智。

任务二：因物而文，赏语言异格

师：那么，在这样的语言底色上，实用文的语言是否还有可能呈现另外的模样呢？请齐读《说"木叶"》的这段文字，来品一品诗人兼学者——林庚先生的文字魅力。（播放 PPT 第 9 页）

"袅袅兮秋风,洞庭波兮木叶下。"这落下的绝不是碧绿柔软的叶子,而是窸窣飘零透些微黄的叶子,我们仿佛听见了离人的叹息,想起了游子的漂泊:这就是"木叶"的形象所以如此生动的缘故。它不同于"美女妖且闲,采桑歧路间。柔条纷冉冉,落叶何翩翩"(曹植《美女篇》)中的落叶,因为那是春夏之交饱含着水分的繁密的叶子。也不同于"静夜四无邻,荒居旧业贫。雨中黄叶树,灯下白头人"(司空曙《喜外弟卢纶见宿》)中的黄叶,因为那黄叶还是静静地长满在一树上,在那蒙蒙的雨中,它虽然具有"木叶"微黄的颜色,却没有"木叶"的干燥之感,因此也就缺少那飘零之意,而且它的黄色由于雨的湿润,也显然是变得太黄了。"木叶"所以是属于风的而不是属于雨的,属于爽朗的晴空而不属于沉沉的阴天,这是一个典型的清秋的性格。

(生齐读)

师:《说"木叶"》作为文艺随笔,语言更具有文学性。请就这一段,找出你觉得最能体现文学性的一处,写一段微评论。(播放 PPT 第 10 页)

生:"'木叶'所以是属于风的而不是属于雨的,属于爽朗的晴空而不属于沉沉的阴天",句式整齐,运用两个"属于……不属于……"的句子,读起来朗朗上口,节奏感强,写出了木叶微黄、干燥之感。

师:除了在语言上带给我们这种抑扬顿挫的音韵美之外,整句在观点表达上有作用吗?

生:使观点更鲜明、更具有说服力。

生:"'木叶'所以是属于风的而不是属于雨的,属于爽朗的晴空而不属于沉沉的阴天,这是一个典型的清秋的性格",运用拟人的手法,赋予了木叶和清秋人的性格,木叶的微黄、干燥,与清秋的疏朗相吻合;同时,作者选择"风""雨""晴空""阴天"这些物象来形容木叶,可以引导我们思考它们之间的微妙关系。

师:所以,当我们用具体的物象来表达抽象的概念时,其实就是留给了我们想象,而想象则带给了我们言有尽而意无穷的妙趣。

生:"这落下的绝不是碧绿柔软的叶子,而是窸窣飘零透些微黄的叶子,我们仿佛听见了离人的叹息,想起了游子的漂泊",这一句作者将碧绿与微黄进行对比,如此鲜明的颜色碰撞就形成了文字的张力,写出了木叶的稀疏枯黄之感。而这样的萧瑟之意,让人联想到"多情自古伤离别"的离别之愁,还有"近乡情更怯"的漂泊之苦。作者由视觉到听觉再到内心的感觉,由实到虚,打开了我们的感觉空间。

师:你的评论也很有林庚先生的风骨,同样打开了我们对文字的审美空间!林庚先生不但是遣词造句的高手,还是古典诗词的专家。离愁别绪,羁旅漂泊,他对这两种古诗词的经典抒情非常熟悉,离人之"愁"、游子之"苦",与木叶飘零之"悲",情感基调如此吻合。这样的虚实结合,可以使文章不但说理透彻,而且摇曳多情。

生:我觉得这一段语言最大的特点就是引用了屈原、曹植、司空曙的诗句,把木叶与落叶、黄叶进行对比,突出了木叶既不似春夏之交时繁密的叶子,又比蒙蒙细雨中的黄叶多了干燥之感、飘零之意。

师:引用的确是亮点。那么,就语言本身而言,引用如此含蓄蕴藉的诗句,还有什么作用?

生:增强语言的文学性与表现力,激发阅读兴趣。

师:所以适当的引用,既可以让说理更深刻,也可以让说理更生动!这段文字值得我们细品的地方还有太多,比如其中丰富绵密而又优美雅致的形容词。我们来试着填一填,好吗?(播放PPT第11页)

"袅袅兮秋风,洞庭波兮木叶下。"这落下的绝不是(   )的叶子,而是(   )透些(   )的叶子,我们仿佛听见了(   )的叹息,想起了(   )的漂泊:这就是"木叶"的形象所以如此生动的缘故。它不同于"美女妖且闲,采桑歧路间。柔条纷冉冉,落叶何翩翩"(曹植《美女篇》)中的落叶,因为那是(   )的叶子。也不同于"静夜四无邻,荒居旧业贫。雨中黄叶树,灯下白头人"(司空曙《喜外弟卢纶见宿》)中的黄叶,因为那黄叶还是(   )地长满在一树上,在那(   )的雨中,它虽然具有"木叶"微黄的颜色,却没有"木叶"的干燥之感,因此也就缺少那飘零之意,而且它的黄色由于雨的湿润,也显然是变得太黄了。"木叶"所以是属于风的而不是属于雨的,属于(   )的晴空而不属于(   )的阴天,这是一个典型的(   )的性格。

(师生合作在PPT空缺处填入合适的词:碧绿柔软;窸窣飘零;微黄;离人;游子;春夏之交饱含着水分的繁密;静静;蒙蒙;爽朗;沉沉;清秋)

师:这里有表示颜色、声音、状态的,也有表示季节、人物的形容词,老师试着从里面摘取了一些典型的词句,拼凑成了下面这段文字,我想请一位同学来读一读。

不是碧绿柔软的叶子
窸窣飘零,这微黄
仿佛,听见离人的叹息
想起游子的漂泊
这微黄
不似春夏之交的繁密
也不似蒙蒙细雨中的湿润
这微黄
属于风,属于爽朗的晴空
还属于你,清秋!

(一名学生朗读)

师:这样的文字一般会出现在哪里?

生:诗歌!

师:林庚的文字就是如此诗意盎然,随手采撷便成诗句。能否请你为这首小诗取个标题?

生:《木叶·清秋》。

师:(播放PPT第12页)北大教授葛晓音就曾这样评价林庚,"尽管本世纪不乏兼备诗才和学力的通人,但像林先生这样诗性和理性交互渗透在创作和学问之中,并形成鲜明特色的大家却很罕见"。正是诗性与理性的交织,才赋予了《说"木叶"》审美性与思想性的交融。

师：至此，我们通过下面这张表格表1来对刚才的语言品读做一个小结。（播放PPT第13页）

表1

语体要素	特征
词汇	形容词绵密、叠词（用词文雅，音韵和谐）
句式	长短结合、整散结合（句式灵活，错落有致）
手法（修辞）	拟人、对比、多感官结合、想象、引用、虚实（手法丰赡，文质兼美）

师：显然，《说"木叶"》作为一篇文艺随笔，其文雅的用词、灵活的句式、丰赡的手法，都让其在严谨的语言底色上，呈现出另外一番灵动、主观与形象的诗意之美。其灵动，在于词汇、句式等的灵活转换；其主观，在于说理时鲜明的个人印记；其形象，在于运用各种修辞进行精致的论述。

师：其实，在加来道雄和梁思成的文字中，我们似乎也能捕捉到这样一丝灵动而形象的言语痕迹。请大家分别以《一名物理学家的教育历程》第7段和《中国建筑的特征》第15段为例，来谈谈它们的语言风格。（播放PPT第14、15页）

我想，鲤鱼"科学家"们将会聪明地杜撰某些虚构的东西——它被称为"力"——来掩盖自己的无知。由于不能理解在看不见的水面上存在的水波，它们将得出这样一个结论：睡莲之所以能够不被触摸而运动，是因为有一种看不见的神秘力在对它起作用。它们可能给这种错觉起一个高深莫测的名称（如"超距作用"，或"没有任何接触下睡莲即会运动的能力"）。（《一名物理学家的教育历程》）

这种"文法"有一定的拘束性，但同时也有极大的运用的灵活性，能有多样性的表现。也如同做文章一样，在文法的拘束性之下，仍可以有许多体裁，有多样性的创作，如文章之有诗、词、歌、赋、论著、散文、小说等等。建筑的"文章"也可因不同的命题，有"大文章"或"小品"。"大文章"如宫殿、庙宇等等，"小品"如山亭、水榭、一轩、一楼。文字上有一面横额，一副对子，纯粹做点缀装饰用的。（《中国建筑的特征》）

生：我觉得加来道雄的语言是生动活泼、富有趣味的。作者用第一人称进行想象，表现出自己对鲤鱼世界的浓厚兴趣，甚至痴迷，让读者更加身临其境地感受作者所描述的世界，又通过拟人大胆地想象鲤鱼的内心世界，体现了作者主动求知、探索的精神，而且增加了文章的可读性。

师：那建筑学家梁思成的呢？

生：他的文章是简明缜密、深入浅出的。作者把建筑比作文章，把宏大壮观的建筑比作"大文章"，把小巧别致的建筑比作"小品"，把建筑法式、部件比作"文法"与"词汇"，不但增加说理的趣味，而且能化难为简，把道理说得深入浅出。

师：这就是比喻论证的妙趣，让文章既具有科学性，又具有文学性！

任务三:条分缕析,辨语言内质

师:至此,我们发现,"严谨之美"与"诗意之美",这两种看似矛盾的"美"在不同的权重配比之下,就给不同的实用文带来了不同的言语风格。

那么,哪些因素影响着言语风格?(播放PPT第16页,展示表2)

表2

篇名	作者(身份)	文体	研究对象	言语风格
《青蒿素:人类征服疾病的一小步》	屠呦呦(药学家)	药学论文	药:青蒿素	朴实准确,理性客观
《说"木叶"》	林庚(诗人、学者)	文艺随笔	诗歌意象:木叶	诗理交织,灵动典雅
《一名物理学家的教育历程》	加来道雄(物理学家)	科普文	物理:高维世界	生动活泼,富有趣味
《中国建筑的特征》	梁思成(建筑学家)	建筑学论文	中国建筑	简明缜密,深入浅出

生:作者的身份会影响。如林庚先生既是学者,又是诗人,诗人的身份就使得《说"木叶"》带有诗性的美,而屠呦呦是药学家,文章就相对理性客观。

师:的确。林庚先是以古代文学立身,后又以现代诗歌闻名,这样的跨界使得他不但有扎实的文言造诣,还有深厚的诗歌功底。

生:跟读者的身份也有关系。科普文的读者是非专业人士,轻松活泼、通俗易懂的语言更容易被接受;科学论文就是写给专业人员读的,要求逻辑严谨,客观准确;而文学论文的读者则有较高的文学功底,因此文章具有较强的文学性。

师:所以,我们无论是读文章还是写文章,不但要关注作者,还要考虑受众的身份、知识背景等。

生:我觉得跟文体有关。实用文的语言一般都是严谨的,但是细分一下,不同类型的实用文在语言上可以存在差异,比如文艺随笔就可以多一点随性与浪漫。

师:文体的这种差异,其实说到底就是研究对象的差异。科学的研究对象,本就是客观存在的自然现象,研究手段往往是实验性的;而文学的研究对象,是抽象的人文现象,因此研究手段常常是主观性的。所以,言如其物,物如其言。从这个层面来说,"主观"并不等于随意、无依据,而是建立在对事物科学、准确并富有创造性的、独到的认识基础上的事理阐述。因此,主观的诗意之美,其实也可以说是另一种严谨!

师:同学们,美是千姿百态,不是千篇一律。实用文的言语之美,既在于理性、客观、准确的严谨之美,也在于灵动、主观、形象的诗意之美。作为高中生,我们不但需要柔软的文学语言的慰藉,来涤荡生活的焦躁;更需要培育理性、去芜存菁,感知科学语言的睿智,也许这才是更高级的美学欣赏!(播放PPT第17页)最后,我们以朱光潜先生在《漫谈说理文》中的一段文字结束今天对实用文言语之美的欣赏——

> 文学的媒介是语言,而语言是社会交际的工具。要达到社会交际的目的,运用语言的人第一要有话说(内容),其次要把话说得好,叫人不但听得懂,而且听得顺耳(形式),这两点是实用文和艺术文都要达到的。如果要在一般语言的运用和文艺创作之间划出一条绝对互不相犯的界限,那是很难的。

【教学反思】

相较于散文、小说、戏剧等,实用文的教学处境较为尴尬:学生兴趣寥寥,教师无从下手。然而,实用文却又是与我们的生活实际联系最为密切的文类,其重要性不言而喻。以下就是此次实用文专题教学的三点思考。

1. 聚焦文类,深耕专题

统编高中语文必修下册第三单元为自然科学和人文科学相关的实用文单元,选文包括药学与建筑学论文、文艺随笔、科普文等。其中,"单元导读"就明确了我们的教学重点之一便是"学习知识性读物的阅读方法""体会文章语言严谨准确的特点";再者,"实用性阅读与交流"这一学习任务群中也明确要求学生学习并运用新的表达方式,学习运用简明生动的语言来介绍事物、说明事理。因此,此次专题教学就聚焦实用文的语言风格,引导学生掌握不同性质实用文不同风格的言语魅力。

2. 搭建支架,多维引导

由于高一学生缺乏实用文阅读经验,此次专题教学最大的难点在于学生对于如何赏析实用文的语言风格缺少基本的阅读抓手。对于不同性质的文章,学生能感知到语言风格不同,或严谨或诗意,但不知道该抓住哪些语体要素来进行既深刻又合理的剖析。为此,教师需要帮助学生搭建两种不同语言风格的阅读支架,有的难点需要通过适宜的教学手段引导学生自行发现,比如通过比较阅读来让学生领悟到科学论文的严谨,自己发现潜藏着的关键数字、关联词、修饰语、时态词、标点符号、逻辑关系等,而有的难点甚至需要提前进行知识性的解释,比如整散结合、虚实相生、视听结合、想象等,引导学生既关注常见的修辞手法与表达方式,也关注用词、用句的特征。

3. 明确任务,方法指引

此次教学主要有三个任务:比较阅读赏科学论文之严谨、写作微评论赏文学随笔之诗意、思考探究文体语体之关系。教学重点明确,教学层次清晰。但其中的微评论写作对学生要求较高,教师最好提前进行方法的指导:聚焦一处、深挖一点、举一反三。

思维之光：思维与科学素养

执教/浙江省奉化中学　竺世佑

本课课件

【专题目标】

参与读书交流会，了解思维的类型，分析课文作者的思维特点，拓展了解科学研究的思维特点，并讨论素养与思维的关系。

【预习任务】

1. 课外学习思维导图的画法，查阅思维的分类知识、思维研究的最新成果，并以"思维云图"的形式将"思维"画出来。

2. 分析作者的思维特点，写作 300 字的读书小报告。

3. 收集科学研究中思维运用的佳话或传说，能够图文并茂地分享。

【教学实录】

师：（播放 PPT 第 1 页）有一个问题萦绕脑间许久，人与其他动物之间的区别究竟是什么？ 今天，我或许知道了答案，是思维，是人拥有比动物更为复杂多维的思维。"人既高贵又渺小，人因思想而高贵，高贵到知道自己的渺小和高贵。"今天，我们一起做高贵的思想者，去探究复杂的思维世界吧。下面，让我们掌声有请第一位同学来展示关于"思维"的"思维云图"。

任务一：展示"思维云图"

生：（播放 PPT 第 2 页）同学们，当你们第一眼看到这张图（图 1）的时候，最吸引你们目光的是什么？ 没错，就是这个巨大无比的鹿角，我们将此图命名为"鹿 be free"。事实上，我们很难改变我们大脑的脑容量，但我们的思维可以像这个鹿角一样从大脑出发向四面八方自由伸展，能让我们更好地触碰世界，认识世界，改造世界，这也正是"be free"的含义。

生：（播放 PPT 第 3 页）由图（图 2）可见，位于中央的"思维之光"正是我们所要探究的主

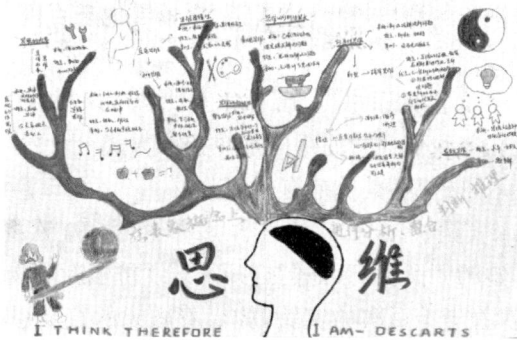

图1

题。思维无处不在,与我们密不可分,它就像一盏灯指引着我们前进,也似智慧女神的火炬不断散发出光芒。所以,我们通过查阅相关课后资料,以思维散发光芒的形式绘制了这幅图。其中思维可以包括直觉思维、悟性思维、逻辑思维、发散思维、整合思维、跨界思维、创造思维等。

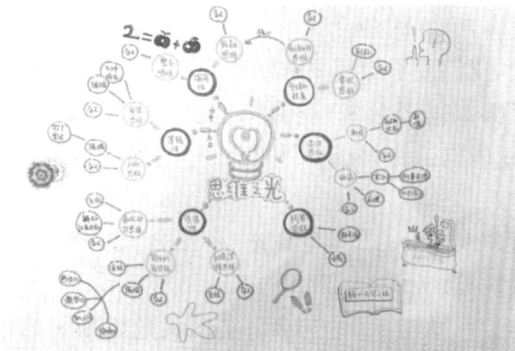

图2

任务二:欣赏作者的"思维花朵"

师:感谢两位同学各具风格又各有侧重的分享。灵动的绘画、独到的分解、精妙的阐释,都是我们的思维火花。接下来,让我们一起走进四位作者的思维世界,根据课前所写的小报告,设计不同的形式来展现作者的思维特点。

(第一组同学选择情境演绎的形式,题目是"今有嘉宾,德音孔昭"。生1为旁白,生2饰演屠呦呦。播放PPT第4页)

生1:1969年,39岁的屠呦呦带领团队寻找治疗疟疾的中国方案。凭借着对中医药学的敏锐直觉,屠呦呦和她的团队开始从中草药中寻找并提取可能具有抗疟疗效的成分。

生2:我收集了2000多个方药,挑选出可能具有抗疟作用的640个,从其中的200个方药中提取了380余种提取物,在小白鼠身上测试抗疟效果,然而进展甚微。

生1:为寻求答案,他们查阅了大量的文献资料,灵感的出现总是以足够的思考养料为前提,顿悟前也总是伴随着漫长的渐悟过程,正所谓"众里寻他千百度,蓦然回首,那人却在,灯火阑珊处"。

生2:终于找到了,东晋葛洪的医书《肘后备急方》中有言,"又方,青蒿一握,以水二升渍,绞取汁,尽服之"。我明白了,我们通常使用的加热提取方式,也许恰恰破坏了青蒿的活性成分,我们考虑改为低温提取,以保存其抗疟有效成分。

生1:屠呦呦运用追求实证、有逻辑性的科学思维,经过191次提取实验,100%抑制疟原虫的青蒿素,终于被她和她的团队找到,他们打开了开发抗疟新药物的大门。

师:为了一个使命,执着于千百次的实验,凭借着敏锐的直觉思维、灵活的逻辑思维、严谨的科学思维、独特的创造思维,萃取出古老文化的精华。下面,有请第二组同学。

(第二小组选择读书报告的形式展示,标题为"选择的路"。播放PPT第5页)

生:有人曾说,弄清楚我们从哪里来,又去往何方,很多问题才能把得稳看得准。我想,加来道雄能够毅然地回答"从热爱中来,向真理而去"。这就是加来道雄选择的道路,一条形象思维的道路,一条科学思维的道路,一条通向真理的道路。加来道雄对高维世界的兴趣来源于对鲤鱼的想象以及对爱因斯坦桌上尚未完成的论文的联想,此后,他设计原子对撞机,研究反物质,体现出典型的科学思维——基于实证。加来道雄描述的童年趣事和实验是文学(形象)思维与科学(逻辑)思维的融合。

师:没有清晰的思维,我们便不知道要去的港口在哪,此时任意方向吹来的风都是逆风;没有坚定的努力,连船帆都懒得竖起来,就算知道去哪个港口,最后还是只能在海中打转。我们要用思维选择一条正确的道路,我们要用思维坚定地在这条路上走下去。下面,有请第三组同学。

(第三组学生选择情境演绎的形式,题目是"一生只做一件事"。生1饰演记者,生2饰演梁思成。播放PPT第6页)

生1:梁先生您好!我是《大公报》的记者。英国的詹姆斯·弗格森先生认为中国"建筑作为艺术毫无观赏价值,只不过是一种工业而已,极其低俗,极其不合理,如同儿戏"。请问您对此种说法持怎样的态度?

生2:我认为詹姆斯先生此言差矣!我在这里想和大家申明——中国的建筑是中华民族数千年来世代经验累积的结果。3500年来,中国世世代代的劳动人民发展了这个体系的特长,并取得了辉煌成就。中国的建筑体系在世界各民族数千年文化史中都算是一个独创的建筑体系。

生1:梁先生,您发表了《中国建筑的特征》一文,您用严谨、富有逻辑的科学思维和亦庄亦谐的文学思维向我们生动传达了中国建筑的基本特征,借用"词汇""语法""可译性"三种语言学概念来归纳总结,既有整合思维又有发散思维还兼具跨界思维,让我们受益匪浅。

生2:感谢,这里我也想感谢我的太太林徽因,她是我学术思想中最重要的支持者和合作者。我希望我们大家能够时刻谨记——中国建筑所传递的,是中国人独特的营造观念,它们所代表的,是中国人对建筑艺术的探索精神,这种精神历尽磨难,越发坚韧。

师:感谢两位同学!据金岳霖先生说,"照一般人的说法是'老婆别人的好,文章自己的好',然而不适合梁思成,他是'老婆自己的好,文章太太的好'"。梁林理性与感性、严谨与活泼、理和文的碰撞交融,朵朵浪花翻滚出思维价值。下面,让我们有请第四组同学。

（第四组选择读书报告的形式，题目是"喧闹时代中的隐者"。播放PPT第7页）

生：初读《说"木叶"》并没有很强烈的感受，后来慢慢发现文章之美，于是越发不能不说其妙。《说"木叶"》的妙趣，在繁密的文字下躲躲闪闪若隐若现。作为诗人，林庚不缺的就是那天马行空的阐释和无与伦比的想象，艺术家用一套想象力驱动的形象思维、发散思维在工作，林庚关于"木叶"的"暗示性"功能的发现就是基于想象与联想，同时他又列举了大量的诗词名句来例证他的发现，这是文学思维和科学思维的融合。

师：当然，从逻辑思维的角度来说，他的结论来自不完全归纳推理，结论也就值得商榷。

任务三：观摩科学的"思维花园"

师：不难发现，四位作者虽然从事不同领域的研究，但有一个共性，他们都融合运用了各种思维方式，最终得出具有开创性意义的结论或成果。同学们还能想到哪些？可以图文并茂地分享科学研究中思维运用的佳话或传说。

生：（播放PPT第8页）阿基米德洗澡时发现水中物体的浮力，我们可以把它看作一种"久思而至"，当我们长期聚焦思考一个问题而未能获得结果时，暂时将它搁置，转而去做一些无关的事情，往往会在无意中找到线索解决问题（据说洗澡、睡眠都特别有帮助）。门捷列夫和凯库勒都在梦境中找到了解决问题的答案，一个发现了元素周期表，一个发现了苯的环状结构。

生：（继续播放PPT第8页）牛顿的苹果和万有引力的发现，如果苹果砸在原始部落土著民头上，他或许并不会去思考苹果为什么会掉下来，只会擦拭一下就把苹果吃了。这给我的启示是发现留给"有准备的头脑"，而"有准备"就需要不断地进行科学探究和思考。

师：关于思维的奇闻逸事还有瓦特烧水的启迪，鲁班上山被茅草划伤和锯的发明，爱因斯坦和费曼在研究的间隙，来一段小提琴和钢琴的协奏……尽管这些传说"查无信史"，但其中确实包含了思维和科学发现的规律，值得我们去一探究竟。

任务四：点亮素质的"思维之光"

师：有一种说法，人与动物之间的区别在于动物是改变自己的基因来适应环境，而人是改变环境来适应我们自己。如何改变这个环境，就需要我们源源不断的创造力，就需要我们打好思维的组合拳。我们将班级同学分为五个思维组，分别为创造思维组、直觉思维组、形象思维组、逻辑思维组、辩证思维组，由创造思维组提出问题，其他各思维组进行解答。

问：仅仅凭借直觉就能够正确认识世界吗？

答：不可以！人们对直觉思维的信赖和歌颂，是因为优秀的直觉曾经成功过。比如说，屠呦呦凭借敏锐直觉，在中医药学中找到治疗疟疾的中国方案。但是更多情况下，人们凭借直觉做出了很多不靠谱的判断。所以，我们要在提出猜想的时候积极运用直觉，而在验证的过程中必须严谨地使用逻辑，科学冷静地进行分析。

问：审慎严密的逻辑与自由的创造之间是否会形成对立？

答：当然不会！逻辑思维会让思想更严密、更准确，而精准严谨地认识世界正是为了自由创造做准备。比如说,达·芬奇,他的杰作《最后的晚餐》《蒙娜丽莎的微笑》等,都用到了透视法,其中包含科学的三角几何的关系,还有数学的函数关系,在《最后的晚餐》中,我们可以透过人物相对的位置,感受到他们各种情绪的张力。

问:一直都谨守逻辑,会不会让人习惯于按部就班,等到需要创造的时候却自由不起来呢?

答:思考需要结合辩证思维,每一件事情不只有一个方案。举个例子,"鲤鱼科学家"的传奇故事在别人看来是"胡说八道",但用辩证批判的思维去看,这个传奇故事的发生或许正是因为存在多维空间这一可能性。在逻辑思维和辩证思维常年磨炼下所形成的准确而良好的直觉将成为我们最重要的能力之一,只有融合运用各种思维,我们才可能真正自由。

问:在认识和改造世界的过程中,如何让他人更好地理解我们的表达?

答:抽象的概念总是可以形象化的。梁思成用"如鸟斯革,如翚斯飞"让我们直观感受到中国建筑屋顶的壮美,达·芬奇以绘图的形式向公众展现了人体的结构……形象化可以使抽象的概念变得可理解和可交流。

师:这个认识和改造世界的过程,这个提升自我的旅途,犹如在黑暗的洞穴中摸索前行,而指引方向的光亮,正是那赤橙黄绿青蓝紫的复合的思维之光。希望我们能够永远保有光亮,希望我们能够永远追寻光亮。

师:据说国外有两个数据引擎,叫 Bag of Words 和 POS Tagger,通过它们可以搜索到科学和艺术两个领域有重叠的人。其中世界上最受好评的 500 位科学家中,多数都和艺术有强关联,请以其中一位你感兴趣的人物为例,再来谈谈思维与素养的关系。

【教学反思】

学生的阅读表达能力是其核心素养发展的重中之重,一直以来,我们总有疑问,如何构建学生阅读与表达的思维框架?如何引导学生深入阅读?阅读的收获与思考该如何交流?

1. 综合可视多样的媒介资源,引导严谨有效的深度阅读

统编教材必修下册第三单元所选的 4 篇文章反映了自然科学与人文社会科学的多个领域中的探索及发现,展现了不同领域学者们的创新意识、探索精神和科学态度。阅读这些文章,能让同学们感受科学工作的艰辛与乐趣,体验学术研究的独特魅力,还能了解"发现"与"创造"背后的思维方式。

因此,设计关于"思维"的读书交流会,要引导学生搜索阅读各类媒介资源,思考思维方式的类型、特点,并讨论思维与素养的关系。为了引发学生的学习行为,让行为与实践发生关联,教师向学生提供了必要的学习资源,包括百度百科、维基百科对"思维"的定义,邱志杰工作室关于思维的推文,与课文人物相关的文章……适当应用可视化、多样化的资源可以创设出更好引发学生情感共鸣的情境,如视频、音频、图片、文本等,既补充了教学资源,丰富了教学内容与形式,又触发了学生学习兴趣,拉近了学生与学习内容之间的距离。

2. 组建真实可操的学习共同体,创设宽松无碍的交流环境

交流会上,教师充分发挥了"平等中的首席"作用,精心设计分享交流流程,把学习的主动权交给学生。学生是学习的主体,他们自主组建了学习共同体来开展言语实践活动,在教师的引领和点拨中,表达交流的能力得到了极大的锻炼,这与传统语文教学仅为了应试的需

要,只重视读写而忽视听说有所不同。从这个意义上说,这一教学模式弥补了传统语文教学的不足,对提高学生的语文综合能力具有重要的作用。

同时,整场读书交流会,学生学有目标、学有所得,教师创设的宽松的学习环境,激发了学生的探究分享兴趣,教师的及时评价具有启迪性、鼓励性和指导性,引导学生的思维向"青草更青处"漫溯。

探究与发现:清晰地说明事理

执教/宁波市效实中学　顾乐波

本课课件

【专题目标】

运用第三单元所学知识,就自然科学或人文社会科学领域自己感兴趣的话题做些探究,形成自己的见解,写一篇事理说明文。合理安排说明顺序,注意核心概念的辨析,适当运用阐释说明、逻辑推理、联系举证等写作方法。

【预习任务】

1. 清明既是二十四节气之一,又是我国传统节日之一。你或你的家人通常是如何过清明节的?

2. 作为中华民族一个传统节日,作为一种文化现象,清明不仅仅是扫墓、踏青、吃青团。查阅文献资料,尝试回答下列问题:你知道清明节的来历吗? 清明节是为了纪念介子推吗? 清明节与寒食节、上巳节是一回事吗? 清明节除了扫墓、踏青、吃青团,还有哪些习俗? 你知道哪些与清明有关的诗词、谚语、俗语? 除了中国有清明节,还有哪些国家也有清明节?

3. 现代都市人尤其是年轻一代似乎不怎么在意清明节的仪式,有人认为那不过是繁文缛节,近年来清明"代客祭扫"业务在各地兴起,你认同这种祭扫方式吗? 探究这些现象产生的原因,说说今天我们应该怎样过清明。

【教学实录】

任务一:聚焦身边的文化现象——从"清明大过年"到"代客祭扫"

师:(播放PPT第1页)探索生物世界的奇异现象,追寻天宇中的神奇星光,调查民间文化的各种形态,观察人们不同的劳动方式,凡此种种都可以让我们有所发现,增进我们对某些道理、规律的认识。通过第三单元学习,我们知道了把握关键概念和术语、理清思路的重要性,了解了阐释说明、逻辑推理、联系举证等方法,接下来我们要用所学的知识,探究实际的问题,并把自己的探究所得写下来,成为一篇事理说明文。清明节快到了,我们就聊聊清明这个话题吧。

师:你或你的家人通常是如何过清明节的?

生:跟爷爷、奶奶、爸爸一起去扫墓。清扫一下墓地,用毛笔将墓碑上淡了的字迹修补好。拜几拜。

生:上坟,做"清明斋饭",折"银元宝"。顺带踏青,欣赏一下满山的杜鹃,再挖些笋,享受大自然美好的馈赠。

生:清明当天去烈士陵园,或者去郊外踏青。

生:扫墓祭祖,带些传统糕点和水果请祖宗"吃",烧些纸钱给祖宗作"生活费"。有时家人们会借此小聚一下,叙叙家常。

生:祖辈去扫墓,父辈陪同前往。我在家中学习,不外出。

生:凌晨起床去阿太家,上后山扫墓,然后下山做青团。

生:清明在家吃青团,青团是超市里买的。我们家每五年或十年才去扫墓。

生:老家离这儿挺远的,不怎么过清明节。

生:我小时候还会跟着父母回老家扫墓,现在学习比较忙,一般就吃些青团,或是到附近走走,就算过了清明节了。

生:我在家写作业,父母在家看电视、睡觉。

师:听了那么多位同学的介绍,看来大家对清明的传统习俗还是有所了解的。比如,清明要扫墓,要吃青团,祭拜祖先,要烧纸钱。此外,大家也谈到清明既是纪念先人的时节,也是郊游踏青、家人团聚的时节。不过,从同学们的讲述来看,现代都市人,尤其是年轻一代似乎也越来越不在意清明那些仪式了。要知道,清明在中国可是相当重要的一个传统节日,甚至有些地区有"清明大过年"的说法。有人因种种原因不能在清明回乡扫墓祭祖,就请人代劳。于是,一门新的生意——"代客祭扫"近年来在各地兴起。你认同这种祭扫方式吗?

生:不认同。自己的祖先自己拜,出钱让不相干的人祭拜,这算什么,一点诚意也没有。

生:那不是没办法的办法吗? 有些人工作忙,离乡远,回乡祭扫不现实呀。让别人代为祭扫也是权宜之计,心意到了就成。再说了,这样做总比不祭扫要好吧。

师:的确,"代客祭扫"有现实的需求,但也饱受争议。冯小刚导演2013年的电影作品《私人订制》里就有一个"代客祭扫"的片段。愿望规划师杨重(葛优饰)、情境设计师小白(白百何饰)、梦境重建师小璐(李小璐饰)与心灵麻醉师马青(郑恺饰)四人组建了一个公司——"私人订制",专门"替他人圆梦",为不同客户量身订制"圆梦方案"。无论客户的要求多奇葩、多严格,"圆梦四人组"统统来者不拒。那天小白和马青接的活儿就是"代客祭扫"。(播放 PPT 第 2 页电影片段)

师:刚才听到大家的笑声了。看这个电影片段,大家印象最深的是什么?(众生:一秒变脸!)是呀,马青刚还跪在墓前一把鼻涕一把泪地哭诉,一旁负责录像的小白一说"时间到",马青立马变脸,收起哀容,起身走向下一家。可以说,冯导用他特有的冯氏幽默"刺"了一下"代客祭扫"这一清明"新风尚"。

任务二：探寻现象背后的"理"——清明节的文化渊源和时代价值

师：为什么现代都市人尤其是年轻一代不太在意清明节那些传统仪式和习俗了？当然，有节可以过、有假可以休还是很开心的。为什么近年来清明"代客祭扫"会在各地兴起？我们不妨探究一下这些现象产生的原因，看看能否把这"事"背后的"理"说清楚。

生：社会在发展，现代人太忙了，学生的学业压力也大，没时间去祭扫也是情有可原。虽说清明节是法定节假日，但现在各方面都太"卷"，把一些人的清明假给"卷"没了。再说了，清明扫墓，烧烧锡箔，拜拜祖宗，年纪大的人有传统思想，年轻人没那么恪守传统，会认为这种活动不参加也不打紧。

生：乡土社会是不流动的，长于斯，死于斯，终老是乡是常态，清明祭扫也方便。但现代社会，人员是流动的。人们离开故乡，甚至远走异国，要回故乡祭扫，一天的清明假根本不够用呀。

师：这位同学能联系《乡土中国》，用其中的观点来解释清明节"变异"背后的原因，很好。

生：清明节不应被"轻视"，有人对它了解不够深入，只把它当作一个普通的假期来过，没有意识到它深刻的内涵和巨大的文化价值。清明节，又称踏青节、三月节、祭祖节等，节期在仲春与暮春之交，冬至后的第108天。清明节源自上古时代的祖先信仰与春祭礼俗，兼具自然与人文两大内涵，既是自然节气点，也是传统节日。

生：清明是二十四节气之一，民间有不少和清明有关的谚语、俗语。比如——"清明前后，种瓜点豆"，意思是清明一到，气温升高，雨量增多，正是春耕春种的大好时节；"清明断雪，谷雨断霜"，意思是过了清明节，就不会再下雪，过了谷雨节，就不会再有霜；"清明起尘，黄土埋人"，意思是在清明节前后如果会有特别大的狂风，带起很多尘土的话，那么当年就很有可能会闹旱灾和饥荒。

生：还有"清明不戴柳，红颜成皓首"，清明要折柳戴头上，才能永葆年轻。"清明蔗，毒过蛇"，清明的甘蔗不要吃，有毒的。

师："清明蔗，毒过蛇"，听老人们说起过，是老辈人的经验之谈。但这种说法似乎不太科学。之所以会把清明节和吃甘蔗中毒联系起来，主要和天气变暖有关。春季气温不断升高，霉菌等适宜生长繁殖，这个季节的甘蔗容易霉变，产生毒素。只要吃了霉变且产生毒素的甘蔗，无论是不是在清明节，都会导致中毒。

生：清明节起源跟介子推有关。传说介子推跟着晋公子重耳在外流亡，十九年后重耳回到晋国掌权，史称晋文公。晋文公赏赐跟随他的大臣，但把介子推给忘了。有人为介子推叫屈，晋文公心中有愧，赶紧派人去找。而此时介子推已背着母亲躲到绵山隐居起来。晋文公为了逼迫他出山就下令放火烧山。介子推坚决不出山，最终被烧死了。晋文公很是后悔，把他葬在绵山，修祠立庙，并下令在介子推死难之日禁火寒食，以寄哀思。黄庭坚写过一首清明诗，"佳节清明桃李笑，野田荒冢只生愁。雷惊天地龙蛇蛰，雨足郊原草木柔。人乞祭余骄妾妇，士甘焚死不公侯。贤愚千载知谁是？满眼蓬蒿共一丘"。"士甘焚死不公侯"就是赞扬介子推的。

生：你说的这个叫"寒食节"吧，是在清明前一二日。唐朝诗人韩翃有一首诗，题目就叫

《寒食》,"春城无处不飞花,寒食东风御柳斜。日暮汉宫传蜡烛,轻烟散入五侯家"。

师:还有一个上巳节也很容易与清明节混淆。

生:上巳节也是中国古老的传统节日,又称三月三、三月节、小清明、女儿节,主要风俗是郊外游春、春浴、祓禊(临河洗浴,以祈福消灾)等。《红楼梦》里有提到。

师:清明节与寒食节、上巳节不完全是一回事。如今,寒食节与上巳节已渐渐退出历史舞台,清明节一跃而上,成为包含了这两个节日寓意与习俗的一大节日。

生:清明踏青,古代还有荡秋千、蹴鞠、打马球、插柳等一系列风俗体育活动。相传这是因为寒食节要寒食禁火,为了防止寒食冷餐伤身,大家一起运动运动,锻炼锻炼身体。

生:清明家族成员聚餐,菜里要有豆腐青菜。

生:清明一般是吃青团,但也有地方吃粽子,浙江湖州有"清明粽子稳牢牢"的俗语。

生:浙江桐乡那边农家有清明吃螺蛳的习惯,吃完将螺蛳壳扔到房顶上,据说屋瓦上发出的滚动声能吓跑老鼠,有利于清明后的养蚕。

师:清明节在历史发展中承载了丰富的文化内涵,全国各地因地域不同而又存在着习俗内容上或细节上的差异,各地节日活动虽不尽相同,但扫墓祭祖、踏青郊游是共同的基本的礼俗主题。因此,这个节日中既有祭扫新坟生离死别的悲酸泪,又有踏青游玩的欢笑声。清明是了解中国传统文化的良机;清明是开展生命教育的契机。

生:我有个疑问,清明扫墓给去世的亲人烧纸,这是民俗还是迷信?

师:这是个很好的问题。大家说说自己的想法。

生:是有点迷信的色彩。不过那是流传下来的传统,表达对去世的亲人的思念,希望他们在另一个世界好好的,"不差钱"。

生:虽说是流传下来的传统,但我们对传统要取其精华,弃其糟粕。像烧纸这种,本来就有点迷信的味道,再说也很容易引发森林火灾。应该禁止烧纸。

师:这的确是个有争议的话题。有两会代表建议禁止清明烧纸祭奠,鼓励以献花代替,一时引发热议。现在许多大型公墓也已禁止明火,这的确减少了火灾,减少了空气污染。文明祭扫是大势所趋,但烧纸作为一种传承千年的习俗,自有其深刻的文化内涵。它是我们寄托哀思、告慰先人的一种仪式。上香、上供、烧纸,是一整套的程序,从召唤到歆享到礼成,我们和另一个世界的先人完成了一次有效的沟通。而这种仪式也是一种教育,让活着的子孙受到一次心灵的洗礼,更好地孝敬在世的长者。慎终追远,一代代华夏子孙借助肃穆的祭祖仪式,赓续民族精神血脉。所以,烧纸这事不能简单一禁了之,不能搞一刀切。有兴趣的同学可以看一下美国人类学家弗雷德·布莱克(中文名柏桦)的专著《烧钱》。

任务三:梳理行文的逻辑——形成自己的见解,条理清晰地说明事理

师:为什么现代都市人尤其是年轻一代不太在意清明节那些传统仪式和习俗了? 为什么近年来清明"代客祭扫"会在各地兴起? 刚才大家就发生在我们身边的文化现象做了些探讨。通过交流分享,质疑问难,大家对清明的起源与流变、习俗与文化有了较以往更深入的了解。接下来,就请同学们将自己的见解条理清晰地表达出来吧。

（附学生习作）

清明，不该离我们远去

清明节是中国重要的传统节日，最早可追溯到周代。清明最早只是以节气的形式出现，是农耕文明的产物。经过千百年演变与发展，清明融入了更多的文化礼俗，进而成为内涵丰富的清明节。

清明节的礼俗内涵最具标志性的是祭扫。祭扫传统的由来有很多说法，有的说是纪念介子推的，有的说是纪念诸葛亮的。据考证，周代的春祀便是在清明这一天。历代都很重视清明祭扫。《旧唐书》载开元二十年敕云："寒食上墓，礼经无文，近代相沿，浸以成俗，士庶之家，宜许上墓，编入五礼，永为常式。"《梦梁录》说："清明日，官员士庶俱出郊省坟。"这从古诗中也可以看出来。唐代白居易有"冢墓累累人扰扰，辽东怅望鹤飞还"，宋代高翥有"南北山头多墓田，清明祭扫各纷然。纸灰飞作白蝴蝶，泪血染成红杜鹃"。由于祭祖在清明节占重要地位，清明节也称"祭祖节"。当然，中国国土面积大，民族众多，各地的风俗礼仪都带有地方色彩，形成了丰富多样的礼俗内涵。

与礼俗内涵同等重要的是清明节的自然内涵。清明节最早由节气发展而来，因此与农业息息相关。江浙一带有"清明响雷头个梅"的谚语，河北一带则有"清明北风十天寒，春霜结束在眼前"的说法。另一个自然内涵也是在清明的演变过程中形成的，即"春和景明宜踏青"。在宋代，清明节与上巳节基本合二为一。宋代程颢《郊行即事》诗云："况是清明好天气，不妨游衍莫忘归。"清明时节，万物复苏，人们陶醉于大自然中，吐故纳新，感知生命的律动。

清明既有礼俗内涵，又有自然内涵，两者相结合，便可见其丰富的文化内涵。前者体现礼敬祖先、慎终追远的祭祀文化，后者体现亲近自然、天人合一的人文思想，而这些不仅是清明节的文化内涵，更是中华民族传承千年的传统文化。这些文化以节日的形式保留下来，代代相传。

清明节传承至今，越来越多的人忽视其文化内涵，清明节仅仅成了一个放假的借口，而代客祭扫也只剩下"交易"。很多中华传统节日也陷入了同样的困境。为此，我呼吁：新时代的青年应更深入地了解中华传统节日，将传统文化根植于心，用爱保留，用心传承，使清明节、使中华传统文化在新时代熠熠生辉。

【教学反思】

必修下册第三单元的学习任务之一是运用所学知识，探究实际问题，形成自己的见解，写一篇事理说明文。根据教材编排框架，该单元的人文主题是"探索与发现"，教学内容对应的是学习任务群"实用类阅读与交流"。单元学习任务里提供了两道作文题，话题有点大，内容比较宽泛，缺少实操性，与学生实际似近实远。这就需要老师在具体写作教学中"化大为小"，寻找合适的话题，创设贴近学生实际的真实的写作情境。正值清明来临之际，我选择了"清明"这个话题。清明节于学生而言既熟悉又陌生，而随着全球化、现代化、工业化、城镇化的演进，清明节这一基于乡土社会农耕文明的传统节日正在发生很微妙的变化，这也给同学们观察和思考清明这一民间文化形态提供了契机。

说明文的基本要求是"说得清，道得明"，但这谈何容易。说明文写作在基础教育阶段本就被边缘化，更何况是事理说明文写作。与事物说明文相比，事理说明文写作难度更大。因为事物说明文的说明对象通常是具体的事物，而事理说明文的对象通常是抽象的事理。事物说明文主要回答"是什么"，而事理说明文主要回答"为什么"。

想要把事理说明清楚，需要在认识和表达两方面多下些功夫。事理通常有一定的复杂性，如果只是一般性的了解，通常难以说清。在写作之前，教师设计了学案，要求学生利用课外时间查阅文献资料，当然也可以访谈亲朋好友，目的是引导学生增加对清明的了解，包括来源与流变、习俗与文化，以及与之相关的诗词、谚语等，然后在课堂讨论中分享、碰撞。

尽管有了比较充分的前期准备，但在具体写作中还是碰到了不少问题。比如，学生写出来的事理说明文很多就是"百度百科""百度知道""知乎"等相关内容的拼接版。学生毕竟不是专家，知识储备、学术素养的局限，外加从小缺少这方面的训练，他们很难获得有价值的发现或是规律性的认识。另一个原因是缺少可模仿的样本。本单元的文章大都是非典型的事理说明文，即使有梁思成的《中国建筑的特征》这样洋洋四千言的大家之作，也不是高一学生在写这篇800字左右的事理说明文时所能模仿的。事理说明文常用的概念术语、阐释说明、联系例证、逻辑推理等方法远比事物说明文常用的举例子、列数字、打比方、作比较要难。

在教学中还碰到另一个非常严重的问题。先看看某位同学文章的节选。

"你也许会想，这些不过是繁文缛节，再说我们现在又不种地，当农民的人也只是少数，祭祖活动不过是一个守旧的形式主义行为，不如花这些时间来读书。那么在当代，我们为什么还要过清明节？苏沧桑在《等一碗乡愁》中说，'我在城市人愈来愈陌生的春分、谷雨、七夕、月半、冬至、霜降、填仓等古老节日里……死守着一个慰藉，试图浇灭那团越烧越旺的乡愁'。人一生如同在时间长河里流浪。清明扫墓，看着纸钱灰如飘絮飞起，让我们看到自己从哪里来，抒发一份感恩，收获一份慰藉……清明节是一生流浪旅途中的信仰。因为这份信仰，我们成了懂得尊敬和感恩的孩子，不会砸玻璃窗的孩子。'溱与洧，浏其清矣。士与女，殷其盈矣。'听到这里，你还会质疑清明节的重要性吗？"

作者的文笔还是不错的，但，这哪里是一篇事理说明文？

发展科学思维，培养理性精神，任重而道远。

第四单元

媒体三棱镜：热点新闻的跨媒介阅读

执教/常州市教科院附属高级中学　刁莲佳
常州市第三中学　满春燕

本课课件

【专题目标】

本专题为实践活动专题，引导学生围绕热点新闻"新疆棉"事件展开跨媒介阅读，通过问卷调查，结合自身学习经验，了解跨媒介学习的现状，掌握利用不同媒介获取信息、处理信息、应用信息的能力。

【预习任务】

1. 问卷调查。围绕"新疆棉"事件，设计调查问卷，对身边人获取信息的习惯进行调查；调查时注意关键信息的获取，如得知这一新闻的最初渠道以及进一步了解的渠道，搜索到的具体内容等，并且考虑被调查对象的年龄等因素的影响。调查结束后，汇总调查结果。

2. 搜索信息。挑选一种或多种媒介，搜索"新疆棉"事件发生的原因和事态发展过程，并做好保存和记录，便于课堂分享。

【教学实录】

任务一：对现代人获取信息的习惯及成因的调查结果汇报

师：（播放PPT第1、2页）2021年3月24日，H&M发布了一张关于"新疆棉"的声明，该事件引起了各大媒体和人民群众的广泛关注。针对此事件，我们通过问卷星、电话采访、书面采访等进行调查，获得了许多数据，并且以小组的形式进行了汇总。今天，我们就一起来分享各小组的成果。

生（第一小组）：我们从调查的信息中发现，25岁到45岁的人群更关注这个事件，譬如关注除了H&M之外还有哪些企业涉及抵制"新疆棉"等。而60岁以上的人群更集中知晓这个事件的本身——新疆棉被外国企业抵制。

师：60岁以上的人群有没有通过进一步搜索信息了解其他信息？

生(第一小组):很少。因为60岁以上的人群获取信息的方式以电视和报纸居多,这些媒介的呈现方式具备一定的随机性,很少有连续记载。我们小组的调查结果还表明,无论哪种人群,第二次获取信息采用的媒介最多的是互联网,而且后续收集到的信息较第一次来说要完整一些,大多数人关注的信息都与国家利益有关。

师:很好,第一小组确实花了很多的时间来做调查研究。既关注到了不同年龄对调查结果的影响,还关注到了首次获取信息与二次获取信息的差异。第二小组能否在第一小组的基础上进一步补充?

生(第二小组):我认为第一小组的调查汇报中,缺少对具体获取到的信息内容的阐述,下面我想结合我们小组的调查结果进行补充。我们这一组调查的对象涵盖小学生到退休人员,从不同年龄人群获取的信息来看,我们认为——小学生对该新闻事件的认识比较浅显,他们只知道外国品牌诋毁中国;中学生和大学生相对深入一点,他们了解到了外国品牌抵制新疆棉,并且进一步了解了哪些品牌抵制新疆棉;很多已经参加工作的成年人则从新疆棉事件中了解到我国已经终止和一些外国其他品牌的合作,而且各大明星也终止了自己的代言;在退休人员方面,我们小组和第一小组的调查数据差不多,可能是因为退休人员获取信息主要是通过电视和报纸,对事件了解不全面,所以他们也只是知道美国挑起了新疆棉事件,对事件本身不是特别清楚。在进一步了解信息的途径上,我们小组的调查结果也集中在互联网,譬如抖音、微博等这些软件。

师:第二小组汇报得很详尽,比较分析了不同年龄人群获取信息的差异性,也同时指出了第一小组谈到的"国家利益"涉及的具体内容。是否还有小组需要汇报?

生(第三小组):我们小组调查到的人们首次获取有关此事件的信息,基本上源于"意外",即通过新媒体软件自动推送。譬如"今日头条",它的推广语就是"你关心的,才是头条"。因为推送中往往含有一些被推送人群比较关心的信息,所以他们中的许多人会进一步通过互联网上的视频网站、微博、朋友圈等去继续获取更为完整的信息。

师:第三小组又提出了"网络主动推送",指出了这也是影响人们进一步获取信息的因素。下面请同学们结合自己平时获取信息的习惯及问卷中被调查人群选择互联网的原因,来谈一谈为何互联网成为进一步获取信息的首选。

生:现在几乎人人都有手机,直接上网查阅比较方便、快捷。

师:平时你一般怎么搜索信息?

生:用"百度"或者"搜狗"等搜索引擎。

师:昨天老师也试验了下,(播放PPT第3页)当我在"百度"中输入"新疆棉"后,共搜索到87 600 000条关于新疆棉的信息。从2021年3月24日到4月15日,在这短短的时间里竟然能够产生如此巨大的信息量,而且还能提供这么方便迅速的搜索,难怪那么多人会优先选择它。

生(举手):我认为还可能取决于人们的生活习惯。譬如我比较喜欢看视频软件,有声音有画面,比较生动,而我的父亲就更喜欢网页,他觉得文字表述更清楚,简单明了,还会配有一些真实的图片。

师:真是一键点开,一切在手。在这样一个时代,我们可以通过这么丰富的媒介来获取大量信息,而且这些信息还非常广泛,种类也非常多。这是一个全息化的网络时代,我们可以看到文字,我们可以看到视频,可以看到图片,可以听到声音,甚至可以"走入"现场。还有同学需要补充吗?

生:我们在调查中,发现有人喜欢互联网,是因为很多的网页、视频、朋友圈等都可以被评论,他们认为自己不只可以看到事件本身,还可以看到别人的态度和意见,甚至自己主动地去参与评论,发表自己的观点。

师:有道理,我们的身份发生了转变,从一个接受者变成一个参与者。(播放 PPT 第 4 页)老师将某新闻媒体公众号 5 天的新闻进行了汇总,请同学们结合汇总表(表 1)谈一谈网络信息的传播还有什么特点。

表 1

日期	新闻
2021 年 3 月 24 日	《新闻早班车》:外交部 23 日表示,美国、加拿大、英国和欧盟基于谎言和虚假信息以人权为由对中国新疆有关人员和机构实施制裁,中方予以强烈谴责 《今天的中国已不是 120 年前的中国! 华春莹火力全开》 《今天凌晨你熟睡时,中国大使们出手》 《BBC 一问,华春莹笑了》 《2020 年美国侵犯人权报告》 《H&M 抵制新疆产品? 网友怒了》
2021 年 3 月 25 日	《新疆棉花:中国自己还不够用》 《H&M,下架!》 《这是视频,该让 H&M 来看看了》 《终止与 NIKE 的一切合作! 一个接一个!》 《华春莹:他们的嘴脸让人想起八国联军》 《外交部、商务部、中消协集体发声》 《带头抵制新疆棉花的 BCI①,究竟是个什么组织?》 《他们为什么拿新疆棉花做文章? 华春莹给出标准答案》
2021 年 3 月 26 日	《不容抹黑! 关于新疆棉花的 6 个事实》 《中方宣布制裁!》 《国防部:中国谁的"挑战"都不怕》 《支持新疆棉花的都有谁? 这是我们的答案》 《新疆人民政府正告三国:贵有自知之明》
2021 年 3 月 27 日	《我为什么如此热爱新疆? 这里也许有答案》 《华春莹转发! 关于涉疆谎言,外国博主这段视频讲透了》 《曝光! 新疆采棉工人的真实状态》 《乌合麒麟新作:血棉行动!》 《制裁!》
2021 年 3 月 28 日	《给点颜色看看,你就知道新疆有多美了!》 《BCI 总部对华强硬内幕》

① BCI 是瑞士良好棉花发展协会(Better Cotton Initiative)的简称。

生:信息量大且更新速度快,种类丰富。

师:结合刚刚我们几位同学谈到的原因,请同学们一起来归纳下互联网成为进一步获取信息媒介首选的原因。

(小组讨论)

生:一是从信息搜索来看,通过互联网检索可快速获得相关信息,信息量非常大且更新速度快;二是从信息种类来看,信息非常多元,有视频、音频、图片、文字等各种类型;三是从信息的获取来看,信息既可以由阅读者主动获取,也可由阅读者被动接受,甚至阅读者可以转换身份成为参与者。当然,方便和经济也是它的优势。不过,互联网也有缺点——信息比较庞杂,搜索到的信息也不一定都是自己想知道的,而且信息的可信度不一定那么高,需要筛选。

师:互联网确实有很多的优势,同时也存在着一些弊端。因此,报纸、电视等传统媒介也并没有被完全取代,你能谈谈传统媒介的优越性吗?

生:真实。我带了一份2021年3月27日的《常州晚报》,上面有一篇新闻《起底BCI,凭什么对中国棉花说三道四》,这篇文章来自中国青年网,从它的语言表达和事件介绍来看,我认为它很真实,不会像网上的一些信息过于夸张。

生:我浏览了近期的《人民日报》,发现所有关于新疆棉的信息都在要闻第三版。我认为报纸具有专业性,经常读报的人能根据自己的关注点去选择报纸种类和报纸中的相关版面。

师:的确如此。报纸具备专业性,你能再结合你搜集到的报纸,跟我们谈谈这种媒介有什么缺点吗?

生:从发表的时间来看,我觉得报纸更注重时效性,但连续性不强,网络更重视连续性和持久关注度。

师:很有道理,这里有一份同学们整理的《人民日报》和《人民日报》微信公众号上有"新疆棉"字样的文章标题数比较表(播放PPT第5页,展示表2),恰好验证了这名同学的观点。有没有同学再来谈谈电视媒介和广播媒介?

表2

日期	《人民日报》报刊	《人民日报》微信公众号
2021年3月24日	5篇	6篇
2021年3月25日	2篇	8篇
2021年3月26日	2篇	5篇
2021年3月27日	无	5篇
2021年3月28日	无	2篇
2021年3月29日	无	2篇
2021年3月30日	无	无
2021年3月31日	无	1篇
2021年4月1日	1篇	1篇

日期	《人民日报》报刊	《人民日报》微信公众号
2021 年 4 月 2 日	无	1 篇
2021 年 4 月 3 日	无	2 篇

生:我觉得电视媒介、广播媒介和报纸媒介差不多,都具备时效性,信息获取比较随机,但是电视的画面更生动些,广播的优势在于可以边做其他事边听,我们小组的调查报告中显示,听广播比较多的人群基本是开车一族。

师:在当今时代,网络媒介等新媒介显然已经成为人们获取信息的首选媒介,但传统媒介也同样有着不可取代的优势。(播放 PPT 第 6 页)随着网络电视、网络版报纸以及收听广播的专用 APP 等应运而生,各种传播媒介也正在逐渐地互补与融合,逐步形成一个融媒体的时代。

任务二:掌握跨媒介信息搜索的方法

师:根据刚才的调查问卷,我们发现大多数调查对象的关注点仍集中在品牌抵制和明星支持这两件事上,同学们也花了两周时间了解"新疆棉"事件,那你还搜集到了哪些相关信息?(播放 PPT 第 7 页)

生:我还了解到外国抵制新疆棉的原因——H&M 曾发表声明说中国新疆存在侵犯人权和强迫劳动的风险,然后就借此机会开始抵制。

师:好的,现在你把"新疆棉"事件的来龙去脉梳理清楚了吗?

生:我认为还是有些凌乱。

师:我们花了许多的时间搜索了大量信息,为什么获取到的信息还是不够清晰呢? 在占有大量资料的基础上,我们怎样才能快速地利用媒介尽可能全面而有条理地获取"新疆棉"相关信息呢?

(小组讨论)

生:我认为需要对已有信息进行梳理后再搜索,而不是将信息堆砌起来。譬如既然我们知道的第一则信息基本集中在 H&M 发表声明,那就应该先弄明白声明的具体内容是什么。在明确是抵制新疆棉后,继续搜索为什么会发表这样的抵制声明,自然可以得知是因为 BCI 组织先发表了类似的呼吁,批评中国"强迫劳动"。然后再进一步搜索与判断——强迫劳动是否真实。(按梳理过程逐步播放 PPT 第 8 页)

师:帮我们梳理得很清楚。我想请问一下其他同学,你们是否搜到了证据证明 BCI 在说谎?

生:我在网上搜到两则 BCI 对所谓"强迫劳动"的评价,一则是 2020 年 10 月的,另一则是 2021 年 3 月的。在第一则声明中 BCI 言之凿凿认为我们有强迫劳动的情况,后一则又说经过调查验证,从未发现一例强迫劳动。当我们发现这种前后不一致的说法由同一组织发出的时候,就应该敏感地发现当中的可疑之处。

师：非常好，你很善于把同类信息进行比较。我也想到一个可疑之处，(播放PPT第9页)"新疆棉"事件其实是在BCI发表声明后半年左右爆发的，从2020年10月BCI宣布对所有新疆棉企无限期取消担保认证，到2021年3月H&M公然抵制"新疆棉"，间隔了5个月，可见这中间一定是有阴谋的。因此我们可以进一步再去搜索这件事情的真实目的。

请在我们刚刚梳理的信息中选择一条，找出组内可以佐证该问题的材料，辨识同一信息在不同媒介上的表达差异。

(小组讨论)

生：在证明强迫劳动不是真的时，腾讯网与《人民日报》公众号都选择了用新疆当地人的言论来证明，腾讯网是以个人微博留言截图的方式来证明，而《人民日报》公众号则是出示了具体的人名和数据。所以我认为，官方媒介的信息更为真实，更具说服力。

生：我们小组将信息进行了归纳比较，认为报纸和电视的语言表达更准确，对事件的分析更客观专业；而许多网络自媒体对事件的分析过于感性，主观色彩较重。

师：两位同学都说得特别好，通过我们自己的参与，的确发现在信息时代，不同媒介中信息的差异性。结合我们刚刚讨论的问题，同学们认为，在这样一个信息爆炸的融媒体时代，我们应该如何才能得知事情的真相呢？(播放PPT第10页)

生：首先，要广泛地获取信息，学会思考，带着理性思维才能在芜杂的信息中，获取自己需要的信息。其次，要尽量寻求官方媒体，尝试了解事件始末，减少碎片式信息获取。最后，还要学会追问事件疑问点，对比分析信息真伪。

任务三：成为理性的跨媒介信息传播者和阅读者

师：(播放PPT第11页)"新疆棉"事件爆发后，一些人开始在镜头下号召扔掉抵制新疆棉企业的衣服和鞋子，甚至烧鞋。接着，或是拍摄购买者，进行人肉搜索；或是私信H&M客服，指责卖国；或是要求拒绝穿耐克、阿迪达斯等品牌服饰的人进入商店……不禁让人想到，菲律宾"南海仲裁案"后，有些自媒体利用平台"网暴"了中国卖菲律宾芒果干的打工人。假如你是一名媒体记者，应主编要求完成一篇针对该新闻事件的评论，请你从网络传播的角度提炼出一些合理的观点。

生：我们要学会思辨，了解事件的真伪。

生：作为传播者，要了解始末，不能成为不负责任的传声筒。

师：是的，在这样一个网络信息爆炸的时代，我认为无论是传播者还是接受者，都应该坚守住我们的道德底线。善于思考，谨慎发声。下课！

【教学反思】

《普通高中语文课程标准(2017年版2020年修订)》在跨媒介阅读与交流任务群中指出，本任务群旨在引导学生学习跨媒介的信息获取、呈现与表达，观察、思考不同媒介语言文字运用的现象，梳理、探究其特点和规律。通过本堂课，首先希望学生能通过调查身边人获取信息的习惯，了解不同媒介信息获取的差异性、语言表达的特点；其次在本案例中，学生不仅是调查结果的统计者，同时也是信息获取的参与者。在搜集信息过程中，学生能更有效梳理和掌握跨媒介信息获取的方法。学生通过主动参与和理性分析,有效提高媒介素养,提高利用不同媒介获取信息、处理信息和应用信息的能力。

跨媒介阅读与交流任务群应贯穿于整个高中教学,而必修下册第四单元的集中学习,则是希望学生掌握更全面的从各媒介获取信息的能力。因此,本节课通过问卷调查和搜集信息,初步带领学生了解不同媒介,掌握利用媒介获取信息的基本方法,并且能简单辨识信息。选择"新疆棉"事件是因为授课时,该事件正引起社会各界广泛关注。一方面,学生搜集社会热点话题相关资料相对来说较简单,并且对身边人的调查研究数据也会比较准确;另一方面,也希望借此引导学生正确地认识不同媒介传达的信息,学会对所需信息进行科学化检索,参与社会生活,形成正确的是非观。在本堂课之前,我还以"地摊经济"为信息检索点上过一节课。所以,建议其他教师执教时,不拘泥于"新疆棉"话题,可根据实时热点新闻进行调整。

本堂课上课过程中,学生因为花了较多的时间搜集信息,课堂参与度高。作为教师,只需要做一些简单的引导和信息比较,整体而言还是充分体现了学生的自主性。但是有一个需要注意的点,本次选择的话题是"新疆棉",所以在深度探究时涉及"国家利益"等问题,易引起学生的过度讨论,降低他们对媒介本身的关注度。因此,在选择热点新闻时,建议选取较为生活化的话题,以降低事件本身对课堂学习的影响。

媒体万花筒:众筹风波中的"媒体表达"

执教/宁波市效实中学　朱俏

本课课件

【专题目标】

通过"刘凌峰医疗众筹风波"这一具体新闻案例,在真实情境中,体验如何分辨良莠信息,实践如何辨识媒体立场,并学习如何理性表达自我。

【预习任务】

1. 利用多媒介搜寻、阅读"反转式新闻事件",比如"罗尔公益慈善风波"。

2. 利用互联网了解何为"医疗众筹",目前有哪些主流众筹平台,平台基本运行模式是怎样的。

【教学实录】

任务一:梳理新闻事件的真相

师:2016 年底的时候,有一件轰动中国的公益慈善风波——"罗尔事件"。这个事件声犹在耳,但是 2018 年 8 月初,又有一起公益众筹事件惹来众声喧哗。今天让我们一起用"理性的眼神"来透析这个事件。这次的事件主人公叫刘凌峰,武汉人。请大家分组阅读资料,写下你对刘凌峰的印象。小组交流。(教师播放 PPT 第 1、2 页,分三组下发材料,内容如下。学生事先并不知道三组新闻材料的内容是不完全一样的)

(1)第一小组材料:刘凌峰遗愿清单

上面这些在普通人看来再平常不过的事情,对 37 岁的刘凌峰来说,却格外弥足珍贵。刘凌峰是武汉人,在湖北地产广告圈颇有名气,是本地知名地产广告策划人。这些年,刘凌峰的工作负荷远超身体所能承受的极限。频繁出差、加班到凌晨、酒桌上的应酬都是家常便饭。50 多天前他被确诊为胃癌晚期。近日他在朋友圈(见图 1)发布了一条写有 10 个愿望的遗愿清单,这些简单而朴素的愿望,感动了无数人。

刘凌峰
1. 我想拥抱每一个我认识的人。
2. 跑一次马拉松,跑在风景中,游走山水间。
3. 等我五十岁的时候,我还是想去做一次特种兵,靠智商的那种,我就老是觉得,没有感受过战火的男人,是不完整的。
4. 回一次母校,那个似乎只存在于梦中的小学,当你恍然遇见的时候,你能在这里猛然发现,猫步,雀鸣,鸽扑翅,黑板,粉笔,风吹叶的那些声音,好像跟你间隔了几个世纪那么长。
5. 儿子,我想带你去钓鱼、野营、夜读,参加你的家长会,我怕你将来都无法体验一个真正的父亲到底应该是怎样的温暖。
6. 老婆,都说女人最美的时候是穿上婚纱的那一刻,最大的遗憾是没有让你穿上漂亮的婚纱,拍最美的婚纱照。如果能够回到2012年,我也一定好好照顾自己的身体,陪你走更长的路,不过,现在也不晚,哈哈哈。
7. 父亲,我祈盼能够多活些时日,未来路漫漫,能够成为您的拐杖,陪您走走完。
8. 希望知道我故事的朋友不要花时间来看我,为了爱你的人,去给自己做一次全身体检,珍爱自己,从了解自己的身体开始。
9. 敬畏规则、敬畏亲人、敬畏自己。
10. 陌生人,我听说这世界上最高级别的善意,往往都发生在陌生人与陌生人之间。在我的这次不幸中,即便我们未曾相遇,你们也在给与我无限的鼓励和支持,也愿你在最孤独和绝望的时候,都能有人为你生一团火或点一盏灯。

图 1

(2) 第二小组材料:事件经过

37 岁男子刘凌峰是武汉本地知名的地产广告策划人,这些年他的工作负荷远超身体所能承受的极限,频繁出差、加班到凌晨、酒桌上的应酬都是家常便饭。6 月他被确诊为胃癌晚期。一周前他的妻子在知名的众筹平台"轻松筹"上发起过一次大病众筹,筹集金额为 30 万。

但很快网友爆料,刘凌峰为武汉某房产中介公司高管,且本人名下另有一家房产中介公司,其去年出售武汉十多套房产变现,根本不缺钱,其中包括:海赋江城天韵 2 栋和 11 栋的两套房,均已卖出,一套 84 平的以 8 千多的价格买入,花 30 万装修,病后以 190 万的价格卖掉;另有保利时代两套房,均为 140 平米以上的非普通住宅,尚未确定是否已卖出。其妻子王妮娜的驾驶车辆为宝马 Z4 敞篷跑车(厂家指导价为 58.3 万—90 万),名下也有一家公司。

(3) 第三小组材料:风波调查情况

8 月初,37 岁的武汉人刘凌峰患胃癌晚期仍乐观面对一事受到广泛关注。然而,此后有网友质疑刘家境富裕,但家人仍通过"轻松筹"募集 30 万元治病款项。

8 日下午,"轻松筹"平台回应记者称,已派工作人员到刘凌峰所在医院核实情况,确认病情属实。目前,刘凌峰病情仍未得到有效控制,依然在住院治疗。已筹得的 30 万元经提现审核通过后,将打款到医院对公账户中。

针对网友所述家境富裕一事,据记者调查得知,刘凌峰所在公司为武汉敦行房地产顾问有限公司,其职位是策划中心总经理。但该公司工作人员称,刘凌峰两三年前就已辞职。

记者还从国家企业信用信息系统了解到,刘凌峰于 2013 年成立了武汉卯动房地产顾问有限公司,他作为执行董事及总经理,出资 25 万元。企业登记状态为存续(在营、开业、在册),但年度报告显示,2013 年与 2014 年分别负债 10.43 万元和 34.46 万元。企业经营状态在 2015、2016 年度报告中显示为歇业,2017 年度报告则为停业。

(学生阅读材料并分组讨论,每组派一位代表发言。教师根据学生发言播放 PPT 第 3—5 页)

生(第一组):我觉得刘凌峰积极向上,在生命的最后时刻也未变得郁郁寡欢,对身边的人充满了爱和关心。

生(第二组):(有些踌躇)我们组的印象好像和刚才那组有点不同。

师(微笑鼓励):没有关系,请说说你们的认识。

生:刘凌峰是一位工作艰苦、努力奋斗、财产众多,却还通过众筹平台筹钱骗取大众爱心的人。(发完言后第一组同学表情吃惊,有点骚动)

生(第三组):我们组也和前一组的印象有出入。

师:也没有关系,大胆地说吧。

生:刘凌峰并没有网友爆料的那么条件优越足以支撑医药费。因为公司经营状况不佳,癌症治疗费巨大,所以他应该是被迫才发起众筹,但也有可能以此为噱头来筹钱。

师:谢谢,请坐。我刚才发现随着每个小组代表的发言逐步展开,同学们的表情发生着一些变化,有疑惑,有吃惊,甚至还有同学去张望别的小组的新闻素材。(学生笑)那么,刚才在听三个代表发言时,大家心里是怎么想的呢? 请大家交流一下你刚才的心理活动。

生:我是第一组的,听到第二组发言时,我很吃惊,心想这是怎么回事啊,怎么和我们的认识差了这么多,他怎么是这样一个人啊!(课堂一片笑声)

师:很真实的心理活动啊! 你呢?

生:我才觉得奇怪呢! 我听到第一组的发言后,觉得是不是我们拿错纸了,等一会我们要怎么发言啊。为此我还去望了望第一组同学的材料纸,发现和我们拿的好像是有点不一样。(课堂又一片笑声)

师:谢谢大家真实的反馈。刚才的活动中,后面小组的发言推翻了前面小组对新闻当事人的印象,用时髦的话来说前面小组似乎被"打脸"了。(学生笑,点头)为什么会这样? 因为三组同学拿到的新闻资料并不相同。请看屏幕。(播放 PPT 第 6 页)

时间轴上的新闻真相——刘凌峰印象

第一组:遗愿清单　摘自 2018 年 8 月 2 日《楚天都市报》
第二组:公益众筹　摘自 2018 年 8 月 3 日《被有钱人玩坏了的大病筹》
第三组:调查情况　摘自 2018 年 8 月 9 日《南方都市报》

师:三组资料按照时间顺序为我们展现了这次事件发生的进程,我们也在逐渐走近这次"众筹风波"的真相。但还不能说真正了解了事件的真相,因为 8 月 9 日《南方都市报》中所说的"家属详细回应"到目前为止还未出现,还有待我们进一步观察。

师:刚才的分组活动其实模拟了当今信息纷繁时代里我们是如何接收信息的。同学们在这方面有怎样的感受?

(生发言)

师:这是一个"最好"的时代,也是一个"最坏"的时代。说它"最好",是因为当今这样一个新媒介时代,我们的一切生活与媒介紧密地连接在了一起。麦克卢汉说,"媒介即人的延伸"。对于信息的接收与传播,我们感到前所未有的丰富与自由。说它"最坏",是因为如此海量信息短时间内铺天盖地向我们扑来时,我们个体接收到的常常只是事件的某些片面信息,我们根本无暇分辨、思考,所以常会被这些"反转式新闻"弄得措手不及,我们对新闻事件真相的了解往往要经过一个漫长、艰难、曲折的过程。因此为了避免方才这样被"打脸"的现象,或者少被"打脸",我们面对新闻事件,第一时间"不要轻易下结论,不要急于站队"。(播放 PPT 第 7 页)

任务二:辨识媒体立场的表达

师:接下来,请同学们观看两段刘凌峰事件的新闻视频,并讨论两则报道的关注点和报道手段分别是什么,完成表1。(播放 PPT 第 8—11 页,展示表 1 及视频)

表 1

视频	报道关注点	报道手段
视频 1		
视频 2		

(学生边观看视频边记录)

生:第一则视频里采访医生的时间非常长,医生谈了很多如何预防胃癌的信息,还有一些年轻人不良生活习惯的场景。听了医生的指导,让我们产生一些担忧,怕自己也会这样。(学生笑)

师:好像挺有效果啊! 那么你们觉得这则报道的关注点是什么呢?

生:在关注刘凌峰的病,他因为不良生活习惯导致了他年纪轻轻就患上胃癌晚期。

生:第二则视频主要在赞扬刘凌峰在生命最后关头依然坦然、乐观面对,还对生命有了新的认识。这个女主持人很有感情的诵读,增加了情感的感染力。

师:很好。这则报道里除了主持人深情地诵读"微感言"之外,你们还注意到什么手段也很好地辅助了这种感情的渲染吗?

生(齐):背景音乐。

师:(播放 PPT 第 12 页)对了,这则报道配了一段抒情性很强的背景音乐。那么,大家能不能进一步推测,这两段新闻视频分别是播给谁看的? 受众是谁? 想传递给这个栏目的受众什么样的新闻意图?

生:第一则新闻报道可能是给同样年纪、为事业疯狂打拼的人,告诫他们要珍爱自己的身体健康。

师:你还记得这个栏目叫什么名字吗?

生:"健康有1套"。

师:这个栏目就是一个养生类节目。

生:第二则新闻报道很可能是给同样奋斗着的年轻人看的,告诉他们面对生活的磨难要积极乐观。

师:这个栏目叫什么你还有印象吗?

生:栏目叫"都市青春"。

师:(播放PPT第13、14页)像是讲述了一个都市青年奋斗的故事,我们集体喝了一碗"鸡汤"。这家媒体在报道时很注重对事件情感性的渲染。

师:新时代下新闻媒体关心的不再是新闻事件的真相,他们更关心的是"我"通过这一事件能诉说怎样的情绪,传递自己怎样的价值观。这就是2016年被评为牛津词典年度国际热词的——"后真相"现象,指的就是"诉诸情感与个人信仰比陈述客观事实更能影响公众观点的种种现象"。(播放PPT第15页)

后真相

- 2016年被评为牛津词典年度国际热词。
- 指的就是诉诸情感与个人信仰比陈述客观事实更能影响公众观点的种种现象。
- 这里的"后"指的是一种"超越",实际就是说"真相"已居于次要地位,重要的是"情感与个人信仰",常见的说法就是"立场"的表达。

师:我给大家举个例子。(播放PPT第16页)

被有钱人玩坏了的大病筹

- 文章来源:网友爆料。
- 文章倾向:

有钱真的好,不仅有一群有钱的朋友转发朋友圈,让一群没钱的人替他筹款,还能让一些主流媒体和中央媒体替他高唱赞歌。[偏见]

- 文章例证:

另一个有钱人因公益众筹被揭穿而与网友对骂的事例。

师:对这两则新闻视频的分析让同学们对"媒体立场表达"有了怎样的感受?

(生发言交流)

师:新闻事件经过新闻媒体的主观加工后会呈现出不同的面貌。对普通受众来说,我们要留意一个事实——就算报道的内容是真实的,但不同媒体出于各自不同的栏目定位、受众特点、价值观等因素会有选择地进行报道,这就需要我们对新闻媒体的报道有更强的辨识力。

任务三：多角度评价新闻事件

师：综合以上环节中的信息，请大家谈谈我们眼中的"刘凌峰公益众筹风波"。还是按原先三个小组分组，请同学们分别以募捐人、与刘凌峰一样为事业打拼的年轻人、"吃瓜群众"的身份点评这个事件，在纸上写下你的想法。（播放PPT第17页）

生：我认为刘凌峰的朋友圈的确很感人，是一个人看透生命后的独白，也是对他人的警示。但我也质疑，一个有钱去开公司、做生意的人大病临头拿不出30万的救命钱。如果众筹平台被这样并没有分文不剩，或许中仍有不少存款的人利用，将会导致人们失去对众筹平台的信任，会导致真正一贫如洗的病人得不到别人的帮助。

生：这起事件说明当今社会"过劳"现象值得关注。不论刘凌峰是有钱没钱，他因过度劳累而得胃癌的事实是得到证实的。我也在外打拼，工作辛苦，常觉得自己身体劳累，难以坚持下去。因此我希望刘凌峰能够在与病魔的抗争中取得成功，也呼吁广大奋斗一族能珍视身体。

生：刘凌峰众筹的目的是感人的，但是否有这个必要？作为一个有钱人，满足这十个"遗愿"应当不是难事，又何必让一群没钱人替他鼓吹宣传。这样的"众筹"，倒更像是明目张胆的讹诈。

师：和同学们一样，网上也有很多人发表了评论的文章。其中有一篇网评文章《武汉知名房产广告策划人刘凌峰究竟是第二个罗尔还是另有隐情？》。你们猜一猜这篇文章后面写的是什么内容。

（生发言）

武汉知名房产广告策划人刘凌峰究竟是第二个罗尔还是另有隐情？

虽不知十几套房是真是假，但是刘凌峰决不应该属于"需要社会救助"的人，刘凌峰的众筹事件肯定又是一次对社会慈善信任的伤害。三个理由，让我从同情者变成批判者。

众筹平台首先必须保证每一个病人都是真实的，其次必须证实这个病人的确需要社会的救助。两者缺一不可，缺了哪个都成了骗子！毫无规则可言的众筹平台注定成为骗子的天堂。

但是众筹平台有两个最大的缺陷：一是它没办法甄别"谁是最需要帮助的人"；二是"不保证救助成功"。

所以，我们永远都不可能用"众筹"来代替保险。保险是一种有严格"互助规则"的互助行为，所有参与的人都有制度保障。

师：我来揭秘。（播放PPT第18页）这篇文章的结尾是，"所以，我们永远都不可能用'众筹'来代替保险。保险是一种有严格'互助规则'的互助行为，所有参与的人都有制度保障"。（课堂一片哄笑）出乎意料，这篇文章竟然是保险公司的"软文"。但其实这倒为我们提供了一种新的评价角度——有没有什么办法来解决如今经常出现的这些"公益众筹风波"？

这篇文章认为保险是一个重要的补充手段,这是很有建设性的意见。姑且不论它的目的是不是推销保险,我觉得这是我们思考评论公共事件经常欠缺的一种思路。我们评价事件往往更关注是非对错,甚少提出建设性意见。

师:我们常说新闻媒体要进行客观报道,但客观事实本身并不是新闻,被报道出来的新闻都有报道者的主观理解。尤其在这样一个自媒体高度发达的时代,我们既是新闻信息的接收者,更是新闻信息的创造者。作为新闻信息接收者的我们,要警惕,越是众声喧嚣,越需善于求证,努力提高自己的辨识批判能力,对不确定的消息做到不传播;作为新闻信息创造者的我们,虽然做不到绝对客观,但要努力打破"后真相"的现象,减少直接的感性"脑补",让我们的判断更基于理性,传播"慢新闻",追求新闻深度。(播放 PPT 第 19 页)因为维护"新闻世界"的真实和美好是每一个遨游于其中的人们共同的潜在职责!下课。

【教学反思】

新课改之后的语文学科立足于当下时代特征,扩大了语文课堂的外延,把各种新媒介的学习纳入语文学科中,设置了"跨媒介阅读与交流"学习任务群,重在提高学生的媒介素养,更好地适应信息时代的生活。你能分辨信息的真伪吗? 你留意过新闻媒体报道时的立场吗? 你又是如何在网络空间评论公共事件的? 这些问题应该是信息爆炸时代每一个现代公民都需要思考的问题,也是新的语文课堂里需要培育的语文素养。为此,笔者选择了现代社会中极易引起热议的"反转式新闻"作为课堂教学内容,这样的新闻公共事件更有讨论的空间。

整堂课的设计体现了新课标倡导的语文课堂"情境性"和"活动性"理念,整堂课围绕一个公共事件展开,三个学习任务都确定了一个讨论话题,体现出"情境性";三个任务里都有一个课堂活动,充分发挥学生主体性,体现出"活动性"。尤其在第一个任务中,笔者巧妙地设计了信息不对等的活动内容,课堂内生成了一些有趣的"矛盾",激发了学生对信息来源的多样性、真实性的判断意识,引发了学生的共鸣,也正合乎信息时代中人们接收信息的真实情境,产生了较好的课堂效果。这个活动可以说是整堂课的亮点所在,也是理想语文课堂期望追求的真实。

真正要提升学生的媒介素养,光有表面热闹的课堂活动是不够的。所以笔者在任务二"辨识媒介立场的表达"中引入了学习支架"后真相"这一概念,让学生了解真实的媒介信息在呈现时也会因为各种因素而被选择性表达,这就是所谓的"媒体立场",这是分辨信息真伪之上更有深度的思考。有价值的理性辨析可以让学生在课堂里进行深度学习,应是理想语文课堂追求的方向。当然鉴于实际素材的缺乏,本节课在这一环节选取的视频新闻素材的内容质量还不够高,可挖掘的新闻立场较浅显易懂。

最后,作为一堂"跨媒介阅读与交流"任务群的课,教学中选用各种媒介信息和素材,是本任务群自身的要求,也更符合信息时代多元与融合的特征。

网络冲浪板：我为热词新语代言

执教/浙江省三门中学　陈佳

本课课件

【专题目标】

围绕"网络语言与汉语规范问题"这一热门话题，从热词新语的含义、来源、特征和发展原因等方面探究网络热词语言现象，关注时代生活，从而能理性和规范地运用网络语言。

【预习任务】

1. 小组合作，在日常生活和网络中，搜集感兴趣的网络热词新语，结合语境解释其含义，查找其来源、使用范围及效果，概括不同时期的热词特征，完成学习任务单(表1)。

表1

小组名称		组长		组员		时间	
记录人 ————	"热词新语"1：————　含义：————　来源：———— 使用范围：————　效果：————						
	……						
热词新语 特　征							

2. 建立班级网络平台，如钉钉群，展示各组的学习任务单，并在网络平台做初步交流。

3. 选派三位课堂观察记录员，负责将课堂活动的学习成果记录下来。

【教学实录】

师：(播放 PPT 第 1 页)同学们，网络就是一台庞大的"新词"生产机，每年都有大量新鲜有趣的热词新语出炉，并广泛运用于现实生活中。这节课我们来聚焦时代热词新语，探讨网络语言与汉语规范问题。

任务一:热词新语大盘点

师:(播放 PPT 第 2、3 页)周末同学们搜集和整理了许多热词新语,我把它们汇总到课件上,同学们分小组说说它们的含义和来源。

生(第一小组):"爷青回"是"爷的青春又回来了"的缩略语,是说再见到曾经熟悉的人和事物时表现出来的喜悦之情;"C 位"即 Carry 或 Center,起源于游戏,后应用于各领域,指最重要的位置,核心位置的意思。"囧"的字形,"八"像眉眼,"口"像一张嘴,看起来是讨喜的外表,实际上表达在特殊情况下的窘迫心情,比如尴尬,无奈、郁闷、为难等,像"港囧""泰囧"也有这个意思。"酱紫"指"这样子"意思,是把"样"的韵母接到前面连读产生的效果,念起来比较活泼可爱。"凡尔赛"来源似乎跟法国的凡尔赛宫有关,凡尔赛宫是金碧辉煌、高贵大气的,这个词指刻意炫耀高档、奢华生活的做派。

生(第二小组):"甩锅"与人们常说的"背黑锅"有关,指把责任甩给别人,让别人来承担。"种草"就是播种草种子或栽植幼苗,现在也指专门给别人推荐好货品让人产生购买的欲望,类似"安利"的意思。这个词流行于各类美妆论坛,后流传到微博和小红书中。"给力"是说一件事做得很好很给力,表示有帮助、有作用、给面子、给予力量,有正能量的意思。"躺平"就是安于现状,与"躺平"的状态很像,指无论外界如何,都不会有任何反抗,只是顺从。"高富帅"是三个形容词组合一起,形容男人既长得高、长得帅,又有钱,集身材、相貌、财富为一体的完美无缺。

生(第三小组):"你品,你细品"指这件事情有猫腻,看起来不简单。"有内味了"是"有那种味道了"或"有那种感觉了",这是因为北方方言中"那"在口语中可读作 nèi,借"内"字表示。"摆烂"指事情已无法向好的方向发展,干脆不再采取措施加以控制,而是任由其往坏的方向继续发展下去,不想干了。"神马"是"什么"的谐音,可与"浮云"连用,"神马都是浮云"表示什么都不值得一提,有抱怨感叹之意。"内卷"指一个组织或单位中同行竞相付出更多努力来争夺资源或利益。"打 call"最早指现场演出时台下观众跟随音乐的节奏,用呼喊、挥动荧光棒等方式,与表演者互动的一种自发的行为,后演变出呼喊、加油打气、传递正能量的意思。

师:三个小组汇报了预习成果,下面请大家说一说这些词语的构词特征吧。

生:采用缩写形式,比如"爷青回""高富帅"等,这样的表达比较简洁明了。

师:还能举一个缩略语的例子吗?

生:"妈见打",就是"如果妈妈见到绝对会打你"的缩写。

师:哦!比如还有"不明觉厉"。

生(困惑):啊?是什么意思?

师:"不明觉厉"就是"虽然不明白你在说什么,但好像很厉害的样子"。这个词几年前很流行,你们这个年纪的可能不怎么用了。

生(笑):哦!

师:还有其他的构成特征吗?我们继续。

生:"酱紫"是合音词,类似的还有"造"表示"知道",是两个拼音"zhī dào"合音而成。

"表"是表示"不要",是"bù yào"的合音。

师:是的,这个好理解,再比如"男票""女票"。

生:男朋友、女朋友。

师:这些词语在网络环境下不承载原来的语义,只有表音作用,这样表达有什么好处?

生:有趣味性,营造一种轻松、愉悦的言语氛围。比如,当你说"你怎么这样子呢",别人可能会觉得你在责怪他,但如果说"酱紫",别人会觉得这是开玩笑的意味。

生:还有中英结合词,比如"C位""打call",还有"芭比q""立flag""P图""hold住"等,这些混合词简约鲜明,表达准确。

生:"囧"是字形符号语。

师:对。数字也可表达一些意思,上网时打字太麻烦或者说话想简洁点就用数字代替。

生:666、555、1314、520,还有yyds,这是字母符号。

师:你们说得都很好,继续。

生:还有外文音译词,像"卡哇伊"是日语音译的,还有"凡尔赛"是法语音译的,生动活泼,容易被人接受。

生:"神马"是谐音词,类似的有"杨康""杨过""豆你玩""蒜你狠"等,这样表达很幽默。

生:"给力"这种以前没有、现在新造的词叫"新造词","甩锅"也是。

师:是的。同学们都做足了功课,也很认真地思考和参与,比如音译词,我在备课时还没预设,是你们提醒了我,给你们"点赞"。

(学生齐笑)

师:"有内味了"是什么语言现象?

生:谐音?不是,是方言吧。

师:是的,这是北方方言。类似的有"酱紫",是闽南方言。"蓝瘦香菇"是方言谐音。"种草"是什么语言特点呢?以前就是在地里栽植幼苗,现在有"安利"的意思,这是?

生:旧词新用,"内卷""躺平"也是吧。

师:好。我们总结一下,这些热词新语大多是以符号、新造、缩略、谐音、合音、音译、中英文混合、旧词新义等多种形式为标志,为什么人们如此热衷于使用它们?它们流行的原因是什么?

生:我认为这些词语形式简洁,意蕴丰富,言简意赅,很符合时代潮流。

生:活泼风趣,标新立异,时尚新潮,便于人调侃和沟通交流。

生:我觉得现在信息时代发展,网络信息传播速度很快,有趣新鲜的事物人们都喜闻乐见,也愿意接受,符合大众审美心理。

生:现代社会的人们工作压力大,节奏快,使用这些热词新语能够调节人们的心理,缓解压力,反应了大众的需求,这就成了自然而然的普遍现象。

师:是啊,正因为这样,网络语言逐渐从虚拟空间进入现实生活世界,热词新语更新换代,瞬息万变,有些最终被保留下来,比如"给力""宅男""达人""粉丝""山寨""微博"等3 000多条网络热词被收录到第六版《现代汉语词典》中,这一现象被网友评为"又潮又亲民"。这些热词变化表面上看是话语变化,实际上,一词一语的背后反映的是一段时间民众的需求和喜好,勾勒社会热点,体现时代变迁,展现民众生活的巨大变化。(播放PPT第4页)

任务二:热词新语引热议

师:(播放PPT第5页)当这些热词迎合了民众的表达需求时,便会引发一场莫名的语言狂欢。与此同时,它给传统语言文化和现代文明带来了极大的冲击,引发了民众的诸多争议。请看一则材料——(播放PPT第6页)

> 一则《作文惊现网络语,家长大呼"伤不起"》的新闻称,郑州家长方女士对四年级的儿子平时说话爱带"你造吗?""吐槽""呆萌"等网络用语并不在意,但在一次作文中居然出现了"尼玛,见到他这个'屌丝'样子,我也醉了"。方女士告诉儿子这些是不文明的用语,儿子却反驳道:"这是网络语言,我们同学都用,你们大人想多了。"
> 这则新闻引发广大网友的热议。
> 网友甲认为,网络热词存在诸多不规范现象,粗鄙网络用语会玷污汉语纯净。
> 网友乙说:仁者见仁,智者见智。网络世界其实只是娱乐而已,何必较真呢?
> 网友丙称:华丽辞藻有其使用的环境,而通俗的文字也有可用之地。只有做到雅俗共赏,才能真正成功。

师:这里有网友甲、网友乙、网友丙三种观点,你赞成哪一个观点呢?大家讨论后,阐述观点和理由,请一位课堂观察记录员将各方讨论后的观点和理由记录下来,总结这一阶段的讨论成果。

生:我赞成网友丙的观点。尽管材料中的小学生不该使用不文明的用语,但语言文字有口语和书面语之分,使用时也要注意场合。在网络环境中,使用通俗的网络语言是正常的,也容易被人接受,但不文明的网络语言也会污染我们的语言环境,因此要注意使用环境、场合,尤其要注意这些热词新语是否文明和规范,是否符合大众的审美要求,我们要一分为二地看待。

生:华丽的辞藻比较适用于文学创作,适合一些高雅文人和在正式场合使用,通俗的文字可以用来日常交流,或者普及文化,在不同场合、针对不同对象要用不同的语言,如果使用的语言文明规范,确实可以雅俗共赏的。

师:两位同学说得有理。语言表达要注意不同的场合、特定的人群、特定的时机以及不同的语言特点,正所谓"到什么山唱什么歌"。针对小学生的这种行为,支持网友丙的同学们有什么建议吗?

生:文化本应该雅俗共赏、兼收并蓄,这样才能促进文化的繁荣。我认为要加强对网络语言的监管,不能让一些低俗的网络语言影响整个社会风气,也许有些低俗语言随着时间的推移也会自动消亡。同时,我们也不用把网络语言当作洪水猛兽而避之不及,积极有意义的网络语言无需排斥,这是时代发展的必然产物。

师:你总结得非常到位。有没有支持其他两位网友观点的同学?

生:我支持网友甲的观点。我有个朋友,他的弟弟还在上幼儿园就会说低俗粗鄙的网络热词,但他弟弟还不知这个词的意思,可以想象这些语言会渗透到各个年龄段,粗鄙的语言会影响到汉语言的纯净环境。一个孩童说出这样的语言真的很难让人接受,孩子的世界应该是天真纯洁的,这样的社会风气会玷污孩童纯净的内心世界,不利于孩童的健康成长。

生:我也支持网友甲的观点。网络语言的普及最早的受众肯定是我们青少年群体,青少年本应受到规范的语言教育和正确的价值引导,如果青少年的语言失范和道德失范,那就不利于青少年心智的成长,也不利于健康人格的培养,甚至影响价值观、人生观和世界观,往大的说就会影响社会、国家的未来。

生:我赞同网友甲的观点,如果汉语环境的纯净被破坏了,那就破坏了祖国的语言文字和文化的发展,也会影响中华优秀文化的传承。

师:那有没有同学赞成网友乙的?

生:我认为网友乙的看法也有道理。小学生使用网络用语也是个性化的表达,是否合理也是见仁见智的事,只要不影响交流,且又满足大家的新鲜感和娱乐心理,未尝不可。

生:我补充一点,网络世界是丰富多元的,这也反映了这个时代的文化多元的特征,应给网络热词一些宽容的语言环境,低俗粗鄙的文字自然而然会被淘汰的。

师:大家各抒己见,有理有据,对是否应该使用网络热词有了深层的思考,体现了班级集体智慧的光芒,你们太给力了!

师:我们明确了网络热词的使用要注意对象和场合,而网络热词的普及面真的很广,每年的热词甚至会在作文考题中出现,请看下面两则作文的材料——(播放PPT第7页)

材料一:据近期一项对来华留学生的调查,他们较为关注的"中国关键词"有"一带一路"、大熊猫、广场舞、中华美食、长城、共享单车、京剧、空气污染、美丽乡村、食品安全、高铁、移动支付。(2017年全国1卷作文材料)

材料二:2019年末,国家语言资源监测与研究中心、《咬文嚼字》编辑部、《语言文字周报》等主流媒体纷纷发布"2019年度十大网络用语",有几个核心热词纷纷入选。分别是"我和我的祖国""学习强国""文明互鉴""我不要你觉得,我要我觉得""我太南(难)了"。(某地模拟卷作文材料)

面对作文考题频现"一带一路""共享单车""移动支付""最美奋斗者"等网络热词的现象,你们觉得合理吗?有什么思考?小组讨论,说出观点和想法。

师:你们觉得合理吗?先小组讨论,也请一位课堂观察记录员将小组讨论中形成的观点和想法记录下来,总结这一阶段的讨论成果。

生:我认为很合理。这些都是权威机构发布的文章,应该是经过监管和慎重思考的。这些词语都贴近民生民情和时事热点,能够引领时代风尚,是顺应时代潮流的,符合社会主义核心价值观。

生:我也觉得合理。虽然考题有严肃性和权威性的特点,但这些词语体现了创新性和时代性,也需要通过考题来宣传和普及,有利于增强民族文化的认同感。像刚才讲的"给力"等热词还被收录到《现代汉语词典》,说明这也是语言发展的必然趋势。

生:我认为不合理。虽然这些词语不是粗鄙之语,但像"共享单车""我太南了""我不要你觉得,我要我觉得"等词可能在一些地方流行,但是毕竟不是全民普及的,可能会触及一些偏远山区学生的知识盲区,学生就会因无法理解内涵而影响考试,这样就不太公平了。

师:是啊,这些网络语言也需经过一定时间的检验,才能确定能否传播使用,考题也要慎用。一石激起千层浪,同学们各抒己见,也形成了共识。网络热词有自身的发展规律,约定俗成的热词新语会受到大众欢迎和喜爱,我们要宽容、理性、辩证地看待。同时,在生活中以实际行动去宣传和规范使用,为维护语言的纯洁美好、规范祖国的语言文字献策献力。

任务三:热词新语我代言

师:(播放PPT第8页)现在,同学们对热词新语的认识和使用有了一定的标准,然而,要想净化网络环境、规范网络语言,个人的力量毕竟有限,那么我们还可以发动哪些人来献策献力? 请发表看法。

生:同学、家长,还有老师。

师:很好! 我们还可发动教育主管部门领导、新闻媒体人和语言学家,请他们现身说法。请同学们从这些角色中任选一个,以他们的身份拟写一条标语,等一下我们来分享。(播放PPT第9页)

生:我选学生角色。客观看待热词,理性使用新语。

生:我也选学生。网络用语规范我先行,言语表达文明莫逾矩。

生:也是学生。文明用语见形象,彬彬有礼显风度。

生:我选教师。提升语言素养,展现文明形象。

生:我选教师。立德树人育学生,言精语妙成风雅。

生:我选教育部门领导。网络非法外之地,慎言守心中之尺。

生:我选教育部门领导。正确对待网络热词,严肃规范考试用语。

生:我选家长。网络用语固新奇,家庭教育需警惕;孩子如用文明语,家长不呼"伤不起"。

生:我选新闻媒体人。肩负媒体传播职责,净化网络语言环境。

生:我选语言学家。承千年古韵,创今朝新语。

生:我选语言学家。网络热词新语适者生存,祖国语言文字经久不衰。

师:课堂接近尾声,无法展示所有精彩的标语,课后我们再请一位课堂记录员将同学们拟写的标语记录并收集起来,选出最有价值、最具代表性的标语,我将把同学们经过审核后的学习成果发布到学校文学社的刊物中,让我们为规范祖国语言文字贡献一份力量,为维护汉语的纯洁美好、共创社会文明风尚而共同努力。(播放PPT第10页)

【教学反思】

统编教材必修下册第四单元"信息时代的语文生活"是实践性活动单元,属于"汉字汉语专题研讨"学习任务群,没有现成的教学文本。教师关注生活中的语言现象,挖掘专门的内容来辅助语文教学,使学生在学习中关注语言热点,在生活中运用语文知识,在实践中培养语文能力。本课是基于专题中的学习资源1开发的一堂探讨"网络热词"的课,围绕网络热词的含义、来源、特征和产生原因展开探究,引导学生正确认识和规范使用网络热词,使学生能探究语言运用规律,加深对汉字、汉语的理性认识,增强语言文字运用的敏感性和热爱祖国语言文字的感情。

课前,教师布置了积累和记录网络热词的作业,让学生在积累的基础上再到课堂活动中进行梳理和探究。在课堂活动中,教师安排了三个任务。一是热词新语大盘点。主要是搜集、整理、探究热词新语,以小组形式汇报学习成果。本环节重在梳理,通过对积累的网络热词新语进行梳理,理清热词新语的特征和发展原因,激发学生对语言现象的深层思考。二是热词新语引热议。主要是探讨热词新语,以活动形式抒己见、成共识。本环节重在探究,同学们达成共识——使用热词新语时要注意使用场合、特定人群、特定时机和语言特点。网络语言有自身的发展规律,要以一种宽容、理性、辩证的态度去看待,同时,保护语言环境的纯洁美好。三是热词新语我代言。主要是为规范使用热词献策,从不同立场群策群力。本环节重在表达,通过不同角色的模拟和书写表达,学生对网络热词新语秉持了正确而理性的态度,能为他人作表率并带来启示,能为净化网络语言环境、共创社会文明风尚而努力。这三个环节不仅加深了学生对网络语言的感性认识,在探究和表达中也使学生树立了规范使用汉字汉语的意识,关注了信息时代的语文生活,实现了语文课堂与语言生活的接轨。本堂课以前期准备、课堂讨论、小组合作和角色模拟等语文活动贯穿始终,让学生在活动情境中完成任务,实现课堂生成,达到知识的建构和语文能力的提升,有利于学生语文素养的形成。

鉴于学情,不可能对语言的建构与运用提出更高的要求。如何规范网络语言本来是一个实践性和理论性都很强的学习内容,但本节课仅停留在网络语言的收集、讨论之上,偏于对网络语言的理论性认知,而网络语言的构成规律、形式类型,以及规范化的途径和方法,都应该安排实践性的教学环节。这堂课还是粗浅的尝试,如果要学生真正体验网络语言规范化的过程,必须进行一定程度的网络语言梳理和探究实践。

媒介小达人：班徽设计

执教/浙江省宁海中学　陈亚敏

本课课件

【专题目标】

本专题以"亮出风采——班徽设计"的真实情境任务,带动学生去搜集、鉴赏、评价各类徽标,研究、归纳、学习徽标设计要点,并动手为自己的班级设计班徽。

【预习任务】

1. 搜集以希腊神话故事中的人物为素材的商业标志,了解其相关故事、商标寓意及文化内涵。

2. 搜集本校师生设计的校徽和班徽,采访相关人物了解其设计理念和象征意义。

3. 尝试为自己现在的班级设计一个独特的班徽,要能体现班级精神,并用简洁的文字说明自己的设计思路。

【教学实录】

师:(播放 PPT 第 1 页)同学们,你知道徽标的来源吗?

生:最早的徽标应该就是图腾吧。

师:对,徽标可追溯到上古时代的图腾。那时,每个氏族和部落都有自己的特殊标记,他们把与自己有某种神秘关系的动物或自然物象刻在洞穴和劳动工具上,作为本氏族或部落的图腾,如女娲氏族以蛇为图腾,夏禹的祖先以黄熊为图腾,还有的以太阳、月亮、乌鸦等为图腾。时至今日,具有传媒特性的徽标更是无处不在,已深深地融入人们的生活。今天,让我们一边欣赏不同种类的徽标,一边汲取创作的灵感,为设计我们自己的班徽做准备。

任务一:看图识"神"

师:(播放 PPT 第 2 页)先进入第一个活动——看图识"神"。商标是生活中最常见的标志之一,体现了企业的特点及文化,它往往会借助一些形象来传达企业的理念及愿望,而希腊神话中的众神就是商标中常见的元素。课前同学们搜集了很多这类徽标,我挑选了和我们的生活息息相关的三个图标,分别代表衣、食、行。下面我们一起解读它们的设计理念及要传达的文化内涵。

生:(播放PPT第3页)图1是耐克的标志。NIKE是希腊神话中的胜利女神尼姬的名字,图案小钩子象征着胜利女神翅膀上的羽毛,造型简洁有力,急如闪电,让人想到使用耐克体育用品后所产生的速度和爆发力。

生:(播放PPT第4页)玛莎拉蒂车标(图2)是一个竖着的椭圆形,中间有一柄红色三叉戟从象征爱琴海的半圆形蓝色海面上升起。红蓝配色,源于公司发源地博洛尼亚市市旗的颜色。

师:你知道这个三叉戟和哪位希腊神话中的神灵有关吗?

生:这个三叉戟是海神波塞冬手中的权杖和武器,是海神至高无上、颠覆一切威力的象征。

师:玛莎拉蒂要借这个车标表达什么?

生:寓意玛莎拉蒂拥有海神般不屈不挠的毅力和翻江倒海的力量。

生:(播放PPT第5页)图3是星巴克的商标,形象灵感来源于古希腊神话中的海妖塞壬,当人们通过欲望之海时,海妖会发出婉转曼妙的歌声引诱路过的航海者,致使航船触礁沉没。这个商标让人产生联想,想到星巴克咖啡就像海妖塞壬的歌声一样诱人。

图1 图2 图3

师:大家在查资料的时候有没有发现星巴克最早的商标并不是这样的? 老师特别了解了星巴克的商标演变史,发现它前后变化很大,我们一起来看看对比图。大家说说修改后的商标有什么变化?(播放PPT第6页,展示图4)

图4

生:原来的商标海妖形象太写实裸露了,形象很不雅观。修改后的商标线条简洁,更有艺术感。

师：能看出修改后构图和色彩有什么变化吗？

生：构图手法上运用了左右对称的手法，色彩由咖啡色改成了绿色，更加清新明快。

师：修改后的图标消解了原先的性诱惑联想，在象征意义上和品牌核心价值观更加匹配。

师：通过这一环节的欣赏活动，我们知道设计徽标可以借用神话中的形象，用以传达团体的特征和理想，同时，我们要注意以下四点——形象优美简约化、构图手法艺术化、色彩强烈单纯化、象征意义精准化。（继续播放 PPT 第 6 页）

任务二：图里乾坤

师：（播放 PPT 第 7、8 页）从希腊神话中走出来，让我们走进特别有文化的大学校园，去解读一下中国大学校徽中的文化密码。老师挑选了五个校徽，其他四个已经写好了构图要素和寓意，但湖北大学的（见图5）没有写，我想看看同学们的读图能力怎么样。

图5

师：这里展示的是两位同学拟写的答案，请他们来读一读，大家说说他们对这个校徽的解读是否正确、全面。（播放 PPT 第 9、10 页）

上端是四个汉字"湖北大学"，下端是湖北大学的英文名称，既表明湖北大学是中国名校，又体现其国际性。"1931"表明了建校年份，湖北大学具有一定的历史。中央主体部分，一把钥匙一把锁象征通向成功与胜利，开启创造与智慧，展现了湖北大学的独特风范。

——陈同学

用中文和英文同时标识校名，中文居上，表明主体性，英文居下，表明国际性。"1931"表明建校年份，中间的编钟象征着湖北大学历史悠久与文化底蕴深厚，体现其重视礼乐。编钟上的白色图形形似绿芽，刚萌发的绿芽象征学校尊重、保护年轻人的想法，紧跟时代潮流，不断改革创新。校徽的意义在于湖北大学不忘本来，吸收外来（国际性），面向未来（创新力）。

——金同学

生：两位同学都注意到了这个校徽中英文结合的设计，这样能够体现国际性。他们的分歧主要是对中间图案的理解，陈同学认为这是一把钥匙和一把锁，而金同学则认为这是编钟和绿芽。我觉得黑色部分应该是编钟和钥匙的结合体，而白色部分我也不确定是什么，它的线条弯曲柔软，我觉得也有可能是丝绸。

师：你为什么确定黑色部分是编钟？

生：因为湖北有曾侯乙编钟，它由六十五件青铜编钟组成，非常庞大，属稀世珍宝，是湖北省博物馆的镇馆之宝。（教师播放PPT第11页）

师：说得很对，这的确是编钟和钥匙的结合体。那么中间白色的、柔软弯曲的到底是什么呢？大家想一下湖北是古代哪位文化名人的故乡？那里属于什么文化？

生：哦，屈原出生在湖北，湖北应该属楚文化吧。

师：对，湖北人崇尚凤凰，凤凰是楚文化的重要组成部分，显示了楚文化的精神特质。（播放PPT第12页）《山海经·南山经》中说，"丹穴之山……有鸟焉，其状如鸡，五采而文，名曰凤凰，首文曰德，翼文曰义，背文曰礼，膺文曰仁，腹文曰信。是鸟也，饮食自然，自歌自舞，见则天下安宁"。在古人眼里，凤凰是高尚的象征，是湖北人的精神图腾，湖北大学校徽中间的图案应是凤凰。使用编钟和凤凰，不仅体现出深厚的文化底蕴，而且体现了学校丰富的精神品质——教学要求严谨，如青铜铸钟；科研需要想象，如凤凰腾飞。

师：下面我们把这五个校徽放在一起，大家观察一下，说说它们有哪些共同特点。（播放PPT第13页，展示图6）

图6

生：这五个大学校徽都具有鲜明的中国传统文化特色，北京大学和天津大学运用了小篆字体，湖北大学运用了金文，同济大学和湖北大学分别运用了龙舟、编钟、凤凰等中华传统物象，清华大学运用了《易经》名句。而且这些校名都用中英文标识，这样可以更好地面向世界，提高接受度。

师：这对我们设计徽标有什么启发？

生：我们可以从中华传统文化中寻找灵感，体现民族性；也可以中英文搭配使用，体现国际性。

师：概括得非常到位。上一个看图识"神"环节启发我们可以从西方神话中汲取灵感，这个环节启示我们可以在中国传统文化中寻找元素。为了让我们设计的徽标有更广的接受度,我们可以将中文和英文搭配使用,所以我们又可以归纳出一个设计要点——中英搭配国际化。(播放PPT第14页,展示图7)

师:我们掌握了这些徽标的设计要点,就可以来欣赏和评价我们身边的徽标了。可惜同学们搜集到的本校徽标不多,几乎都集中在我们的校徽上。但陈同学搜集到了一个班徽,是高二7班的班徽(图8)。他们为什么有班徽呢?是因为高一时我给他们上了一堂徽标设计课,他们就选出了一个全班最喜欢的徽标作为班级标志,今年校运会,他们把它做成了班徽,每人一个,戴在衣服上,还送了我一个当作纪念。下面我们来看看这个班徽,请陈同学上台说说这个班徽的设计思路。(播放PPT第15页)

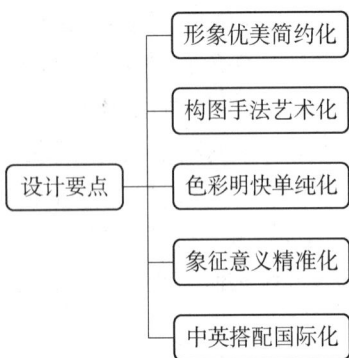

图7

图8

生:我采访了班徽设计者钟同学,了解到了她的设计思路。班徽中央展开的书卷与一簇火苗构成一个"7","7"代表班级,"书卷"代表身份是求学之人。"火苗"是由于军训时他们班名为"烈火七班",是他们班的精神象征。数字"2020"是他们入学的年份。班徽的整体造型为一个太阳。这太阳有两层含义——第一,十六七岁的年纪,恰如一轮冉冉升起的朝阳;第二,太阳象征着光明、温暖,充满着正能量,青年要有昂扬向上、不惧黑暗的活力与激情,做一个小太阳,温暖自己,也照亮别人。

师:你可以用刚才课堂上学到的徽标设计要点,从不同角度来评价一下这个班徽吗?

生:我觉得这个班徽设计美观,寓意丰富,总体上来讲挺好的。形象上运用了书、火和太阳,象征意义丰富,而且体现出了班级的特点及共同的价值追求;构图上运用反复手法,将焰火重复排列组合成一个太阳,圆润造型符合事物特征,也容易被大家接受和喜欢;双圆之间的纹路不仅增强了装饰性,而且使图案更具立体感。色彩上运用了橙红色,令人感觉温暖舒适,和班级的价值追求契合。

师:你从形象、构图、纹路、色彩四个方面评价这个徽标,非常到位。

任务三:大显身手

师:(播放PPT第16页)在发给大家的导学案中,我布置了一个主要任务,那就是"为自己现在的班级设计一个独特的班徽",它是班级的精神象征,也将是我们高中三年的记忆载体。课前已经有部分同学完成了设计初稿,我从中选了三个,先让这些同学来展示一下,其他同学可以进行评论,也可以提出修改意见。

生:(播放 PPT 第 17 页)我的设计(图 9)是把左侧鲸鱼作为班徽的主要组成部分,鲸代表壮美、蓬勃的生命力,鲸鱼向上游动,有"生于海而遨游天际"之意。云雾中的星星,灵感来源于高一入学军训时本班的名字"星辰排",星星自云雾中涌现,有"云开雾散得见光明"之意,寄寓了同学们"前途灿烂"的期许。中间英文显示了班级。色彩上,黑色代表沉着和自持,象征本班严谨治学的精神。

图 9

生:(播放 PPT 第 18 页)徽标(图 10)中央的两个小人肩并肩,象征着 11 班团结友爱、齐心协力的班风。右边小人的身体延伸出来的是一个字母"D",在"D"的中心处还有 2 个字母"ZS","ZSD"三个字母是"政史地"的缩写,代表了我们 11 班的选课,直观地体现了班级特色。标志外围的环形中写着"NING ZHONG DA WEN REN"的字母,为"宁中大文人"的拼音,再次体现了我们班的特点。

图 10

生:(播放 PPT 第 19 页)我设计的班徽(图 11)整体呈现一个风暴的形状,比较抽象,风格较为洒脱、张扬。风暴眼象征着 11 班同学的干脆利落、热烈飘逸,倾斜的光环与三片如同天使翅膀碎片的形象,表达出我对班级同学发光发热、活出自我的美好祝愿,与风暴眼共同突出了"Class 11"的字样。标志的左下角仿佛从风暴中飞出的一只海燕,象征着勇敢坚定的精神,鼓励同学们自信自爱,迎击困难。用色较为典雅暗淡,象征稳重的品质,与张扬的图案组合,具有丰富的视觉效果。

图 11

生:我觉得三位同学想象力都很丰富,设计的班徽美观大方,既能体现我们班的特点和精神,又有丰富美好的寓意。不过,第一个和第三个设计更像图案,不太像徽标,徽标应该更加简洁抽象,第二个设计比较像,但色彩又太单调。

师：你的点评很中肯，三位同学回去之后也可以在原来的基础上再进行修改。

师：今天我们通过欣赏各类徽标，了解了徽标的特点，它通过文字、图形的巧妙组合创造一形多义的形态，追求以小见大、以少胜多、以一当十的效果。同时我们也掌握了徽标设计的一些要点，课后同学们继续去完成班徽设计，班长收齐后组织大家进行评选，挑选出大家最喜欢的一个徽标作为我们的班徽。若是同学们有一天也将班徽做成了徽章，希望能送我一个留作纪念。下课！

【教学反思】

媒介素养作为"跨媒介阅读与交流"学习任务群的核心能力之一，成为语文素养不可分割的一部分。在教学实践中，教师应更新教学理念，积极地指导学生在真实情境中开展更为丰富的听说读写的综合实践活动，从而培养和提升媒介素养，并促进语文核心素养的全面提升。结合本次教学，我谈以下两点思考：

1. 创设情境，任务驱动

"跨媒介阅读与交流"是统编教材的核心任务群之一，贯穿和渗透于整个高中的语文学习，在必修下册第四单元，它作为独立单元出现，主题为"信息时代的语文生活"，分为学习活动和学习资源两个部分。学习活动设计了"认识多媒介""善用多媒介"和"辨识媒介信息"三个主体活动；学习资源则摘选三篇不同类型的文章。我在选择教学内容时，没有采用教材提供的"为戏剧节设计宣传推广方案"的活动任务，而是选择了更切合学生生活实际的班徽设计活动，用完全真实的情境任务驱动学生积极主动地去完成各项任务。课前的导学案精心设计了四个活动，分别是"看图识'神'""图里乾坤""精彩绽放""大显身手"，课堂上由于时间关系删了"精彩绽放"环节，该环节本该展示学生搜集的由本校师生设计的校徽、班徽、社团徽标等，实际教学中只展示了一个班徽，为了在公开课中现场展示执教班级学生的创作成果，而把本该放在第二节课进行的"大显身手"环节提了上来。建议老师们在具体教学中还是分为二个课时进行比较好，一节课让学生欣赏和评价商徽、校徽、班徽，在欣赏中明确徽标设计原则后再完成班徽设计，第二节课进行展示和评选，教学目标更集中，学生参与热情更高涨。

2. 立足语文，提升素养

在高中语文课程中培养学生的媒介素养，要坚持语文性。学生已经在初中阶段的美术课中学过徽标设计，那么在高中语文课上设计班徽，和美术课上有什么质的区别呢？美术课重在教绘画技巧：如何设计构图，如何运用色彩，如何添加文字等。而语文课，则是让学生通过听说读写的综合实践活动，深刻理解徽标背后的设计理念和文化内涵。课前学生需要用文字记录和表达，课中学生需要口头表述设计理念，还需要进行图文转换的读写训练。有听说读写的活动，有中西方文化的引入，这堂语文课就没有脱离语文的轨道，仍然行驶在正确的道路上。

第五单元

"词"与"道"：直抵演说的思想深处

执教/浙江省青田县中学　叶德义

本课课件

【专题目标】

联读《在〈人民报〉创刊纪念会上的演说》《在马克思墓前的讲话》，理解演讲词的特点，领会革命导师的"使命与抱负"，初步掌握演讲技巧。

【预习任务】

细读两篇演说，完成以下两个任务：

1. 改写：为了纪念伟大的思想家、革命家马克思，学生会文艺部准备排演《英名与事业永垂不朽》的话剧，准备再现《在〈人民报〉创刊纪念会上的演说》场景，请你根据原稿，仿照示例，用通俗易懂的话语改写演讲稿。要求：①忠于原文的思想表达（信）；②同龄人听读无障碍（达）；③同龄人喜欢听（雅）。

> 改写示例：在我们这个时代，每一种事物都有正反两面。你看，机器提高了生产效率却带给工人贫穷，机器减少劳动却引起工人过度疲劳；财富的新源泉却成为贫困的源泉；技术的成功却换来道德的败坏；人类控制自然能力增强却使自己成为奴隶；科学纯洁光辉的背后却是愚昧无知的黑暗。我们的科学发现和技术进步，却使我们成为物质的奴隶。现代科技的发展与现代贫困、落后的对抗，这其实就是生产力与生产关系的矛盾，这是这个时代明摆着的事实。

2. 阅读《在马克思墓前的讲话》明确马克思在理论和革命实践的贡献，梳理文章的结构。

【教学实录】

第一课时　见词悟道:直抵思想深处

任务一:说一说同学改编稿与课文的不同之处及表达效果

师:(播放 PPT 第 1 页)同学们,为了排演话剧,我们对《在〈人民报〉创刊纪念会上的演说》进行了改写。课前预习还要求同学们梳理《在马克思墓前的讲话》的结构。现在就呈现一下你们的成果吧。我们按照课文的顺序来呈现,谁先来?

生:我把第一段修改成一句话——1848 年那些革命模糊地宣布了无产阶级解放这个 19 世纪的、本世纪革命的秘密。

师:改得很干脆,干净利落,抓住了这段想表达的核心内容。同学们怎么看?

生:很好,让我一下子明白第一段想表达什么。

生:与原文比,是不是太少了一点?

师:哦,你看看少了什么? 其他同学有什么意见呢?

生:少了"裂口""缝隙""无底深渊""汪洋大海"等几个比喻。

生:还有"吵吵嚷嚷"那种很形象的词语。

师:哦! "吵吵嚷嚷"很形象,你说到这个词语的表达效果了! 你能具体说说几个比喻的意思和效果吗?

生:"裂口"和"缝隙"是指欧洲社会坚硬外壳上的裂口缝隙。"无底深渊"是指"汪洋大海"。

师:能够充分地利用文章里的信息进行以文解文,这是一种很好的方法。"无底深渊"是指"汪洋大海",那么"汪洋大海"指的是什么呢? (学生沉思)

生:"汪洋大海"可能指的是无产阶级革命。

师:为什么是"可能",而不是"肯定是"?

生:我只是感觉是。(笑)

师:我期待着你"肯定是"的理由。

生:后面那句话,"只要它动荡起来,就能把由坚硬岩石构成的大陆撞得粉碎",还有"宣布了无产阶级解放"的秘密。

师:刚才同学们联系上下文,充分利用文章里面的信息,对文章进行了准确的解读。大家梳理一下第一段中的比喻(见表 1)。

表 1

喻体	本体
欧洲社会干硬外壳	封建专制制度
细小的裂口和缝隙	1848 年革命

续　表

喻体	本体
无底深渊	无产阶级革命
汪洋大海	无产阶级革命

师:多次运用比喻有什么效果?

生:表达形象,使听众更容易明白无产阶级的力量和使命。

师:从梳理中,还可以看到作者运用了什么修辞?

生:对比。"细小的裂口和缝隙"与"汪洋大海"形成对比,突出无产阶级力量的强大。

生:还体现出 1848 年革命是汪洋大海般的无产阶级革命的前兆。

师:很好。纵向梳理,前后联系。正如课文注释②所说,1848 年革命锻炼了无产阶级和革命群众,对马克思主义和后来欧洲工人运动及社会主义运动的发展有着深远的影响。哪位同学更具体地介绍一下 1848 年革命?

生:1848 年革命是欧洲历史上最大规模的革命运动,是一场资产阶级革命,遍及欧洲绝大部分国家。英国爆发了工人广泛参与的宪章运动。

师:那么马克思为什么把这么一场范围广、声势大、参与人多的革命说成"微不足道"的事件呢? 而且还是面对着亲身参与革命运动的革命者说呢?

生:说 1848 年革命是微不足道的事件,目的是说明后面到来的无产阶级革命的波澜壮阔。

师:这是什么手法呢?

生:衬托。

师:从词语看,这里运用了对比,从语意上看,实际上是运用了衬托的手法,这样运用的效果就是抓住听众的心理,让听众能够充分感受到日后无产阶级革命的洪流。

师:刚才我们还谈论到"吵吵嚷嚷"用词很形象。你们再琢磨一下这个词所表达的具体意思。

生:"吵吵嚷嚷""模模糊糊"形象地说明了对革命认识不统一,对革命性质认识不清的特点。"秘密"是隐秘的,不为人知的,强调认识不到。

师:非常好! 同学们越来越厉害了,能够充分联系前后文的语境来理解文章。既然是秘密,所以有很多人认识不到,所以才会"吵吵嚷嚷",才会"模模糊糊"。而且马克思非常注意对象意识——是那些革命宣布了"秘密",这就体现了革命者的功劳,尽管有些革命者还认识不到自己的力量。

师:通过将修改稿与原文进行对照,我们很好地品味到演讲词的魅力。要想演讲词有良好效果,就要注意修辞的运用。哪位同学总结一下刚才大家丰硕的成果?

生:运用比喻,可以使表达形象,使听众更容易明白无产阶级的力量和使命,让人听得懂。通过对比,可以使听众认识到无产阶级的巨大力量。用词方面,"吵吵嚷嚷""模模糊糊"很形象很幽默,让人听得轻松。

师:总结得很好,一篇精彩的演讲词需要贴合听众的心理,需要运用修辞,需要用通俗易懂的语言表达。而这一切,都是通过同学的改写文稿与原文比照体会到的。我们继续用这种方法从原文中获得更多的演讲词心得。第二段,谁来?

生:实际上社会革命并不是1848年发明的新东西,同样在这之前,欧洲社会也没有感觉到从四面八方包围着、压抑着它的革命气氛。

师:同样简洁明了。比照原文,原文用了什么手法增强表达效果?

生:原文把"蒸汽、电力和自动走锭纺纱机"与激进的革命家比较,能够吸引听众的注意。"你们可感觉得到吗?"一方面用第二人称呼告,一方面用反问句式,提醒听众注意,很能抓住听众心理。用未曾感觉到"两万磅重的"大气压力,与没感觉到"革命气氛"进行类比,这样把道理讲得通俗易懂,很有体验感。

师:体会得非常深刻而到位。第三段呢? 谁来?

生:一件任何人都不敢否认的,可以作为19世纪特征的事实——一方面产生了人类历史上无法想象的工业和科学的力量,而另一方面又显现出远超罗马帝国末期那种载入史册情景的衰颓的征兆。

师:体会呢?

生:原文主要是用了一些词语进行强调吧。比如"任何政党都不敢否认""任何一个时代都不能想象""远远超过"等。

师:政治课代表能否用政治的专业用语,概括这段话?

生:以工业和科学力量为代表的生产力,必然冲击衰颓的生产关系,从而引发无产阶级革命大潮。

师:了不起,非常专业,不愧是政治课代表。第四段最难懂的部分,老师已经进行了示范改写,给我们关键的启发是对比着写,更突出矛盾的对抗。剩下的部分,哪位同学来?

生:社会新生力量需要新生的工人来更好地发挥作用,英国工人阶级的革命意味着工人阶级在全世界的解放,他们的英勇斗争却被资产阶级历史学家掩盖起来。为了报复统治阶级的罪行,就会在房子上面画神秘的红十字,所以历史的本身才是真正事实存在的依据,而无产阶级就负责来执行处理。

师:谈谈比照的体会。

生:原文列举了各种党派的错误认识,这样比较具体形象。

生:还运用了典故,比如狡狯的精灵、好人罗宾、老田鼠、光荣工兵、菲默法庭。

师:那你认为这些典故运用得好,还是不好?

生:运用得好吧。这样有文化味,增加文章容量。

师:嗯,典故是有这样的作用。还有没有关于运用典故的意见?

生:我觉得运用得不好,如果没有注释,我就看不懂。

师:很有道理啊。那究竟马克思用得好,还是不好呢? 大家讨论一下。

生:用得好。这篇文章是著名文章,肯定用得好。

生:没有注释,我们就读不懂,好在哪里?

师:演讲词好与不好,你们的评判标准是什么?

生:是不是贴合听众的心理,听众有没有听懂。

师:根据你这个标准,你是怎样评判的?

生:好!

师:为什么?

生:马克思是说给参加《人民报》创刊纪念会的那些人听的,那些人应该听得懂。

师:你觉得那些人应该是什么人?

生:应该是给《人民报》撰写稿件的人,或者是编辑之类等有文化的人。

师:老师也是大学本科毕业,也算有点文化吧,可没有注释,也读不懂"某一所房子画上了一个红十字"。这是为什么?

生(笑):不知道"菲默法庭"的典故。

师:这里我们不仅要注意听众的文化层次、文化背景,还要注意听众的宗教背景,这才是更深层次贴近听众的心理。当然,还要考虑听众的心理诉求。总之,正像前面同学总结的那样——一篇精彩的演讲词需要贴着听众的心理,需要运用修辞,需要用通俗易懂的语言表达。

任务二:理一理《在马克思墓前的讲话》的结构

师:那么,同学们在阅读《在马克思墓前的讲话》又有什么心得呢?

生:结构非常清晰。

师:你梳理过吗?

生:画在书上。

师:大家能不能在草稿纸上把结构示意图画出来?

(学生在草稿纸画结构示意图)

师:(播放 PPT 第 2 页,展示图 1)由于时间的关系,请同学们在幻灯片的第一列括号处填上表达情感的词语,在其他横线处填上相应的内容。

生:情感应该是悲痛——颂扬——悼念。理论贡献是发现人类历史发展规律,发现剩余价值规律。实践贡献是编报著书(宣传)、创建工人协会。

师:除了脉络层次清晰外,写作演讲词,还有什么方面值得借鉴?

生:强烈情感容易感染听众。

师:可以借鉴的地方肯定还有,同学们课后再仔细体会,见词悟道,从而提升自己。哪位同学把我们从演讲词中感悟的道理总结一下?

生:①从语句角度,抓住句子主干和强调成分;②从修辞角度,抓住修辞强调的指向;③从结构角度,理清思路,明确逻辑关系;④从情感角度,明确演讲者的爱憎倾向;⑤从文化角度,理解讲听双方的文化背景。这样才能直抵听众的思想深处。

师:获得知识,不是我们的目的,更重要的是要化知识为能力。请同学们按照刚才的感悟,根据表达观点要注意的角度,修改自己的演说词。

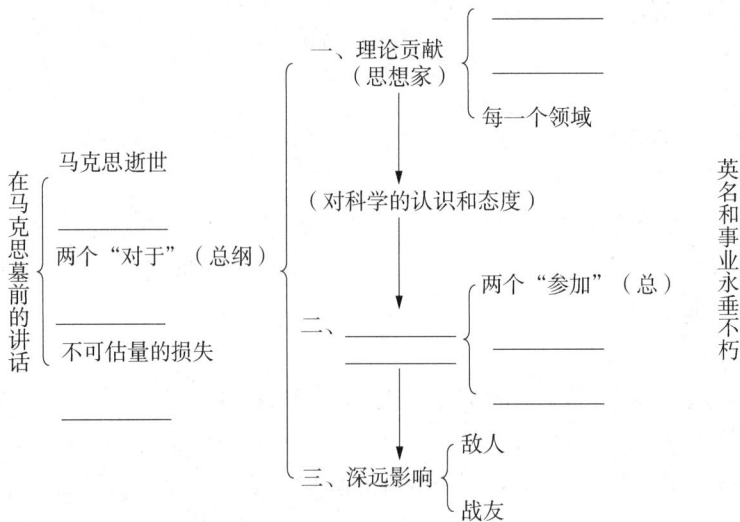

一、理论贡献（思想家）
　　　————————
　　　————————
　每一个领域

在马克思墓前的讲话
马克思逝世　————————
两个"对于"（总纲）
不可估量的损失　————————

（对科学的认识和态度）

二、————————
两个"参加"（总）
————————
————————

英名和事业永垂不朽

三、深远影响 { 敌人 / 战友

图1

第二课时　学以致用：践行演讲大道

任务三：改一改——根据表达观点要注意的角度，重新修改自己的演讲词

师：上节课我们明确了优秀演讲词需要注意的几个方面，而且要求同学们对自己的演讲词进行修改。现在以小组为单位，重点修改一位同学的演讲词，修改后向班级推荐。

（学生讨论，修改。各组出示自己修改的演讲词，整理如表2）

表2

演讲要注意的方面	需要修改句子	修改示例
演讲观点（语句层面）	社会新生力量需要新生的工人来发挥更好的作用。	社会新生力量需要新生的工人发挥作用，发挥更好的作用。 用短句、反复来强调观点。
层次结构	英国工人阶级在全世界解放也借于英勇斗争却被资产阶级历史家掩盖起来。	英国工人是最早的新生工人，又有着优良的斗争传统，因此更要发挥先锋的作用。 与前文"新生工人""发挥作用"勾连，逻辑也更清楚。
语言表达	1848年那些革命模糊地宣布了无产阶级解放这个19世纪的本世纪革命的秘密。	1848年那些革命模糊地宣布了无产阶级解放这个本世纪的秘密，这个革命的秘密。 "这个19世纪"和"本世纪"重复、拗口，修改后既忠于原文，又使演讲词简洁流畅。

续 表

演讲要注意的方面	需要修改句子	修改示例
情绪感染 （情感层面）	同样在这之前欧洲社会没有感到从四面八方包围着，压抑着它的气氛。	大家感觉到空气了吗？我们无时无刻不被它包围着。同样在这之前的欧洲社会没有感到从四面八方包围着、压抑着它的革命气氛。 用现场感来带动听众的情绪。
文化背景	为了报复统治阶级罪行就会在房子上面画神秘的红十字。	为了清算统治阶级罪行，就会在房子上面画红十字，进行惩罚的审判。 阐释文化背景中隐含的意义，也可以运用我们熟知的典故、事件来阐释。

任务四：试一试自己的演讲

师：理解的最高境界是运用，请被修改的这位同学试着进行演讲。大家根据评分表，给这位同学打分。

（学生进行演讲）

师：演讲首先要注意自己的形象，声音要洪亮，语速、语气、语调、音量、节奏等与句子表达的情绪要一致。比如，"1848年那些革命模糊地宣布了无产阶级解放这个本世纪的秘密，这个革命的秘密"，"1848年那些革命"语速稍慢，"无产阶级解放这个本世纪"语速稍快且用重音，"这个革命的秘密"语速稍慢，语气坚定而激昂。最关键的是，身临其境，把自己融入演讲的真实场景中。下面同学们推荐哪位同学来试一试？

生：推荐学播音主持的同学。

（学生进行演讲）

任务五：评一评同学的演讲

（教师展示评价标准，见表3）

表3

评价项目	评价要点	优	良	一般	差
观点内容 （30分）	忠于原文的观点（10分）				
	观点准确鲜明，内容围绕观点充实具体（10分）				
	材料真实典型，实例生动客观，具有普遍意义和时代精神（10分）				
层次结构 （10分）	讲稿结构严谨，构思巧妙，引人入胜（10分）				

评价项目	评价要点	优	良	一般	差
语言表达 (30分)	文字简练流畅,思想性较强,表达流畅自然(10分)				
	语言规范,吐字清晰,声音洪亮(10分)				
	语速、语气、语调、音量、节奏符合思想感情的变化,能熟练演讲(10分)				
形象风度 (10分)	着装朴素、端庄大方,举止自然得体,有风度,有亲和力(10分)				
情绪感染 (20分)	精神饱满,能运用姿态、动作、手势、表情,表达对演讲稿的理解(10分)				
	具有较强感染力,能与听众感情融合在一起,达到良好的演讲效果;时间控制在5分钟之内(10分)				
评委:		总分:			

师:演讲完毕,请你指定一位同学对你的演讲进行评点。

生:我打85分。整个过程我感觉挺好,听了很感动,但这位同学在讲的过程中有卡顿,所以我扣了点分。

师:你能按照评分标准,具体说说哪些方面好,哪些方面要提高吗?

生:这位同学形象风度整体不错,精神饱满,能运用肢体语言来辅助,但手势是不是太多了点?特别是卡顿时候。内容方面、层次结构,应该都不错。语言表达整体流畅,个别有卡顿。

师:你觉得应该怎样解决卡顿的问题?

生:背熟演讲稿。

师:背熟演讲稿是解决卡顿的方法。演讲同学,你认可吗?你觉得有什么经验可以交流?

生:除了背熟外,我觉得还要克服紧张心理。

师:因为时间关系,不能给每位同学展示的机会,同学们可以在课外继续训练,以此提高自己的演讲水平。评分标准就是我们提高的方向,请同学按照评分标准的指向来打磨自己的演讲。听的同学也根据评分标准来给演讲者提出意见,共同提升。下课。

【教学反思】

新课标以任务群为落实核心素养的有效途径,本单元属于"实用性阅读与交流"任务群,人文主题是"使命与抱负"。实用性文本的教学目标,关键是注重文本的针对性,落实其实用性的功能,所以我将本课教学目标设定为引导学生借助名人的优秀演讲词,获得对演讲词的感悟,优化知识结构,并化知识为能力,提高自己的核心素养。下面结合本次教学实际、设计意图反思如下:

1. 立足单元要求,设置核心任务

统编高中语文必修下册第五单元以"使命与抱负"为人文主题,指向"实用性阅读与交流"任务群,由《在〈人民报〉创刊纪念会上的演说》《在马克思墓前的讲话》《谏逐客书》《与妻书》四篇文章组成。从文体看,分别是演讲词、悼词、奏疏与书信,都属于实用文。单元要求"通过专题研讨,加深对'抱负与使命'的认识。要注意这些作品切于实用、关注特定对象、富于针对性的特点;要结合具体作品,学习有理有据地发表意见,阐发主张"。两篇革命导师的演讲词,都是有明确写作意图的实用性文本。主题上充分体现了时代洪流与个人志向的密切联系,对当代青年的"抱负与使命"极有启发意义。

《在〈人民报〉创刊纪念会上的演说》犀利地分析了19世纪资本主义社会的矛盾和成因,宣告了无产阶级的历史使命,鼓舞工人阶级走上历史舞台并发挥巨大作用。从内容上来说,马克思精准地把握了时代潮流,深刻地剖析了社会问题,体现了洞察社会、历史的思想光芒。从形式上来说,演讲词结构严谨,语言精练生动,极具鼓动性。《在马克思墓前的讲话》是恩格斯在马克思葬礼上所致的悼词,作者沉痛地哀悼自己的亲密战友,总结了其一生的贡献,在叙述中充分体现了崇敬和哀悼之情。悼词言简意丰,结构严谨,情感深沉。

两篇演讲词内容深奥,思想深邃,情感深沉,学生在理解上存在一定的难度,要从中学习表达技巧更是难上加难,因此必须给学生搭建支架,帮助学生理解并构建演讲的知识。采用改编演讲稿进行演讲的任务,促使学生在真实情境下掌握演讲能力,从而提高自己的语文素养。

2. 改写比对得法,运用评价提升

以演讲这一任务为中心,在教学过程中采用改写、比对等手段搭建支架,帮助学生细读、深读文章得法,以修改、评价等手段促进学生写作表达,最后以真实情境提升学生演讲素养。在单元目标的要求下,我采用了"说一说""理一理""改一改""试一试""评一评"五个任务来达成教学目标。"说一说""理一理"主要是得法,"改一改""试一试"主要是运用,"评一评"主要是评价反思,看运用的效果。

"说一说"主要引导学生理解革命导师的革命情怀,以及他们顺应历史,勇于担当的精神,并从语句、修辞、情感、文化等角度,理解演讲词的要求。"理一理"让学生从结构角度,理清行文思路,明确逻辑关系,认识到演讲词要注意思路清晰,还要注意情感渲染。"改一改"主要是指导学生根据评价标准修改自己的演讲词,一方面进一步明确要求,另一方面提升学生写作演讲词的综合能力,努力达到"注意对象、说理生动、逻辑相对严密"的学习目标。"试一试"旨在让学生把学到的知识进行运用,化知识为能力,化为默会知识。评价是学习过程的一部分,在"评一评"的过程中,学生既深化了对演讲词知识的理解,又锻炼了鉴赏演讲词的能力,同时还在实践活动中积累演讲经验。

五个任务链一环扣一环,不断推进学生演讲能力的形成、革命情怀的体验,从而提升他们的核心素养。从实用性阅读角度,让学生在理解的基础上,站在听众的立场,以回溯语境的方式感受演讲的表达效果,体会演讲词独特的魅力。此外,运用是实用性表达与交流的根本,也是让学生积累演讲经验的最好途径。

3. 构建真实情境,实践深度学习

语文学习源于生活中语言文字运用的真实需求,服务于解决现实生活的真实问题。运用真实情境,与学生的生活、经验、情感发生关联,激活学生相关知识和情感的经验,激发学生的好奇心、想象力、求知欲,全面调动学生知、情、意等因素,促使学生主动学习,提高学习效率,进而提升素养。

评价是学习过程的一部分,是深度学习的重要方法。通过评价,学生可以了解自己的优势和不足之处,从而在以后的演讲中不断提升自己的演讲技巧与能力。同时,评价的主体多元而丰富,促进学生之间的交流和互动,让学生从彼此的评价中学习和受益,提高整个班级的演讲水平。因此,评价是学习演讲过程中非常重要的一环,是深度学习的重要标志。

4. 正视不足之处,探索更优设计

课堂教学总是遗憾的艺术,首先,演讲词内容深奥,思想深邃,情感深沉,对于高一学生来说,阅读有很大的难度,个别同学不愿意花时间进入文本,更不用说鉴赏演讲词的妙处了。其次,演讲涉及多方面的技巧,学生原有的演讲知识、能力有较大的欠缺,这会影响深度学习的效果。最后,演讲评分标准的评价落实还不够到位。因此,怎样激发学生阅读文本的兴趣,怎样铺垫演讲的知识和技巧,怎样引导学生制订评分标准并落实评价,这些都是在教学中需要继续探索的方面。只有不断改进,才能不断优化设计,从而提高教学效率,达到更好的教学效果。

"情"与"理"：演讲稿的情感处理

执教/温州市教育教学研究院　周康平

本课课件

【专题目标】

精读《在马克思墓前的讲话》，联读《在〈人民报〉创刊纪念会上的演说》，探究优秀演讲稿中的情感处置，把握优秀演讲稿中情感处理的方式和作用。

【预习任务】

1. 以四人为一个小组，选出一名组长，组长需在上课时做好任务分配的工作。
2. 联读两篇演讲稿，争取在课前至少读两遍。
3. 画出让你印象深刻的句子，体会这些句子在什么地方打动了你，在句子旁做好批注。

【教学实录】

任务一：比一比，说一说——用不同的方式发表演说

师：生活中我们难免需要演讲，既然要演讲，就需要处理演讲当中的情感，要把握好情和理的关系。比如接下来这个情境。（播放PPT第1、2页）

我们班于同学要过生日了，我们现在要给他送祝福，请同学们分别用理性的方式和感性的方式给于同学送祝福。首先请承骏用理性的方式给于同学送上祝福。

生：今天是于同学的16周年出生纪念日，我谨代表全体同学为于同学送上祝福。

师：好的，请坐。先不急着鼓掌。待会我们听于同学的想法。接下来是感性的方式，请于同学的好朋友赵同学送上祝福。

生：于××，生日快乐，希望你每天都能开心，每天都可以自由自在。爱你！

师：现在我们采访下于同学，你喜欢哪种？

生：我喜欢第二种，因为第一种听了让我忍不住想敬礼。

师：喜欢第二种。好，再看。（播放 PPT 第 3 页）如果是这样一个情境，一个老人闯红灯了，你要劝他不要闯红灯。我们也请一位同学用理性的方式来讲。

生：老先生，您好，您闯红灯的行为会对交通和您的生命安全造成威胁，希望您不要再做这样的事情了。

师：好，接下来用感性的方式劝他不要过马路。请你来说。

生：老爷爷，你这样过马路的行为是不对的，会严重影响你自己的人身安全——会——（学生沉默）

师：有些紧张，没关系。但是总感觉刚刚好像还是有点理性。情感能不能再浓烈一点？你来说。

生：老头，你找死吗？现在是红灯，看不到吗？睁大你的眼睛，给我往上看一看，不能再往前走了。

师：情感浓烈，是比较凶的那种，让人听完有点害怕。各位同学，如果是情境二，选哪种比较合适？

生：第一种。

师：理性。我们发现在第一个情境中，同学与我们的关系比较亲密，班级的氛围又比较轻松，同时我们讲话的目的是要送祝福。所以浓烈的、感性的方式在这个时候更合适。可是在第二个情境中，老人对于我们来说是陌生的，而且是一个长辈，我们讲话的目的就是劝说他不再闯红灯，因此这个时候理性的表达更合适。所以在演讲的时候，情感的处理有三个要考察的要素——第一要看对象，第二要看讲话的场合，第三还要看讲话的目的。请大家把这三个要素牢牢地记在心中。（板书："对象""场合""目的"）

任务二：猜一猜，比一比——常见的悼词和本文悼词的情感表达有何区别？

师：《在马克思墓前的讲话》这篇文章，它的场合有点特殊，大家觉得是什么样的一个场合？

生：葬礼。追悼会。

师：是的，追悼会。所以，这篇演讲稿实际上其实是一篇悼词。各位，你们有没有参加过追悼会？一般情况下，悼词的情感是偏理性还是偏感性？（播放 PPT 第 4 页）

生：感性的，而且情感是比较饱满的。

师：情感比较饱满。请坐。因为一般情况下，发表这样演说的，一般是逝者的至亲好友，对不对？所以情感是偏浓烈的。

那我们今天要学的这篇文章，它作为悼词和常见的悼词有什么异同？（继续播放 PPT 第 4 页）不妨先来读一读，演一演，感受作者的情感。在这篇文章当中，大家觉得有没有情？

生（齐）：有。

师：肯定是有的。好，我们请同学来说一说，在这篇文章当中，你都读到了哪些情？（播放 PPT 第 5 页）

生：教材第 82 页的第二段"这个人的逝世，对于欧美战斗的无产阶级，对于历史科学，都是不可估量的损失。这位巨人逝世以后所形成的空白,不久就会使人感觉到",我感受到恩格斯对马克思的赞美,还有对马克思逝世的惋惜。

师:有赞美,也有惋惜。好,请坐。还有补充吗?

生:第四段指出马克思发现的一些规律,做出了很大的贡献。

师:你读到的是一些贡献,评价有点理性。没关系,先请坐。你继续补充。

生:我看到的是第八段的第三行"各国……回敬",我从这几句话看出,在恩格斯的眼里,马克思是一个很大度的人。他人格很高尚,很大度,不会因为自己的私欲去惹怒人。

师:所以除了对马克思逝世的不舍之情,你觉得这里还表达了恩格斯对朋友的什么样的情感?

生:敬仰。

师:有不舍,有惋惜,更有敬佩和赞美。同学们很棒,读出过这么多情感。既然是演讲稿,那我们不妨来演一演。(继续播放PPT第5页)接下来请同学们同桌合作,一个当听众,一个当演讲者。大家声情并茂地来演绎文章的第一段和第二段,读出你刚刚读到的那些情感。待会请同学上来演绎。

(学生同桌合作朗读)

师:好,应该差不多了。请于同学上来演绎。同学们,首先我们明确一下,现在我们要参加的是一场追悼会,所以各位同学要保持严肃。(播放PPT第6页)

(学生上台声情并茂地朗读,其他学生鼓掌)

师:我想采访一下,你刚刚做了哪些处理来表现你的情感?

生:我先叹了一口气表示惋惜。在第二段,我做了一些重音处理,说明马克思对于这个世界做了很大的贡献。

师:你在哪些字上加过重音?

生:"不可估量""空白",这些词加了重音,突出恩格斯对马克思的敬佩。

师:老师还注意到,你在读第一段的时候,不知道同学们有没有发现,读到"永远地睡着了"的时候——

生(七嘴八舌):语速变慢了。

师:为什么这么做?

生:因为这个时候我心中已经哽咽了。

师(面向全体学生):但是为什么不直接说"他永远死了"?

生:因为那样太直白了,那个情况下他说不出那样的话来。

师:是的。同学们想象一下,如果是你最好的朋友离开了这个世界,你是很难去直接言说他死了的,对不对?不想承认他离世的事实,于是用了"永远地睡着了"这样的词,于同学也在这里放慢了节奏。后面的"不可估量的损失"和"空白",于同学则加了重音,是因为恩格斯在这里要强调的是马克思的贡献,突出对马克思的敬佩。演讲者和被悼念对象的关系,决定了这篇文章必然会情感浓烈。(播放PPT第7页)

任务三:改一改,比一比——有人认为文中有些语段过于理性,试着改一改,让情感基调保持一致?

师:可是问题来了,这篇文章通篇都显示出这样浓烈的情感吗?

生(齐声):不是。

师:就比如文章的第三、四段。(播放PPT第8页)课前有同学说这两个段落读起来跟读政治书一样,很理性,很严肃。所以我请同学课前尝试着把它改得情感浓烈一些。我选择了一位同学改写的版本。(播放PPT第9页)左边是改写版,右边是书本上的原文。我们先采访一下这位同学,你做了哪些处理来突出恩格斯的情感?

改写版	原文版
正像达尔文发现有机界的发展规律一样,马克思于纷乱嘈杂中沉淀自己,于混乱中发现真理,经过重重困难,他以信念为矛,持孤勇为剑,发现一个将被载入史册的人类社会发展规律。即历来为繁芜丛杂的意识形态所掩盖着的一个简单事实…… 不仅如此。马克思还发现了……由于剩余价值的发现,这里就豁然开朗了,而先前无论资产阶级经济学家或社会主义批评家所做的一切都只是在黑暗中摸索。马克思这一位空前绝后的伟人为后人持起火炬,照亮了黑暗,点燃了未来的希望。	正像达尔文发现有机界的发展规律一样,马克思发现了人类历史的发展规律,即历来为繁芜丛杂的意识形态所掩盖着的一个简单事实…… 不仅如此。马克思还发现了现代资本主义生产方式和它所产生的资产阶级社会的特殊的运动规律。由于剩余价值的发现,这里就豁然开朗了,而先前无论资产阶级经济学家或社会主义批评家所做的一切研究都只是在黑暗中摸索。

生:我在原文的基础上,增加了一些手法,比如比喻、排比之类的修辞手法。

师:(播放PPT第10页)很好,通过排比和比喻来凸显对马克思的这份情感。接下来我们就请一位同学读改写版,一位同学读原文版。其他同学,在这种对比当中,思考一个问题——为什么作者在开头这样浓烈的情感表达之后,将后面第三、四段一下子写得这么理性?

(一生声情并茂地读改写版;一生语言平淡地读原文版)

师(打断学生二):其实到这儿,情感已经很明显了,对不对? 好,同学们思考为什么恩格斯要用这样的理性的语言去讲述?

生:我觉得恩格斯前面已经表现了对马克思逝世的不舍,而在这里是要罗列马克思的贡献,恩格斯可以稍微理性一点地把马克思所做的事情给讲述出来。

师:理性的语言能更准确地讲述贡献。请坐。还有没有补充?

生:我跟他说得差不多,前面两段的主观情感比较丰富,第三、四两段介绍马克思的贡献不能用主观的情感,客观的表达反而显得真实。

师:显得马克思的贡献没有被夸张和渲染,都是真实的。好,请坐。

师:你刚刚是不是举手了? 你来说。

生:没有加上修辞,只写他的成就可以更突出讲话的重点,把事实讲清楚了。

师:很好。能把最重要的信息从纷繁芜杂的语言当中直接剥离出来,让听者在一瞬间就知道重点信息。这也是理性客观的魅力。

师(转向另一位学生):你举手了,还有补充吗?

生:这里恩格斯所写的是马克思一生所做出的贡献,对于这些贡献,应该用比较准确理性、科学的口吻去讲述。这部分是恩格斯作为一个科学家对于马克思的评价。我觉得这种理性也表达了恩格斯对马克思的一种尊重。

师:理性的表达既是对马克思的尊重,也符合恩格斯的身份——"科学家",其实更应该说是一个政治科学家。

生(七嘴八舌):社会主义科学家、革命家……

师:对,社会主义科学家,更要尊重客观事实。我们总结一下,在第一、二段,作者要用这么饱满的情感去讲述,是因为当他在讲述自己一生的挚友死亡的时候,必然会有难以抑制的情感。可是在第三、四段,当他作为一个社会主义科学家去描述一个伟人的贡献的时候,理性的、简单的语言能够更加准确地帮助他完成这个事情。所以我们发现悼词作为一种特殊的演讲词,不是越浓烈越好。有的时候情和理的合理把控,能够让悼词更加恰当、得体、深刻。(播放PPT 第 11 页)

师:接下来时间交给同学们。大家小组合作,再去找一找这篇文章当中除了第一至四段之外,还有没有其他的地方也有这种情与理的合理把控,找出来读一读。

生:第五段和第七段也有情和理的融合。第五段的第一句和第二句是有感情的,后面的那一句是很理性的。第七段我觉得是一句理性、一句感性混在一起讲,讲马克思的贡献是什么的时候很理性,但是评价他做这些贡献的意义的时候,又有着饱满的情感。

师:恩格斯在一理一情的张弛有度中完成了他的演说。很好。最后我们不妨再一起通过朗读来感受这份情与理的张力。(播放PPT 第 12 页)

师:先明确下,老师加点的这些词,你觉得偏理性还是感性?

正因为这样,所以马克思是当代最遭嫉恨和最受诬蔑的人。各国政府——无论专制政府或共和政府,都驱逐他;资产者——无论保守派或极端民主派——都竞相诽谤他,诅咒他。他对这一切毫不在意,把它们当作蛛丝一样轻轻拂去,只是在万不得已时才给以回敬。现在他逝世了,在整个欧洲和美洲,从西伯利亚矿井到加利福尼亚,千百万革命战友无不对他表示尊敬、爱戴和悼念,而我可以大胆地说:他可能有过许多敌人,但未必有一个私敌。

生(齐声):感性。

师:我们读的时候要强调一下。好,现在在场的每一位都是恩格斯,你们要向我传递你们对于好友的怀念,对于革命战士的敬佩。开始。

(学生声情并茂地齐读文段)

师:读得很好。在大家的朗读当中,我既感受到了大家对于挚友的不舍,也知晓了大家对于马克思这样的一位革命战士最准确的评价。

任务四:用一用,想一想——是不是所有的演讲稿都有这样的特点?

师:那是不是所有的演讲稿都是这样的情感特点?我们看马克思的这篇演讲。之前大家已经预习了《在〈人民报〉创刊纪念会上的演说》,大家觉得它的情感是什么特点?(播放PPT第13页)

生(七嘴八舌):理性、浓烈、冷静……

生:理性。因为这是马克思在《人民报》创刊纪念会上的演说,他面对的是一群纪念《人民报》创刊的观众。

师:你直接从场合的角度,感觉到这篇文章必然是要理性一点,是一个理由。能不能结合文本细节再去感知下情感特点?

生:我觉得它的情感是非常饱满的。马克思是一个革命斗士,他需要号召人们一起加入他的队伍,跟他一起革命,所以他的演讲必须要有鼓动性和感召力。他经常在文章中使用一些比喻和典故,也会用很多形容词,使思想变得鲜活生动。所以我觉得他的情感应该是比较饱满的。

师:你关注到一些语言形式,比如很多的形容词,让你觉得演讲的情感是浓烈的。看来,同学们现在形成了两个派别——冷静派、浓烈派。还是期待大家在文本中找到依据支持自己的观点。

师:你是冷静派还是浓烈派?

生:我是浓烈派。我看到第四段最后几行,他提到"英国工人阶级从上世纪中叶以来进行了多么英勇的斗争",讲述英国工人的斗争,其实也是在告诉无产阶级的革命者,可以像英国工人一样,英勇地完成革命。这样的讲述是非常有力量的。一个"多么"就表现得特别明显。

师:"多么英勇",从"多么"一个词中就能够感觉到作者对革命战士的强烈肯定。那这么说,这篇文章情感基调就是浓烈的喽?

生:我觉得它是理性的。因为这篇文章的思想很深刻,也有很多理性全面的分析。比如,第三段"一方面……而另一方面"这样的表达;第四段中也有"一些党派"和"另一些党派"这样精密的分角度讨论。所以我觉得是理性的。

师:他的思想是深刻的,说理的过程中使用的语言也很精准,所以基调应该是理性的。

师(转向举手的同学):你还有补充对吗?

生:我觉得是浓烈的,马克思的语言特别有感染力。比如,在第二段第四行"尽管我们生活在其中的大气把两万磅重的压力加在每一个人身上,你们可感觉得到吗?",他用了一个反问句,还用了各种形容词、语气词——"狡狯的精灵""刨土的老田鼠",所以我觉得他要表达的感情特别浓烈。

师:"狡狯的精灵"还是一个比喻,指什么?

生(犹豫):资产阶级……

生(七嘴八舌):无产阶级。

师:再去细读文本,后文还有一个类似的比喻。

生:应该比喻革命。

师:用"精灵"比喻革命,表明马克思对革命的态度是什么?

生:革命好像很活泼生动,不是那么暴力冷血的。可以看出马克思是想要鼓舞人们去革命的。

师:因此这份浓烈,实际上还表现在对革命信念的坚定上。

师:我们总结一下,这篇文章在说理的时候确实是理性的、深刻的,可是文章中依然有浓烈的情感在。这种浓烈,像同学说的,可能体现在一些形容词上、一些比喻上。而这些语言的背后都是作者对于革命,对于自己政治信仰的一种坚定的捍卫。我们接下来一起来读一下这一段话,再来感受一下这种内向的、深沉的浓烈。(播放 PPT 第 14 页)

> 为了报复统治阶级的罪行,在中世纪的德国曾有过一种叫作"菲默法庭"的秘密法庭。如果某一所房子画上了一个红十字,大家就知道,这所房子的主人受到了"菲默法庭"的判决。现在,欧洲所有的房子都画上了神秘的红十字。历史本身就是审判官,而无产阶级就是执刑者。

(生齐读文段)

师:看来这篇文章在情感的处理上,确实很有艺术性的。有一位老师、一位文学评论的大家,他就这样去肯定马克思的这篇演讲。(播放 PPT 第 15 页)

> 马克思的演讲思想深刻,气势恢宏,体现了伟大革命家的胸怀,因为是在纪念会上讲话,所以用了很多形象生动的比喻,有幽默感,活跃了现场气氛。(《教师教学参考书》)

师:同学们看完这段话,再结合文本,说一说你对马克思的情感处置艺术有没有一些新的见解。

生:"气势恢宏"从第一段可以看出来。整个场景是非常宏大的,"一片汪洋大海,只要它动荡起来,就能把由坚硬岩石构成的大陆撞得粉碎",给人一种很有力的感觉。"狡狯的精灵"还有"刨土的老田鼠"则是通过比喻,体现了一种幽默感。

师:也就是说,在说理的过程当中,加入一些情感、一些比喻,就能让严肃冷静的"理"变得生动形象、气势恢宏。这样的例子其实还有很多,比如这些。(继续播放 PPT 第 15 页,展示类似的句子)

在看来似乎坚硬的外表下面,现出了一片汪洋大海,只要它动荡起来,就能把由坚硬岩石构成的大陆撞得粉碎。那些革命吵吵嚷嚷、模模糊糊地宣布了无产阶级解放这个19世纪的秘密,本世纪革命的秘密。

在那些使资产阶级、贵族和可怜的倒退预言家惊慌失措的现象当中,我们认出了我们的勇敢的朋友好人儿罗宾,这个会迅速刨土的老田鼠、光荣的工兵——革命。

在我们这个时代,每一种事物好像都包含有自己的反面。我们看到,机器具有减少人类劳动和使劳动更有成效的神奇力量,然而却引起了饥饿和过度的疲劳。

为了报复统治阶级的罪行,在中世纪的德国曾有过一种叫作"菲默法庭"的秘密法庭。如果某一所房子画上了一个红十字,大家就知道,这所房子的主人受到了"菲默法庭"的判决。现在,欧洲所有的房子都画上了神秘的红十字。历史本身就是审判官,而无产阶级就是执刑者。

师:接下来问题来了,马克思明明可以用很理性的方式,把他深刻独到的见解讲出来。为什么要做这么多处理呢?(播放PPT第16页)

生:因为马克思作为一个革命家,需要宣传他的政治理论的可行性以及价值,而且还要简单地传递给广大群众,所以他要通过这样的形式。

师:他让自己的说理变得生动化,是因为他考虑到了什么?

生(七嘴八舌):大众。

师:对,大众,演讲的对象,它决定了语言的生动化。还有没有别的原因?

生(纷纷举手):在注解里说他是流亡伦敦的外国革命人士,也就是说他向在场的这些陌生人宣扬自己的主张是比较难的。他的演讲必然要亲切生动些,才能拉近和观众的距离,才能点燃大家的革命热情。

师:也就是之所以要这样做,是因为这篇演讲的最终目的是什么?

生:目的是鼓舞群众参加革命。

师:没错。他是为了煽动鼓舞大家加入革命队伍中来。所以他的演讲越有趣、越生动、越有煽动力,越好。但我有一个问题,我想要煽动别人加入我的团队,我明明可以讲得幽默有亲和力就可以了,可是马克思的演讲里有很多冷静的、理性的、深刻的表达。这又是为什么?

(生沉默)

师:同学们,这是什么场合?

生:这是《人民报》的创刊纪念宴会。

师:你来说。

生:这是一个比较严肃的场合,参加会议的人的文化水平都比较高,所以要讲有营养的东西。

师:所以,场合决定了他必须要讲深刻的内容,表达最深刻、最理性的思考。因此,是对象、场合和目的共同决定了这篇文章的情感处置。

师:总结一下,今天这两篇文章在情感的处理上各有特点。《在马克思墓的讲话》,这篇文章是情理并重,情浓烈真挚,理则是得体到位的。之所以这样处理,是因为作为马克思的好朋友,恩格斯选择了真挚浓烈的情感表达,同时,作为一个政治家,他选择了理性的语言去评价马克思的贡献。马克思这篇演讲的情理处理则偏重理性。就像我们同学说的,这篇文章的情感基调是理性的、深刻的。在说理过程中加入一些情感、一些比喻,能够让表达变得更加生动,更加有煽动力。演讲对象、场合和目的决定了作者的情感处理。(播放 PPT 第 17 页,展示表1)

表1

文章	情感特点	情感处理的理由
《在马克思墓前的讲话》	情理并重: 情感真挚、浓烈、端庄; 评价得体、到位。	与悼念的对象的亲密关系决定了情感的选择; 讲话的目的决定了理性表达的选择。
《在〈人民报〉创刊纪念会上的演说》	情理结合,偏重理性: 情感浓烈、优雅、深沉; 说理生动、深刻。	演讲的对象:聚会人员的文化层次、政治觉悟程度; 演说目的:表达对当下社会理性的思考,提高与会人员的革命热情。

师:学了别人的文章,我们就要来用一用。今天有这样一个小任务。你的同学现在因为学习太苦,决定放弃备考。你可以劝说他继续备考,也可以劝说他放弃高考。但是无论你选择哪个立场,都要做到情理的结合。(播放 PPT 第 18 页)

师:一会儿后我请同学上来讲,其他同学就要听他讲的是不是有情又有理。

(学生准备)

师:好,我们首先请子文来吧。你先告诉我们你的立场。

生:我的立场是鼓励他继续高考。

同学你好。同为高中生的我十分理解你的感受。高中生活确实又枯燥又痛苦,但这段痛苦只是暂时的,熬过了高考这道坎,就能迎接属于自己的人生。著名教育家傅雷有言,"不经劫难磨炼的超脱是轻佻的"。高考给我们带来的不仅仅是学历的提升,更有意志的磨炼。在为高考而奋斗的这段痛苦但有意义的日子里,我们的心智也会变得强大起来,这何尝不是另一种收获呢? 再者,如果你现在真的进入社会了,以我们稚嫩的心灵和贫瘠的工作经验,恐怕是很难适应如此高压的成年社会的。因此,建议你目前还是以学业为重,以痛苦讴歌欢乐。在沉迷于题海之时,别忘了仨窗眺望天边的晚霞。祝你学业顺利。

生:"高考给我们带来的不仅仅是学历的提升,更有意志的磨炼""如果你现在真的进入社会了,以我们稚嫩的心灵和贫瘠的工作经验,恐怕是很难适应如此高压的成年社会的",这些地方都是冷静的说理;"同为高中生的我十分理解你的感受。高中生活确实又枯燥又痛苦""在沉迷于题海之时,别忘了仨窗眺望天边的晚霞",这些地方的情感则比较浓烈。

师:"别忘了眺望天边的晚霞"还是一个比喻,这让枯燥的劝说变得更生动。课后大家也可以把自己的演讲稿读给同桌听,看看有没有做到情与理的合理结合。今天的课就上到这里,谢谢大家。

【教学反思】

学生其实在初中时候,就已经接触过演讲稿。在高中阶段,我认为,学生对演讲稿的理解和学习,不应该只是停留在语句的语气、句式等简单的理解上。在高中阶段,应该有更多的高阶要求。比如,演讲稿的对象意识、情感贯穿、价值观呈现等高阶学习目标。在这一点上,本单元的两篇演讲稿,我觉得可以承担起更多的责任。

《在马克思墓前的讲话》是一篇悼词,也是一篇很特殊的演讲稿,其情感的抒发和对伟人贡献的总结,堪称经典。恩格斯对马克思的情感绝对不是因为需要表达而表达的,更多的是作为革命战友,对马克思于人类的贡献的深刻总结。它展现出了一般演讲稿所没有的教学价值。《在〈人民报〉创刊纪念会上的演说》一文就相对比较理性,与《在马克思墓前的讲话》的情感展现,刚好呈现了演讲稿的感性与理性的两面。

故而,本设计试图通过对这两篇文章的情感处理进行联读,通过联读来探究演讲稿中情感与理性的处理原则。但是,限于时间,本设计侧重以《在马克思的墓前的讲话》为精读篇目,以《在〈人民报〉创刊纪念会上的演说》为略读篇目。

探究演讲稿中的情与理,这样的课题相对枯燥,为了活跃课堂气氛,更好地推进课堂教学,我从导入开始,就设计了两个接近学生生活的情境。在教学中,我发现这些情境有助于消除学生的枯燥感,是课堂顺畅的主要原因所在。

在上课过程中,我觉得任务四的处理比较难,诸位如果借鉴本实录,要适当地引起重视。在任务四中,学生能够感受到文字中的浓烈情感,也能从句式、比喻、一些副词和形容词入手去体会浓烈的情感,但是对"狡狯的精灵""勇敢的好人儿罗宾"这些比喻,学生的理解比较浅层,只能说出"这是比喻,因此感性",不能把握本体,体会比喻的加入是为了调动听众的热情,表达自己对于无产阶级革命的坚定信念,这里需要老师慢下来带着学生细细品读,才能够让学生体会浓烈的情感的使用目的。这些细节也是课堂学习目标能落实的主要因素。

"长"与"丰":破解长句之"长"

执教/浙江省青田县中学　程煜　詹鑫

本课课件

【专题目标】

精读《在〈人民报〉创刊纪念会上的演说》与《在马克思墓前的讲话》两篇演讲稿,紧扣长句赏析,品悟其丰富的内涵、严密的逻辑、深沉的情感。

【预习任务】

1. 请找出下面两个句子的主干。

> ① 一方面产生了以往人类历史上任何一个时代都不能想象的工业和科学的力量;而另一方面却显露出衰颓的征兆,这种衰颓远远超过罗马帝国末期那一切载诸史册的可怕情景。(《在〈人民报〉创刊纪念会上的演说》)
>
> ② 正像达尔文发现有机界的发展规律一样,马克思发现了人类历史的发展规律,即历来为繁芜丛杂的意识形态所掩盖着的一个简单事实:人们首先必须吃、喝、住、穿,然后才能从事政治、科学、艺术、宗教等等;所以,直接的物质的生活资料的生产,从而一个民族或一个时代的一定的经济发展阶段,便构成基础,人们的国家设施、法的观点、艺术以至宗教观念,就是从这个基础上发展起来的,因而,也必须由这个基础来解释,而不是像过去那样做得相反。(《在马克思墓前的讲话》)

2. 请对比主干和原句,找出原句比主干多出的部分,梳理长句之"长"长在哪些地方,完成表1。

表1

句子	修饰语	联合成分	句子结构
句①			

续 表

句子	修饰语	联合成分	句子结构
句②			

注:这里的联合成分主要指插入语、复指成分等,可以不必要求学生懂得这些专业术语,学生只要了解它们是对主干句起补充说明作用的联合成分即可。

【教学实录】

师:同学们,第五单元第10课的两篇课文都是演讲稿,从句式来看,大家认为演讲稿的句式一般会有什么特点?

生:句式应该会比较短。

师:嗯,演讲稿是用来"讲"的稿子,通常多用短句。然而,我们在这两篇文章中发现了不少长句。(播放PPT第1页)为什么这两篇演讲稿使用较多长句呢? 这节课我们一起来探个究竟。为使探究更集中,根据事先对同学们的调查,课堂上我们集中探究两个长句,大家可以根据课内所学的知识再对其他长句进行赏析。

师:先来看看同学们的预习情况,请大家找出预习任务单上两个句子的主干成分,哪位同学来分享一下自己的预习成果?(播放PPT第2页)

生:第一句的主干是一方面产生了力量,另一方面征兆超过可怕情景。第二句的主干是马克思发现了规律。

师:感谢你的分享。其他同学还有不同的分享吗?

生:第二句我和潘同学是一样的,但是,我觉得第一句的主干应该是"一方面产生力量,而另一方面却显露出征兆"。

师:你的后半句和潘同学不太一样,请说说你的理由。

生:后句的"这种衰颓"是对前句"衰颓"的补充说明,前面已经讲了是"衰颓"了,我觉得最后一小句应该去掉了。

师:尤其是哪个词语提示我们衰颓前面已经被提及了?

生(沉思片刻):"这种"。

师:你发现了"这种",非常敏锐!

师:刚才两位同学对第一句的主干的划分产生了分歧,林同学发现了"这种衰颓"的补充说明的作用,"这种"作为代词所指代的内容前文已经讲到了,像由"这种"所构成的成分,我们可以称为"联合成分",插入语、复指成分等都属于联合成分,它们在句子中只起到补充说明的作用,所以就不考虑放在主干成分里了。因此,这两个句子的主干是——(继续播放PPT第2页)

> 预习任务1:请找出下面两个句子的主干。
> (1)主干句:一方面产生了力量;另一方面显露出征兆。
> (2)主干句:马克思发现了规律。

师:句子的主干成分包括主语、谓语和宾语,在划分了主干成分之后,我们再来对比主干和原句,找出原句比主干多出的部分,探讨长句之"长"究竟长在哪些地方。(播放 PPT 第 3 页)

(投影学生的预习任务单,见表 2)

表 2

句子	修饰语	联合成分	句子结构
句①	"以往人类历史上任何一个时代都不能想象的""而""却"	"这种衰颓远远超过罗马帝国末期那一切载诸史册的可怕情景"	复句
句②	"正像达尔文发现有机界的发展规律一样"	"即历来为繁芜丛杂的意识形态所掩盖着的一个简单事实……"	长单句

任务一:读一读,读出修饰之用

师:长句之"长"在于多了修饰语和联合成分,句子结构也比较复杂,我们就从这三个角度来探究"长"出来的成分在句子中究竟有什么作用? 先来看看修饰成分,请同学们以同桌为单位,朗读主干句和加上修饰语的原句,感受两者不同,和大家分享你们的成果,时间 3 分钟。(播放 PPT 第 4 页)

> ① 一方面产生了以往人类历史上任何一个时代都不能想象的工业和科学的力量;而另一方面却显露出衰颓的征兆,这种衰颓远远超过罗马帝国末期那一切载诸史册的可怕情景。
>
> ① 主干句:一方面产生了工业和科学的力量;另一方面显露出衰颓的征兆。
>
> ② 正像达尔文发现有机界的发展规律一样,马克思发现了人类历史的发展规律,即历来为繁芜丛杂的意识形态所掩盖着的一个简单事实……
>
> ② 主干句:马克思发现了人类历史的发展规律。

(同桌讨论)

生:我们分析的是第一句。"以往人类历史上任何一个时代都不能想象的"这个修饰语运用了夸张的修辞手法,"都不能想象的"很夸张,这样写就很形象。

师:嗯,夸张可以让语言更加形象生动,还有其他作用吗?

(生摇摇头)

师:请你试着有感情地把这句话读一读,感受一下"都不能想象的"还有什么作用?

(生朗读,刻意将"都不能想象的"读得有点长)

师:我发现你刚才把"都不能想象的"读得比较长。

生:我觉得这里很重要,还是要强调一下的。

师:强调的作用。你在朗读的时候也充满了情感,非常好! 还有吗?

生：没有了。

师：季同学发现了修饰语的强调作用，并且读出了丰沛的情感。其他同学还有吗？

（同桌马上举手）

生：我们刚才还说"工业和科学""衰颓"这两个词语是不能删除的。如果不加"衰颓"，我们就不知道究竟是怎样的一种征兆了，是好的还是坏的也不知道。这样让要讲的内容更明白。

（老师板书学生的关键词）

师：你们发现了修饰语能够使语言更加生动、情感更加强烈、指向更加明确这三个作用，你们真的慧眼如炬啊！

生：第一句里刚才同桌说"以往人类历史上"和"任何一个时代"两个意思应该是一样的，但是马克思说了两遍，我们觉得这里应该是有强调的作用。

师：强调什么？

生（思考一会儿）：强调这个力量是前所未有的。

（板书关键词：强调）

师：什么力量？

生：工业和科学的力量。

师：哪个社会里工业和科学的力量？

（生沉默）

师：请把这一段读一读，看一看马克思现在在谈论的是哪个社会？

（生读）

生：资本主义社会。

师：他肯定了资本主义前所未有的巨大的力量，这和他所提倡的不是矛盾了吗？

生：他后面又否定了资本主义的，他说"显露出衰颓的征兆"，而且他的重点肯定是在后面的"衰颓的征兆"。

师：你的反应特别迅速！你从哪里可以看出他的重点是在后面的"衰颓"呢？

（生沉默）

师：那先请你把这句话读一读，感受一下。

（生读原句，读得很平淡）

生：我感觉可能是"而"和"却"。

师：感觉很准确！这两个词语表示什么关系？

生：转折。

师：有表示转折关系的词语，句子的重点一般是放在？

生：后面。

师：马克思一面肯定了资本主义社会带来的巨大的力量，一面用"而"和"却"告诉我们重点在于其显露出衰颓的征兆。从思维的角度看，这让他的论证更加严谨。

（教师板书：论证更加严谨）

师：同学们还有其他的发现吗？

生：第二句里"正像达尔文发现有机界的发展规律一样"用类比的手法，因为那个时候可能大家还不是特别清楚马克思发现人类历史发展规律的重大意义,但是达尔文的事情大家都知道,用大家都知道的达尔文的事情类比,这样就更加形象,大家也很容易接受。

(教师板书:表达更加生动)

师:刚才同学们从不同的角度对长句中的修饰语进行了探究。修饰语能使表述更形象,使感情更充沛,使语气更强调,使思维更严谨。(播放PPT第5页)

师:请同学们再次朗读原句,注意修饰语的作用,读出相应的情感。

(全班齐读)

任务二:比一比,比较联合之义

师:除了修饰成分之外,我们发现长句还比主干句多了"联合成分",那么这么长的联合成分究竟能不能删除?请大家试着运用刚才研讨所形成的成果,分析联合成分的作用。(播放PPT第6页)

生:肯定不能删。第一句里的那个联合成分"这样"也是一种强调,如果不加,人们可能意识不到究竟有多衰颓。而且,罗马帝国末期的情况当时的人们应该是很清楚的,用人们熟悉的情况去补充说明,能够让人们形象地感受到这种衰颓的征兆会很可怕,那么资本主义也很快会走向灭亡了。

师:嗯,更加强调了衰颓的严重程度,用人们熟悉的情况使表述更加形象,活学活用,特别好!

师:让观众明确地感知到这种衰颓的可怕,除此之外,还让观众感受到了什么?

(其他同学小声议论)

生:信心。

师:请你详细说一说。

生:因为当时正处于大革命的低潮,马克思指出旧制度必将走向灭亡,就会让人们有信心,让现场的观众听了就会很激动,坚信无产阶级革命必然会胜利的。

师:观众充满信心,很激动,情感更加饱满,你精准地传达出当时听众们的感受,非常到位!

刚才这位同学从内容的角度分析了联合成分具有强调的作用,从听众的角度感受到了情感的充沛。除此之外,还有吗?

(生沉默)

师:那如果我们把这个句子改为"一方面产生了以往人类历史上任何一个时代都不能想象的工业和科学的力量;而另一方面却显露出远远超过罗马帝国末期那一切载诸史册的可怕情景的衰颓的征兆",可以吗?(播放PPT第7页)

生(齐声):不可以。

师:请你来说一说理由。

生(跃跃欲试):如果变成修饰成分,那两个都是很长的长句了,感觉太啰嗦了,听众可能都来不及反应。

师:让它成为联合成分就不会显得啰嗦冗长,会更加简洁一些,很厉害!其他同学还有补充吗?

生:改句的"一方面"和"另一方面"两个句子看起来都是一样的,又长又很单调。前面那半个句子已经很长了,后面还这么长,太无聊了吧?

师:看起来很单调,原句的形式更有变化,角度很新颖!

师:那么第二个句子的联合成分有什么作用呢?

生:第二句里的"即历来为繁芜丛杂的意识形态所掩盖着的一个简单事实"是对上文"人类历史的发展规律"的补充说明,这个事实虽然是简单的,但是它被"繁芜丛杂"的意识形态掩盖,马克思好像要拨开重重迷雾一样,这说明了他发现规律的艰难。

师:刚才同学们对联合成分进行了细致的分析,联合成分除了和修饰成分一样有强调语气、丰富内容、表述严谨的作用,还能让句子具有语言形式的变化之美和简洁之美,也更容易为现场的听众所接受。(播放 PPT 第 8 页)

任务三:品一品,品出长句之美

师:演讲是一种现场感特别强的言语交际活动,同学们,请以小组为单位,根据文本和收集的资料探讨作者的思维情感特点和演讲现场的场景特点,说一说演讲中使用长句的特点和效果。(播放 PPT 第 9 页,展示表 3)

表 3

演讲稿	场景特点(场景、听众)	作者特点	长句特点效果
《在〈人民报〉创刊纪念会上的演说》	当时处在大革命退潮的低谷时期,在场听众都是思想先进、富有热情的革命同志。听众需要廓清认识和坚定信心		句式绵长,使内涵更丰富,逻辑更严谨,情感更深沉。句子以其雄辩的力量和深邃的思想告诉人们为什么一定要进行无产阶级革命以及革命一定会胜利的原因,给人鼓舞和信心
《在马克思墓前的讲话》		富有理论素养,思维缜密,与马克思的友情真挚而深沉	

(小组讨论,完成表格。小组分享成果,个别小组成果如表 4)

表 4

演讲稿	场景特点(场景、听众)	作者特点	长句特点效果
《在〈人民报〉创刊纪念会上的演说》	当时处在大革命退潮的低谷时期,在场听众都是思想先进、富有热情的革命同志。听众需要廓清认识和坚定信心	具有无产阶级革命的坚定信仰,慷慨激昂	句式绵长,使内涵更丰富,逻辑更严谨,情感更深沉。句子以其雄辩的力量和深邃的思想告诉人们为什么一定要进行无产阶级革命以及为何一定会胜利的原因,给人鼓舞和信心

续　表

演讲稿	场景特点(场景、听众)	作者特点	长句特点效果
《在马克思墓前的讲话》	在马克思墓前	富有理论素养,思维缜密,与马克思的友情真挚而深沉	告诉人们马克思最大的成就以及不灭的革命信仰

师:结合演讲的场景特点以及作者的特点,为什么第二个句子显得特别长?

生:因为恩格斯和马克思是很好的朋友,马克思去世了,恩格斯很悲伤,句子长,更能够表达他对马克思深沉的情感,也更加突出他们之间珍贵的情谊。

师:绵长的句子背后是深沉的情感。其实,所有的语言形式的背后指向的都是文本的意义、逻辑的力量和情感的内核,所以形式也是有意义的。本节课,我们对两个长句子的修饰成分、联合成分以及结构进行分析,发现了形式背后的意义。得法于课内,得益于课外。课后,请大家再选取两篇课文中其他两三个长句,根据课内所学知识进行赏析,并把心得和同学分享。(播放 PPT 第 10 页)下课!

【教学反思】

新教材新课程落地已久,聚焦学科核心素养,一直是"双新"之下所关注的重心,而如何让语文学习真正发生,如何切实提升学生学科核心素养,如何让语文学习可见可测,则是当下语文学习需要关注的。结合此次的课堂教学,做以下反思总结:

1. 立足单元学习任务,聚焦学科核心素养

《在〈人民报〉创刊纪念会上的演说》与《在马克思墓前的讲话》是必修下册第五单元第十课的两篇文本,这两篇演讲稿是演讲史上的经典之作,教材就课文的结构、表达方式和策略等方面提出了相应的学习任务,其中单元学习任务三便指向"长句分析"。基于此,本节课的核心任务围绕分析本课中的典型长句子展开。从表层看,研读长句子是分析句子成分,指向语言建构与运用核心素养,但形式都是有意义的,通过分析长句子的构成和结构层次,能够进一步体会作者在形式背后所蕴含的深沉的情感以及严密的逻辑,更进一步促进思维发展,提升学科核心素养。

2. 关注学生已知,解决学生未知

本节课的核心任务是通过分析句子成分研读长句,这要求学生必须事先对于基本的语法知识有一定的了解,明确地指出什么是句子的主干成分。但是,在学习过程中,有一小部分学生对于语法一无所知,以至于在课堂一开始就呈现出迷茫的状态。这就警示老师,在备课的时候,一定要备学情,关注学生已有的知识体系,及时地查漏补缺;更为重要的是,要关注学生的个体差异,对个别学生进行个别辅导也是很有必要。本节课的课堂容量很大,有的学习任务在课堂落地时呈现出"水土不服"的情况,例如,对于修饰的作用,学生并没有走向预先设置好的几个点,然而,我以为这并不妨碍,学生课堂上生成的才是我们语文学习中需要关注的,这需要老师们强大的课堂驾驭能力,能够及时地调整,以达到预设和生成的平衡,真正解决学生的问题。

3. 让语文学习真实发生,学习成果可见可测

每一节语文课堂上,语文学习似乎都在发生,但是如何真正做到有效,如何界定有效,一

直是困扰我的问题。其实,一节课,学生收获了什么、收获了多少便是课堂学习有效性的体现。新课程之下,学生通过在课堂上做任务的方式解决真实存在的问题,掌握了相应的解决方法,用以解决另一个问题。本节课通过比较、分析长句,学生可以搭建起分析长句的支架,明确分析的路径,而课后的作业便是对本节课所学的评价。然而,比较遗憾的是在学习实践中,课后的评价反馈并没有及时地跟进,笔者只是对课后任务进行了批改,但是并没有及时地给予学生反馈,以至于搭建的支架在运用方面稍显不足。

逆鳞有术：公私兼顾的劝谏之道

执教/浙江省宁波市北仑中学　王科威

本课课件

【专题目标】

精读《谏逐客书》，联读《谏太宗十思疏》《烛之武退秦师》《触龙说赵太后》，把握实用文目的性、针对性的功能特点，了解古代文论中的劝谏艺术，深入探讨公私兼顾的劝谏之道，感受中国传统的劝谏文化。

【预习任务】

1. 精读《谏逐客书》，疏通文言字词，掌握文章内容。

2. 联读《谏太宗十思疏》《烛之武退秦师》《触龙说赵太后》，阅读参考译文，了解文章内容。

3. 自主查阅资料，从"写作原因及对象""社会事件、现象或问题""立场、观点或行为"和"写作目的"四个方面设计表格，提炼相关信息。

【教学实录】

师：（播放 PPT 第 1 页，板书："劝谏"）"劝谏"这个词在生活中已经不常用了，请同学们来解释一下它的意思。

生：规劝。

生：劝说。

生：说服。

师：同学们的解释大同小异，基本正确，但严格来讲还不够准确。"劝谏"两字其实各有侧重——"劝"，意为拿道理说服人，使人听从；"谏"意为规劝，使改正错误。

师：在中国，"劝谏"不仅仅是一种行为，更是一种文化。"劝谏文化"兴起于先秦时代，它不但对中国的政治结构有着深远的影响，对中国文学的发展也同样影响巨大。今天我们就通过《谏逐客书》及其他几篇文章来学习"劝谏之道"，走近"劝谏文化"。

任务一：破解劝谏的内涵特征

师：《谏逐客书》《谏太宗十思疏》《烛之武退秦师》《触龙说赵太后》这几篇文章就是"劝谏文化"的经典之作，我们先从文体方面观察它们有何共性特征。

生：四篇文章都是以说理为主的论述文。

生：说理为主，但具体到文体，前两篇是臣子写给帝王的文章，显然是议论文，后两篇则是选自史传文学，不是标准的议论文。

师：同学们既找到了共性特征，也发现了不同之处，非常好。劝谏类文章因其劝谏目的当以论述文为主，如《谏逐客书》《谏太宗十思疏》都是典范的论述文，即便是史传文学，比如《烛之武退秦师》《触龙说赵太后》中的劝谏部分也可以视为局部的论述文。所以笼统而言，劝谏类文章的共性特征是实用性，以论述为表达特色。

师：劝谏类文章因其实用性，往往具有明确的对象、目的等，接下来我们快速梳理一下四篇文章的劝谏背景、劝谏主体、劝谏对象和劝谏目的。因为时间关系，课堂上我们集中交流《谏逐客书》，其他文章大家可以在课后完成。（播放PPT第2页，展示表1）

表1

选文	劝谏背景	劝谏主体	劝谏对象	劝谏目的
《谏逐客书》				
《谏太宗十思疏》				
《烛之武退秦师》				
《触龙说赵太后》				

（学生用两分钟快速梳理）

生：结合课前发的阅读材料，《谏逐客书》的劝谏背景是郑国修渠一事给秦国宗室贵族提供了进谗言之机，致使秦王下令驱逐所有客卿。而李斯是楚国上蔡人，后来到秦国游说，被任命为客卿，也在被驱逐之列。

生（补充）：我觉得劝谏背景还要考虑秦国自身。当时秦国已经是第一强国，国家的战略目标已经调整为吞并六国，完成统一天下的大业。

生：劝谏主体是李斯。刚才同学在说背景时已经提到了，一方面李斯身为客卿，在被驱逐的行列，另一方面他当时颇受秦王信任，具有较高的地位，因此也有了劝谏的机会。

生：劝谏对象是秦王。秦王作为一个拥有雄才大略的君王，他的国家战略目标是吞并六国、一统天下。

生：劝谏目的是阐明逐客之过，劝说秦王收回逐客令，从李斯自身角度当然是希望能避免自己被驱逐。

师：非常好，同学们不仅抓住了文本，还能够结合课外材料，全面而准确地进行梳理概括。从中，我们也可以明确劝谏需要考虑诸多因素，因为劝谏往往是臣子对君主进言规劝，务必使其正视缺点、改正错误。在劝谏过程中,不仅要着眼于劝谏的背景和目的,更要考虑到双方的身份、地位及立场等复杂因素。总之,劝谏的确是一门语言表达的艺术。

任务二:鉴赏劝谏的语言艺术

师:要达成"劝谏"的目的,语言表达就显得非常重要。劝谏类的文章往往文脉贯通、文采斐然,本身也具有较高的文学价值。下面以《谏逐客书》为范本,请同学们自主诵读,并与我们分享你感受到的语言艺术。(播放 PPT 第 3 页)

(学生自由朗读,时长 2 分钟)

生:(朗读第一段部分语句)《谏逐客书》首段在列举秦国历代君王任用客卿时,运用了不少构成对偶的句子,既使句式工整,又使说理更有气势和力量。

生:第一段既有对偶的句子,也有句式参差的句子。这就使得《谏逐客书》不像赋那样过于讲究工整对仗,而是在对偶中又有变化,显得生动,更有利于说理。

生:(朗读第二段部分语句)《谏逐客书》中有大量的举例,多处运用比喻,构成一幅绚丽多彩、繁华闪耀的宫廷生活图。比如以玩好、美女为喻,除了运用并列的词组以外,还运用了大量的排比句,读来朗朗上口,富有节奏感和韵律感。

生:(朗读第三段部分语句)《谏逐客书》善于运用对比,如分析"用客治国"和"逐客资敌"两种策略,从正反两方面驳斥"逐客"之策。同时再次设喻,用与土地粮食相关的人们最易接受的道理说起,又同时使用排比,使得论述既切中要害,又没有太多繁杂之感。

师:同学们朗读得好,分析得也不错。尽管劝谏类文章是应用类文本,但实用性与艺术性可以相辅相成。当然,实用性是艺术性的前提,也是文章的目的所在。但不可否认的是,语言的艺术性可以增强文章的说服力和感染力,反过来又增强了实用性。正如《谏逐客书》,形式美、内容美与语言美相结合,达到了实用性与艺术性的统一。课后利用早自习等时间,同学们可以从"对比的艺术""比喻的艺术""类比的艺术""铺排的艺术""正反的艺术"等方面继续品读这四篇文章,进一步感受劝谏文章的语言艺术。

任务三:区分劝谏的方式类别

师:劝谏的目的是确定的,方法却可以"殊途同归",劝谏并无定法,可以有不同的方式。因此从劝谏方式来看,劝谏文章可以有不同的分类,我们不妨就从劝谏的方式角度给这四篇选文分类。

生:相比较而言,《谏太宗十思疏》的劝谏方式比较直白,有点"当面锣对面鼓"的感觉,我想可能跟魏征的人物性格和行事风格有点关系。

师:联系魏征与唐太宗的相处模式,唐太宗本身也是一个善于纳谏的明君圣主,也适合采取比较直白的劝谏方式。

生(补充):魏征死后,唐太宗曾有"夫以铜为镜,可以正衣冠;以史为镜,可以知兴替;以人为镜,可以明得失"的感慨,从这里也可以看出魏征的劝谏方式。

师:说得非常好,魏征无愧于一代诤臣,直言相谏忠心可鉴。那么其他三篇文章呢?

生：另外三篇的劝谏方式相比较而言就很注重说话的技巧，体现了高超的劝谏艺术，很多时候采取了曲折迂回的劝谏策略。

师：一般而言，劝谏大致可以分为直言和曲言，当然两者没有高下之分，只是方式不同。从这个角度而言，《谏太宗十思疏》属于直言进谏，另外三篇则属于曲言劝谏。

师：究竟采用直言进谏还是曲言劝谏，自然要看具体的情况和条件。假如另外三篇文章也采用同样的直言劝谏方式，大家觉得劝谏之人会遭遇何种困境？我们可以填一填这张表格。（播放PPT第4页，展示表2）

表2

选文	劝谏目的	劝谏困境
《谏逐客书》		
《烛之武退秦师》		
《触龙说赵太后》		

（学生思考两分钟）

生：《谏逐客书》的劝谏目的是说服秦王收回逐客令，而劝谏困境恰恰就是作者李斯本身是外来之人，自己就处于被驱逐的行列。如果直言劝谏，难免会产生维护自己个人利益的嫌疑，从而大大降低劝谏的说服力。

生：《烛之武退秦师》的劝谏目的是说服秦王退兵，从而成功解围，但是如果直言劝谏对方很难买账啊，人家秦国就是有利可图才帮助晋国，捞不到好处肯定不愿意听你的劝谏之言。

生：《触龙说赵太后》的劝谏目的是说服赵太后让她的爱子长安君去齐国做人质，以此来换取救兵解除来自秦国的危难，而劝谏困境就是赵太后爱子心切，如果直言劝谏必然会适得其反——文章中赵太后严词拒绝了大臣们的强谏，并声称"有复言令长安君为质者，老妇必唾其面！"

师：同学们分析概括得很好。如果我们进一步思考劝谏困境的实质，就可以发现所谓的困境一方面在于劝谏对象，因其大多是君王，地位高高在上，既与国家密不可分，同时又具有个体的性情、喜好、缺点等；另一方面也在于劝谏主体，因其个人的身份、地位、立场等常与劝谏目的有所牵扯，从而导致公私不分、界限不明。总之，困境的实质往往在于公与私的矛盾和对立。（板书："公"与"私"）

任务四：兼顾劝谏的公私立场

师：公与私很多时候相互矛盾且界限不明。如果纯粹是"公事公办"，按照常规劝谏当然没有什么大问题。然而，一旦涉及双方的立场、关系或亲疏等有关"私"的方面，劝谏就必然面临公与私的问题，劝谏时很容易公私混淆从而导致劝谏失败。

师：因此要厘清劝谏时的公私立场，下面我们就来分析一下这三篇选文里面所涉及的公私立场。

生:在《烛之武退秦师》中,"公"是站在秦国的立场上阐明退兵的重要性,"私"是站在郑国的立场上为了解围自救。

生:在《谏逐客书》中,"公"是站在秦国的立场上劝谏收回撤销逐客令,"私"是李斯本身就在被驱逐之列,涉及他个人的利益。

生:在《触龙说赵太后》中,"公"是站在赵国的立场上主张让长安君去齐国做人质,从而求得齐国的援助以解决赵国的危机,"私"是身为国家统治者的赵太后也是爱子心切的母亲,她不愿意长安君沦为人质。

师:在劝谏时如果公私立场共存,如何才能做到公私兼顾,从而达到劝谏成功的最终目的和效果呢? 请同学们以小组为单位,相互交流讨论,以这三篇选文为例,可以选择其中一篇或多篇,探讨公私兼顾的劝谏之道。(播放 PPT 第 5 页)

(学生小组讨论,时长五分钟)

师:接下来,我们就来分享一下大家小组讨论的成果,听听同学们提炼出来的劝谏之道。

生:《谏逐客书》中李斯客卿的身份其实非常尴尬,说实话他并不是一个很适合的劝谏者。因为李斯自己也属客卿的行列,他如果过分强调自己的立场必然会适得其反。因此在劝谏过程中,李斯一方面巧妙回避谈论与自己身份对立的秦国宗室贵族,另一方面又对客卿的危害闭口不谈,既不为之辩护,也不指出其危害,好似置身于这场宗室贵族与客卿的斗争之外,成了一位客观中立者,其观点也更容易被秦王采纳。

师:分析很到位。像李斯这样的情况,鉴于私人立场的敏感性,劝谏时可以选择避实就虚,避开私人的立场而选择置身事外、保持中立,我将这种劝谏之道概括为"显公隐私"。(板书:显公隐私)

生:在《烛之武退秦师》中,烛之武一上来主动示弱,"秦、晋围郑,郑既知亡矣",既满足了秦王的虚荣心,更消除了敌我双方的紧张戒备心理。有时候私人立场也不得不提,比如对方已经兵临城下"国危矣",一味避而不谈反而可能会令对方有所怀疑。这个时候就要有技巧地将话题引到对方身上,善于站在对方的立场上,全面分析"亡郑"和"舍郑"的利害得失。

师:因为和劝谏对象之间存在着地位、身份等差异,劝谏者往往需要消除对方的警惕和戒备心理,从而使得劝谏更为顺畅。这时候就要尽快摆脱"私"的敏感,而尽快将话题成功转移到"公"的领域,我将这种劝谏之道概括为"以私入公"。(板书:以私入公)

生:要想劝谏成功,还要学会"共情"。尽管自己有"私"的利益和考虑,但这时候反而需要设身处地,学会换位思考。比如《触龙说赵太后》中,触龙深知必须顺着太后溺爱长安君的心理因势利导,从为长安君的根本利益着想出发,层层深入地启发引导,终于使太后深受感动并接受劝谏。

师:说得对。这里的"私"其实跟《谏逐客书》不同,是对方赵太后的"私",而触龙希望赵太后能够放下"私"而选择"公"。这个时候可能就不是放弃那么简单了,触龙主动站在对方的立场上去思考问题陈述理由,进而以"私"的角度成功化为"公"的劝谏,实际上这时候"公"与"私"非但不矛盾反而是合而为一了。我将这种劝谏之道概括为"扬私济公"。(板书:扬私济公)

师:课堂时间是有限的,但我们在有限的时间内不仅欣赏了劝谏者们的精彩表现,更深入探讨了他们的劝谏之道。其实前面学过的《齐桓晋文之事》也是一篇劝谏类的文章，与《谏逐客书》有异曲同工之妙。结合本课学习的知识，请同学们课后尝试从公私兼顾的角度分析《齐桓晋文之事》中孟子的劝谏之道。（播放 PPT 第 6 页）另外，这堂课内没有完成的余下任务大家在课后继续完成，下课！

【教学反思】

相较于其他单元，文言文单元的专题教学无论是设计还是实施都面临着更大的挑战。如果沿用老传统老教法，专题教学显然"不合时宜"，更"不切实际"。为此，我们要根据实际情况和教授对象，合理设计专题教学，逐步打破教师教学文言文的固有模式，改变学生学习文言文的惯常方式。

现结合本次教学实践，谈谈在文言文专题教学方面的相关思考：

1. 关于文言

文言文专题教学，文言是第一道关卡，老师们不得不面对也不敢不面对。我们肯定不能再像之前那样唯"文言"为上，否则专题教学只是空谈，缺乏实施的时间和条件。然而我们也不能忽略文言，否则文言文教学就成了"无本之木""无源之水"，专题教学自然也成了不接地气的"空中楼阁"。因此，在开展专题教学时必然要考虑文言的落实，只不过可以调整时间、改变方式落实，并非一定要局限于课堂教学和教师落实。我们可以适当"放权"，给学生提供明确的自学任务，给予一定的自学时间。事实证明如果情境适当、任务明确，学生完全有自主学习的能力。同时，在专题教学过程中文言也应贯穿始终，并不会也不能在课堂"缺席"，我们可以在过程中不断地纠正、加深、强化文言的落实。

2. 关于文章

因为过于注重甚至完全偏向文言，很多老师和学生习惯了关注局部的文言知识，而欠缺对文章的整体鉴赏，正所谓"只见树木，不见森林"。毫无疑问，我们学习文言文要学习文章，并非仅仅为了学习文言。因此，专题教学首先要强化这种文章的意识，比如《谏逐客书》，我们要从整体宏观上去把握文章的内容主旨、写作手法等，只有这样我们才能更好地欣赏领略"这一篇"。我们在现代文学习中早就熟悉了文章的教学，但是一旦到了文言文往往就畏首畏尾、犹豫徘徊。其实，我们完全可以在文言文教学中强化"文章"的教学意识，设置相关的教学环节，引导学生摆脱单一、琐碎、重复的文言学习，转而将更多的注意力放在文章的品读和欣赏上。

3. 关于专题

个人觉得文言文单元教学的专题教学并无定法且并非必然，基于一定的教学目标和教学设计，单篇教学依然可以成为我们的选择和课堂的常态，不要只是为了专题教学而专题教学。因此，专题教学的开展要有明确的教学目标，可以是为了从"这一篇"到"这一类"的强化和突出，比如从《谏逐客书》的"劝谏"，关联到《谏太宗十思疏》《烛之武退秦师》和《触龙说赵太后》等选文，帮助学生更好地理解"劝谏之道"和欣赏"劝谏文化"。当然，也可以通过对照、补充等方式，强化"这一篇"的独特性。总之，文言文的专题教学要找准"关联点"，有效串联群文，并且围绕着"关联点"明确教学目标，有效设计教学环节。

英雄气概，儿女情长：革命书信联读

执教/浙江省奉化中学　马慧芳

本课课件

【专题目标】

精读林觉民、胡琏的《与妻书》和杨开慧的《托孤信》，梳理整合三封书信的异同点，感受英雄气概与儿女情长，思考两者关系并探究英雄"舍小爱，为国为天下"的根源。

【预习任务】

阅读林觉民《与妻书》、杨开慧《托孤信》、胡琏《与妻书》，比较三封书信的异同，完成表1。

表1

同	异
1. 体裁： 2. 内容： 3. 情感表达：	1. 书写对象： 2. 内容： 3. 情感表达： 4. 行文长短、结构详略：

【教学实录】

环节一：导——文天祥《正气歌》

（教师播放PPT第1页）

正气歌

〔宋〕文天祥

天地有正气，杂然赋流形。

下则为河岳，上则为日星。

于人曰浩然,沛乎塞苍冥。

皇路当清夷,含和吐明庭。

时穷节乃见,一一垂丹青。

……

师:浩然之为气也,至大至刚,塞于天地间。时运维艰时,拥有浩然之气的英雄就会出现,一一垂于丹青。今天,我们要走近的就是"时穷节乃见"的三位英雄儿女——黄花岗烈士林觉民、共产党员杨开慧、国民党抗日名将胡琏,我们手头的三封信都是他们的绝笔信。(播放PPT第2页)

环节二:起——书笺纷彩,尺素共情

师:先请同学根据预习单,梳理一下三封书信的内容,它们有哪些相同点,又有哪些不同点?

生:它们的相同点一是体裁上都是绝笔信;二是内容上都既有对亲人的不舍,又有慷慨就义的从容;三是情感表达上都很真切可感。

生:它们的不同点一是书写对象上,两封《与妻书》都是写给妻子的,《托孤信》写给一弟;二是内容上,林觉民的《与妻书》、杨开慧的《托孤信》、胡琏的《与妻书》分别侧重请妻子理解自己的苦衷、托孤、希望妻子体念及交代身后事;三是情感表达上第一封情深义重,第二封更直白,第三封更含蓄;四是第一封比较长,第二、三封很短。

师:大家基本上都讲到了,预习非常充分。三封信各有千秋,但都体现了书信体共有的特征——真情、私密。一些公开场合不能说、不会说的话在信中就可以尽情吐露。比如,杨开慧作为女子的软弱恐惧,两位丈夫对妻子的情话。(播放PPT第3页,展示表2)

表2

同	异
1. 体裁:绝笔信 2. 内容:既有对亲人的不舍,又有慷慨就义的从容 3. 情感表达:情真意切;叙述、议论、抒情	1. 书写对象:妻,一弟,妻 2. 内容: 林文侧重妻子"察吾衷""尽吾意" 杨文侧重"早作预备"来托孤 胡文侧重妻子"体念及之"及嘱托身后事、交代遗物 3. 情感表达: 林文句式参差、情理兼具 杨文独白倾诉、坦率直白 胡文四言短句、低调内敛 4. 行文长短、结构详略: 林文最长,杨文、胡文较短

环节三：承——英雄有情人，抑或无情客？

师：请大家在三封书信中找找"情话"，找出具体体现英雄"多情"的关键词。

生：《与妻书》中林觉民说的"至爱汝"。

师：至爱，即最爱。能具体说说文中"至爱"的体现吗？请读出来。

生："与使吾先死也，无宁汝先吾而死"，看似狠心无情，其实"吾担悲也"，把痛苦留给自己，这是最深情。麦家《人生海海》里有言，"活着更需要勇气"，道是无情却有情。

生：回忆初婚的这段文字，两情切切，让我想起"死生契阔，与子成说。执子之手，与子偕老"。

师：再读读"回忆"一句，"回忆后街之屋，入门穿廊，过前后厅，又三四折，有小厅，厅旁一室，为吾与汝双栖之所"，从入屋到婚房需经过哪些地方？为什么要写得那么详细？

（生恍然大悟，抢着回答）

生：新婚燕尔，一日不见如隔三秋，"入""穿""过""又""有""旁"连续使用，有镜头慢慢拉近的感觉，是一种望眼欲穿之感。

师：大家说得特别好，我们都感受到了"至爱"——生死相依之情，后来林觉民牺牲，他的妻子郁郁寡欢，两年后也忧郁过度而亡，感人至深。那么作为军人的胡琏，同样是给妻子的书信，有没有说"至爱"——最爱你这样的话？

生：没有说"至爱"，但说了"感念至深"。

师：你觉得这个"感念"包含哪些情感？从前后文找找看。

生：有感激之情，自己常年领兵在外"乡关万里"，对妻子独自支撑家庭的感激；有感动，妻子从来毫无怨言；有感愧，"亲老家贫，妻少子幼"，自己没有尽到为人子、为人父、为人夫的责任；还有感痛，忠孝难两全……

师：《托孤信》是毛泽东的夫人杨开慧临死前写给堂弟的信，既是托孤，"多情"自是在谁身上？（生答"孩子"）找出文中表现出对孩子深情的词并分析。

生："可怜"。可怜他们今后或许无父无母，"倘若真的失掉一个母亲，或者更加一个父亲"；可怜他们跟着自己东躲西藏，今后命运叵测；可怜他们缺衣短食，"经济上只要他们的叔父长存，是不至于不管他们的"；更可怜的不是物质，而是精神上的无所依傍，"那不是一个叔父的爱，可以抵得住的，必须得你们各方面的爱护"……

师：可见，三位都是用情至深之人，这里老师就有一个疑问了。不是古语有云"儿女情长，英雄气短"吗？"成大事者不拘小节""举大事不顾其亲"吗？这样儿女情长还能成大事吗？我们全班分成两组，做一个小讨论。到底是"英雄本是无情客，举大事不顾其亲"，还是"无情未必真豪杰，怜子如何不丈夫"？

生：吴起杀妻求将，刘邦推儿女下车，一个成将一个成君，都是无情英雄的例子。

生：特别是曹操"宁教我负天下人，不教天下人负我"，杀吕伯奢一家，他就是一代枭雄的典型。

生：所以曹操是一代奸雄，而不是一代英雄。

生：司马迁在《报任安书》里说"夫人情莫不贪生恶死，念父母，顾妻子"，顾念亲人是人之常情,英雄亦然。说"怜子如何不丈夫"的鲁迅就是横眉冷对千夫指,俯首甘为孺子牛,就是一个爱憎分明之人,爱之深,恨之切。

师:大家辩得非常精彩。那么结论是不是可以说"英雄多情,枭雄无情"?(播放PPT第4页)

> 夫人情莫不贪生恶死,念父母,顾妻子。(〔汉〕司马迁)
>
> 收柳女信,痛割肠胃。人谁无妻儿骨肉之情?但今日事到这里,于义当死,乃是命也……泪下如雨。(〔宋〕文天祥)
>
> 书至此,肝肠寸断矣。(〔明〕史可法)

环节四:转——安得双全法,不负汝与义?

师:那么,面对"至深"的"至爱",是什么让英雄忍心"抛下"? 请大家从三封书信中找答案。

生:林觉民在第二段说,"吾至爱汝,即此爱汝一念,使吾勇于就死也""吾充吾爱汝之心,助天下人爱其所爱,所以敢先汝而死,不顾汝也",就是说他勇于就死,抛下妻子的原因是他爱妻子,所以他把爱的心推广到也让天下人能够爱自己所爱之人,所以为了天下人忍心抛下了妻子赴死。(学生齐读第二段,教师播放PPT第5页)

> 老吾老以及人之老,幼吾幼以及人之幼。——《孟子·梁惠王上》
>
> 志士仁人,无求生以害人,有杀身以成仁。——《论语·卫灵公》
>
> 君子抱仁义,不惧天地倾。——〔唐〕王建《赠王诗卿》

师:林觉民正是深受"仁者爱人"的儒家思想的熏陶。仁者爱人,推己及人,由爱己到爱天下人,这就是儒家的君子之道,中国知识分子安身立命的文化品格。所以天下动荡不安、生民涂炭时英雄该怎么做? ——舍我其谁、舍生取义。请大家自由朗读品味第四段前四行,概括当时是怎样一个天下。面对这样的天下,林觉民、杨开慧、胡琏的抉择是什么?

(生自由诵读)

生:这是一个天灾人祸、内忧外患、贪官污吏横行天下,百姓荼毒,哀鸿遍野的天下。林觉民的抉择是"亦以天下人为念,当亦乐牺牲吾身与汝身之福利,为天下人谋永福也"。

(师板书:英雄气概——为"天下大仁"而舍"小爱")

生:杨开慧"说到死,本来,我并不惧怕! 而且可以说是我欢喜的事"。为了自己的理想,舍弃儿女亲情,不惧赴死。

师:当时毛泽东在井冈山,而杨开慧带着三个孩子在长沙开展地下工作者,为了党和国家的事业,被捕后坚决不肯发表离婚声明、不肯放弃共产党身份,最后英勇就义。同样黄花岗烈士方声洞也说国家职责即是保卫自身。(播放PPT第6页,板书:英雄气概——为"国家信仰"而舍"小爱")

牺牲小我,成功我大。——杨开慧

儿今日竭力驱满,尽国家之责任者,亦即所谓保卫身家也。——方声洞

生:胡琏"以死报国,原属本分""死得其所,正宜欢乐",他作为名将以死报国可以说是尽他的职责。(教师播放PPT第7页)

有子能死国,大人情亦足慰。——胡琏写给父亲的诀别信

爱国家,爱百姓。——黄埔精神

升官发财,请往他处。贪生畏死,勿入斯门。——黄埔军校门联

师:军人的本分是保家卫国。黄埔军校培养了中国近代大批的军事人才,是国共合作的重大成果。孙中山先生以"爱国家,爱百姓"为黄埔精神,题的门联就是"升官发财,请往他处。贪生畏死,勿入斯门"。军人本应该不求财只图报国,胡琏将军与日寇决战前祭天誓词中说,"今贼来犯,决予痛歼力尽,以身殉之"。而在绝笔信中交代遗物时大家有没有发现这个细节,胡琏交托给妻子的遗物是什么?由此发现了什么?

生:"金表一只,自来水笔一支,日记本一册",由此可见胡琏的清正廉洁。

师:胡琏将军清廉刚正,一身正气留传后人,完全不同于临阵脱逃、贪生怕死的大多数国民党的蛀虫们。(板书:英雄气概——为"一身正气"而舍"小爱"。播放PPT第8页)

人类是我的最大扩充,国家是我的次大扩充,家族是我的最小扩充。爱我是本来的目的,推而至于爱家、爱国以至于爱人类,都是由爱我一念所发展。爱我非不爱他人,真正的爱我不是利己主义。(潘大道《为什么要爱国》)

环节五:合——仁,人心也;义,人路也。

师:由此可见,儿女情长与英雄气概矛盾吗?

生:不矛盾。(教师播放PPT第9页)

仁,人心也;义,人路也。(《孟子·告子上》)仁是内在精神,义是行为结果。

生亦我所欲也;义亦我所欲也。二者不可得兼,舍生而取义者也。《孟子·告子上》

师:舍生取义是英雄多情的必然结果,儿女情长更反衬英雄气概是多么珍贵。所以,林觉民、杨开慧、胡琏尽管时代不同,身份不同,阶级不同,性别不同,他们都做出了英雄同样的选择——舍小我为国家天下!

而且,这样的"家国天下"爱国主义精神代代相传,永不磨灭。大家可以从书信中找到验证吗?

生:胡琏"诸子长大成人,仍以当军人为父报仇,为国尽忠为宜"。

师:他有三子五女,择偶标准是有内在美德,不能忘了自己是中国人。

生:林觉民"或又是男,则亦教其以父志为志,则吾死后尚有二意洞在也。甚幸,甚幸!"

师:林觉民牺牲四年后长子依新不幸夭折,次子(遗腹子)仲新终于在无父无母的状态中长大成人,继承了父志。杨开慧在狱中和儿子岸英说"要学会坚强,永生永世跟党走",后来三个儿子流落街头,岸龙不幸夭折,毛岸英、毛岸青继承母志参加革命,毛岸英在抗美援朝中壮烈牺牲。他们的后人们再一次验证了"时穷节乃见,一一垂丹青"。

环节六:联——风华转流年,多情人相语

师:请看两张图画,我们来一场跨越时空的情境对话吧。(播放PPT第10页,展示图1、图2)

图1

图2

生:你用一生风雨换我一世安康,我会延续你的爱倍爱人间。

生:我从不怀疑,路阻且长,而终点可期。

师:我相信,即使再有一次选择的机会,英雄也会舍生取义,留下一路繁花。而我们,伴着这一路繁花,必将携手共进,未来可期。下课!

【教学反思】

这是一堂新课标"中国革命传统作品研习"学习任务群的研讨展示课,教学内容是三封革命书信联读,属于群文阅读的探索,而且还聚焦了语文教学和革命精神教学两大主题。所以这节课要突破的难点在于引导学生在感受思辨英雄气概与儿女情长关系的同时,通过品

读丰富、鲜活的书信文字获得语文的德育润泽。

1. 从文本中、语言文字的涵泳中感受人性美

革命传统作品,既反映了历史,又是文学,所以切忌把课上成政治说教,必须抓住语文的本质——语言。教学过程中教师时时引导学生从文本里找答案,从语言文字中感悟英雄的内心纠葛,以及人性矛盾斗争中所取得的人性美的胜利。比如林觉民感人至深的"至爱汝"的细节体现:有两人新婚燕尔的执子之手,有分别两地的牵肠挂肚,有想到生离死别的肝肠寸断。由此,学生自然而然地感受到英雄也有儿女情长的一面,但他为了国家民族,最终不得不舍弃小我。学生在语言文字背后自然而然地受到了语言和情感的双重熏陶。

2. 从追本溯源、旁征博引中培养文化品质

革命传统作品是打开中华传统文化宝库的一扇窗户。林觉民"舍小家为大家"的抉择背后就是"仁者爱人"的儒家君子之风。胡琏,决意以死殉国的背后是作为一名军人,"保家卫国"神圣职责的体现。本节课中,我做了大量的知识拓展,包括追本溯源,也包括横向纵向类比对比,比如:《论语》的"志士仁人,无求生以害人,有杀身以成仁";王建的"君子抱仁义,不惧天地倾";孙中山先生的黄埔精神;潘大道《为什么要爱国》。这些让语文教学从落实语言到涵泳情感,到指向文化品质。

3. 从跨越时空,情境对话中促成情感共鸣,提升思维品质

革命文学的年代感,往往带给学生隔膜,如果能够让学生与先烈古今对话,不仅能带来情感共鸣,还能促成学生思维品质的提升。其中设置的观点交锋——"英雄本是无情客,举大事不顾其亲"与"无情未必真豪杰,怜子如何不丈夫",激趣的同时促成情感对话,生成思辨。最后一个环节的情境对话,就是尝试让学生站在历史人物的角度换位思考,又站在今天的时空与他们隔空对话。课后有一位名师评论道:"你的课堂循循善诱,学生完全融入了你所创设的情境之中,心灵受到了极大的感动。"我想,这就是我们追求的德育入课堂的春风化雨的理想境界吧。

共情与同理:演讲稿的写作

执教/浙江省奉化中学　邬珂颖

【专题目标】

选择《在〈人民报〉创刊纪念会上的演说》《在马克思墓前的讲话》《谏逐客书》和《与妻书》中的任何一篇文章进行研读,想想其中展现的精神品质和人生选择。联系当下社会生活,以"我们的使命"为题写一篇不少于800字的演讲稿。

【预习任务】

1. 预习教材第91页单元学习任务一、教材第92页《写演讲稿》,了解写演讲稿的技巧。

2. 选择本单元四篇课文中的某一篇,理解革命导师和革命先烈对时代使命的深刻认识。

3. 以某同学在最近月考中的高分习作为例,认真研读本演讲稿的文体特征。

【教学实录】

师:(播放PPT第1、2页)中央电视台《对话》节目《全球大调查问卷》中有这样一个问题——你认为未来十年中最有竞争力、最有希望成功的人应该具备哪些素质?令人惊奇的是,26位商界巨子无一例外地选择了"交际能力""公关能力"等与口才密切相关的词汇。无独有偶,股神巴菲特给儿女的忠告之一即学会演讲。可见,演讲与口才已经成为衡量创造型人才的重要标准之一。而决定演讲成功与否的前提条件是能否写好演讲稿。今天,我们就以某同学在近期月考中的高分习作为例,探究演讲稿的写作。

任务一:研读演讲稿,体会文体特征

师:请大家根据预习学案,研读这篇以"历史的声音和时代的脚步"为主题的演讲稿。以小组为单位,讨论本演讲稿的文体特征,并推选一名代表分享。建议采用以下句式"这篇演讲稿,做到了……;但从'历史的声音和时代的脚步'这一主题内容来说,还是存在一些问题

的。具体体现在……"。(播放 PPT 第 3—6 页)

（作文题）阅读下面文字，根据要求作文。(60 分)

历史的长河，生生不息；历史的声音，久久回响。

历史的声音，是民族兴亡得失的警钟，是先贤高洁志趣的铮铮话语……

倾听历史的声音，可以明得失知兴替，可以感悟人生真谛……

年轻的我们，应该倾听历史的声音，迈开走向未来的脚步，迎接灿烂的明天。

校团委将举办 18 岁成人礼活动，你作为学生代表发言，请结合上述材料，以"历史的声音和时代的脚步"为主题，写一篇演讲稿。

注意：(1)角度自选，立意自定，题目自拟；(2)明确文体，不得写成诗歌；(3)不得少于800 字；(4)不得抄袭、套作。

（学生考场习作）

尊敬的老师、亲爱的同学们：

大家好！

很荣幸能作为学生代表在此发言。今天，我演讲的主题是"听历史之钟声，走你我之未来"。

泱泱中华，五千年的文明生生不息。18 岁的我，踏在一条名为中国的时间长河中，望着那川流不息、昼夜不止的光阴，我们该如何自处呢？在 18 岁这个人生的重要节点上，我们又该以何种姿态迈向下一个路口呢？如果你仍在徘徊的话，不妨停下来，静静地听一听那来自历史的、邈远的钟声吧。唐太宗曾言："以史为镜，可以明得失。"的确，历史是一个时代、一个民族的回首与缩影，里面所载的不仅仅是人物三言两语的生平经历，更是血与泪的教训。现代社会甚至追溯到古代，多数人的安乐乡哪一个不是建立在前人的血泪教训之上的呢？前人用尸骨为我们铺路，他们用一次次的头破血流向我们发出警醒的信号。他们用满身鲜血淋漓的伤痕给蒙昧的人一个撕开愚昧的机会，这一切的一切，都给了我们无以为报的经验与教训。而我们亦不能辜负了他们，我们要做到时刻听、时刻想，将他们作为我们前进的戒尺，时时刻刻勉励自己。

当然，一味地围于历史的囹圄，我们便始终望不到外面的天大地大。如果说历史为我们筑下了灵魂的基石，那么跟上时代，便是我们迈向未来的助推剂。

面对未来，我们要始终抱有全力以赴的魄力，带着落子无悔的决心，与时代齐头并进。任何人都无法脱离社会而独立存在。人也是社会性动物。著名剧作家莎士比亚曾经指出："离群索居者，不是野兽，便是神灵。"没有人愿意堕落为野兽，也没有人可以自诩为神灵，因此，随着浩浩汤汤的时代潮流而奔涌向前，才是我们正确的选择。作为 21 世纪的新青年，世界掌握在我们的手中，我们是栋梁、是希望，担负着千百万人的信任与期冀。因此无论如何，我们都不能与这个时代脱轨。

那久久回响的，是古者传来的谆谆教诲；那熠熠闪光的，是前辈后辈们投来的信任的目光；那难以忘怀的，是脚下用汗水筑成的路；那铭记于心的，是一往无前的鼓励与永远随行的你我。

　　不要忘记你曾是怎样的小孩，不要忘记你想成为怎样的大人。愿步入成年的我们，自强不息、有所作为，厚德载物、有所不为。时刻听着历史的钟声，走向属于你我的辉煌的明天！

　　我的演讲完了，谢谢大家！

　　（学生讨论后发言，教师根据学生发言，播放PPT第7—14页相关内容）

　　生：我们组认为这篇演讲稿，格式正确，结构完整清晰，具备演讲稿的基本特征。

　　师：能否具体展开说说这篇习作怎么体现演讲稿的基本特征？

　　生：第一，它的对象意识很明确，有称谓、问候语和结束语；第二，它在正文中运用了排比、呼告的修辞，这使得演讲有号召力和感染力，能让人有共鸣；第三，它的观点比较明确，始终围绕"历史的声音和时代的脚步"。

　　生：我们组觉得这篇演讲稿中还运用了一些承上启下的过渡句，这能使文章的层次更清晰。

　　师：好，这两位同学概括得都很不错，那么这篇演讲稿是否无懈可击？从"历史的声音和时代的脚步"这一主题内容来说，还存在什么具体的问题呢？

　　生：我们组感觉这篇作文已经写得很好了，我想不出还有什么地方需要改进。

　　生：我们组找到了一些语病，比如，第三段第六行"多数人的安乐乡哪一个不是建立在前人的血泪教训之上的呢？"，倒数第二行"这一切的一切，都给了我们无以为报的经验和教训"，这些搭配和表述都不太恰当。

　　师：你们读得很细致，这是语言表达上存在的瑕疵。还有补充吗？

　　生：感觉这篇文章更强调"历史的钟声"，第五段有关"时代的脚步"这一部分的论述并不是很充分，举的例子也较少。

　　生："迎接未来"这一部分过于宏大，显得有些华而不实，只写了我们的态度要与时代接轨，但是在具体怎么做上，缺乏深入的论述。

　　师：很好。你是从内容扩充的角度提出了改进建议。

　　生：这篇文章多用长句，对于听众来说可能听起来比较费力，语言可以再简明一些。

　　师：不错，演讲稿如果长句太多，不易让听众听清楚并且记住你的论述重点，也就达不到说服人、鼓动人的目的。你从演讲的现场效果方面提出了句式上的建议。

　　生：我觉得正文主体部分的内容在层次上还得再明确一些。可以在第三段与第四段中间插入"历史的钟声告诉我们什么"这一方面的内容，还有在第五段与第六段中间插入"未来是什么，该何去何从"诸如此类的论述，这样能具体一些。

　　师：非常好。这是对文章结构层次方面更进一步的完善。根据同学们的回答，归纳整合一下——写一篇演讲稿，首先得有对象意识和情境意识，要明确在什么样的情形之下对谁说话，你的听众会对你的演讲抱有什么样的期待，他们的接受程度如何，对你的观点会有什么样的反应。其次，演讲稿的写作还需要运用一定的写作技巧，语言要通俗易懂，便于接受；句式多用短句和整句，少用长句；还要恰当使用排比、设问、反问、呼告等修辞。归结起来，就要让听众跟你产生共鸣，能共情。再次，演讲的主题应鲜明，观点要突出。因为演讲是讲究思想性的，所以主题切忌含混模糊，在说透道理的前提下见解宜新颖独到。最后，因为演讲稿的主体部分属于议论文，所以在写作时要注意条理，可以用一些关键词或中心句、过渡句来让听众感受到你主要的观点。也就是说，要体现"同理"。（播放 PPT 第 15 页）

任务二：研读课文，思考"我的使命"

师：在明确了演讲稿写作的基本要求后，我们能否从本单元课文中汲取一些智慧，再结合自身课外积累，完成本单元的学习任务？请大家把教材翻到第 91 页，单元学习任务要求大家根据本单元已学的四篇课文联系当下的社会生活，以"我们的使命"为题写一篇不少于800 字的演讲稿。大家是否可以基于这个单元的课文内容，结合你对特定时代下几位伟人或烈士不同的使命与抱负的理解，完成表 1。（播放 PPT 第 16 页，展示表 1）

表 1

课文	历史背景	使命
《与妻书》		
《谏逐客书》		
《在〈人民报〉创刊纪念会上的演说》《在马克思墓前的讲话》		

生：《与妻书》中林觉民面对的是动荡不安的社会，他的使命就是舍小家为大家，为国家和民族谋出路。

师：使命概括得很准确。关于历史背景，能不能说得具体一些？当时的中国具体是怎样的"动荡不安"？

生：整个中国陷入了半殖民地半封建社会，清政府统治快要土崩瓦解了。

师：很好。这是林觉民面对的历史背景和肩负的使命。那么《谏逐客书》中的李斯呢？

生：李斯面临的困境是秦王发布驱逐客卿的政令，他的使命是劝说秦王收回成命，争取让自己留在秦国。

生：马克思和恩格斯他们面临的是欧洲资产阶级和工人阶级日益突出的矛盾，他们的使命是创建无产阶级革命理论，同时要领导他们进行革命实践。

师：同学们准确地梳理归纳了这个单元课文所涉及人物所处的时代背景和使命。（继续播放 PPT 第 16 页）

师：如果现在要写"我们的使命"，大家想一想，我们在正文里的基本思路应该是什么样的？

生：应该先提出演讲的主题。

师：你觉得这个主题可以是什么？

生：现如今青年人要有一种责任感。

师：好，责任感。实际上你在这里首先拟定了一个概念。我们在写作的时候，的确应该先写对"使命"一词的理解，再去具体地论述。不过，你提出的"责任感"和"使命"这两个词语能等同吗？有什么区别？什么叫"使命"呢？

生：应该去完成的事情。

师：这是你对"使命"的一个简单定义。这个"事情"有什么样的限定吗？比如我今天要完成哪些作业，这属于"我的使命"吗？

生：不属于。

师：那你是否可以对"使命"一词的理解做出修正？

生："使命"应该是对新时代的青年来说，结合新时代的情况和要求，应该去做一个什么样的人。

师：这比刚才的论述更广了一些，立足于一个大的时代背景中。同桌是否有补充？

生：能为国家和社会做出一些自己的贡献。

师：你提到了国家和社会层面，还提到了更广阔的一个词——贡献。我们来看《现代汉语词典》及光明网对"使命"一词的定义。一起来读一读。（播放 PPT 第 17 页）

> 派人办事的命令，多比喻重大的责任。（《现代汉语词典》）
>
> "使命"是一种自觉意义上的道德精神，它不是指向简单的履行职责，而是一种为了内心义务而勇往直前的冲动。（韦冬雪、洪巍城：《使命 责任 担当》）

师：根据以上定义，关于马克思和林觉民的使命有什么共同特征？

生：他们都是为社会和大多数人谋福祉。

生：他们义无反顾，一往无前。

生：他们是没有功利心的，行为出于自觉。

师：同学们概括得很全面。那么我们在写作的过程中，在明确"使命"内涵和特征后，就需要调动知识积累，多方面多角度地展开论述。（继续播放 PPT 第 17 页）而在论据的选用上，除了可以利用课文中人物的例子，还可以援引哪些人物？大家还知道古今中外涌现的具有强烈使命感的人物吗？

生：我想到了孔子。孔子的使命就是宣扬"仁"的思想。

生：我想到的是中国航天人。载人航天工程总设计师周建平在采访中就曾表示他们的使命就是把中国人送到月球，送到火星，让中国人成为人类太空探索的引领者。

师：很好，老师也找了一些素材，帮助大家打开思路。大家一起来读一读吧。（播放 PPT 第 18 页）

> 在礼崩乐坏的春秋时期，孔子以"恢复周礼，推行仁政"作为自己的使命，周游列国而四处碰壁，但他"知其不可而为之"。
>
> 曾子曰："士不可以不弘毅，任重而道远。仁以为己任，不亦重乎？死而后已，不亦远乎？"
>
> 习近平总书记："中国共产党人的初心和使命，就是为中国人民谋幸福，为中华民族谋复兴。"

（生齐读）

任务三:联系时代,片段写作

师:这是不同时代的人物对于他们所处时代的使命的解读。而对于我们来说,生在当下这个新时代,"我们的使命"又是什么? 每一小组可以仿照表2中的例句,选取一个思考角度表述"我们的使命"。课堂上互相交流,碰撞出智慧的火花,激发写作思路。

表2

角　度	例　句
1. 时代的主旋律	富强、民主、文明、和谐是我们国家的使命,自由、平等、公正、法治是我们社会的使命,爱国、敬业、诚信、友善是我们个人的使命。这些都是新时代"我们的使命"。
2. 时代的困境	当我面对食品安全危机的时候,我要以推行食品安全法为使命;当我面对教育"内卷"化越来越严重的现实时,我要以促进教育公平为使命;当我面对网络暴民喧嚣尘上的时候,我要以"培养负责公民,维护网络空间"为使命。
3. 职业使命	如果我是医生,我会以攻克疑难疾病,让病人康复为使命;如果我是建筑师,我会以建造最安全、美观、实用的房子为使命;如果我是教师,我会以减轻学生负担,培养健康向上的学生为使命。
4. 自选角度　_____	

生:我选择的是文化使命的角度。当面对中国优秀传统文化式微之时,我们以弘扬中华优秀传统文化为使命;当面对社会上拜金主义横行时,我们以推行节俭等中华传统美德为使命;当面对人们价值观扭曲时,我们以宣传社会主义核心价值观为使命。

生:我选择"时代机遇"这一角度。当5G网络的福音传遍全球之时,我要抓住机遇,以创新6G网络为使命;当航空航天事业蒸蒸日上之时,我要抓住机遇,以科技探索为使命;当全球金融发展迅速之时,我要努力抓住机遇,以小我发展推动大我发展为使命。

师:非常感谢同学们的分享。(播放PPT第19页)

师:假如学校即将举办十八岁成人礼,需要在座的各位同学上台演讲,请大家试着以"我的使命"为主题,结合我们刚才的微写作,写一篇不少于800字的演讲稿,注意以下三个方面——(播放PPT第20页)

内容:不同的人生在不同的时代,不同的人有不同的职业、身份和地位,所以不同的人有不同的使命。可以写出一代人共同的使命,也可以写出个人独特的使命。

难点:使命不同于职责、理想,概念要辨析清楚,否则容易造成中心模糊。

文体:要体现演讲稿的特征,有激情,有条理,体现"共情和同理"。

师:这就作为我们的作业,请大家在课后完成。下课!

【教学反思】

本节课属于演讲稿写作写前指导课,参考了江山市第五中学王荣老师的设计。演讲稿写作属于"实用性阅读与交流"学习任务群中的"走进现场"这一学习子专题,对应统编版高中语文教材必修下册第五单元的单元学习任务一。基于此任务和教材后的《写演讲稿》相关说明,笔者复刻还原了王荣老师的同名教学设计,并作以下说明。

1. 依标而学,基于学情。

课标要求高中生学习实用类文体的写作,单元导语里也提及"要结合具体作品,学习有理有据地发表意见,阐发主张;注意作品切于实用、关注特定对象、赋予针对性的特点",但现实情况是,高中生平时不常写演讲稿,而考场作文中时而出现演讲稿的写作题,因此,本课首先通过央视《对话》节目的调查和巴菲特之语导入,再展示学生考场作文,激发学生学习兴趣的同时,又立足学情,具有现实意义。

2. 任务驱动,环环紧扣。

本节课以情境任务型作文题为例,通过三个学习任务贯穿驱动。任务一旨在提供典例示范,使学生明确演讲稿的文体特征,以便掌握演讲稿的基本写作规范,同时通过分析习作的不足之处进一步明确演讲稿写作既要能共情,还需要能同理,也贴合教材单元学习任务中的相关说明;任务二意在结合教材理解,下达写作任务,在具体课文篇什中挖掘出语文核心素养的落脚点,符合学理,步骤清晰,可操作性强;任务三通过写作实践,进一步训练学生写演讲稿的写作思维、语言辞章。

然而囿于有限的课堂时间,片段微写作的分享交流环节流于形式,缺少写后指导,也不利于整篇作文的谋篇布局。因此,为进一步帮助学生提升写作思维,提高考场作文分数,可将片段写作修改为提纲写作,基于学案中的表格,提供思路拓展,如自选"历史榜样"角度,提醒学生在后续连缀成文中,可以整合上述几个分论点,也可分而治之,选取其中一至两个角度详细论述,是为并列式结构。同时,也应提醒学生考场高分作文的结构并不局限于此一种,还可以采用层进式、思辨式结构,在演讲稿中以抒情引起共情心,以说理引发同理心,以辞采提高吸引力,方能突破二三类卷的瓶颈,实现写作分数的跨越。

使命与抱负:演讲专题活动

执教/宁波市四明中学　许萍萍　罗秉相

本课课件

【专题目标】

联读《在〈人民报〉创刊纪念会上的演说》《在马克思墓前的讲话》,拓展阅读《2021年习近平新春贺词》、马丁·路德·金《我有一个梦想》,通过对专题的研讨,加深对"抱负与使命"的认识,关注作品切于实际、关注特定对象、有针对性的特点。在此基础上,尝试完成一次演讲。

【预习任务】

1. 联读《我有一个梦想》《2021年习近平新春贺词》《在〈人民报〉创刊纪念会上的演说》《在马克思墓前的讲话》四篇文章。

2. 找寻资料,查阅每篇文章的背景资料及演讲的有关知识,如马克思、恩格斯在发表演讲之前的有关事情,他们分别在哪里演讲,听众都有哪些等。

3. 分为若干小组,小组合作,围绕"个人与抱负"撰写演讲稿,派代表参加演讲活动。

4. 推荐一名演讲主持人,主持班级演讲活动;上网查询有关演讲的评分标准,制作并打印以供评委使用。

5. 邀请3—5名评委(或同学,或师生混编)点评本次演讲活动。

【教学实录】

任务一:联读演讲文稿,了解演讲知识

师:(播放PPT第1页)"谈笑风生舌灿莲花,语惊四座才辩无双",今天,我们一同走进"个人与抱负"演讲活动。得益于班级"每日演讲"的活动,每位同学既有了切身的演讲经验,又有了丰富的听众体验。那么,你们评价一次演讲成功与否的标准是什么?(播放PPT第2页)

生:我觉得一次成功的演讲首先要达到演讲目的,再者要有感染力,能引发共鸣,打动

人心。

师:你抓住了演讲的精髓。那么,如何才能使演讲打动人心,达到演讲目的?

生:主题要鲜明,要有听众意识,在不同的场合针对不同的对象,要采用符合场合、对象的语言演讲,才能取得达到目的、打动人心的效果。

师:确实,演讲是带有目的性的活动,作为演讲者,演讲之前,为了达到目的,要对自己本次的演讲有清醒的认识。比如,我是谁——清楚自己的身份;我在哪里发表演说——演讲有场合需要;我的听众是谁——对语言表达有一定的要求;演讲形式——不同的传播途径有不同的需求,意味着演讲形式不同。

师:以下四次演讲可作为成功演讲的典范,请同学们以《我有一个梦想》为例,结合预习填写表1,加深对演讲活动的认知。(播放PPT第3页,展示表1)

表1

篇目	我是谁 (演讲者身份)	我在哪里发表演说 (演讲场合)	我的听众是谁 (演讲听众)	演讲形式
《我有一个梦想》	马丁·路德·金,美国黑人民权运动领袖	华盛顿林肯纪念堂(1963年8月28日)	近25万争取种族平等的黑人民众	集会演讲
《2021年习近平新春贺词》				
《在〈人民报〉创刊纪念会上的演说》				
《在马克思墓前的讲话》				

师:请课代表来填写《2021年习近平新春贺词》的相关内容。

生:演讲者是习近平,国家主席;演讲场合是他的办公室;听众是全国人民;演讲形式是录播演讲。

师:听众的范围可以再扩大一些。同春节联欢晚会一样,听众以全国人民为主,但不止于此。

生:还有海外华侨同胞,以及屏幕前的全世界观众。

师:一点就通。

师:后桌,《在〈人民报〉创刊纪念会上的演说》。

生:演讲者——马克思,无产阶级革命领袖;场合——创刊纪念会会议;听众——与会人员;演讲形式——即席演讲。

师:干脆利落。与会人员均是无产阶级革命者,可以说是同马克思志同道合的革命友人。

师:同桌,《在马克思墓前的讲话》。

生:演讲者是恩格斯,马克思的挚友;场合是马克思墓前;听众是参加葬礼的人;演讲形式是集会演讲。

师：概括精准。可见同学们预习认真，对演讲活动认知清晰。我们一起梳理整合。（播放 PPT 第 4 页）

任务二：探究演讲主题，体会激情担当

师：演讲除了要弄清楚"我是谁""我在哪里发表演说""我的听众是谁""我的演讲形式是什么"四点之外，还要弄清楚更深层的目的——"我就什么主题发表演讲""我的演讲要达到什么目的"。这是体现演讲者激情和担当的所在，能够展现出演讲者的精神品质和人生价值，且演讲主题与目的又决定了演讲时要选用恰切的语言风格。

请同学们以四人为一组，参考《我有一个梦想》的例子，合作探究另外三篇演讲稿的演讲主题，体会演讲者的激情与担当。（播放 PPT 第 5 页，展示表 2）

表 2

篇目	我就什么主题发表演讲（演讲主题）	我的演讲要达到什么目的（演讲目的）	演讲的语言风格（演讲语体）
《我有一个梦想》	争取黑人的自由平等	要求时任总统肯尼迪通过新的民权法，给黑人以平等的权利，鼓励人们争取自由平等	词句优美 慷慨激昂
《2021 年习近平新春贺词》			
《在〈人民报〉创刊纪念会上的演说》			
《在马克思墓前的讲话》			

师：有请第二小组代表选择其中一文发言。

生（第二小组）：我们选择《2021 年习近平新春贺词》，该文主题是总结 2020 年，展望 2021。目的是肯定 2020 年取得的成就，鼓励中国人民在新的一年中，继续奋斗，勇往直前，创造更加灿烂的辉煌的成就，实现民族复兴。我听过习近平主席的新春演讲，语气真诚又激昂向上。

师：你很用心，你的回答也告诉我们你确实认真聆听了习近平主席的演讲，能否挑选一两个句子为我们范读，再现习近平主席真诚而又激昂的演讲？

生（第二小组）：（读文段，投入且激昂）"平凡铸就伟大，英雄来自人民。每个人都了不起！向所有不幸感染的病患者表示慰问！向所有平凡的英雄致敬！我为伟大的祖国和人民而骄傲，为自强不息的民族精神而自豪！"

（众生鼓掌）

师：同学们的掌声说明了一切！感谢你的精彩解读与分享。期待第四小组的表现。

生（第四小组）：我们选择《在马克思墓前的讲话》，其主题是赞颂马克思的伟大功绩与杰出贡献，目的是表达对马克思的崇高敬意与深切悼念，语言风格是庄严沉重。

师:恩格斯的悼词虽仅一千多字,但言简、意丰、情盛,让我们感受到了志同道合的挚友对一代伟人马克思逝世的惋惜、不舍与悲痛,演讲语言深沉而隽永,庄严而凝重。

师:最后一篇文章,交给第六小组。

生(第六小组):马克思的演讲主题是宣传无产阶级革命理念,演讲目的是激发战友们的战斗激情,语言风格是真实深刻、慷慨激昂。

师:概括简练。能结合文章具体阐释一下吗?

生(第六小组):马克思先从1848年革命讲起,将1848年革命比作欧洲社会干硬外壳上的小裂口和缝隙,将无产阶级革命比作汪洋大海,突出无产阶级革命的威力与意义。再指出资本主义社会的内部矛盾,强调只有无产阶级革命能解决这个矛盾,无产阶级肩负着历史革命使命,号召和鼓励无产阶级战友们要坚持战斗。

师:思路清晰,说明你对整篇文章的内容理解透彻。能举例说明其演讲语言的真实深刻、慷慨激昂吗?

生(第六小组):"历史本身就是审判官,而无产阶级就是执行者。"(生读,语气平淡)这句话运用比喻揭示了无产阶级伟大的历史使命,深刻而充满力量。

师:确实,但我从你的朗读中并未感受到力量与激昂,再试试?

(生读,较上一次音量变大,音调上扬)

师:有进步,感情还可以再饱满一些,请坐!对这篇文章的语言风格解读,其他组有补充吗?

(生沉默)

师:第六小组注意到这篇文章多次运用了比喻手法,此外还有其他手法吗?

生(第三小组):还有用典,两次运用莎士比亚戏剧中的典故。

师:你来读一读具体语句。

生(第三小组):"可是我们不会认错那个经常在这一切矛盾中出现的狡狯的精灵""在那些使资产阶级、贵族和可怜的倒退预言家惊慌失措的现象当中,我们认出了我们的勇敢的朋友好人儿罗宾,这个会迅速刨土的老田鼠、光荣的工兵——革命"。

师:使用莎士比亚的戏剧典故的用意是?

生(第三小组):把抽象枯燥的理论用生动风趣的语言表达出来,更接地气,易于被听众接受。另外,在场的都是英国人,引用莎士比亚的戏剧典故更能拉近与听众的距离,更有感染力。

师:没错,用生动活泼的语言传达深刻的思想是马克思这次演讲的一大亮点。(播放PPT第6页)

任务三:讨论演讲稿,补齐演讲短板

师:同学们,每次听演讲,都是一次心灵的沐浴,在台上、在屏幕里,演讲者绘声绘色,慷慨激昂,纵横捭阖,出口成章,可谓"谈笑风生舌灿莲花,语惊四座才辩无双"。其实一次成功的演讲,演讲稿的撰写是第一关,语言表达要符合前面讲的七个要求。(播放PPT第7页)请大家拿出学案,学案里这篇以"个人与抱负"为主题的演讲稿,从初稿到成稿,做了多次修改(见表3)。请大家对比阅读初稿与成稿,思考为什么要做这样修改,在右侧栏里写下修改理由。

师:看了一圈,同学们都非常认真地在学案上填写了修改理由,我们请男生代表黄同学

和女生代表周同学上台来展示自己的思考成果。（投影展示学生成果，见表3）

表3

初稿	成稿	修改理由一	修改理由二
亲爱的同学们、老师们，大家好。今天我想和大家聊聊我的理想。	亲爱的同学们、老师们，大家好。我今天演讲的题目是《与生命同行》。	开门见山，直奔主题。	开门见山，引入主题，吸引听众兴趣。
每个人都有理想，且每个人的理想都是各不相同的。有的人的理想可能很平凡，但有的人的理想可能就很伟大。而我的理想，是成为一名神经外科医生。	苏格拉底说，世上最快乐的事，莫过于为理想而奋斗。我的理想，是成为一名神经外科医生。希望自己的生命如春雨、夏风、秋月、冬日，与生命同行。	引用名人名言，与主题相契合，增强说服力。	运用名人名言，增强了文章的文采，且更有说服力。
医生是世界上最值得崇敬的职业。战争时期，医生与死神赛跑，救死扶伤，甚至有的医生在负伤的情况下仍积极救治伤员，抢救生命。和平年代，医生是白衣天使，永远站在前线与病魔抗争，拯救生命垂危的病人。我心里充满虔敬，于是，对医生这一职业，充满了向往。	其实医生离我一直很远，但当我看到武汉疫情肆虐之时，全国各地的医生却成了最美的逆行者，他们一身白色"戎装"，战斗在防疫第一线，他们视疫情为敌情，把医院当战场，在没有硝烟的战斗中舍生忘死，以大无畏的精神和钢铁般的意志，谱写了一曲曲光辉壮丽的人生赞歌。我心里充满虔敬，他们是和平时期的董存瑞、黄继光。于是，我对医生的职业，萌生了向往。	通过亲身体验，表明自己的抱负的由来，体现出个人的抱负与时代洪流的深切联系，体现生命价值与意义，突出主题。	运用比喻的修辞，将防护服比作戎装，把疫情比作敌情，将医院比作战场。生动形象地写出来医生的艰辛，表达作者对他们大无畏精神的赞扬，更体现"我"对医生这一理想职业的向往与坚定。
我想生命是令人敬畏的。虽然，从生物学的角度来说，每个生命仅仅是由DNA和蛋白质组成的一个生物体，若再往里深究，人就是由碳、氢、氧、氮、磷等各种元素组成的一个巨大生物体，有着新陈代谢、自我调节等生理功能。但生命是真实的，生命是诚挚的，生命是可贵的。作为一个医生，生命的意义就是救死扶伤，挽救生命，延续生命，让每一个生命都充满生命的美好。	我想生命是令人敬畏的。虽然，从生物学的角度来说，每个生命仅仅是由DNA和蛋白质组成的一个生物体，若再往里深究，人就是由碳、氢、氧、氮、磷等各种元素组成的一个巨大生物体，有着新陈代谢、自我调节等生理功能。但生命是可贵的，生命是真实的，生命是诚挚的，坟墓并不是生命的终点。生命是一首诗，其价值不在长短，而在平仄韵律。即便是一朵花，只能开一次，只能享受一个季节的热烈，但盛开就是生命真正的意义。作为一个医生，生命的意义就是救死扶伤，挽救生命，延续生命，让每一个生命都充满生命的美好。	运用比喻，生动形象地阐释自己对生命意义的深刻理解；运用排比，朗朗上口，增强语势，感染听众。	运用比喻、排比的修辞，排比句式整齐，读起来朗朗上口，且增加了气势，感染听众。运用比喻的修辞，将生命比作诗与花，生动形象地写出人生的价值与意义，更加体现出生命的意义所在，点明并升华主题。

初稿	成稿	修改理由一	修改理由二
而我希望，我生命的意义也是如此。	而我希望，我生命的意义也是如此，并用我的智慧托起新的生命。	承上启下，使演讲逻辑更严密。	承上启下，补充了自己的理想，更富有感情，利于鼓舞听众。
我的理想是成为一名神经外科科医生。而且是神经主导着人体的一切生命活动，是外科中最难最辛苦的手术，但是挽救回来的都是危重症的病人。在泰戈尔看来，我们只有献出生命，才能得到生命。	罗曼·罗兰说，世界上只有一种英雄主义，那就是了解生命而且热爱生命的人。神经主导着人体的一切生命活动，是外科中最难最辛苦的手术，但是挽救回来的都是危重症的病人。我立志成为一名神经外科医生，与生命同行，无论前行之路向等艰辛困苦。诚如泰戈尔所言，我们只有献出生命，才能得到生命。	引用名人名言，表达自己选取的抱负对于自我生命价值的意义，重申自己的理想，强化主题。	运用名人名言，更加有说服力，使文章富有文采。最后自又重申自己的理想，升华主题。
在今后的学习中，我会认真对待选考科目，争取在学考中取得A等。我会减少与手机、电脑"亲密接触"的时间和次数，考提高自己的成绩，不骄不躁，考上自己理想中的医科大学。用生命诠释自己的理想。	同学们，人的一生，是一连串决定交织而成的过程。在今后的学习中，请同学们为我作证。我会认真对待选考科目，争取在学考中取得A等。我会减少与手机、电脑"亲密接触"的时间和次数，考提高自己的成绩，不骄不躁，考上自己理想中的医科大学。生命的最高境界，就是选择对舞台，尽情挥洒才华，走出自己的路。我坚信自己的选择，是对自己才能赋予生命子生命的最佳诠释。	用"同学们"等呼告语，直接与听众互动，增强互动性。表明自己为实现自己理想抱负的决心，引发共鸣，打动人心。	运用"选择"这种互动性的语句，拉近了与听众的距离。最后又总结，告诉大家。呼吁大家一起为梦想努力，互动性强，增强感染力。
当你听到蕙质兰心中嘀响士李兰娟院士大喊"战役不成功，我们不撤兵！"时，当你看到土国士钟南山院士战士"火线入党时，请为战士"白衣战士的理想抱负祝福。谢谢大家，我的演讲就到这里。	当你听到蕙质兰心中嘀响士李兰娟院士大喊"战役不成功，我们不撤兵！"时，当你看到土国士钟南山院士领战士"白衣战士"火线入党时，请为我的理想抱负祝福。也请大家乘理想之马，挥鞭奋蹄从此起程。谢谢大家，我的演讲就到这里。	升华主题，表明自己抱负的崇高，抒发自豪感、激昂向上。振奋人心，增强感染力。	运用对偶的句式，朗朗上口，增强语势，表明决心。吸引读者。呼吁大家一起为梦想努力，互动性强，增强感染力。

师：两位同学的修改理由都不约而同地聚焦到了演讲的"目的""主题""对象""语言"等核心要素上。牢牢抓住了演讲稿撰写的要素，成功闯过了演讲的第一关且是至关重要的一关。

任务四:学生主持演讲,评委点评演讲

师:下面进入演讲时间,有请主持人。(教师播放 PPT 第 8 页,主持人赵同学走上讲台,老师坐到赵同学座位)

主持人:亲爱的朋友们,下午好!欢迎来到"个人与抱负"主题演讲会。演讲是一门语言艺术,它的主要形式是"讲",需要演讲者运用有声语言追求言词的表现力、声音的感染力。同时还要辅之以"演",演讲者要学会运用面部表情、手势动作等体态语言,使演讲成为极具艺术魅力的语言活动。为了使本次演讲活动取得"谈笑风生舌灿莲花,语惊四座才辩无双"的效果,你们对演讲者有什么建议吗?

生:演讲者要注意自我形象,衣着得体,清爽利落,从容大方。

生:演讲时要真诚,自信,声音响亮,举止大方。

生:要心怀听众,面带微笑,与听众有眼神交流,有互动。

主持人:感谢同学们真挚的建议,掌声有请演讲稿的作者,也就是今天的演讲人王同学登场。

(王同学上台,手捧文件夹,声音洪亮,语言流畅,演讲结束,众生鼓掌)

主持人:感谢王同学带来的精彩演讲。有请评委代表渠同学和许老师点评。

评委(渠):王同学的演讲主题突出,语言流利,声音洪亮,准备充分。美中不足的是没有脱稿演讲,如果能脱稿,与听众多些眼神互动会更好。

评委(许):王同学在演讲时,声音洪亮,感情充沛,语调上抑扬顿挫,语速张弛有度,很有感染力。虽然没有脱稿,但也没有一味读稿念稿,整体形象自信、从容、大方、得体,值得肯定。可能还是有一丝紧张,结尾时的手势动作略显生硬。相信多积累几次上台经验之后,你的演讲定能谈笑风生、语惊四座。

主持人:感谢两位评委的精彩点评,感谢王同学给我们带来的精彩演讲,我们下期再会。

(主持人归位)

任务五:拓展演讲活动,策划私人定制(主持人:老师)

师:刚才的演讲只是牛刀小试,请同学们于课后完成拓展练习——假如你是一个文化传播公司的业务总监,专门负责演讲业务,要为不同的演讲活动做私人定制策划,请根据要求填写表4。(播放 PPT 第 9 页,展示表 4)

表4

演讲主题	演讲者	演讲地点	受众	传播渠道	目的	语言要求
生涯规划	退休教授		高一学生			
政事陈述	宣传部门			录播		
学术报告	博士	学术报告厅				

师：罗振宇说，如果你实在找不到一个领域去跨界，那么就去学演讲。因为当代社会最重要的能力之一就是表达能力。希望演讲能让你拥有突破自我、表达自我的勇气与能力，也期待同学们在今后的"每日演讲"活动中有更出彩的表现。下课！

【教学反思】

作为一次"实用性阅读与交流"的学习活动，必须要结合实用类文本的写作目的和文体特点进行，本次语文学习活动的设计是围绕"理解""发现""实践""反思"的内在逻辑推进的。

首先，本节课联读的四篇文章都具有切于实用、关注特定对象、富有针对性的特点，是实用类文体的经典之作。任务一"联读演讲文稿，了解演讲知识"，学生通过四篇演讲稿的联读，在"我是谁""我在哪里发表演说""我的听众是谁""演讲形式"等学习内容的探讨中，在对比中梳理演讲稿的基础知识，认识并理解演讲稿的文体特征，体会文章的实用性和针对性，感受作者在态度、语气、叙述策略、表达方式、语体风格等方面的差异。其次，四篇演讲稿都体现出作者对时代发展趋势的深刻认识，表现出革命导师、有为志士顺应历史潮流，勇于担负时代革命的精神。任务二"探究演讲主题，体会激情担当"，则是引导学生把握演讲主旨，发现并感受作者思想的光辉，落实"抱负与使命"的人文主题。再次，设置学写演讲稿和演讲活动，任务三"讨论演讲稿件，补齐演讲短板"，旨在引导学生于探究与实践中完成演讲稿的写作练习，于反思中提升演讲稿写作能力，并在任务四"学生主持演讲，评委点评演讲"这一演讲实践中，尝试准确、充分地发表见解，阐发主张，表达立场，抒发情感，实现了"语言建构与运用""思维发展与提升"核心素养的提升。最后，任务五"拓展演讲活动，策划私人定制"，拓展实用类文体学习的空间。

整堂课容量大，在学生充分预习的情况下，一课时完成五个活动仍然较为紧促，因而建议可以分两课时完成。特别是任务二"探究演讲主题，体会激情担当"的推进，由于《在〈人民报〉创刊纪念会上的演说》和《在马克思墓前的讲话》两篇文章学生还没接触过，再加上马克思的演讲理解难度大，同学们对其演讲主题和目的甚至语言风格的把握均无法做到精准，需要教师带着进入文本，探究主题，品鉴语言，致使这一活动占据课堂较多时间，这充分表明学情会制约活动任务的设置。

第六单元

时代的隐喻：聚焦小说主题

执教/宁波市鄞州中学　王亚云

本课课件

【专题目标】

精读《祝福》，联读鲁迅"女性"题材小说《离婚》和《伤逝》，分析人物的精神困境及产生原因，比较三位女性的异同，探讨特定时代对女性悲剧命运的影响，进而理解"小说是时代的隐喻"这个主题。

【预习任务】

根据以下问题，阅读三篇小说。

1. 聚焦祥林嫂，梳理小说内容，了解祥林嫂的人生遭遇和精神困境。
2. 探究祥林嫂精神困境的成因。
3. 比较三篇小说中人物的异同，理解三位女性共同的精神困境。
4. 课外搜集女性题材相关小说，感受女性命运在时代中的变化。

【教学实录】

师：今天我们要讲的是鲁迅小说。鲁迅先生弃医从文的原因就是他发现中国人真正生病的不是体格，而是精神。所以鲁迅小说的第一要著就是在改变国民的精神，使之找回灵魂。（播放PPT第1页）

任务一：聚焦人物——祥林嫂的人生遭遇和精神困境

师：小说被唤作"袖珍戏园"。小说将抽象的主题变为有生命的模型。我们在预习的基础上聚焦人物，以情节和人物为维度，梳理文本内容。（播放PPT第2页）

生：以情节为维度，我们一般把小说分为开端、发展、高潮和结局。小说的开端是祥林嫂初到鲁镇做女工，发展是祥林嫂被卖深山，高潮是祥林嫂在丧夫失子后再到鲁镇帮工，小说的结局是祥林嫂寂然地死去。文章每个部分在排版的时候有意地空出一行来，划分了这些层次。特别的是,小说把祥林嫂的死放在了前面。

师:这样的叙述顺序在术语上我们称之为——

生:倒叙。

师:小说前面和最后都描写了什么内容?

生:小说首尾都是祝福的景象。

师:我们发现这篇小说除了常规的四个部分,还有序幕和尾声。序幕和尾声除了首尾呼应表现祝福的景象,还分别交代了什么内容?

生:序幕还提到了"我"和鲁四老爷的关系,也介绍了鲁四老爷以及他的书房等内容。尾声除了讲祝福的热闹,还写了"我"的感受。(教师播放PPT第3页,展示表1)

表1

情节	内容
序幕	祝福景象与鲁四老爷
结局	祥林嫂寂然死去
开端	祥林嫂初到鲁镇
发展	祥林嫂被卖改嫁
高潮	祥林嫂再到鲁镇
尾声	祝福景象和"我"的感受

师:高尔基说,情节就是人物之间的联系、矛盾、同情、反感和一般关系,还有某种性格、典型的成长和构成的历史。从表1中我们可以看到祥林嫂以及和她有过一些交集的人物之间的故事。下面我们以人物为维度,来梳理祥林嫂的相关内容。(播放PPT第4页,展示表2)

表2

年龄	经历

生:课文第98页祥林嫂第一次来到鲁镇的时候外貌描写里明确交代了她的年龄是二十六七岁,到鲁镇做女工。

师:已经准确"发了定位",大家可以画一下描写祥林嫂外貌的语句。能不能将祥林嫂经历的前因后果再交代得清楚一些？

生：丈夫离世，外逃帮佣，来到鲁家，成为女工，勤劳肯干。

师：这样的概括就比较清楚，既交代前面发生了什么事情，后续怎么发展，还交代了祥林嫂的品质特征。

生：后面年龄应该填二十七八岁，因为祥林嫂在"冬初"来到鲁镇，当年的祝福鲁四老爷家没有添短工，过了年，祥林嫂的婆婆来结走了一千七百五十文工钱，祥林嫂每月工钱五百文，这样可以推算祥林嫂在鲁四老爷家待了三个半月被婆婆绑走了，被迫改嫁。

师：看文章看得真仔细，尤其是关注到了文章中的金钱数字。这篇文章中几次提到钱，我们有必要算一算这个经济账。

生：下面应该是祥林嫂二十八九岁，她那个阶段的经历是生了孩子，"交了好运"，生活幸福。

师：你为什么用"幸福"这个词？我的概括是"平稳"，哪个好？

生：我觉得应该是"幸福"更好！（学生们笑）因为祥林嫂后面在回忆这段过往的时候"笑"过，在第 104 页，"'阿阿，你……你倒自己试试看。'她笑了"，这里是祥林嫂想起和贺老六的婚姻时羞涩而幸福的"笑"。

师：我觉得你概括得比我深入。小说写祥林嫂一辈子就写了两次笑，一次是这里，还有一次是在鲁四老爷家里暂时做稳了女工，脸上渐渐有了笑影，还白胖了。这两次"笑"是她人生灰暗天空中难得出太阳的日子，她的人生总是浓云密布，有时甚至风雪交加。

生：下面阶段应该是三十、三十一岁，她的经历是家破人亡，再回鲁镇，不让祭祀。她被强卖去深山野墺里过，年底就生了一个男孩，然后有一年的秋季应该过了两年多，孩子被狼衔去了，因为祥林嫂看到两三岁的小孩会讲述狼叼阿毛的故事。

师：这里也有一笔经济账。婆婆卖祥林嫂八十千，给小叔子娶新媳妇财礼花了五十千，除去办喜事的费用后，还赚了十多千。婆婆一出一进还赚钱了，可是祥林嫂被卖了。祥林嫂被买卖说明什么问题？

生：祥林嫂没有生命的自主权，她可以像货物一样被买卖。

师：祥林嫂一个月工钱五百文，干了三个半月被婆婆拿走了全部的工钱一千七百五十文。婆婆卖她赚了十多千。祥林嫂捐门槛用了十二千。

生：捐门槛，祥林嫂用了二十四个月的工钱。

师：对！她得一分不花、没日没夜地干两年。

生：婆婆不仅可以卖她，还可以拿走她的工钱，说明祥林嫂还没有经济自主权。

生：也说明"慈悲为怀"的庙祝剥削了她的钱。

师：庙祝代表哪种剥削力量？

生：神权。

师：这是借用了毛泽东关于祥林嫂身上几种精神压迫的概括——政权、族权、夫权、神权。

生：下面年龄应该是三十二三岁，祥林嫂那年重复诉说遭遇，捐献门槛，四婶依然不让她祭祀。

师：关于"不让祭祀"这件事，我们有必要对四婶两次阻止祥林嫂做事来进行比较。第一次是第 102 页"'祥林嫂，你放着罢！我来摆。'四婶慌忙的说……'祥林嫂，你放着罢！我来拿。'四婶又慌忙的说"，第二次是第 105 页"'你放着罢，祥林嫂！'四婶慌忙大声说"，这两处三句话有什么不同？

生：前面两句话都是"祥林嫂"放在前面，阻止祥林嫂不让她拿东西。后面一句话把"你放着罢"放在前面，而且多了"大声"，意思是比之前更加紧张，介意祥林嫂的行为，让她赶紧停下手里的动作。

师：这样的倒装和增加的一个状语，四婶阻止命令的压迫感和情绪的紧张感就更强了。

生：是的。（学生们点头）

生：最后的年龄应该是三十七八岁。文章第 95 页中"五年前的花白的头发，即今已经全白"，文章第 105 页"不半年，头发也花白起来了"，这样推断与捐门槛隔了五年的时间，祥林嫂应该三十二三岁。那时候的经历应该是被赶出鲁家，痛苦绝望，四处流浪，孤身死去，无人在意。

师：大家把这段外貌描写也画起来。你说得很完整，把祥林嫂这个阶段的精神状态也概括出来了，也留意了别人对她的死的态度。

生：我觉得小说还强调了祥林嫂是在祝福声中去世的，所以我的概括还加了"祝福之夜，惨离人间"。

师：你们都注意到了祝福的热闹与祥林嫂的悲惨，祝福渴望幸福与祥林嫂的寂然死去形成对比。叔本华的悲剧理论说，第一种悲剧是有坏人，第二种悲剧是出了意外、车祸、癌症之类，第三种悲剧是最难写的悲剧，就是不同人物在不同位置上的必然冲突。好的悲剧应该是一种极致的撕扯感，而不是显而易见的悲伤。

师：我们以不同的视角进入文本，逐渐地走进文本的深处，除了梳理祥林嫂短暂而悲惨的一生，我们也逐渐地感受到祥林嫂一生中经历的悲惨和一些人有关。祥林嫂总是和"春天"擦肩而过，"春天没了丈夫""春天被婆婆绑走改嫁""阿毛在春天被狼叼走"等，她的生命就这样一步步走向深渊，走向更深的黑暗。

师：我们再细细看看祥林嫂的悲剧。文中对祥林嫂有哪些不同的称呼？这些称呼体现了祥林嫂怎样的社会角色？我们在文中再找一找，再来谈谈对该称呼的理解。（播放 PPT 第 5 页）

生：祥林嫂，是以她丈夫的名字来称呼的，她自己没名没姓，在文中说大概是姓卫，她是一个童养媳，童养媳是被自己父母卖掉的，所以她是一个无依无靠的女人。

师：她是童养媳，她十几岁，她的丈夫几岁，她既是小丈夫的妻子，也是小孩子的保姆，还是家里任劳任怨的女工。以她婆婆的精明能干，祥林嫂在婆家应该也要辛劳干活，任打任骂。

师：但是在这十几年里，祥林嫂没有逃出来，她是在二十六七岁的时候逃到鲁镇的。

生：因为她成了寡妇，她的丈夫祥林死了，她婆婆要把她卖了，祥林嫂想要为祥林守寡，可是她婆婆不让，所以她成了女工。

师：这么说祥林嫂的"逃"，也是她想为自己的人生负责的表现，如何理解"守寡"？

生：旧社会女人死了男人，最好的出路就是自尽，这样就成了烈女，没有自尽，就是要守一辈子的寡。

师:女人没了丈夫就要自尽,被人强暴后,女人明明是受害者也要自尽,死得越果断越好,这样才被称为烈女,可以修祠堂被表彰。女人没自尽的,那就守一辈子活寡。连结婚没几天,甚至是才定了亲,那也是"生是他的人,死是他的鬼"。这就叫守贞洁。还有更过分的,就是不管丈夫怎么死的,还会把死的原因归咎给女人,是女人命太硬,克死的。

生:真是荒谬,难以理解!

师:不光男人这样想,女人自己也这样要求自己。因为有"女则""女戒"等内容的影响。这是男权中心对女性的一道枷锁。

生:祥林嫂逃到鲁四老爷家里的身份是"女工",她食物不论,力气不惜,比男人还能干。

生:那一年鲁四老爷家里祝福竟然没有添短工,说明祥林嫂一个顶俩。

师:四叔、四婶对祥林嫂很满意。主要的原因是看中了祥林嫂的干活能力。做工不懈怠,不会偷懒,实在比勤快的男人还勤快,都是从"机器""工具"的角度来看的。这是对人的"物化",婆婆买卖她,也是把她当家里的"财物"。

生:寡妇再嫁,不能从一而终,这样就叫"回头人"。感觉人们提到这个身份就要摇头,加上嫌弃的语气叫出"回头人"三个字。

师:你说得真生动!回头人就更加不能被社会所容纳了,就更是不干不净了,也更验证了命硬要克死丈夫的刻板迷信思想了。

生:所以后来鲁四老爷在知道祥林嫂在迎接新年的祝福声中死去的消息时骂她"谬种"。她是命太硬、克死两任丈夫、连死都不是时候的坏东西。

师:同学们预习得很充分,能快速地在这么长篇幅的课文中筛选有效信息,也在课堂上展开了有深度的讨论,能深入文章褶皱之处谈你们的理解,真不错!(播放PPT第6页,展示表3)

表3

称呼	社会角色解读
祥林嫂	比丈夫大十岁的童养媳,娘家不明、无名无姓、无依无靠且没有自由身的孤身女人
寡妇	死了丈夫,要求做守一辈子活寡的贞洁烈女
女工	食物不论、力气不惜、比男人还能干的劳动妇女
回头人	寡妇再嫁、不能从一而终、不干不净的未亡人
木偶人	捐门槛后不能参加祭祀、受到精神重创后的行尸走肉般的活死人
乞丐	被赶出鲁四老爷家、无人救助、百无聊赖的穷苦人
谬种	命太硬、克死两任丈夫、又死得不是时候的坏东西

师:同学们,祥林嫂有这么多的称呼,你们觉得祥林嫂最想要的称呼是什么?

生:"女工"!

生:我觉得不是,是"祥林嫂"!如果婆婆允许她为祥林守寡,不逼她改嫁,尽管生活比较艰苦,祥林嫂是完全可以活下来的,她没必要逃出来,到鲁镇做女工。(学生们点头)

师:人们希望叫她什么?

生(异口同声):"祥林嫂"!

生:文章第98页,祥林嫂初次来到鲁镇,"大家都叫她祥林嫂",请注意,这里有"都"! 祥林嫂再次来到鲁镇,文章第102页,"大家仍然叫她祥林嫂""镇上的人们也仍然叫她祥林嫂"(重读"仍然"),说明大家希望叫她"祥林嫂"。

师:大家为什么不叫她"老六嫂"?

生:因为人们认同她应该是"祥林嫂",嫁一个丈夫,从一而终,不仅仅是出于习惯。

师:祥林嫂最希望的称呼是"祥林嫂",人们认同她的称呼也是"祥林嫂"。但是祥林嫂在文中却有如此多的其他身份,角色的多重性和错位体现了祥林嫂的撕扯感、破碎感。

师:我们再来梳理、比较祥林嫂三处肖像描写,看看祥林嫂的外形和内在的精神状况是怎样变化的。(播放PPT第7页)

> 第一次:头上扎着白头绳,乌裙,蓝夹袄,月白背心,年纪大约二十六七,脸色青黄,但两颊却还是红的。
>
> 第二次:她仍然头上扎着白头绳,乌裙,蓝夹袄,月白背心,脸色青黄,只是两颊上已经消失了血色,顺着眼,眼角上带些泪痕,眼光也没有先前那样精神了。而且仍然是卫老婆子领着,显出慈悲模样……
>
> 第三次:五年前的花白的头发,即今已经全白,全不像四十上下的人;脸上瘦削不堪,黄中带黑,而且消尽了先前悲哀的神色,仿佛是木刻似的;只有那眼珠间或一轮,还可以表示她是一个活物。她一手提着竹篮,内中一个破碗,空的;一手拄着一支比她更长的竹竿,下端开了裂:她分明已经纯乎是一个乞丐了。

生:前面两次外貌描写中,祥林嫂穿的都是蓝夹袄、月白背心,感觉挺干净利索的,就是白头绳比较显眼,一次为了祥林,一次为了贺老六。比较两次脸色的变化,第一次脸色青黄,但是两颊是红的,说明营养不良,但是气色还是不错的,有生机。第二次脸色还是青黄,只是两颊上的血色消失了,说明她死了两任丈夫,儿子阿毛也死了,对她的打击很重,她很痛苦,所以显得很憔悴。

生:第三次,祥林嫂四十岁的人头发全白,难以想象! 我妈也四十几岁,看起来很年轻。她的脸色"瘦削不堪,黄中带黑",说明被精神摧残到已经没有了生机。像木刻一样,眼珠子偶尔动一动,证明还活着,她未老先衰,人已经心死到连悲哀的神色都没有了,可见她受到的打击之大,已经是麻木和绝望的状态。

师:这段话中我们还格外关注到一个倒装句式"内中一个破碗,空的",不是"内中一个空的破碗",它们有什么区别?

生:强调了碗不仅破,而且空。说明没有人给她吃的。

师:这是家家户户在迎接新年、祝福的时候,一般以前这个时候人们会格外地对乞丐好,能给一些吃的都会给的。可是祥林嫂是一个被彻底抛弃的人。

师:还有一个标点符号,"一手拄着一支比她更长的竹竿,下端开了裂:她分明已经纯乎是一个乞丐了",这个冒号总括上文,将所有上面的描写最后概括起来,作者用了三个并列定语来修饰"分明""已经""纯乎"。

生:祥林嫂从头发、脸色、眼睛,到又空又破的竹篮,再到不称手的拐杖,都在表明她从头到脚、从里到外、毫无疑问、彻彻底底是一个一无所有的乞丐。

师:鲁迅小说里有一个高频词"百无聊赖"。对魏连殳(鲁迅小说《孤独者》主人公)、涓生(鲁迅小说《伤逝》男主角),还有文章中的"我"来说,他们"百无聊赖"是精神没有支点,找不到生活的出路;对于祥林嫂而言,她不仅物质上没有依赖,她精神上也一样没有支点。因为原来她赖以为生的精神支点就是做好祥林的妻子,祥林死了,为他守寡,就是做好"祥林嫂"。

师:鲁迅先生说,"要极省俭的画出一个人的特点,最好是画他的眼睛"。祥林嫂原来是"顺着眼",到"直着眼"讲述她的阿毛被狼叼走的故事,接着"瞪着眼"看鲁镇的人嘲笑她,到捐了门槛之后"眼光也分外有神",再到四婶仍然不让碰祭祀品"眼睛窈陷下去",最后到问我人死了,有没有魂灵时"没有精采的眼睛忽然发光了""她的眼钉着我的",这个"钉",表面是错别字,可实在精当得不得了,"我"就是祥林嫂的最后一根救命稻草,她像钉子一样问我,表现出她的求生欲和这个问题对她折磨至深。可以说"借一斑略知全豹,以一目尽显精神"。(播放PPT第8页)

师:祥林嫂那么老实温顺,那么逆来顺受,那么能干顽强,为什么最后物质和精神都是"百无聊赖"? 如果她的精神好了,要活下去完全没有问题,是谁造成了她的精神困境? 我们下节课再继续!

任务二:文本探究——祥林嫂陷入精神困境的原因

师:我们上节课已经梳理了文章内容,从文本中细读出祥林嫂外在形象和内在精神的变化过程,我们来继续讨论祥林嫂精神困境的成因。(播放PPT第9页)大家可以畅所欲言了。

生:鲁四老爷和四婶造成的。鲁四老爷是一个守旧、冷酷、自私的人,从他的书房摆设就可以看出他是一个封建卫道士的形象。他对祥林嫂的处境皱过眉头、骂她谬种,他代表的是政权,压迫和剥削祥林嫂。

师:四叔在文中的话不多,但是他在文章第99页说了三句话,说的是"这不好。恐怕她是逃出来的""可恶! 然而……""可恶!"其中,"然而""可恶"的是什么? 转折背后又有什么心理活动? 请同学们根据上下文的内容来理解。

生:四叔说第一处"可恶"是说祥林嫂是逃出来的,婆婆来绑人也不知会他,有损他的脸面。第二处是骂卫老婆子,推荐祥林嫂来,又掺和绑走祥林嫂,闹得不好看,辱没他的身份。

生:第一处"然而"的意思是觉得婆婆有权这样做,所以他是封建礼教的捍卫者。第二处不仅认为婆婆这样做有理,还对失去祥林嫂这样的劳力有点可惜。

师:四叔和四婶,一个幕后,一个台前,四叔从政权、思想上控制祥林嫂,四婶从女工、物化层面上剥削祥林嫂。四叔还授意四婶,不要让祥林嫂参与祭祀,阻断了祥林嫂想要做稳一个女工的出路,给她设置了另一重的精神难题,所以他们都是施害者的角色。

生:祥林嫂的婆婆和大伯造成的。婆婆带人掳走祥林嫂,逼迫再嫁,不让祥林嫂只是祥林嫂。大伯收屋赶走祥林嫂,让祥林嫂没有了容身之所。

师:现代社会丈夫死了,财产的第一继承人是妻子。祥林嫂想为祥林守一辈子的寡,婆婆让她成了一个不贞不洁的女人。祥林嫂承受丧夫失子之痛后,想为贺老六守寡依然不得。大家可以看到祥林嫂既没有生命的自主权也没有财产的继承权,他们行使的是封建社会的夫权和族权,他们断送了祥林嫂两段短暂的平稳生活,是祥林嫂精神困境的肇始者。

生:短工和鲁镇的人造成的。短工对祥林嫂的死是漠不关心的。在文章第 97 页有描写,"简捷""淡然",轻率的口吻和冷漠的态度是对同样的底层受苦民众的不关心、不在意、不帮助。

生:鲁镇的人还拿祥林嫂的悲剧开涮。他们都是拿祥林嫂的两段悲惨故事来打趣,来消遣。

师:这些民众的状态就是鲁迅笔下的看客。其实西方小说中也有这样的"看客",《巴黎圣母院》中卡西莫多受刑前,人们骂他,向他扔东西,把自己生活中种种的不幸都怪罪于卡西莫多,各种莫名其妙的荒唐的理由,就是把自己生活的不幸发泄在比他们更不幸的生命上,用更不幸生命的不幸来对比出自己还算走运的可怜的幸福。

生:他们虽然是一群旁观者,但是让祥林嫂们更孤独,更无助,更不幸。

师:柳妈其实和祥林嫂一样是受苦的女人,她也是鲁镇的一员,我们也来说说她。

生:柳妈吃素,是一个善女人,她应该比鲁镇的人更有慈悲心肠,也更能理解祥林嫂,去帮助她。可是她打趣祥林嫂的伤疤,同时还吓唬祥林嫂,她死后要被锯开来,还让祥林嫂用完了两年的工钱。如果没有捐门槛,祥林嫂的十二千工钱还能维持生活。

师:柳妈在鲁镇,作为一个镇上的人,看起来比乡下的祥林嫂有见识,可是柳妈却把祥林嫂这个嫁了两回的事情给点破了——死后两个男人争抢,怎么办? 还给祥林嫂指了一条不是出路的出路,把祥林嫂逼到更深的绝崖。

生:接下来最有希望救祥林嫂的只有"我",一个见过世面、有知识的人,但是面对祥林嫂的提问,"我"只会闪烁其词,敷衍祥林嫂。

师:"我"欲言又止,欲止又言,从主观上想不想帮祥林嫂?

生:想!

师:那他为什么说不清楚?

生:他就是说不清楚,他也不知道该怎么说对祥林嫂有好处,他又不知道正确答案是什么。

师:所以他逃避了,但不是"敷衍"。他就是迷茫。当然他也逃避,想快速摆脱这件事情的自责,他是一个启蒙者,但是他无能为力,他想救却不知所措,同时他又有自我反省的能力,在反思中表现出苦闷和彷徨。所以"我"也最终成了祥林嫂精神困境的最后一个推手。

生:祥林嫂也有责任。(学生窃窃私语)

师:怎么说?

生:祥林嫂最后不去捐门槛,拿着钱再去找个人家干活,不行吗?

师:这个在当时的时代下可不可能做到?

生:不可能。祥林嫂其实也反抗过。她"逃"出来,她真心实意地寻死觅活撞香案,不愿意和贺老六结婚,她甚至傻傻地去拿出所有的工钱捐门槛,最后她"钉"着"我"问人死后有没有魂灵,其实在当时的背景下,她已经在自己能想到的范围和能力范围内尽了最大努力来摆脱命运的不公,但是她不能摆脱时代的桎梏,始终在旧时代的标准内要求自己。

师：所以她的反抗的终极诉求就是回到旧有的秩序中，她是自己精神困境的自缚者。

师：说起旧时代，这是怎样的一个社会？文章序幕和尾声都在描写"祝福"的景象，这有什么隐喻意义？（播放PPT第10页）

（学生默读）

生：祝福是旧习俗，祭神祭祖，祈年求福，这是社会延续已久的旧传统。

生：辛亥革命以后，农村的风气并没有改变，旧思想、旧观念依然根深蒂固。

生：说明新文化新思想没有影响旧社会旧道德。

师：这展现了当时社会依然顽固守旧的现实，旧习俗、旧思想、旧道德构成根深蒂固的旧社会，这是造成祥林嫂精神困境的社会原因。

师：文章中倒叙的结构和"我"带给小说怎样的影响？（播放PPT第11页）

生："倒叙"把祥林嫂的死放在了前面，同时也把一个核心问题"祥林嫂的精神困境——人死了，有没有魂灵？"强调了出来。

生："我"既是祥林嫂故事的叙述者和见证者，也是祥林嫂小说中的一个人物，"我"也要为祥林嫂的死承担责任。

师：这个"我"正好反映了鲁迅先生这一时期的精神困惑。"我"面对祥林嫂精神困境时候的犹疑和自身想要改造社会的预期产生的差距，使小说的主题更深刻，更符合鲁迅小说《彷徨》集的思想困境。"人，有没有魂灵？"这不是一个科学和迷信的问题，这是一个人靠什么活着的问题。启蒙者凭什么启蒙？科学能救祥林嫂吗？迷信能救人民吗？这是《祝福》中的一个重大问题。鲁迅主张一条"立人"的道路来拯救我们的民族。他在《摩罗诗力说》疾呼，"今索诸中国，为精神界之战士者安在？"然而《祝福》收入《彷徨》，它遁隐了"呐喊"的锋芒，表现这一时期鲁迅的迷茫。"人生最痛苦的是梦醒了以后无路可以走。做梦的人是幸福的；倘没有看出可走的路，最要紧的是不要去惊醒他。"他曾经振臂高呼要唤醒铁屋子里沉睡的人们，可是"彷徨于两个世界，一个已死，另一个却无力出走"。"已死"的是——（生答：旧社会），另一个是——（生答：新社会）。鲁迅弃医从文的主要愿望，是做一个精神上的医生。但是他只探病而无法诊治，所以他"彷徨"。（播放PPT第12页）

任务三：联类阅读，时代下女性精神的群像

师：身为女性，如果与祥林嫂经历不同，性格不同，受教育程度不同，那么能不能逃脱祥林嫂式的悲剧呢？请大家来比较《离婚》中的爱姑、《伤逝》中的子君和祥林嫂三个女性，我们从家庭出身、性格特征、反抗方式、斗争诉求和命运结局五个方面来展开。（播放PPT第13页）

生：我们课前看了学案里的小说，发现这三个女性在家庭出身方面是不一样的。祥林嫂是一个无名无姓、无依无靠的农村底层劳动妇女；爱姑是有父亲和六个身强体壮兄弟替她撑腰的普通妇女；子君是一个接受过五四思想的新时代的知识女性。

生：我们发现三个女性在性格特征方面也是不一样的。祥林嫂是一个老实本分、逆来顺受的温驯人；爱姑是一个以"我总要闹得他们家败人亡"为口头禅的大胆泼辣的女性；子君是宣告"我是我自己的，他们谁也没有干涉我的权利"勇敢进步、追求恋爱自由的女性。

生:她们的反抗也不一样。祥林嫂"逃""撞""捐""问";爱姑"闹";子君"私奔"。

师:她们表面上的反抗好像不一样,但是三人的反抗最终为了什么?

生:好像又一样。祥林嫂最终是为了符合封建礼教的标准,被社会所接纳;爱姑闹得天翻地覆就是为了和"小畜生"不离婚;子君私奔最后就是在婚姻里柴米油盐、相夫教子,做传统女人。

师:所以她们的本质是一样的。都是为了挣脱强加于身的不公,最后都是依从了旧有的思想观念。

生:她们的命运结局是一样的。虽然表面上祥林嫂和子君都死了,爱姑没有死,可是她的心也死了。

师:最讽刺的是,爱姑不要性命的反抗在七大人面前完全使不出来了,她屈服的是七大人所代表的强大的旧社会,最后还讨价还价地用 90 元买断了爱姑的婚姻。(播放 PPT 第 14 页)

师:三人相似的反抗方式、斗争诉求和命运结局,呈现了三人相似的精神困境——三人想要旧有生活而不得。大家觉得造成三人悲剧的时代因素是什么?(播放 PPT 第 15 页)

生:祥林嫂通过反抗,想回到封建礼教却不被容纳。爱姑通过闹,想维系婚姻的表面,维护自己的名声,却被封建政权击败。子君通过私奔,想追求自由恋爱,却困于柴米油盐的生活琐碎,被生存的困境打败了。

生:旧社会"吃人"本质,也可以说是男权社会固有的规则作祟。女性被剥夺了所有权利和自由,一生服务于夫和子。祥林嫂守节,为两任丈夫赎罪;爱姑要维持岌岌可危的小家庭,子君的进步意识刚冒头,就又缩回顺从丈夫、操持家务的封建意识的囚笼中。这是时代层层枷锁之下潜移默化的镣铐。

师:这个问题我们可以从经济、制度、思想观念、自我认同等方面来分析。比如经济上,婆婆取走了祥林嫂全数存在主人家的工钱,大伯来收屋;七大人用钱买断了爱姑的婚姻;子君"人必生活着,爱才有所附丽"的缺钱感悟。再比如婆婆可以名正言顺地买卖祥林嫂;爱姑听从于七大人的调停,都是制度使然。男权思想在三篇小说中根深蒂固,三位女性为时代所迫害,被时代所摆布,为时代所桎梏,又带着时代的偏见和局限变成自我要求的自觉,这就是时代的强大影响,人要想逃脱时代,谈何容易!

师:鲁迅《我之节烈观》,我们还要发愿,要人类都受正当的幸福。(播放 PPT 第 16 页)课后请大家阅读莫言 2000 年的短篇小说《冰雪美人》,思考女性在现代文明社会中如何摆脱传统观念造成的困境,走向幸福?下课!

【教学反思】

《祝福》是鲁迅先生的经典小说,用两个课时实在捉襟见肘。现就教学实况,反思如下,请方家指正。

1. 聚焦"精神",串联设计脉络

小说是人类精神的普泛形式,先生弃医从文的原因也是拯救国民的灵魂。鲁迅小说的第一要义就是改变国民的精神,使之找回灵魂。于是设计之初就找到了"精神"这个关键词。教学流程围绕"精神"主要分三步走:第一,聚焦人物,梳理祥林嫂的人生遭遇和精神困境;第二,文本探究,分析祥林嫂陷入精神困境的原因;第三,联类阅读,探讨时代下女性精神的群像。

2. 打开"褶皱",找寻教学亮点

虽然小说篇幅比较长,但是以一条清晰的线索去阅读,就能聚焦教学的重难点。在比较常规的情节维度的内容梳理的基础上,进行人物维度的二次梳理,这次梳理把祥林嫂的年谱清晰地呈现出来,让学生们自然地走进文本的深处去寻找,去思考。然后又以找出文中祥林嫂的不同称呼以及解读这些称呼背后所代表的社会角色为任务,引导学生感受祥林嫂角色的多重性、矛盾性和错位性,把祥林嫂的精神困境摆在眼前。接着顺理成章去强化祥林嫂三处肖像描写,对比外貌、脸色、眼睛,概括外在形象和内在精神的变化过程引导学生感受这样一个活生生的顽强且美好的生命是如何走向毁灭的。学生完成任务一梳理祥林嫂多重社会角色的课堂实践令人惊喜,学生在解读的时候可以有不同层面的理解,有比较大的发言空间。这提示我,课堂教学的问题设计最好应当指向明确,并且有开放的解读空间,课堂提问应串联起来,形成清晰的逻辑链和块状的活动流程。任务二探讨祥林嫂以及和她有交集的人物对祥林嫂的精神困境应该承担怎样的责任。与课前预设有些不一样的地方就是学生发现祥林嫂自己是精神困境的自缚者。祥林嫂就像是台球桌上的球,任人推打,操控她人生走向的时代是球杆,她无法自控,无路可走;作为启蒙者的"我"不知所措,无力挽救,这个内容和鲁迅先生命名"彷徨"集时的思想倾向是有关系的。

3. 联类阅读,提炼时代主题

从一篇小说讲到一个时代的精神困惑,从一个女性联系不同女性的同质悲剧,比较三位女性的精神群像发现无法摆脱的时代枷锁,摒弃旧思想这是一个跨越时代的世纪难题。学生在课后阅读莫言 2000 年的短篇小说《冰雪美人》时依然发现守旧的思想和标准,女性依然被物化、异化。阅读的魅力就是点燃思想的星星之火,去发现,去思考,去探索。

人生的舞台:探究环境对人物命运的影响

执教/宁波市李惠利中学　邵吉斌

本课课件

【专题目标】

精读《祝福》《林教头风雪山神庙》两篇小说,分析文章中的自然环境和社会环境等特点,从而体悟到环境与人物命运之间具有的相关性。

【预习任务】

1. 捋清《祝福》中的诸多人物及与祥林嫂的关系。
2. 找出《林教头风雪山神庙》中关于"雪"的描写片段和与林冲有关的人物。
3. 课前阅读《水浒传》第六回到第八回,并用简明的语言概括课文《林教头风雪山神庙》的情节。
4. 根据课文内容,思考两篇文章的社会环境共同点。

【教学实录】

师:相信我们一定都看到过"人各有命"这句话。这话是说各人有各人的命运,就算是在同一个家庭、集体和社会中,每个人的命运也都会各不相同。所以就有人说是"性格决定命运",也有人说是"环境决定命运",这是个争论不休的话题。咱们今天,就通过学习鲁迅先生的《祝福》和施耐庵先生的《林教头风雪山神庙》来研究环境对命运的影响。(播放 PPT 第1页)

师:在文学作品中,环境一般分为自然环境和社会环境。自然环境是一个相对稳定的因素,涉及水土、气候、地域等概念。那什么是社会环境?

生:社会环境就是小说人物周边生活的人、集体。

生:其实还有就是这个民族长期形成的文化、思想共识等。

师:很好,你说到了文化和思想共识,这个就很厉害了。你给咱们举个例子吧,就拿刚过去的春节说说看。

生:咱们过春节喜欢看春晚、吃饺子、穿红色的衣服。见面碰到个人就说"新年快乐""身体健康"啥的,希望来年能顺顺利利、平平安安。

师:你总结得很到位。咱们中国人过年过节有着一些约定俗成的习俗,我们这一代是这样,到了你们这一代还是这样。但是希望平安、顺利,好像在哪个民族和国家应该都是这样吧。(生笑)

生:对。一旦在过节的时候不小心说个不好的话,比如"倒霉啊""完了"啥的,大人们就让我们"呸呸呸""童言无忌,大风吹去"。(生大笑)

师:(笑)对对。总是图个吉利,大过年的总希望有个好彩头嘛。咱们想想,《祝福》里短工是怎么告诉"我"祥林嫂死了这件事情的。他用了一个什么词?

生:老了。

师:大过年的不能说不吉利的词汇,所以用了这个约定俗成的"避讳"方法。对一个民族、国家来说,以相对稳定的自然环境为基础产生的社会传统心理、观念、政治和文化等因素,合在一起就统称为社会环境。社会环境也呈现出持久性的特征。咱们生活在这个社会当中,就会自觉或者不自觉地被社会环境影响着。(播放 PPT 第 2 页,展示表 1)

表1

环境	自然环境	相对社会环境而言,是由水土、地域、气候等自然事物所形成的环境	是社会文化环境的基础
	社会环境	对我们所处的社会政治环境、经济环境、法治环境、科技环境、文化环境等宏观因素的综合	社会文化环境又是自然环境的发展,社会环境也会影响着自然环境
	时代背景、时空场所和围绕在主人公周围活动的次要人物等要素		

任务一:领悟自然环境的作用

师:不能否认,对个人而言,一些突发的自然环境,有时也是能改变人的命运的。比如《祝福》中的那只狼,它是怎样改变着祥林嫂的命运的?

生:因为雪后开春,狼无食可觅,找不到吃的了,它就出来叼走了阿毛。阿毛死了,祥林嫂只能被赶出来了,又回到了鲁镇。

师:对。狼把祥林嫂的最后一个依靠给夺走了,这就是自然的突发状况改变了人的命运。在"出嫁从夫,夫死从子"封建的社会环境中,祥林嫂失去了一切。

我们再来看看《林教头风雪山神庙》中的"雪"对林冲的命运有怎样的影响。先请大家梳理一下,小说节选部分总共写到了几次雪?

生:一共描写了四处雪景。

师:好!请几位同学找出句子来读一读。其他同学也把这些句子画出来,品一品。(生找,读课文)

生:第一处在第 7 段,写到"正是严冬天气,彤云密布,朔风渐起,却早纷纷扬扬卷下一天大雪来"。

生：第二处在第 8 段，"雪地里踏着碎琼乱玉，迤逦背着北风而行。那雪正下得紧"。

生：第三处在第 9 段，"看那雪，到晚越下得紧了"。

生：第四处在第 10 段，"林冲踏着那瑞雪，迎着北风，飞也似奔到草场门口"。

师：同学们预习工作做得很仔细，都能非常迅速找到描写雪的段落，要表扬！从段落上，我们也发现，第 7、8、9、10 四段集中描写了雪，这个雪是越下越大了。文章的题目里也有风雪，说明"雪"在这个章节中与林冲的命运有着紧密的关系。我们就请同学们按照班级座位的四个大组，分别讨论四处雪对林冲命运的作用。

（生讨论几分钟）

生：我们组认为，林冲这个时候已经忘了前面李小二告诉他有恶人要追杀他这件事情，因为找了三五日，没看到恶人，就只顾着担心眼前这场大雪别把他的草屋压塌。说明林冲真的觉得自己就是个罪人，没了血性，安心服役，压根儿忘了自己是八十万禁军教头。

师：同学们看得很仔细。文章第 8 段中提到"这屋如何过得一冬？待雪晴了，去城中唤个泥水匠来修理"，这个"雪"引发了林冲的担忧，很充分地体现了林冲那时的心理活动。第二处描写呢？

生：第二处的描写，我们从"紧"这个字，看出天气越来越糟糕，林冲只能外出找酒吃肉来抵御寒冷。

师：《红楼梦》中，有一回王熙凤作诗，起头就是"一夜北风紧"，这个"紧"也说出了北风刮得猛烈，跟这里有异曲同工之妙。

生：第二处和第三处的描写是连在一块儿的。前面是"正下得紧"，后面就"越下得紧"了，雪越来越大了。

生：第四处作者用了"瑞雪"这个词语，"瑞雪兆丰年"，意思是这场雪会带来好兆头，暗示了虽然后面草屋倒塌了，但是他接下来会有好运气，否极泰来！（生笑）

师：这个词语用得很恰当，这也是对这处雪景描写很好的批注！

生：林冲的草屋还是被大雪压垮了，这就逼得他只能到古庙借宿去了。如果这个雪不大，草屋就是再破，林冲就是再冷，他也不会去古庙的。

师：对。什么叫"逼上了绝路"，这就是。林冲被自然环境逼得走投无路了，无家可归了，连最后一根稻草都压倒了，就像祥林嫂的阿毛一样。

生：我们不爽的是，林冲这时候还想着"怎地好""怎生安排"。到了古庙后，竟然还慢慢喝起酒来。

师：那你后面看到林冲杀了陆虞候、富安等人的时候，爽不爽？

生：爽！（全班大笑）

师：按照你的想法，小说一两句话就可以结束了——水泊梁山众好汉杀了很多奸贼，剧终。（生笑）这就是小说家的聪明之处，不能让小说从开头就让读者看到了结尾，也不能让小说的节奏一直处于高频率。中国的小说家很懂得"草蛇灰线"，前面的雪势正是给后面人物的命运发生改变蕴势。（播放 PPT 第 3 页，展示表 2）

表2

位置（处）	环境描写内容	作用
一	正是严冬天气，彤云密布，朔风渐起，却早纷纷扬扬卷下一天大雪来。	造成林冲大雪可能会压垮草屋的困扰，放松了对恶人要来追杀的警惕
二	雪地里踏着碎琼乱玉，迤逦背着北风而行。那雪下得正紧。	突出天气的恶劣，促使林冲外出喝酒御寒
三	看那雪，到晚越下得紧了。	林冲面对的自然环境越来越恶劣，他只担心自己的容身之所能否安然无恙
四	林冲踏着那瑞雪，迎着北风，飞也似奔到草场门口。	瑞雪暗示着林冲命运可能会发生改变

师："雪"这一自然环境构成了林冲生存的客观环境，他的反抗意识在高太尉和陆谦等人织成的漫天大雪前，微弱至极、苟且偷生。但是在古庙里听到了卑劣的阴谋后，如坠冰窟，如梦初醒，终于燃烧起复仇和反抗的大火，杀死了仇人。（播放PPT第4页）

任务二：探讨《祝福》中社会环境的作用

师：《祝福》和《林教头风雪山神庙》里的自然环境描写，告诉我们自然环境与人物的命运有着千丝万缕的关系。当然，社会环境更能够直接或者间接地影响，甚至决定人物的命运。我们回顾一下刚才说的，社会环境具体指什么？在文章中，社会环境具体表现在哪些要素上？

生：时代背景、人物经历，还有一些次要人物等要素。

师：《祝福》中有哪些次要人物？

生：有鲁四老爷、柳妈、四婶、卫老婆子、婆婆。

生：还有"我"，以及贺老六的大伯。

师：不是贺老六的大伯，这个是祥林嫂从儿子阿毛的角度尊称的。按照"伯仲叔季"的排法，应该是贺老六的哥哥。

生：还有短工。

师：嗯。短工代表了鲁镇上的人们。这些人物为何能改变祥林嫂的命运？请大家根据预习的情况来说说看，可以相互补充。

生：我说鲁四老爷。他这个人很迂腐，你看，"一见面是寒暄，寒暄之后说我'胖了'，说我'胖了'之后即大骂其新党。但我知道，这并非借题在骂我：因为他所骂的还是康有为"，辛亥革命都过去那么久了，他还大骂新党，骂康有为。他书房里的对联写着"事理通达心气和平"，我看他脾气一点不和平，总是以老爷这个身份自居，在那端着。（生笑）

师：嗯。这副对联的上联是"品节详明德行坚定"，出自朱熹的《论语集注》。

生：我说这个四婶。我觉得她真的和鲁四老爷很配（生大笑）。你看，四婶觉得祥林嫂比勤快的男人还勤快就很高兴，因为她可以省很多钱了。后面祥林嫂被逼着改嫁，这又不是祥林嫂的错,她儿子丈夫都死了,更不是她的错了,但是四婶把这些都怪在祥林嫂头上,不让她祭祀。

师:这个四婶对祥林嫂而言,就是雇主。她对祥林嫂没有感情,当祥林嫂没有利用价值了,自然也不要她了。可是祥林嫂能做活啊,她为什么不让祥林嫂参与祝福祭祀活动?

生:祥林嫂改嫁过了,不符合当时女子"三从四德"的要求。

生:因为她家里人都死光了啊。四婶觉得祥林嫂这个人很不吉利,克夫又克子。让她参加祭祀,把祖宗都要玷污了。

师:祭祀,就是祈望来年家里风调雨顺、人事祥和。让祥林嫂参加祭祀,四婶觉得是不吉利的。还有哪些次要人物在影响着祥林嫂的命运呢?

生:大伯收了祥林嫂的屋子,占为己有,祥林嫂无容身之地了。柳妈和鲁镇上的人,封建思想严重,祥林嫂不但没得到同情,反而被他们当作了谈资、笑料。

生:祥林嫂婆婆也不是个好人。她为了自己的小儿子,逼着祥林嫂改嫁,好拿到聘礼给小儿子娶媳妇。她把祥林嫂当成个东西在买卖。

师:鲁四老爷他们认为婆婆做错了吗?

生:没有错,还支持婆家的做法。鲁四老爷批评的是祥林嫂,说"这不好。恐怕她是逃出来的""既是她的婆婆要她回去,那有什么话可说呢",完全没说婆婆不应该。

师:对。这就说明当时鲁镇这个小社会的思想状态了。我们分析一下,鲁四老爷和四婶、婆婆和大伯,还有柳妈和鲁镇上的人,这些人为什么能左右祥林嫂的命运呢?

生:鲁四老爷是鲁镇的地主阶级,是造成祥林嫂悲惨命运的重要人物。

师:嗯。他是"政权"的代表,是鲁镇的思想权威代表,地位不可撼动。

生:婆婆和大伯分别是祥林嫂两个丈夫的长辈。

师:对。我们可以把他们看成是"夫权"和"族权"的象征。

生:他们凭着自己是长辈,就以封建家长的身份任意改变祥林嫂的命运,用"夫权"和"族权"压着她。

师:这两类人地位都比祥林嫂高。但是柳妈和鲁镇上的其他人呢,不是跟祥林嫂地位一样吗?

生:柳妈虽然也是短工,但是她没改嫁啊(生笑),她就觉得自己比祥林嫂高一等。她还以"闺蜜"的身份(生笑)告诉祥林嫂可以捐门槛,给了她希望。没想到捐了门槛四婶也不认,还是不让她碰祭祀的东西,这对祥林嫂的打击是巨大的。

师:嗯。虽然柳妈们和祥林嫂一样都是不识字的,但是都坚信有地狱、有鬼神在,像祥林嫂这样的人下了地狱也不会有好下场——封建"神权"加速了祥林嫂的死亡。

师:那"我"这个次要人物也碰到了祥林嫂,还被拷问灵魂有无。"我"对祥林嫂的命运有影响吗?

生:"我"虽然是个具有进步思想的知识分子,但是因为鲁镇里的人思想太顽固了,他们就像个铁桶一样,他们评价人的标准就是"鲁镇标准","我"面对祥林嫂,是不安和内疚的,是无能为力的。

师:"鲁镇标准"这个词说得真好。这个"标准"其实就是人们评价事情的那个看不见、摸

不着的准绳。（播放 PPT 第 5 页,展示表 3）

表3

次要人物	与祥林嫂命运的关联	
鲁四老爷	自觉维护封建制度和封建礼教,思想迂腐,为人自私。 支持祥林嫂婆家的行为	鲁镇的地主阶级,是"政权"的代表,是鲁镇的思想权威代表
四婶	自私、冷漠,把祥林嫂当个好劳力。嫌弃祥林嫂"不洁",不准她参加祝福	
婆婆	精明强悍、冷酷无情。为给小儿子娶妻,逼祥林嫂改嫁	是"夫权"和"族权"的象征,以封建家长的身份无情地把祥林嫂推向了深渊
大伯	自私自利,不顾祥林嫂夫死子丧的悲苦遭遇。收屋为己所用,使她无容身之地	
柳妈	受封建礼教迷信思想毒害严重	同为受压迫的劳动人民,以"神权"的封建思想加速了祥林嫂的死亡
鲁镇上的人们	愚昧守旧又冷漠无情	
"我"	对祥林嫂感到不安和内疚,却无能为力	无法抵抗封建、保守的鲁镇

师:那文中是怎么描写鲁镇这个小社会、大环境的?

生:文章第二段写到鲁镇上"几个本家和朋友……他们也都没有什么大改变,单是老了些",准备年终大典时候,是"年年如此,家家如此","拜的却只限于男人,拜完自然仍然是放爆竹"——鲁镇在辛亥革命后,是没有改变的,还是封建、保守和迷信的。

师:鲁镇和这些人都在有意无意地改变着祥林嫂的命运。祥林嫂自己有想过挣扎和反抗吗?

生:有。她到贺老六家,"闹得利害",一头撞在香案角上,头上碰出个大窟窿,说明她不愿意改嫁。当时的封建思想就是"一女不嫁二夫",改嫁是要被周围人笑话的。

师:那这是祥林嫂对改嫁的第一次反抗吗?

生:她第一次来到鲁镇,就是知道自己要被婆婆卖了改嫁,才逃到鲁镇的。这是她最初的反抗。

师:除了反抗改嫁,她还有什么反抗命运的举动?

生:她去捐了门槛。不过没用。

师:祥林嫂还是没有被允许参加祭祀活动。直到碰到了"我"这个读过书又出门在外有见识的人,问我灵魂的问题,这也是对社会的最后抗争。祥林嫂面对封建礼教的迫害与摧残,不屈从于悲惨的命运,进行了"逃""撞""捐""问"等过程的抗争。但她这一生,都无法摆脱封建思想的桎梏。她成长的社会环境使她用封建思想对抗封建秩序,这是她抗争失败的内在原因。看了祥林嫂的一生,尤其是在鲁镇上的这几个生命片段,可以知道社会环境既可以改变人物的命运,人物也可以对环境有反作用。（播放 PPT 第 6 页）

任务三:思考《林教头风雪山神庙》中社会环境的作用

师:我们再来看《林教头风雪山神庙》,请大家将课文中出现的人物和"雪"出现的时机填入框中,说说这里的次要人物与林冲从"极度隐忍"到"逼上梁山"的命运转变有何关联?(播放 PPT 第 7 页,展示图 1)

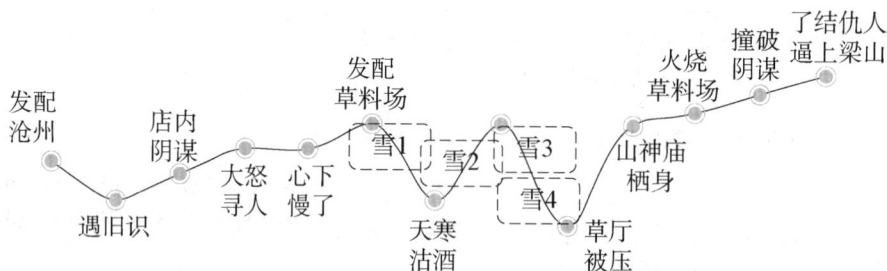

图 1

生:林冲曾有恩于李小二夫妇,所以李小二将在酒店偷听的内容告知了林冲,引起了他的警惕。

生:草料场老军和林冲同为犯人,却能给林冲个大葫芦酒壶让他打酒,这在寒冷的冬天为林冲带来了温暖。

生:陆谦、管营、差拨、富安等小人,是奸臣高俅的狗腿子。他们在店里就预谋要"结果了"林冲,又想着法儿把林冲发配草料场,为他们火烧草料场做准备。

师:这些次要人物,不管是平头小百姓、服役犯人,还是奸臣的走狗,都在改变着八十万禁军教头的命运。(继续播放 PPT 第 7 页,展示图 2)

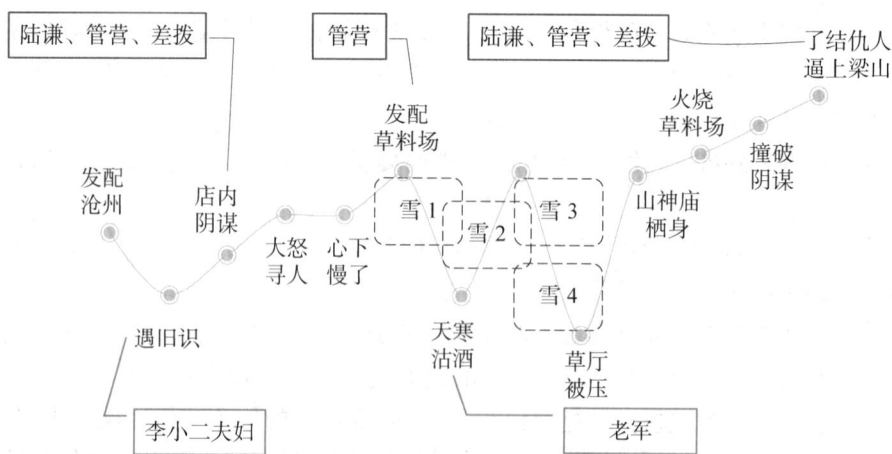

图 2

师:林冲面对着奸人一次又一次的逼迫,有没有跟祥林嫂一样进行反抗?

生:从小说第六至八回中可以看出,林冲虽然是八十万禁军教头,但是他很能忍。一开始只想安稳服役,别节外生枝。但是知道人家都杀到家门口了,那也不忍了,然后上街买了解腕尖刀,可是因为没有找到恶人,然后,就没有然后了。(全班笑)

生:我觉得林冲的第二次反抗,其实就已经被逼到没辙的份上了。他一开始压根不想杀人,因为撞破了陆谦等人的阴谋诡计之后,终于一忍再忍,忍无可忍,无需再忍,杀死了陆谦他们,上了梁山。

师:对,就是这个"一忍再忍,忍无可忍,无需再忍",把林冲半生小官宦和小市民的"隐忍"的内心,逼出了后来的"狠绝"。林冲但凡有一点点退路都会想着忍让的,但半生习武的生涯赋予了他武人潜藏的血勇——在退无可退之际逼出的是"且吃我一刀!"的反抗。自古以来,人们说到林冲的前半生,一言以蔽之——逼上梁山。他跳出了当时环境命运对他的影响,进入了梁山新的环境。(播放 PPT 第 8 页)

任务四:提升总结——环境与命运的关联

师:那这两篇文章在环境与人物命运关系上有没有共同点?

生:两个主人公都是在吃人的社会中生活。他们所处的社会环境改变了他们的命运。

生:当社会环境对主人公步步紧逼之时,主人公都有着或主动或被动的抗争。

师:人的命运,既成长于环境,也受制于环境。所有人物对命运的抗争,都是因具体环境的挤压而来——社会环境中的经济、政治、文化等因素通过次要人物与主人公发生直接或间接的联系,进而作用于人物命运。而主人公也是在与这些次要人物所共同生活的环境中,进行命运的冲撞,或被环境消解,或得以自我的蜕变,进而完成命运的抗争。(播放 PPT 第 9 页)

【教学反思】

1. 搭建学习支架,勾连学习资源

《祝福》和《林教头风雪山神庙》课文篇幅较长、内涵丰富,文章中涉及的人物较多,关系复杂。尤其是《祝福》中的几方势力代表和祥林嫂的关系,学生不能一下子捋顺;在《林教头风雪山神庙》中,对陆谦等人的地位、职务也不能很好地理解。在文中出现的一些旧习俗、旧思想,都需要学生拥有相应的社会阅历和阅读经验,对此多数学生准备不够充分。

环境描写都是作者经过精心设计的,展现的是主人公生活的特定环境。环境影响人,环境造就人。在预习作业的布置上,除了借助表格建构之外,还可以让学生绘制人物关系图,这样在理解次要人物对主要人物的作用上能够更为清晰和一目了然。同时对辛亥革命的不彻底性、北宋末年的民不聊生、官逼民反等时代背景,我事先也应该提供资料,或联系鲁迅的《药》《阿Q正传》等文章,或联系金圣叹等人的《水浒传》评论,这样以旧带新,可以消弭学生理解文章的障碍。

2. 内容选择精要,追求精要点拨

本节课在探究环境对人物命运的影响这一中心下,主要引导学生研究了自然环境、次要人物对主要人物命运的作用,同时也探讨了人物对命运的反抗和反作用。但是由于时间关系,在分析次要人物及人物自身的反抗时,有些畏手畏脚,不敢展开讨论,不能就学生提出的亮点继续深挖,使得课堂的生发点稍纵即逝。如果能够大胆尝试对"鲁镇规则"的制定者、具体规则等做充分讨论,可能会对学生理解环境对人物命运的改变有一定程度的帮助。

　　本节课在有些知识点的讲解上耗时过多,纠缠略长,如对四处雪的描写和两篇文章次要人物的罗列与分析可以更加精要,因为高中生已具备一定概括能力,不需要花大力气面面俱到,从而将时间匀出来,对学生的阅读体验和感悟多做引导与点拨,就可以适度规避片面解读与泛泛而谈。

个性的背后：聚焦小说人物的典型性

执教/宁波市效实中学　叶松华

本课课件

【专题目标】

精读《装在套子里的人》，把握人物形象，理解人物性格特点并分析其成因，领会小说的社会意义，体会契诃夫小说特有的艺术风格。

【预习任务】

1. 搜索网络资料，了解契诃夫在文学上的成就以及对后世的影响。
2. 找出别里科夫身上有哪些套子，体会作者在刻画人物形象时所使用的艺术手法。
3. 思考华连卡姐弟在小说中的作用。

【教学实录】

师：同学们，今天我们一起来学习《装在套子里的人》。它有另外一个题目，叫作《套中人》。你们说说看，这两个题目的异同点在哪里？（播放 PPT 第 1、2 页）

生：第二个题目更简练。

师：很明显，第二个比较简练。契诃夫自己也说，简练是才能的姐妹。

生：都有"套子"，都有"人"。

（生笑）

师：题目的中心语都是"人"，这是同。教材的题目多出了什么？

生：动词"装"。

师：多了一个动词"装"，会产生哪些效果呢？

生：变得更加形象生动。感觉主人公是被包裹住了。

师：主人公叫什么？

生：别里科夫。

生：题目就让我们产生疑问，他是自己装进去的，还是被装进去的？

师：这个"装"字也许让读者对别里科夫的生活状态产生了兴趣。谁把别里科夫装进套子里去的？别里科夫是自愿的还是被迫的？他的生活状态又如何？所以多了动词"装"，题目就多出很多意味来。

环节一：别里科夫和他的套子

师：小说开篇就有这么一句话，"总之，这人总想把自己包在壳子里，仿佛要为自己制造一个套子，好隔绝人世，不受外界影响"。请同学们朗读课文前四段，找一找，别里科夫身上有哪些套子，这些套子分别表现出别里科夫哪些特点。（播放PPT第3页）

（生接力朗读）

生：小说第一段列举了别里科夫很多套子。他的雨鞋、雨伞、棉大衣是他的套子。因为不管天气是否晴朗，别里科夫都是这样的装束。他的雨伞、表、削铅笔的小刀都装在套子里。他竖起的衣领、黑眼镜、堵住耳朵眼的棉花，都像是套子，把自己包了起来。他出行的时候坐马车也要支起车篷，这也是套子。别里科夫教授古代语言，他的职业也是套子。

师：这一段很集中地描写了别里科夫身上的套子。

生：这些套子表现出别里科夫是一个胆小、保守、封闭，竭力躲避现实的人。

生：别里科夫把他的思想也极力藏在一个套子里，藏在政府的告示和报纸的文章中。其中规定禁止什么，他才觉得一清二楚。这表现出别里科夫是一个因循守旧，头脑僵化、呆板的人。

师：这里的政府是指？

生：俄国沙皇政府。

生：每逢当局批准开"一个戏剧俱乐部，或者阅览室，或者茶馆，他总要摇摇头，低声说：'当然，行是行的，这固然很好，可是千万别闹出什么乱子。'"我觉得这表现出别里科夫害怕变化，畏惧新事物。

生：他的房子、卧室、床、被子也都是他的套子。他的卧室像箱子，床被帐子包裹着，被子又蒙着他，尽管这样，别里科夫在被子底下仍战战兢兢。这表现出他内心深深的恐惧。

生：别里科夫还有一句套子式的语言，"千万别闹出什么乱子"，文中一共出现了四次。这也表现出别里科夫的怯懦、怕事。

师：契诃夫自己说过，"描摹寻常的外貌，恐怕多此一举"。在小说开端部分，契诃夫不厌其烦地描述别里科夫身上的套子。想一想这样写的"不寻常"之处在哪里。（播放PPT第4页）

> 他也真怪，即使在最晴朗的日子，也穿上雨鞋，带着雨伞，而且一定穿着暖和的棉大衣。他总是把雨伞装在套子里，把表放在一个灰色的鹿皮套子里；就连削铅笔的小刀也是装在一个小套子里的。他的脸也好像蒙着套子，因为他老是把它藏在竖起的衣领里。他戴黑眼镜，穿羊毛衫，用棉花堵住耳朵眼。

师：对照这段文字请同学想象一下别里科夫出门前的准备工作。

生：雨鞋、雨伞是着装标配；所有随身用品一样一样放到套子里；整张脸蒙上套子，这还不够,耳朵、眼镜也戴上套子(棉花、墨镜);全身裹着棉大衣。

师:出门前精心准备,却是为了隔离现实,从我们读者和叙述者看来,这样的行为很没必要;但是别里科夫却是一丝不苟地执行着。别里科夫做得这样严肃、认真,在艺术效果上,这会产生——

生:讽刺幽默的效果。

师:不仅如此,我们更可以明显感觉到,别里科夫这样滑稽的背后,有一个无形的东西控制着他,有一个精神的套子控制着他,这个精神的套子将其他套子在别里科夫身上统一起来。

师:别里科夫极力把思想也藏在套子里,这个套子就是政府的告示和报纸上的文章。(播放 PPT 第 5 页)

> 只有政府的告示和报纸上的文章,其中规定着禁止什么,他才觉得一清二楚。看到有个告示禁止中学学生在晚上九点钟以后到街上去,他就觉得又清楚又明白:这种事是禁止的,好,这就行了。但是他觉着在官方的批准或者默许里面,老是包藏着使人怀疑的成分,包藏着隐隐约约、还没充分说出来的成分。

师:契诃夫在这里列出了别里科夫对待两种政府的告示和报纸文章的不同态度,对于禁止什么的,别里科夫是完全赞同、毫无异议的,而对于批准和默许什么的,别里科夫却存有怀疑,契诃夫甚至举了具体的例子。这里,我们似乎看到了别里科夫不寻常的地方。

生:他对政府禁止的事情绝对安心,别里科夫是沙皇专制统治的绝对拥护者。

生:别里科夫已习惯于被压迫,习惯于屈从,已经丧失了对生活趣味的追求,丧失了独立、自主的意识。

师:刚才同学提到了专制,丧失独立、自由的意识。专制,就是对人的自由意志的扼杀,但别里科夫不是也会怀疑政府的告示吗? 怀疑可是独立意识的表现。

(生沉默,教师播放 PPT 第 6 页)

> 塔甘罗格中学一如这个国家和这个年代所有的中学,这是一个充满了政治迫害、恐怖谋杀的时代。在每一个正在成长的学生、每一个未来的大学生身上,政府仿佛都能看到爆发革命的危险……教师不只监视学生的"政治观点",而且还监视其他教师……学校最首要的任务,就是替沙皇培养恭顺的奴才。([法]伊莱娜·内米洛夫斯基《契诃夫的一生》)

师:这是法国作家伊莱娜·内米洛夫斯基对契诃夫就读的高中塔甘罗格中学的描写。学校办学的目的是培养人,可是在那个时代,学校成了监视人的思想、扼杀人的意志的地方,成了培养奴才的地方。联系到别里科夫的怀疑,你察觉到什么吗?

生:别里科夫的怀疑也许是出自他对政府的了解,专制制度总是以压迫人、扼杀人为目的。在允许的背后,政府一定隐藏着某些不便言说,或者是不可告人的目的。

师:不难发现,别里科夫被专制统治吓破了胆,是专制制度的受害者;同时,别里科夫对专制制度十分了解,成了专制统治的附庸。因为了解,所以害怕。

环节二：从套中人到帮凶

师：课文中写道，"可是这个老穿着雨鞋、拿着雨伞的小人物，却把整个中学辖制了足足十五年！可是光辖制中学算得了什么？全城都受着他辖制呢！""辖制"是什么意思？

生：管束、控制。

师：有那么一点上级对下级的意味。可是别里科夫只是一位普通的希腊文教师，一个小人物，他凭借什么管束整个中学，甚至管束全城呢？请同学注意下面这些文字。（播放 PPT 第 7 页）

> 在教务会议上，他那种慎重，那种多疑，那种纯粹套子式的论调，简直压得我们透不出气。
>
> 我们教师们都怕他。
>
> 我们这儿的太太们到礼拜六不办家庭戏剧晚会，因为怕他听见；教士们当着他的面不敢吃荤，也不敢打牌。在别里科夫这类人的影响下，全城的人战战兢兢地生活了十年到十五年，什么事都怕。他们不敢大声说话，不敢写信，不敢交朋友，不敢看书，不敢周济穷人，不敢教人念书写字……

生：他让全城的人们都感到害怕。

师：恐惧、害怕是会传染的。他套子式的口头禅"千万别闹出什么乱子"就像一个诅咒，让人透不过起来。别里科夫把对专制制度的恐惧传染给了周围的人。

生：我注意到文中说的是"在别里科夫这类人的影响下"，说明当时像别里科夫这样的人很多，人们是害怕以别里科夫为代表的一群人。

师：在以别里科夫为代表的这群人的影响下，整个社会都陷入病态中，大声说话、写信、交友等正常的行为，人们都不敢去做。

师：同学们有没有注意到教材第 114 页的插画，（播放 PPT 第 8 页）这是苏联插画家库克雷尼克塞的代表作之一。在这幅插画中，作家给别里科夫的肖像作了些许调整，同学们看出来吗？

生：有一顶宽檐帽。

师：同学们看，这样的别里科夫更像是——

生（齐答）：警察！

师：监视百姓一举一动的警察。小说写于 1898 年，小说提及的"十年到十五年"，正是沙皇亚历山大二世被刺身亡，继位者亚历山大三世加强专制统治时期，警探密布。亚历山大三世在位期间扩大沙皇权力，阻碍汹涌而来的变革之风，阻挠外来先进思想进入，禁锢人们的头脑，《契诃夫传》中提到，"其（沙皇）目的就是千方百计铲除能够产生自由思想的一切条件"。

环节三：别里科夫的恋爱和死亡

师：作者花了大量篇幅写别里科夫与华连卡的恋爱，这场恋爱在某种程度上说是别里科夫走出套子的一次尝试。华连卡的到来为别里科夫僵尸般的生活注入了一丝趣味。让别里科夫昏了头,决定和华连卡结婚的最重要的原因是什么?

生:华连卡是第一个待他诚恳而亲热的女人。

(生沉默,教师播放PPT第9页)

> 她呢,年纪已经不轻,大约有三十岁了,可是身材也高,而且苗条,黑眉毛,红脸膛,一句话,她简直不能说是姑娘,而是蜜饯水果,活泼极了,谈笑风生,老是唱小俄罗斯的抒情歌曲,扬声大笑。她动不动就发出一连串响亮的笑声:哈哈哈!……她走来走去,双手叉着腰,扬声大笑,引吭高歌,翩翩起舞。……她带着感情歌唱《风在吹》,后来又唱一支抒情歌曲,随后再唱一支,把我们大家都迷住了,甚至别里科夫也包括在内。他挨着她坐下,甜滋滋地微笑着说:"小俄罗斯的语言那么柔和清脆,使人联想到古希腊语言。"

师:是什么让别里科夫对华连卡着迷,甚至"挨着"——紧靠着华连卡坐了下来,头一次露出了"甜滋滋"的微笑?

生:我想应该是华连卡的开朗、热情、活泼、美丽、充满生命力迷住了别里科夫。

生:华连卡的声音柔和、清脆,让别里科夫想起了古希腊语言,这也让别里科夫对华连卡产生了天然的喜爱。

师:一个非常美丽、可爱,充满了对生活的热爱的姑娘,她和全城人的死气沉沉、战战兢兢就是那么不一样。华连卡还有一个标志性的特色——"响亮的笑声:哈哈哈",华连卡的笑声,让别里科夫身上的人性某种程度上苏醒了。不过也正是这响亮而清脆的哈哈哈,结束了别里科夫的生命。笑声为何有这么大威力,别里科夫竟然禁不起华连卡哈哈一笑?

(学生思考)

师:同学们,别里科夫自从遇见华连卡姐弟后,他的生活发生了很大的改变,他经历了几个第一次?(播放PPT第10页)

> "可是这怎么行?"他叫起来,看见我平心静气,觉得奇怪,"您在说什么呀?"
>
> 他似乎心里乱得很,不肯再往前走,回家去了。
>
> 第二天他老是心神不定地搓手,打哆嗦;从他的脸色分明看得出来他病了。还没到放学的时候,他就走了,这在他还是生平第一回呢。
>
> ……
>
> 别里科夫心慌意乱,匆匆忙忙地穿大衣,脸上带着恐怖的神情。这还是他生平第一回听到别人对他说这么不客气的话。

师:如果请同学们用一个词来形容别里科夫遇见华连卡姐弟后的生活,你们会用什么词语,并说说理由。

生:恐怖的生活。别里科夫老是遇见一些让他胆战心惊的事情,柯瓦连科当着他的面,对上司不尊敬。

生:未知的生活,或者是刺激的生活。他遇到很多头一次遇见的事情,未经政府允许心上人华连卡骑自行车,让他眼前一黑。

生:反转的生活。以前都是他让人战战兢兢,现在有人用漫画讥笑他,柯瓦连科居然抓住他的衣领推他。

师:原来让他害怕的事情,原来现实生活对他的刺激,别里科夫都可以钻进重重的套子隔开,不受影响。但是自从遇见了华连卡姐弟,自从尝试着离开套子之后,他就被生活的未知、变化围绕,他无法直面这些东西,再也活不成了。

环节四:我们是谁

师:"别里科夫死了,我们都去送葬"。请同学阅读小说结尾两段,说说人们为什么"不肯露出快活的感情"。

生:因为郁闷、无聊、乱糟糟的生活没有改变。

师:社会环境没有变化。

生:因为像别里科夫这样装在套子里的人还有很多。

师:以别里科夫为代表的群体没有改变。这里面有没有隐含作者的态度?

生:作者对"我们"这样的人是失望的——"我们"谁也不肯露出真实的快活的情感。

师:联系上面讲的内容,别里科夫辖制中学十五年,辖制小城十到十五年,"我们"也是有责任的。"我们"自我标榜是一群很有思想、很正派的人,但是"我们"却屈服于某种别里科夫们的压力,屈服于社会现实。原文中有这么一段话——(播放PPT第11页)

> "问题就在这儿了,"伊凡·伊凡内奇又说一遍。"讲到我们住在空气污浊、极其拥挤的城里,写些不必要的公文,老是玩'文特',这岂不也是一种套子?至于我们在懒汉、好打官司的人和愚蠢而闲散的女人当中消磨我们的一生,自己说,也听人家说各式各样的废话,这岂不也是一种套子?

师:契诃夫在大声疾呼,每个人都要警惕自己身上的套子。

【教学反思】

"丰富人生体验,提升对社会的观察、分析、判断能力,激发想象,培养高尚的审美情趣""了解作者如何运用多种艺术手法实现创作意图,品味小说在形象、情节、语言等方面的独特魅力"是本小说单元的基本教学目标。由此,通过小说了解时代特征,通过阅读小说了解小说创作艺术手法是本单元的两大教学任务。契诃夫在写给浦宁的信中说道:我们莫斯科这边一切正常,也寂寞,除了新年是新的,其他了无新意,也看不到新的前景。这句话很容易让人联想到鲁迅先生在《祝福》中的话,"年年如此,家家如此,——只要买得起福礼和爆竹之类的——今年自然也如此"。借小说指斥沙皇制度对社会思想的压制,是契诃夫的创作追求,以此观照《装在套子里的人》,了解别里科夫害怕新事物,反对变革,阻碍社会发展的典型形象及其成因自然是教学的一个重点。而这样一个典型的反面人物,作者何以幽默滑稽的面貌呈现在读者面前,自然成为教学的又一个重点。

　　"矛盾"是小说运行的动力,利用矛盾、提出问题是将课堂推向深入的有效方法。小说中别里科夫的形象具有多重性,在这多重性中,就潜藏着矛盾。分析看似矛盾的人物形象——牺牲品和维护者一体,集胆小鬼和控制者于一身的别里科夫,分析与别里科夫反差巨大的华连卡,学生们能够更好地体会小说的幽默讽刺的艺术效果,理解小说主旨,把握小说的社会意义。

虚构，小说的灵魂

执教/浙江省宁波中学　时剑波

本课课件

【专题目标】

精读《促织》和《变形记》，探讨这两篇小说超越现实的虚构，分析异同，体悟虚构给小说带来的丰富意蕴，深入理解"虚构是小说的灵魂"这一命题。

【预习任务】

1. 查阅资料，了解蒲松龄、卡夫卡的人生历程。

2. 分条列出《促织》与《变形记》中虚构情节"人变虫"的异同之处。

3. 分析两篇文章通过虚构各自获得了哪些丰富意蕴。

4. 阅读龙应台在台湾大学的演讲《百年思索》中"文学——白杨树的湖中倒影"片段，思考并概括虚构的创造性对小说的重要意义。

5. 分析虚构在现实主义与现代主义流派中的差异。

【教学实录】

第一课时

师：同学们，我们读过许多小说，你认为与其他文体相比，小说的本质特征是什么？

生：小说主要是讲故事的，有一个叙事者，莫言在诺贝尔奖颁奖典礼上发表的演讲题目就是"讲故事的人"。

师：说得不错。小说是叙事的艺术，作者要精心考虑如何讲好这个故事。还有吗？

生：小说的故事是虚构的，不像散文，写的是真实的事情，抒发自我的情感。

师：这是小说与散文的区别，散文是自述体，小说是代述体，代述虚构的故事。（播放PPT第 1 页）

虚构对于小说来说很重要,小说家被称为"准造物者",就是因为用虚构创造了一个独立于现实的世界。

小说的本质是虚构的叙事艺术,虚构赋予小说以生命。

师:这堂课我们联读《促织》和《变形记》,来理解"虚构——小说的灵魂"这一命题。(播放PPT第2页)

任务一:探究变形,辨同析异

师:这两篇小说都有虚构的情节"人变虫",请同学们说说两者之间的异同。课前让大家分条进行罗列,下面就先从不同之处说起吧。

生:我感觉两者在具体处理"人变虫"上是不同的。《变形记》中格里高尔是一梦醒来就变成了甲虫,虚构的情节没有任何铺垫,是突如其来的;而《促织》是成名儿子不小心弄死虫子之后有点以命偿还的味道,所以就魂化促织了。

师:哦,两者具体虚构的手法不同,一个是没有铺垫的突然式,一个是有铺垫的渐进式。说得很好,开了一个好头,其他同学继续。

生:"人变虫"的原因不同。《促织》中成名的儿子是为了拯救家庭命运而变虫,《变形记》中格里高尔是因为现代社会生存与生活的巨大压力而变虫。

师:嗯,变形的原因不同,这个切入点找得不错。继续。

生:"人变虫"的情节不一样。《促织》一波三折,而且有悬念,一开始只知道这只促织表现神勇,后来才知道是成名儿子所化;而《变形记》一开始就明白地显示格里高尔变成了虫子了,没有依靠悬念来推动。

师:追问一下,《变形记》的情节更多的是写什么?

生:更多地写人变虫后的心理活动,还有日常生活中家人对格里高尔的冷漠。

师:情节没有悬念和曲折,这就更接近日常生活本来的样子,鲁迅曾经说过一个概念叫"无事的悲剧",我们也可以用在这里,这种日常的悲剧更让人感到惊心动魄。感受已经不断深入了,还发现有什么不同吗?

生:我感觉卡夫卡的叙述没有多余的话,显得非常冷静客观。蒲松龄就不大一样,他的笔下更多地流露着他的情感,尤其结尾还要议论。

师:体会到这一点非常厉害,不动声色正是卡夫卡的特点,他的书写甚至冷静到了冷峻的地步,这样就能逼真地再现生活的真相。刚才说,小说是叙事的艺术,现代小说叙事往往节制内敛,与传统小说大不一样。小结一下,上面我们看到两篇小说在变形手法、变形原因、变形情节的设置、变形的叙述等方面各不相同,我们完善一下表格。(教师播放PPT第3页,展示表格。学生完善,成果见表1)

表1

差别之处	《促织》	《变形记》
虚构手法	情节突转中的虚构,成名儿子不小心弄死虫子而魂化促织	开篇突如其来的虚构,格里高尔一梦醒来就变成了甲虫
变形原因	成名儿子出于拯救家庭命运而变形	格里高尔因现代社会生存与生活压力而变形
情节设置	情节一波三折,且设置悬念,促织为成名儿子所化是事后得知	展现人变虫后的心理活动,日常生活中家人的冷漠
叙述特点	是糅合神异情节的现实主义小说,显露着作者的道德批判	是现代派小说,叙述节制客观,不动声色

师:下面再来细读小说,两篇小说"人变虫"的虚构情节又有哪些相似处呢?

生:成名一家和格里高尔都性格善良,成名即使被杖责也不肯伤害别人,成名儿子甘愿牺牲自我,格里高尔变虫后想的都是工作和家人。

师:哦,人物性格有相似处。

生:从身份上看,两篇小说写的是都是身处社会底层的小人物,面临着外在的巨大压力。

师:能分析得具体一些吗?

生:格里高尔是一个旅行推销员,工作忙碌而辛苦,而且还承担着家庭的重担。成名被狡黠的差役摊派促织,到了快要倾家荡产的地步。

师:可以说两个人物的身份与境遇都有相似之处。还有其他的相似点吗?

生:两篇小说的结局也有相似处。

师:此话怎讲?成名一家最后不是皆大欢喜,小说不是写"后岁余,成子精神复旧""不数年,田百顷,楼阁万椽"吗?

生:《变形记》是不折不扣的悲剧,格里高尔最终在孤独痛苦中被遗弃,默默饿死。而《促织》表面上是喜剧,但实质上也是一个悲剧,因为成名一家的命运被一只小虫所左右,他们的生活或贫或富,也完全被上面的官吏所主宰,这不是一种悲剧吗?

师:嗯,深刻!成名一家败也虫子,成也虫子,在那些官员眼里,虫比人有价值,确实是一个社会的悲剧。好,下面把发言作一综合,来完善表格。(播放PPT第4页,展示表格。学生完善,成果见表2)

表2

相似之处	《促织》	《变形记》
人物性格	成名一家和格里高尔都性格善良。成名即使被杖责也不肯伤害别人,成名儿子甘愿牺牲自我,格里高尔变虫后想的都是工作和家人。	
面临处境	都是身处社会底层的小人物,面临着外在的巨大压力。	
小说性质	都是实质性的悲剧。《促织》反映了封建制度下虫比人有价值,人的命运无常,无法左右自己的悲剧;《变形记》反映了现代社会人丧失自我的悲剧。	

任务二:感受虚构,意义有别

师:下面继续探讨。北大教授吴晓东在《从卡夫卡到昆德拉》中这样评论卡夫卡,"他的小说与我们经历的世界都不像,但又太像了"。天才的卡夫卡为什么把格里高尔变成一只甲虫,而不是其他?"太像了"意味着这只虚构的甲虫与我们在哪些方面有相似之处?其中隐喻着现代人怎样的处境?四人小组可以讨论一下。

(学生讨论)

师:我们请小组代表来发表看法吧,按次序来。

生:我们认为这只甲虫背负着重重的壳,这与现实中人们背负着沉重的压力有相似之处。

师:好。注意到了这是一种甲虫,这只壳中有隐喻意义,非常仔细。继续。

生:我们也留意到了这只壳。甲虫外壳坚硬,但是内在软弱,这与人看上去坚强,但内里其实软弱怯懦也是相似的。

师:嗯,这也是人性的共同弱点。

生:甲虫软弱的时候可以将身体缩进壳内保护自己,人虽然没有壳,但也总是试图逃避这个世界。

师:对这个世界怀有恐惧感,这是人的共同心理。后面的小组还有吗?

生:我们觉得甲虫的壳除了起保护作用之外,其实也带来隔绝作用,就像现实之中人与人的关系之间是隔阂乃至隔绝的。

师:从另一个角度发现了壳的意义,这点非常好。所以卡夫卡让格里高尔化身甲虫,其中大有深意。

生:我们想补充大家可能忽略的一点,甲虫除了壳的特征之外,还有一个特征是有众多的腿,因为格里高尔是旅行推销员,这是不是也暗示了他工作与生活的奔忙、艰辛?这与现代人的奔波、忙碌也是不谋而合。

师:体会得细致,所以这样的经典之作就像卡尔维诺所说的"一部经典作品是一本从不会耗尽它要向读者说的一切东西的书"。(播放PPT第5页)

师:卡夫卡笔下的这只甲虫是现代人的灵魂画,每个人都背负着自己的重壳与压力,隐喻的是每一个你我。而且,《变形记》的开头也值得反复琢磨,"一天早晨,格里高尔·萨姆沙从不安的睡梦中醒来时,发现他躺在床上变成了一个巨大的甲虫",我们平时常说一个命题"有意味的形式",那么这样开头有什么意味吗?哪位同学能细致体会?

生:是不是强调了格里高尔的命运是不由自主的?面对变成甲虫,什么也控制不了,很无奈。

师:无奈、无力,有这样的意味,还可以深究。

生:我觉得有一点遭遇突如其来的意味,人一觉醒来就变成了甲虫,人的命运就是这样无法预料的。

师:"突如其来"这一点体会得很好。人当然不可能变成甲虫,但生命中有些事情就是突如其来、毫无逻辑地发生了,生活的逻辑往往就是非理性的。这样的开头之中,是不是有点隐喻感？隐喻什么？

（学生思考,之后一生示意要发言）

生:我们常说这个世界是不确定的,这隐喻人生往往就是无常的。

师:"无常"这个词用得好,有悟性! 无常恰恰是生命的常态。卡夫卡这个开篇之所以经典,原因之一就在于其中隐喻着生命的无常感、悲剧感和灾难感,就像他改巴尔扎克的一句名言"我将摧毁一切障碍"为"一切障碍都在摧毁我"。而"人变甲虫"这一最荒诞的虚构,也成了对现代人处境最准确的描摹。

师:好,下面再来看《促织》,蒲松龄让成名儿子变成"小虫",其意义和格里高尔变成甲虫是不是一样呢? 四人小组讨论一下。

（学生讨论）

生:我们认为不大一样,成名儿子变成促织,原因在于祸事因他而起,他也只有这样牺牲自己,才能拯救他的家庭,这有点让人心酸。

师:这是从成名儿子的角度来说,那么从作者蒲松龄的角度来说呢?

生:我觉得蒲松龄这样写,就写出了那些官吏欺人太甚,把人都逼到绝路上了,百姓连做人的资格都没有了,只能变成促织。

师:有道理。当然官吏背后还有宫廷,小说含有对他们的极大愤慨,因为一个小小游戏,百姓却可能倾家荡产,乃至人命不保。就像作家毕飞宇说的"《促织》的诉求是显性的,他在提醒君主,你的一喜一怒、一动一用,都会涉及天下。天下可以因为你而幸福,也可能因为你而倒霉,无论《促织》抵达怎样的文学高度,它只是'劝谏'文化的一个部分,当然,是积极的部分"。（播放PPT第6页）

师:所以,两篇小说虽然同有"变形"情节,但两者还是有中国古典小说和西方现代主义小说的区别,尤其是有人认为中国古典小说已经提前抵达了西方现代主义的看法是不切实际的。

任务三:品味细节,感悟真实

师:很多人以为小说的虚构就是天马行空、无限驰骋,我们联系《促织》的高潮虫鸡相斗,思考小说为什么要这样虚构,小说虚构需要遵循怎样的原则。一下子要回答这个问题可能有难度,可以这样来想,这部分如果换种写法,可能还有怎样的虚构? 可以"脑洞大开"一下。

（众生笑）

师:这个虚构的权利就交给在座的各位作家了。

（学生气氛活跃）

生:可以写这只小虫特别厉害,接连斗败其他促织,获得天下第一。

师:同桌点评一下这个情节。

生:我觉得虚构感不强,仍然好像写实的一样,没有小说的戏剧感。

师:"戏剧感"这个术语用得很专业。好的小说确实需要虚构的戏剧感,哪怕是天下第一,小说也没有获得升华,有点拘泥于生活真实,想象力不够。那大家设想一下,能不能虚构为不是斗败其他促织,而是斗败了其他动物,比如狮子、老虎,从而凸显出这只小虫的厉害?

(众生大笑)

生:那就有点过了,小虫被神化了,真实性就打折扣了,不容易让人相信。

师:是的,好的小说要在虚构中让人"信以为真"。写小虫接连斗败其他促织,获得天下第一的是平庸的写法;而写小虫去战胜其他动物,那就更离奇。优秀作家的写作是有分寸感和尺度感的,蒲松龄让小虫战胜公鸡,让故事有传奇色彩,体现了天才的想象力。这种分寸和尺度在小说中就是虚构的原则,虚构要超越生活真实,但又要遵循一定的原则。

师:我们来看看《变形记》为什么情节荒诞,但读来又觉得非常真实。找一找小说中这样的描写之处。

(生读课文、讨论)

师:找到让你感觉非常真实的部分了吗?

生:格里高尔变成甲虫后要起床开门的情节很真实。

师:为什么真实?

生:因为非常符合甲虫的习性,格里高尔变成甲虫后很不适应,行动不便,非常笨拙。

师:这就是小说细节的真实性。还有其他描写吗?

生:格里高尔虽然变成了甲虫,但他的思维仍然是人的,他仍然想去上班,想到自己的家庭责任,很真实。

师:也就是说格里高尔"虫形而人心",他变成甲虫后的所思所想符合平时的心理逻辑。从这里就可以看到,《变形记》整体上的荒诞是以细节的逼真为前提的。下面请同学们讨论一下小说中的生活真实与虚构真实之间是怎样的关系。

(学生讨论)

生:小说不能都写生活真实,这样就太拘泥于生活了,因为生活有时是琐碎的,还需要在此基础上进行一定的虚构。

师:对。小说需要超越生活真实,虚构的真实高于生活的真实。那么,小说明明是虚构的,为什么让人感觉到非常真实?

生:因为细节非常真实,看似不真实的事情,却能给予心灵极大的真实感。

师:对。小说的虚构再天马行空也有其原则,也就是要有细节的真实和心理的真实。那么,虚构给小说带来了什么影响?

生:这是一种创造,让小说得到升华,显得更深刻了。

师:是的,正是虚构让小说成为艺术。处理好生活真实与虚构真实之间的关系,对每个作家来说,都是一个挑战,也是区分作家平庸与杰出的分水岭。下面我们来概括两者之间的关系——虚构来源于生活现实,但高于生活现实。虚构的合理性是建立在小说所呈现的细节真实和所引发的心理真实基础之上。虚构的真实是具有审美魅力与更深刻的真实,隐含了关于生活与社会本质的真实。(播放PPT第7页)这一命题大家课后也可以结合其他小说来进一步体会。这堂课就讨论到这里,下课!

第二课时

师:研读经典,增长智慧,继续我们的研读之旅。正如卡尔维诺所言,"每一次重读经典,就像初次阅读一般是一次发现的航行"。(播放PPT第8页)

师:这节课我们的思维要向更深处漫溯,进一步发掘经典的独特、意想不到和新颖之处。

任务四:发掘主旨,体味深邃

师:两篇经典小说都通过虚构获得了丰富的意蕴,就像海明威所说的"冰山理论",浮现出来的只有八分之一,其余的八分之七隐藏在水下,你是怎么理解两篇小说所包含的意蕴的? 这个问题我们课前已经布置,下面进行交流,先从《促织》开始吧。

生:从蒲松龄的写作本意来讲,《促织》最后一段中已经点出来了,"天子偶用一物,未必不过此已忘;而奉行者即为定例。加以官贪吏虐,民日贴妇卖儿,更无休止。故天子一跬步,皆关民命,不可忽也",含有对天子的劝谏,斗虫对他来说只是一种消遣,"宫中尚促织之戏,岁征民间",到百姓这里,就造成了灾难。

师:这可以算作小说的"八分之一",劝谏天子一举一动要谨慎,这是比较显性的部分。好,还读出了其他意蕴吗?

生:小说也有对官吏的批判,因为"官贪吏虐",一层层的官吏推波助澜,从而使征收促织变成了苛捐杂役,放大了灾难,甚至让成名家破人亡,这让人想起柳宗元的《捕蛇者说》,有些相似之处。

师:联系得很好。蒲松龄故居中郭沫若先生题有一副对联"写鬼写妖高人一等,刺贪刺虐入木三分","刺贪刺虐"是《聊斋志异》的一大母题。"苛政猛于虎"也是一个传统母题,柳宗元进一步延伸到"赋敛毒于蛇",而蒲松龄写促织之害又甚于赋敛,由此我们可以看到一代代作家是如何在传统题材上深入发掘、脱胎翻新的。经典不厌百回读,还有吗?

生:上节课说过真实与虚构的关系,我觉得这篇小说中也有蒲松龄真实经历的缩影。成名"操童子业,久不售",而蒲松龄要好一点,我查了资料,他十九岁时童子试连中三个第一,但之后参加十次乡试都落第了,直到七十一岁高龄才成为贡生,之后七十五岁就去世了。而小说中成名靠科举无法进仕,却靠一只小虫因祸得福,最后"以促织富,裘马扬扬",这对科举和社会制度不是一种讽刺吗?

师:知人论世,发掘深意,这个方法运用得好。确实如此,蒲松龄是落第的秀才,包括他的作品也是落第后塾师生涯的副产品,他把自己的遭遇也投射进了作品之中,所以小说就有了深刻的讽刺意味。科举制度不纳贤才,却因一只小虫而大行封赏,底下的贫寒士人富有才学却无路仕进,成名、蒲松龄施展不了自己的才学,归根结底是这一制度的问题,这已经深入封建官僚制度的本质了。

生:《促织》也像曹雪芹说的"满纸荒唐言,一把辛酸泪。都云作者痴,谁解其中味?"荒唐之中有辛酸。

师：此话怎讲？请具体阐述。

生：这实质上是一个悲剧，表面上成名一家得到了富贵，但更衬出了悲哀，因为像成名儿子作为人的时候没有价值，魂化促织却有了价值，让这个山穷水尽的倒霉人家时来运转。人本来是如莎士比亚《哈姆莱特》中所形容的"宇宙的精华、万物的灵长"，促织原来是玩物，而现在人却成了可怜虫，任由促织来主宰自己的命运。

师：说得深刻，这让我想起了鲁迅《灯下漫笔》中写的，"实际上，中国人向来就没有争到过'人'的价格"，人的价值的失落是封建时代不断上演的悲剧。这些都是隐藏在水下的"八分之七"，要剖析关键、知人论世、纵横联系才能追寻到。下面再来说说，《变形记》蕴含有怎样的意蕴？

生：《变形记》"异化"这个主题肯定是绕不开的，小说揭示人在现代社会中的"异化"，人被巨大的压力和外在的环境异化了。

师："异化"是一个抽象的概念，说说《变形记》中有哪些具体的异化？

生：有格里高尔作为人的异化，终日奔波，丧失了人的本质，成为工具一样的存在。还有家庭关系的异化，格里高尔为家庭奉献付出，但家人在他变成甲虫后一开始还有所牵挂，后来就视他为累赘，要摆脱他，甚至扫地出门，最终抛弃。

师：说到了人的异化、家庭中亲人之间关系的异化，《变形记》中的"异化"是非常丰富的，还有补充的吗？

生：还有社会中职业关系的异化，格里高尔被公司看作不能生病的工作机器，老板不关心格里高尔的死活，唯一的病假被认为是装病。虽然格里高尔内心深处抵制这份工作，但为了家庭只能默默忍受。

师：奔波劳碌的工作、恶劣的环境、冷漠的家庭，种种因素之下，格里高尔的异化就是必然的，他成了与周围世界格格不入的异己的存在，卡夫卡的深刻就在于将"异化"的概念以小说进行了活生生的表现。除了"异化"，小说还有什么意蕴？

生：我认为《变形记》很好地诠释了萨特的名言"他人即地狱"，表现了现代社会中人与人之间冷漠、无情的关系。一个人无法有利于别人，就无异于一只甲虫，自然会被抛弃。

师：哦，有新意，很有启发性。套用一句话，小说撕下了蒙在家庭之上的温情脉脉的面纱，表现了人与人之间的真相，残酷但是真实。其他同学继续。

生：我觉得《变形记》写出了现代人的困境，变成甲虫就是一次变故，而人对这突然降临的变故是无能为力、无法改变的，而且这样的变故可能降临到每一个人身上，就像英国作家奥登说，"卡夫卡对我们至关重要，因为他的困境就是现代人的困境"。

师：研读得很深入。捷克作家米兰·昆德拉也说过一句类似的话，就是"卡夫卡所有作品的主题，就是表现人对外部环境的无能为力"，异曲同工。从以上同学的交流来看，再次印证了经典是"横看成岭侧成峰，远近高低各不同"，这就是经典的丰厚。

任务五：小说创造，虚构为魂

师：下面我们联系两段话，来探讨虚构艺术对于小说的意义所在。（播放PPT第9页）

文学,只不过就是提醒我们:除了岸上的白杨树外,有另外一个世界可能更真实存在,就是湖水里头那白杨树的倒影。

它提供了一种"空"的可能,"空"相对于"实"。空,是另一种现实。我们平常看不见的、更贴近存在本质的现实。(龙应台《百年思索·政治人的人文素养》)

好的小说家往往能够把假的写成真的,所谓虚构,其实是一种达到更高的想象的真实。(评论家谢有顺)

(学生讨论)

师:怎么理解龙应台所说的"空"? 或者说那白杨树的倒影?

生:虚构的内容可能就是"空"的,给读者的心理感受却又那么真实。

师:哦,在"空"中达到了更高层面的心灵真实。

生:小说虚构的"空"不是一无所有,而是无所不有,具有丰富性,升华了其原有的意义。

师:对"空"做出了深刻的解释小说在虚构中有了丰富的蕴涵,可以更好地感悟人生与世界。

生:小说以生活真实为基础,但又要从有到"空"进行超越,"空"是一种想象与创造。

师:也就是谢有顺说的要有想象的真实,小说不是按图索骥去还原事实,而是需要在想象中逼近生活的本质。虚构是一种艺术,我们可以这样来概括虚构对于小说的意义——合乎细节真实,抵达心灵真实;创造精神世界,获得丰富蕴涵;穿越表层事实,逼近生活本质。(播放PPT第10页)

任务六:比较流派,辨析区别

师:再深入一步,两篇小说一是现实主义,一是现代主义,那么虚构在两类小说中有什么不同? 哪位同学来说说感受?

生:《促织》是现实主义小说,整体是真实的,只有"魂化促织"部分是荒诞的。

师:对,现实主义注重完整的情节结构和具体的现实描绘。追问一下,这样用意何在呢?

生:用意是借古讽今,折射现实,写的是明朝,反映的其实是清代。

师:嗯,重点还在于反映现实,《促织》的情节继承了我国古代志怪小说的传统,也是在无意间触及了"异化"的主题。再请同学来分析一下现代主义小说中的虚构。

生:现代主义的虚构,往往整体是荒诞的,像《变形记》用了夸张、变形的手法。

师:也要追问其用意何在。

生:现代主义是有意识地表现现代社会的弊病。

师:对,在现代主义看来,小说不再是对生活的直接描摹,而是要表现本质。现代主义认为生活本身就是荒诞、非逻辑的,而采用荒诞、非逻辑的手法,恰恰表现了生活的本真。也因为卡夫卡的开创性意义,他被奉为现代主义的宗师。虚构在现实主义与现代主义中的不同是整体真实与整体荒诞的不同,客观反映与主观表现的不同。我们可以来概括两种虚构观的差异——(播放PPT第11页)

两种小说小说观、虚构观的差异

现实主义:追求如镜面般地反射现实,整体真实,持反映论,真实反映生活和现实世界本身的图景。

现代主义:超现实或荒诞的叙述方法,整体荒诞,持表现论,侧重"向内转",表现心灵世界的图景。

师:虚构是开启小说这一想象天地的钥匙,我们可以尝试用两堂课上学习所得,去开启更广阔的小说天地,建议大家读读卡夫卡的名作《城堡》,会有更深的感悟。下课!

【教学反思】

本单元是文学阅读与鉴赏单元,所选文本均为小说,本课将教学点确定在"虚构,小说的灵魂"这一点,用意在于:

1. 着眼本质,理解特征

虚构是小说的本质,在对两篇小说虚构的探究中,可以起提纲挈领的作用。这堂课就致力于引领学生去体会虚构创造了一个不同于现实的审美世界,课堂上从学生熟悉的情节、细节、主旨等路径不断深入,辐辏向"虚构"的手法与内涵,学生不断体验到小说的蕴涵由单一到丰富乃至无限,并在表现人的精神世界之时不断给予心灵的真实感。之后引领学生从感性到理性,概括得出虚构在小说中的意义在于——创造审美世界,逼近生活本质,抵达心灵真实。

2. 入乎其内,细读体味

大单元教学不应该排斥文本细读,只不过文本细读不应该面面俱到,变成文本琐读,将整体进行碎片化理解,而是需要在一定的任务驱动下展开。本课着眼于两篇文本比较的"探究变形,辨同析异"的学习任务就是如此,驱动力量由教师牵引转变为任务驱动,学习过程由教师的细读转变为学生的细读,学习形态也由从寻找答案转变为引领学生进行开放式建构。教学过程中,学生的体悟有深入处,也有闪光点,只不过比较纷乱,以表格的形式加以条理化,将众多的发现进行梳理,也是让分散的细读走向课标所提倡的"梳理与探究"。

3. 出乎其外,从篇到类

"课文无非是个例子",叶圣陶先生的名言启人心智。以两篇小说的教学为例,不停留于表象的虚构情节,而是深入虚构之中的丰富蕴涵、虚构中的细节真实与心理真实、现实主义的虚构与现代主义虚构的异同等话题,则有一线纵深、举一反三之效,而且致力于让学生借助虚构这把钥匙,进行其他小说,尤其是现代派小说的阅读。这样就能够形成关联、迁移、类比、贯通式的思维,促进学生知识、经验间的联系,从而实现文本聚合,能力聚积。第二课时的最后两个任务,因为学生的阅读经验和生活阅历所限,教学点到为止,适度为界,适当留白,忌满忌全,也是为学生课后的自我体验留下空间。

言为心声,文如其人:人物个性化语言欣赏

执教/宁波市李惠利中学　李巧云

【专题目标】

联读《祝福》《林教头风雪山神庙》《装在套子里的人》《变形记》四篇小说,探索人物个性化语言的特点,感受人物个性化语言在塑造人物形象方面的重要性。

【预习任务】

1. 以五六人为一个小组,选出一名组长。

2. 联读本单元《祝福》《林教头风雪山神庙》《装在套子里的人》《变形记》四篇小说,争取每篇至少读两遍。

3. 留心让你印象深刻的人物语言,标记出来并说说它们刻画了人物怎样的形象。

4. 思考这些人物语言的作用,用一两句话写出来。

【教学实录】

任务一:模仿同学说话,现场体验个性化

师:我们每个人都是与众不同的,即使面对同一件事情,我们也会在语言表达和行为动作上或多或少地区别于他人,这种区别就叫作个性化。哪位同学来模仿一下班里的某位同学的说话风格,不要说出名字,看其他同学能不能猜得出来?(播放 PPT 第 1 页)

生(模仿):对对对对对对,对对对对对对。

生(众笑):陈昂。

师(笑):我怎么从这些"对"中听出了某种敷衍的味道!

生(众笑):对对对。

师(笑):你们是认同我吗?

生(大笑,点头):对。

师:看来陈昂同学有点调皮,但人缘不错。他的"对对对"是不是只献给老师的?

(众又大笑)

师:今天,你们赋予了这个"对"字异常生动和丰富的含义。这个"对"对于大家是普遍含义,而在陈昂身上,它是个性化语言。在现实生活中,这些能反映人物独特个性的个性化语言是我们区别于他人的密码之一。

任务二:选读个性化语言,品味经典形象

师:在文学作品中,人物形象之所以成为典型,主要是其语言极具个性化。昨天让大家联读了第六单元《祝福》《林教头风雪山神庙》《装在套子里的人》《变形记》四篇小说,你认为哪些人物的语言最具个性化,请大家在平板的投票小程序中进行投票,每篇选出一个。

(学生投票)

师:结果出来了,林冲35票,别里科夫40票,格里高尔44票,但鲁四老爷和祥林嫂不分上下,都是20票。为什么有这样的不同呢?难道鲁四老爷和祥林嫂语言的个性化还不如林冲?

生:鲁四老爷说的话不多,祥林嫂基本都是在重复阿毛的故事,表达的情感也都差不多。

师:所谓个性化,难道就是说话多不多来定吗?我们请投票选择祥林嫂的同学说一说,你们为什么选她?

生:她的话虽然是重复的,"我不知道春天里有狼",逢人便说,但深入人心,我们平时也会把反复诉苦的人称为"祥林嫂",她已经成了代名词。

师:鲁四老爷呢,请选择这个人物的同学也来说一说。

生:鲁四老爷虽然话也不多,但是"可恶……然而……",多次重复,把鲁四老爷那种附庸风雅、装腔作势的性格表露无遗。

师:两位同学说得都有道理。可见个性化的语言,不是这个人物的刻画是否生动形象,而是他的语言是否具有代表性、典型性,是否充分透露了人物的性格,并且一直为阅读者所称道。接下来请大家为每个人物挑选三句最具代表性的个性化语言,填入表1。(播放PPT第2页,展示表1)。第一、二组负责鲁四老爷,第三、四组负责林冲,第五、六组负责别里科夫,第七、八组负责格里高尔。选好后,请小组代表分享。

表1

人物	话语1	话语2	话语3
鲁四老爷			
林冲			
别里科夫			
格里高尔			

生:我们组是鲁四老爷,选的是"不早不迟,偏偏要在这个时候,——这就可见是个谬种"

"这不好。恐怕她是逃出来的",以及"可恶!然而……"这三处。

生:我们组是林冲。第一句——"泼贼那里去!"第二句——"奸贼!我与你自幼相交,今日倒来害我!"第三句——"你这厮原来也怎的歹,且吃我一刀!"

师:另一组的林冲有没有补充?

生:我找的是"我是罪囚,恐怕玷辱你夫妻两个",另一句是"你认得这个葫芦么?"

师:说说你补充的理由。

生:刚才的同学找的都是林冲知道陆虞候他们的阴谋后要杀他们时说的话,但林冲"黑化"前不是这样的。

师:那是咋样的?

生:"黑化"前,他说话很温和的,和李小二说的话可以看出他很善良;问店主认不认得这个葫芦,是暗示自己的身份,也就是接替老军了,可以看出他含蓄内敛,而且对自己的处境能随遇而安。

师:你对林冲的个性和心理有着非常准确的解读,而且能够顾及前后的语言变化。

生:我们组是"别里科夫",能反映他性格的语言太多了,我就挑了第114页第二段"当然,行是行的,这固然很好,可是千万别闹出什么乱子",第116页的"这是怎么回事?或者,也许我的眼睛骗了我?难道中学教师和小姐骑自行车还成体统?"还有117页最上面"既然政府还没有发出通告,允许做这种事,那就做不得"。

师:好,请坐,你找的都很典型。接下来请格里高尔的两组来分享一下。

生:格里高尔的话很多,但都比较长。

师:没关系,你先读一处,另两处由别的同学来读。你在读的时候,可以模仿格里高尔的语气吗?

生:好的,我试试。第124页第二段"假如我不考虑我父母的态度,我早就辞职了……等我攒够了钱,还清父母欠他的债——大概还得五六年吧——我一定办理这件事……不过,现在我得起床了,要赶五点的火车呢"。

师:你读得很不错,这一段虽然是他的内心独白,但也是极具个性化的,所以内心独白也是个性化语言的一种。请另一位同学。

生:第128页最后"我马上就开门,这就来……协理先生,就别为难我的父母了!您刚才对于我的所有指责都是没有根据的……协理先生,请不要在这儿耽搁了。我立刻就自己去公司,劳您大驾,向老板说一下我这个意思,并转达我对他的问候"。

师:同学们觉得他读得怎么样?

生:挺不错的,把格里高尔急于掩饰又很担忧的心理读出来了。但是有个地方,就是"您刚才对于我的所有指责都是没有根据的"的"都"字读得太长太重了,听起来有点强势,格里高尔对协理的态度应该是恭敬讨好的。

师:你觉得应该怎么读?(生读)

师:你读得轻而短,能贴着人物的心理去读,很好。第三处也请你给大家读一下。

生:我找的是第131页第三段"哦,协理先生,您看,我不是死脑筋,我高兴工作……请您在公司里为我说番好话吧……比起其他同事您对情况了解得更全面,说句心里话,您对全局的把握甚至胜过老板本人……"

师:你看出他什么性格了吗?

生:我觉得他工作很认真,但是唯唯诺诺的,充满了紧张和焦虑,很压抑。

师:其他三人的个性化语言,大家有兴趣通过朗读来进一步理解吗?我已经把他们的话放到 PPT 上了,有些句子和刚才同学们找的略有不同,但关系不大。同学们在读的时候,要贴着人物的身份、心理和个性读。读完后,请同学说一说,这些语言透露出人物怎样的性格。(播放 PPT 第 3 页,展示表 2,指名学生轮流朗读)

表 2

人物	话语 1	话语 2	话语 3
鲁四老爷	不早不迟,偏偏要在这个时候,——这就可见是个谬种。	这不好。恐怕她是逃出来的。	可恶,然而…… 可恶! 然而……
林冲	我是罪囚,恐怕玷辱你夫妻两个。	你认得这个葫芦么?	奸贼!我与你自幼相交,今日倒来害我!怎不干你事?且吃我一刀!
别里科夫	当然,行是行的,这固然很好,可是千万别闹出什么乱子。	这是怎么回事?或者,也许我的眼睛骗了我?难道中学教师和小姐骑自行车还成体统?	既然政府还没有发出通告,允许做这种事,那就做不得。
格里高尔(包括内心独白)	等我攒够了钱,还清父母欠他的债——大概还得五六年吧——我一定办理这件事。	协理先生,就别为难我的父母了!我立刻就自己去公司,劳您大驾,向老板说一下我这个意思,并转达我对他的问候。	我不会辜负老板的,这您很清楚。另一方面,我也为我的父母和妹妹担忧。……请您在公司里为我说番好话吧!

师:你们认为谁读得最好?

生:鲁四老爷的"可恶,然而……"读得好。

师:为什么?

生:他读出了鲁四老爷的身份和个性——活脱脱一个强硬、冷酷无情的封建卫道士。

师:同学朗读得这么好!请问你是如何理解鲁四老爷说两处"可恶""然而"时的心理的?

生:第一次"可恶,然而……"是觉得人家竟然到他地盘上抢人,让他很丢面子,所以说"可恶",但又觉得逃出来的祥林嫂被抢回去也是正常的,所以说"然而"。第二次的"可恶"是骂卫老婆子,"然而"后的省略号是指也很难找到像祥林嫂这样的省钱省心的劳动力了。

师:所以从这里可以看出他什么性格特点?

生:自私虚伪。

师:好,接下来我们再来谈谈林冲。刚才已经提到过林冲的性格,请同学们根据他的话语来分析一下。

生:林冲前几处说的话温和善良,随遇而安,后来嫉恶如仇,做事非常狠,干脆利落。

师:他性格中的"狠"是怎么出来的?

生:被逼出来的。要不是知道了陆虞候他们要杀他的阴谋,他可能就安心地看管草料场了。

师:说明环境变了,人会主动或被动地将隐藏的个性显露出来。林冲的心理发生变化后,语言的表达方式,比如语气语调、内容等,有没有发生变化?

生:之前是一般的语气语调,后来都是用"泼贼"开骂,说话干脆利落,像刀枪一样锋利,让人胆寒,让人有无处可逃的恐惧感。

师:你们是不是也有很痛快的感觉? 刚才同学用"黑化"这个词来形容林冲的个性变化,也很贴合读者快意恩仇的心理期待。

师:别里科夫,大家认为他是什么样的人?

生:守旧到腐朽的一个人。

师:怎么讲?

生:他一直生活在紧张和担忧中,把"别闹出什么乱子"挂在嘴边,最怕新事物,极力维持旧秩序,是个生活在套子里的人。

任务三:对比语言异同,抵达语言背后

师:说到别里科夫的"紧张",《变形记》里的格里高尔也是一直生活在紧张焦虑中,两者有何不同?

生:格里高尔的紧张是怕丢掉工作,他是个小人物,无法把控自己的人生;但别里科夫的紧张是怕出乱子,怕旧的秩序被打破,他在自觉地维护沙皇的统治。

师:说得好! 一个是站在被挤压的社会底层,一个是站在统治阶级的角度,两者的立场完全不一样。但两者紧张害怕的根本似乎又有相似点,是什么呢?

(学生思考中)

师:一个因为赖以生存的工作没法继续而紧张,一个因为生存的社会出现新事物而恐慌得无所适从,所以两者的紧张都和什么有关?

生:生存。

师:对。当生存环境面临巨大的挑战时,脆弱胆小的人在语言的表现方式上可能会出现很大的相似点,你们从他们身上看到什么相似点?

生:啰嗦,反复。

生:冗长。

师:精准概括。虽然胆小脆弱的人在紧张恐惧时也有可能是沉默寡言的,但在他们身上表现出的是一致的、不厌其烦的重复。

师:但同为专制统治的卫道士,鲁四老爷为何话又少又短?

生:因为他在鲁镇有钱有地位,是一方的势力人物,又是地主阶级的知识分子。他话少而短,是想要显示自己的地位和威严。

师:他两次"然而"后的省略,大家都知道他想要表达什么,那他为什么不明说出来?

生:为了掩饰自己的虚伪和自私。

师：为什么要掩饰？

生：他的身份摆在那里，鲁镇的一号人物，说出来怕被人议论。

师：有道理。那么同学们如何看待同样话少的林冲呢？

生：我觉得林冲话少是个性使然吧，他本身就是个比较安静内向的人。

生：林冲骨子里也挺狠的。所以我觉得心狠的人，话都不多的，不是有句话叫"人狠话不多"吗？（众笑）

师：同学们的讨论非常有趣。看来同样的话多或话少，却映照着人物不同的身份、心理和个性，就像一开始你们的"对"和"对对对对对对"。大家觉得个性化语言还有哪些作用呢？

生：反映时代背景或者社会环境。

生：推动故事情节发展。

师：你说到了人物语言在结构上的作用，还有谁能说说个性化语言在人物塑造和主题表达上的作用？

（生思考，摇头）

师：《装在套子里的人》中的别里科夫，他的"只求不出什么乱子才好""千万别闹出什么乱子"，不仅是他胆小谨慎的性格写照，也是他那"装在套子里的"守旧到腐朽的——

生：灵魂。

师：是的，刻画人物的灵魂，而灵魂往往是现实的映射。本单元四篇小说用个性化语言塑造了典型的性格，典型的性格来自典型的环境。小说家要通过个性化的语言，让我们看到芸芸众生相，看到大千世界，看到作家要寄托的主题思想。从四个人物的个性化语言里，可以看到更深层的东西——从林冲的语言变化里，看到了官逼民反；从别里科夫的语言里，看到了沙皇统治的压抑和虚弱；从格里高利的语言里，看到环境对人的异化；从鲁四老爷的语言里，看到了封建对人性的扼杀。

任务四：以点带面，连类而及——联想更多个性语言

师：除了刚才的四个人物形象，我知道还有一些人物也是同学们很想说的，现在大家可以来分享课内和课外其他人物的一些个性化语言。

生：我就是投票给祥林嫂的，她不断重复的阿毛故事，让我看见一个可怜的女人边抹眼泪边絮叨。阿毛的事是她内心无法抹去的悲痛，也是她寻求同情却无人同情的悲哀。

师：你说得好有画面感。

生：我说几句人物语言，大家猜我说的是谁。"早知道她来我就不来了""我就知道，别人不挑剩下的，也不会给我""我在屋里呆着，听到外面一声叫唤，出来瞧瞧，原来是只呆头雁"。

生（齐声）：林黛玉。

生：我要回家，我要让他回来。不管怎样，明天又是新的一天！

生：斯嘉丽。

师：这句话为什么是属于斯嘉丽的？

生：这是斯嘉丽务实理性、永不放弃的个性的真实写照。

师：同学们，文如其人，是说小说人物的语言必须贴着人物的性格；言为心声，语言就是

一面镜子,映照出人物的内心世界,这是个性化语言的真正内涵。文学作品能否成为经典,语言是最重要的因素之一。这节课的作业就是写一个与父母发生矛盾的场景,体现出人物个性化的语言,可以是真实的,也可以进行虚构想象。下课!

(附学生的习作)

> 矛盾描写:
>
> 餐桌上,坐在首端的父亲脸色阴沉如黑云,鹰眼般的双瞳紧盯着我紧握筷子的双手。但,终究是要爆发开来的气氛被母亲的话语硬生生地中止:"我说你们两个人,饭菜端上来快五分钟了,一个就坐着不吃,一个看着另一个不吃,什么意思!"说完,也不顾我俩,独自端起饭碗大快朵颐起来。
>
> 父亲的手布满青筋,一只似乎想猛拍桌子的手举了起来,但迟迟没落下,像在努力克制又像努力思考。他就这么僵持了好一会儿,然后缓慢而有力地从口中吐出三个字:"先吃饭!"
>
> 神经紧绷的我终于吐了口气,额上的冷汗早已滑至颊处,我也在这时才微微感到紧握筷子的手有些生疼。心中的巨石落下,我松了一下脖子,感受到了空调送来的温度。但心里又开始打起鼓来:"我犯了啥错?"

【教学反思】

本专题旨在引导学生通过个性化的语言探索人物的性格特征,准确把握个性化语言的妙处,并能以写作的形式进行人物个性化语言方面的实践。

这个专题的教学并不难,小说类文本本身就是学生感兴趣的,但如何让课堂有趣有序、让学生深入准确地理解语言的个性化,赏析个性化语言对于刻画人物性格的作用是本堂课考虑的重点,因此我从"模仿同学说话"导入,设计了"选读个性化语言""对比语言异同""见识更多经典形象"以及片段写作环节。

本堂课的导入环节,一个"对"字在不同语境下,它的丰富性和个性化都得到充分体现,也使课堂一开始就进入快乐的氛围。但要注意的是,该环节需要事先了解和布置,因为有些学生会因不愿得罪同学而放弃模仿,有的则会模仿不恰当的话引起尴尬。

学生的朗读环节也是本堂课的亮点。对个性化语言的品读,最佳的方法就是让学生通过朗读参与进来,不仅可以有事半功倍之效,还可以活跃课堂气氛。

"对比语言异同,抵达语言背后"的任务将学生对人物身份、心理、个性等方面的解读引向深入,这也是群文阅读的价值所在。这几部作品的主角本来互不相干,但因文学大师对人性的谙熟而让人物的语言既有相似之处又各具其妙。当我发现这样的连接时是很惊喜的,因为这打开了我和学生都感兴趣的一扇门。

片段写作是对个性化语言的运用,虽然在高中阶段以论说文写作为主,但偶尔的记叙类的写作也是需要的,且也是学生擅长和喜爱的。我之所以让学生写一段"与父母发生矛盾"的生活场景,是认为矛盾能让人的个性心理体现得更充分。

此外,这四篇小说都比较长,学生的课前阅读必须充分;分组选填人物语言时,学生需提示该语段在课文第几页甚至第几段,方便其他组同学快速找到。

画眼睛的艺术：典型细节的价值和魅力

执教/绍兴鲁迅中学　彭玉华

本课课件

【专题目标】

联读《祝福》《林教头风雪山神庙》《装在套子里的人》《促织》《变形记》五篇小说，找出五篇小说中的典型细节，赏析其艺术魅力，探究其艺术价值。

【预习任务】

1. 从五篇小说中找出给你留下深刻印象的细节描写的句子。
2. 对找出的句子进行分类。
3. 从细节的表达和作用两个维度点评找出的句子。

【教学实录】

任务一：识细节

师：同学们，今天我们把第六单元的五篇小说串联起来，一起来欣赏典型细节的价值和魅力。首先请同学们来回忆一下自己读过的文学类文本中，有没有给自己留下深刻印象的细节描写？（播放PPT第1、2页）

生：我想到了《祝福》中对祥林嫂的描写，"只是直着眼睛""张着口怔怔的站着，直着眼睛看他们"。

师：这里描写的是祥林嫂向大家谈论阿毛的事情时表现出来的神态。但祥林嫂并没有得到大家的理解和同情，她用自己的眼神来反驳别人对她的冷嘲热讽，文中又是怎么写的呢？

生："她单是一瞥他们，并不回答一句话""也知道是在嘲笑她，所以总是瞪着眼睛，不说一句话，后来连头也不回了"。

师：找得不错，这些关于祥林嫂眼睛的刻画实际上也从侧面反映出了人们对祥林嫂的态度是麻木、缺乏同情心的。

生:我想到的是《红楼梦》中林黛玉初进贾府,吃完饭后有仆人上茶,黛玉想起父亲不许饭后吃茶,但也不得不依,却被告知这是漱口之茶。

师:嗯,这一处细节描写体现出了林黛玉初进贾府时的小心谨慎。

生:《孔乙己》中描写孔乙己被打断腿后是"摸出四文大钱",而不是先前的"排出九文大钱"。

师:这两处细节的对比,体现了孔乙己的自卑和困窘。同学们所列举的这些细节描写都很传神,那有没有同学能够尝试用自己的语言较为明晰地表达对细节的理性认知呢?

生:我认为细节就是结合文本的时间、故事线,聚焦于某一重点和细微之处。

生:细节是将抽象的文字转化为生动画面的必要程序。

生:细节是对某一时间、事件进行的具体、形象的描述,目的是丰富人物形象、渲染环境或服务主旨。

师:大家概括得都不错,都比较准确地表达出了细节的特点。下面我们来看一下学者对"细节"的阐述。(播放PPT第3页)

> 细节是文学作品中细腻地描绘人物性格、事件发展、社会环境和自然景物的最小单位。(周振甫《小说例话》)
>
> 所有文本中一切不可以再分的细部为细节。小说中的细节有故事细节、人物细节、环境细节。(刘恪《现代小说技巧讲堂》)

任务二:找细节

师:接下来,同学们四人为一组,从五篇小说中找出典型的细节描写,完成表1。(教师播放PPT第4、5页,展示表1。学生讨论5分钟,填写表格)

表1

细节类型		典型细节	细节出处
人物细节	肖像		
	神态		
	语言		
	动作		
	心理		
故事细节			
环境细节			
其他细节			

生：我们找到的肖像描写是《祝福》中的"五年前的花白的头发，即今已经全白，全不像四十上下的人；脸上瘦削不堪，黄中带黑，而且消尽了先前悲哀的神色，仿佛是木刻似的"，还有"她那没有精采的眼睛忽然发光了"。

师：这段细节描写找得不错，把祥林嫂的瘦弱、衰老描绘得淋漓尽致。

生：语言描写有《祝福》中的"'祥林嫂，你放着罢！我来摆。'四婶慌忙的说""你放着罢，祥林嫂！'四婶慌忙大声说"。这两处语言描写语气很不一样，前者略带温和，后者命令的意味则更强烈，态度也更严厉。

师：很好。你们还通过两处语言描写的对比，分析了语序对语气表达的作用。

生：我们组找到的动作描写出自《林教头风雪山神庙》，"又早把头割下来，挑在枪上。回来把富安，陆谦头都割下来，把尖刀插了，将三个人头发结做一处，提入庙里来，都摆在山神面前供桌上"，还有《装在套子里的人》中的"他老是心神不宁地搓手""他的嘴唇发抖了"。

师：嗯，找得不错，这几处动作描写都很细致。

生：我们组找到的心理描写是《祝福》中的"我很悚然，一见她的眼盯着我的，背上也就遭了芒刺一般"。故事细节是《林教头风雪山神庙中》中的"想起离了这半里路上有个古庙，可以安身""旁边止有一块大石头，掇将过来靠了门"。

师：那你们认为故事细节的描写有什么作用呢？

生：可以推动故事情节的发展，为后文埋下伏笔。

师：嗯。契诃夫有个关于小说设定的经典理论——如果头一章里提到墙上挂着枪，那么在第二章或者第三章里就一定得开枪。如果不开枪，那管枪就不必挂在那儿。文中如果聚焦了某处细节，那么这个细节一定要在后面的剧情里延展开来，且发挥作用。

生：《林教头风雪山神庙》中多次描写了雪，属于环境描写。如"正是严冬天气，彤云密布，朔风渐起，却早纷纷扬扬卷下一天大雪来""那雪正下得紧""看那雪，到晚越下得紧了"。

师：同学们找到的细节描写都很准确，大家可以结合表2，再继续补充一下。

表2

细节类型		典型细节	细节出处
人物细节	肖像神态	"又只是顺着眼""顺着眼，眼角上带些泪痕，眼光也没有先前那样精神了""只是直着眼睛""两眼上便都围着大黑圈""总是瞪着眼睛""眼睛窈陷下去""瞪着的眼睛""眼珠间或一轮""眼钉着我"	《祝福》
		"即使在最晴朗的日子，也穿上雨鞋，带着雨伞""仿佛要为自己制造一个套子"	《装在套子里的人》
	语言	"'祥林嫂，你放着罢！我来摆。'四婶慌忙的说"	《祝福》
		"'你放着罢，祥林嫂！'四婶慌忙大声说"	
		"千万别闹出什么乱子"	《装在套子里的人》

细节类型		典型细节	细节出处
动作		"只见一个人闪将进来""随后又一人闪入来"	《林教头风雪山神庙》
		"屡撩之,虫暴怒,直奔,遂相腾击,振奋作声。俄见小虫跃起,张尾伸须,直龁敌领"	《促织》
		"不顾死活地咬住钥匙。他随着钥匙的转动而跟着锁眼舞动"	《变形记》
心理		"假如我不考虑我父母的态度,我早就辞职了……还清父母欠他的债""现在我得起床了,要赶五点的火车呢""时间已经六点半了""下一趟火车七点钟开,要赶这趟车""已经七点了"	《变形记》
故事细节		"把花枪挑了酒葫芦,将火炭盖了""探半身入去摸时,火盆内火种都被雪水浸灭了""入得庙门,再把门掩上。旁边止有一块大石头,拨将过来靠了门""被与葫芦都丢了不要,提了枪,便出庙门投东去"	《林教头风雪山神庙》
		"里胥猾黠""为人迂讷""喜置榻上,半夜复苏"	《促织》
环境细节		"朔风渐起,却早纷纷扬扬卷下一天大雪来""那雪正下得紧""看那雪,到晚越下得紧了"	《林教头风雪山神庙》

任务三:赏细节

师:同学们已经能够比较准确地定位文学作品中的细节描写,接下来我们从手法、作用方面来进一步赏析细节的魅力和价值。同学们继续以小组合作的方式完成表格。(教师播放 PPT 第 6、7 页。学生讨论 5 分钟,填写表 3)

表3

细节	表达	作用
"顺着眼""眼珠间或一轮"(《祝福》)		
"仿佛要为自己制造一个套子""千万别闹出什么乱子"(《装在套子里的人》)		
"入得庙门,再把门掩上。旁边止有一块大石头,拨将过来靠了门"(《林教头风雪山神庙》)		
"里胥猾黠""为人迂讷"(《促织》)		
"朔风渐起,却早纷纷扬扬卷下一天大雪来""那雪正下得紧"(《林教头风雪山神庙》)		
"壁上小虫忽跃落衿袖间"(《促织》)		
"不顾死活地咬住钥匙。他随着钥匙的转动而跟着锁眼舞动"(《变形记》)		

生:"仿佛要为自己制造一个套子""千万别闹出什么乱子"是语言描写,具有反讽的意味。作用是刻画人物,表现别里科夫的封闭保守和思想狭隘。

生:"入得庙门,再把门掩上。旁边止有一块大石头,拨将过来靠了门"是动作描写,"里胥猾黠"、成名"为人迂讷"则形成对比,它们的作用都是推进故事情节的发展,为后文埋下伏笔。

师:分析得不错。这种"草蛇灰线,伏脉千里"的手法在小说中非常常见,作者在写一件事之前,就已经埋下了一些征兆(即伏笔),使读者读来并不感到突兀。

生:"朔风渐起,却早纷纷扬扬卷下一天大雪来""那雪正下得紧"是环境描写,渲染了紧张的气氛,推动了情节的发展。"壁上小虫忽跃落衿袖间""不顾死活地咬住钥匙。他随着钥匙的转动而跟着锁眼舞动"两处是动作描写,用夸张的手法使文字富有画面感。

师:嗯,不错。《促织》《变形记》两篇文章写的都是变形,用夸张、荒诞的手法表现了人的异化,使文章充满了神奇的想象。(播放PPT第8页,展示表4)

表4

细节	手法	作用
"顺着眼""眼珠间或一轮"(《祝福》)	白描,对比,突出过程	刻画人物:眼睛的变化表现了祥林嫂内心的变化,揭示了她一步一步被逼向死亡的悲惨命运
"仿佛要为自己制造一个套子""千万别闹出什么乱子"(《装在套子里的人》)	夸张,反讽,反复强调	表现主题:别里科夫"套子化"的肖像和语言,揭示了专制制度对人的严酷压制和摧残
"入得庙门,再把门掩上。旁边止有一块大石头,拨将过来靠了门"(《林教头风雪山神庙》)	伏笔,照应,草蛇灰线	推进故事:陆虞候等人站在庙外边看火边说话,让林冲知道了事情的真相,将故事推向高潮
"里胥猾黠""为人迂讷"(《促织》)		推进故事:"猾黠"和"迂讷"是后文故事展开的前提条件
"朔风渐起,却早纷纷扬扬卷下一天大雪来""那雪正下得紧"(《林教头风雪山神庙》)	渲染,描绘,回环复沓	渲染氛围,导引情节:"风雪"的描写,推动了情节发展,渲染了浓重气氛,烘托了人物形象。"风雪"伴随着林冲由惶惑走向反抗,完成性格上质的变化
"壁上小虫忽跃落衿袖间"(《促织》)	变形,异化,表现真实	创新手法:虫形人心,用夸张、变形、荒诞的手法表现了人的异化,充满了神奇的想象
"不顾死活地咬住钥匙。他随着钥匙的转动而跟着锁眼舞动"(《变形记》)		

任务四:评细节

师:从以上句子的分析来看,细节描写在文章中看似闲笔,信手拈来,无关紧要,但实际上都是作者精心的设计和安排。精彩的细节描写不仅可以刻画人物性格、形象,烘托环境氛围,往往还可以推动故事情节,揭示主题思想。最后我设置了几个关于细节描写的问题,大家一起来进行评析。(播放 PPT 第 9 页)

> 鲁迅先生在《花边文学——大雪纷飞》中说:"《水浒传》里的一句'那雪正下得紧',就是接近现代的大众语的说法,比'大雪纷飞'多两个字,但那'神韵'却好得远了。"

师:你们认为鲁迅先生说的"神韵"有哪些内涵?

生:"紧"用朴实的语言生动形象地描绘出了雪之大;"紧"不但写出了雪下得急,还体现了故事情节的"紧",渲染了紧张的氛围。

师:嗯,回答得不错,还有同学想补充吗?

生:我认为"紧"字还暗示着林冲的性格将出现质的变化。

师:嗯。"大雪纷飞"只能写出雪下得很大,而"紧"字的神韵就在于把人物、环境和气氛融合到了一起,暗示出事件发展的急迫和人物命运的变化。同学们继续来看第二个问题。(播放 PPT 第 10 页)

> 《促织》原文为"喜置榻上,半夜复苏。夫妻心稍慰,但儿神气痴木,奄奄思睡"。入选教材时被删除了"但儿神气痴木,奄奄思睡"一句。

师:大家认为删除这句话是否合理呢?

生:我认为不合理。此处的描写是作者的一个伏笔,细叙小儿的精神状态,为后文"成子精神复旧,自言乃化身促织"铺垫。本来有这处伏笔,"自言化促织"一事的出现顺理成章,删去之后则略显突兀。

师:嗯,很好。这位同学回答的是此处细节描写在结构上的作用。而从内容来看,成名不管儿子"神气痴木"变傻了,一心只顾促织,可见他已经怎么了?

生:成名实际上已经异化为"人形虫心"。

师:因此如果删除这句话,反讽的力量也就被削弱了,对吗?(众人点头)好,我们继续看下一个问题。(播放 PPT 第 11 页)

> 《变形记》诸译本存在差异。
> "对于格里高尔的父亲,早餐是一天里最重要的一顿饭,他一边看各式各样的报纸,一边吃,要吃上好几个钟头。在格里高尔正对面的墙上挂着一幅他服兵役时的照片,当时他是少尉,他的手按在剑上,脸上挂着无忧无虑的笑容,分明要人家尊敬他的军人风度和制服。"(李文俊译)

教材中这句话是:"对父亲来说早餐是他一天中最重要的一顿饭,他一边吃,一边翻阅报纸,要花好几个钟头。恰好对面墙上挂着一幅格里高尔服兵役时照的相片,少尉的装束,手按在剑上,微笑着,无忧无虑,一副要人家一看到他那风度和制服就肃然起敬的样子。"(叶廷芳译)

师:请同学们思考一下能否将教材中的文句换成李文俊译本中的文句?

生:我认为不可以。两个版本的视角并不相同。李文俊的版本中,读者似乎是以全知视角来看故事,文段中的"格里高尔的父亲""在格里高尔正对面的墙上"提醒着读者"我"不是格里高尔。而叶廷芳的译本正好相反,将读者拉入格里高尔的视角,仿佛读者就是一觉醒来变成甲虫的人。两相对比之下,叶廷芳的译本更好地让读者感受到了异化后的翻天覆地,也更易触动读者的心。

师:分析得很不错,你已经发现了两个译本视角的不同。大家可以抓住墙上的这张照片,继续深入思考一下。

生:文中提到的这张照片应该是格里高尔服兵役时所拍,而格里高尔从退伍少尉到成为推销员,现在又成了甲壳虫,三个身份之间形成了鲜明的对比,因此产生了巨大的反讽性。

师:你分析得很正确,我们再来看最后一题。(播放PPT第12页)

只有那眼珠间或一轮,还可以表示她(祥林嫂)是一个活物。(《祝福》)

他(格里高尔)那许多与他原来的身躯相比细得可怜的腿脚,无可奈何地在眼前舞动着。(《变形记》)

师:结合这两处细节描写,大家试着来比较一下现实主义细节写作和现代主义细节写作有何差异。

生:现实主义细节写作关注神态细节,更能反映所描写人物的内在特点,由表及里,更为感性。现代主义细节写作善用异化、夸张的手法,较为理性地展现主题和表达讽刺意味。

师:说得不错,也就是说传统的细节写作注重模仿和再现,追求一种生活的真实性,而现代主义细节写作则更注重想象和表现,着眼心灵真实。

师:今天我们从细节描写这个角度入手,串联了《祝福》《林教头风雪山神庙》《装在套子里的人》《促织》《变形记》五篇小说,鉴赏了细节描写的价值和魅力。课后希望同学们运用今天所学的内容,解读新的文本,深入分析其中的细节描写。下课!

【教学反思】

较之单篇教学,着眼单元整体的微专题教学具有丰富的教学价值。我感受最深的有两点。

一是着眼"微专题"的"专题"开展教学,能使教学走向深入。这个"专题"可以是某个必备知识,可以是某项关键键能,也可以是核心价值观念。教师围绕"专题"这个"点"实施教学,通过横向的拓展和纵向的延伸,促使学生学深、学透,从而切实提高学生的语文素养。就本课而言,教师聚焦小说"细节"这一专题,横向关联整个单元的五篇小说,纵向从"识细节—

找细节—赏细节—评细节"逐层深入,引导学生从感知到理解,从读懂到赏析,从接受到建构,在完成活动中,对"细节"有了深入的认知。

二是着眼"微专题"的"微"实施教学,能体现语文教学的科学性追求。一直以来,语文教学内容的确定往往失之模糊,对"教什么"缺乏理性、精准的判断,而"微专题"教学聚焦"微",使得教学从"模糊"走向"精微",落实了语文教学应追求科学性的价值追求。当然,这里的"微",应是"微而精""微而当",是紧扣教材文本的用来提升学生语文核心素养的最小教学细胞。同时这里的"微",应该是一个基点,通过这个基点撬动整个单元的教学,由"精微"走向"阔大"。结合本课而言,"细节"是小说教学不可缺少的要素,透过"细节"这一"微窗口",可以透视整个单元五篇小说的文本之奥义和技法之精妙。

当然,构成单元的教学文本,每篇都是一个自足的鉴赏整体;而基于单元整体的"微专题"教学,如果没有单篇教学的支撑,可能会流于肤浅和呆滞,违背了实施"微专题"教学的初衷。就像透过苹果的横切面,能看到一个"六角星"的美图,但也可能会疏忽单个苹果的浑圆厚实。

飞翔的翅膀：小小说的虚构与想象

执教/浙江省余姚中学　陈宜伦

本课课件

【专题目标】

围绕"虚构和想象"这一训练点,引导学生理解和体会小小说在虚构和想象"反常情节"时,应追求内在的"因果逻辑",并以此尝试小小说写作。

【预习任务】

《促织》1700字左右,可视作小小说。温习《促织》,思考:

1. 写"小促织"出场的一系列动作,有哪些反常之处?

2. 鸟类、虫类通常是怕人的,"壁上小虫忽跃落衿袖间",可信吗?

3. 小促织战胜了鸡,如战胜猪、牛、羊,抑或老虎、狮子,可行吗?

【教学实录】

师:同学们,很多伟大的作家都是在学生时代开始创作的,同学们这个年龄呀,想象力丰富,很适合写小小说。同学们有过写小小说的经历吗?

生:我写过科幻类小说。

生:初中时候,喜欢写校园题材的小小说。

生:我喜欢看小小说,但自己没写过。

师:不管同学们写过,还是没写过,都没有关系。今天,我们一起来学习"小小说的虚构和想象"。(播放PPT第1页)小小说的很多情节往往是反常规的,那么,小小说的情节是不是可以漫无边际地反常,天马行空地虚构和想象呢?

师:(播放PPT第2页)英国小说家福斯特在《小说面面观》中针对"故事"和"情节"下了一个定义,"国王死了,然后王后也死了",这是"故事",它注重的是时间顺序;"国王死了,王后因为伤心而死",这是"情节",它注重的是因果逻辑。

师:这句话告诉我们,小小说在设置情节,或者说设置反常情节的时候,是要追求其内在的合理性的,是要讲求因果逻辑的。

任务一:探寻"因果逻辑"

师:课前,老师布置了预习任务,现在我们结合整篇小说内容,一起来探讨《促织》第六、七段中反常情节的合理性。请同学们根据 PPT 中的三个小问题,谈谈自己的看法。(播放 PPT 第 3 页)

> (1) 写"小促织"出场的一系列动作,有哪些反常之处?
> (2) 鸟类、虫类通常是怕人的,"壁上小虫忽跃落衿袖间",可信吗?
> (3) 小促织战胜了鸡,如战胜猪、牛、羊,抑或老虎、狮子,可行吗?

生:我觉得小促织"超忽而跃",然后"折过墙隅,迷其所在",最后干脆跳到墙上"伏壁上",动作太过复杂多样,感觉有点"多动症"(众生笑),其实直接快速跑走不就行了吗,多此一举,这很反常。

师:那你觉得这反常有合理性吗?

生:我还没考虑好。

师:其他同学说说看。

生:老师,我觉得这一系列动作似乎是在跟成名玩捉迷藏,这是把小促织当"人"写了,本来小促织就是"人"化的。

生:(刚才那位同学恍然大悟)我明白了,这些动作看似反常,其实是写出了小孩子的顽皮,从这一点看,合情合理。

师:对,也就是说,这些反常动作的内在逻辑是在写孩子,这只顽皮的小促织完全符合小男孩习蛮活泼的习性。

生:由此,我想到第二小问题,我本来觉得"壁上小虫忽跃落衿袖间"这个反常情节是不可信的,太不真实了,因为鸟类和虫类通常是怕人的,这是事实;但是,我现在觉得这是符合内在逻辑的,因为这只小促织就是成名的儿子幻化的,实际上是儿子主动跳到父亲的肩膀上,跟父亲嬉戏。

师:你能举一反三,很有推理潜质。其实,这是小说"魂化促织"的伏笔。大家还能谈谈第三个小问题吗?

生:我觉得战胜猪、牛、羊,太过夸张,夸张过度就会使小说失真。

生:战胜老虎、狮子,那就更不可信了,生活中,在闹市区出现老虎、狮子概率几乎是零。我觉得反常也要符合生活逻辑,讲求生活规律,而不是漫无边际的。

师:此处应该有掌声。(学生赞同,鼓掌)那么,小促织战胜鸡为什么就可行了呢?

生:战胜鸡,虽然也很夸张,但是鸡是生活中常见之物,而且鸡以虫子之类的东西为食物。鸡出来啄食,是很正常的生活现象,符合常识。这样的夸张有了一定的合理性。

师:你的分析太精彩了。其实鸡是小昆虫的天敌,这个虚构是符合生活逻辑和内在因果的,就像堂吉诃德战胜的是风车,而不是汽车、火车一样。

师:(播放 PPT 第 4 页)通过同学们的讨论,我们可以达成共识——小小说中那些看似反常的情节背后是有其内在的合理性的。(播放 PPT 第 5 页)小小说评论家刘海涛在《文学创意写作》中说,"虚构类作品一般侧重按因果关系来提炼并形成虚构故事""因果关系处理不好反而容易降低人们对文学的信赖感和欣赏度"。

师:所以,我们在虚构小小说情节的时候,尤其是反常情节时,一定要注意把握因果逻辑和内在的合理性,从而提升小小说的艺术感染力。

任务二:巧设"反常情节"

师:那么,怎样合理设置小小说的"反常情节"呢? 我们来细读《促织》第七段,思考"小促织战胜鸡"这一反常情节,作者在情节设计上是如何一步步让"小促织战胜鸡"的? 我们一起来齐读第七段。(播放 PPT 第 6 页)

> 村中少年好事者驯养一虫,自名"蟹壳青",日与子弟角,无不胜。欲居之以为利,而高其直,亦无售者。径造庐访成,视成所蓄,掩口胡卢而笑。因出己虫,纳比笼中。成视之,庞然修伟,自增惭怍,不敢与较。少年固强之。顾念蓄劣物终无所用,不如拼博一笑,因合纳斗盆。小虫伏不动,蠢若木鸡。少年又大笑。试以猪鬣毛撩拨虫须,仍不动。少年又笑。屡撩之,虫暴怒,直奔,遂相腾击,振奋作声。俄见小虫跃起,张尾伸须,直龁敌领。少年大骇,解令休止。虫翘然矜鸣,似报主知。成大喜。方共瞻玩,一鸡瞥来,径进以啄。成骇立愕呼,幸啄不中,虫跃去尺有咫。鸡健进,逐逼之,虫已在爪下矣。成仓猝莫知所救,顿足失色。旋见鸡伸颈摆扑,临视,则虫集冠上,力叮不释。成益惊喜,掇置笼中。

师:围绕这个问题,我给同学们提供三个思考路径——(1)少年笑了三次,成名喜了两次,你觉得在情节上是否重复、累赘?(2)情节安排上能不能绕开"蟹壳青",马上让小促织跟鸡斗?(3)小说是怎么写少年和成名的表现的,在情节上有何作用? 现在请同学们就这三个思考路径,分组讨论,等一下请各小组派代表发言。

(生讨论三分钟)

生:我觉得少年的三次"笑"和成名的两次"喜",程度一次比一次加深,不是简单的重复。

生:我觉得三次"笑"和两次"喜",都是不断在蓄势,使情节更加丰富,小说可读性更强了。

生:我来说第二个思考题。如果小促织直接跟鸡斗,故事变得太突然,而且缺少趣味性,反而显得不精彩了。

师:你能具体展开分析下原文精彩在哪里吗?

生:小促织与"蟹壳青"斗,从不敢应战,最后到战胜"蟹壳青",一个大转折,这是第一个精彩点;然后与鸡斗,成名很惊愕,读者也捏了一把汗,但是小说又一个大转折,小促织战胜了鸡,把故事推向高潮,这是第二个精彩点。

师:你的分析也很精彩,这是第三个精彩点!(学生鼓掌)你们组内还有同学补充吗?

生:我觉得小促织从战胜"蟹壳青"到战胜鸡,也是一种递进,因为"蟹壳青"是同类,"鸡"属于异类。

师：同学们的眼光都很独到，我赞同你们的观点。在情节上，与"蟹壳青"斗，从不敢应战到战胜，是一种反转；转而升级到与鸡斗，是由与同类斗，转向与异类斗，是一种曲转。

生：小说在写少年和成名的表现时，也是用了这种方法。名不见经传的小促织战胜"蟹壳青"和鸡，少年由"大笑"转为"大骇"，成名由"大喜"转为"骇立愕呼"，再由"骇立愕呼"转为"惊喜"，小说情节发生多次反转。

师：你的分析很到位。那么，根据同学们的讨论，我们是不是可以得出反常情节设置的一般模式。情节的曲转，如小促织从与蟹壳青斗，升级转变为与鸡斗，对象的转变这是情节的曲转；情节的倍增，如少年的三次"笑"和成名的两次"喜"，不是简单重复，而是使情节更丰富，内容倍增、扩大；情节的反转，如少年由"大笑"到"大骇"，成名由"骇立愕呼"到"惊喜"，是情节的反转。（播放PPT第7、8页）

反常情节的一般模式

A——A'：情节的曲转

A——AA：情节的倍增（扩大）

A——（-A）：情节的反转

师：现在，我们用这个情节模式来比较下面这两则小小说片段，请同学们就情节设计上的优劣，谈谈自己的看法。（播放PPT第9页）我们先请一位同学来朗读以下两则片段。

情节设计（一）

老邮差在山里送了半辈子的信，要退休了，接替职务的是他儿子。老邮差最后一次任务就是带着大黄狗，领着儿子实地走一遍。老邮差想他退休了，狗还硬朗着，于是他叫大黄狗跟儿子去送信，帮他带路，跟他做伴，就像这些年一路陪伴自己一样。但是不管老邮差怎么温柔地对大黄狗说："跟他去吧，他需要你……"大黄狗就是不愿意跟儿子走，最后，他一个转头径自往回走，狗也嗷嗷地跟着他往回走，老邮差一边走一边抚摸着狗，看着儿子远去的身影……

情节设计（二）

……最后，他一个转头径自往回走，狗也嗷嗷地跟着他往回走，他突然弯下腰，捡起地上的一根棍子，朝狗屁股抽去。大黄狗痛得汪汪叫，这才往前奔去。打了大黄狗，老邮差心底难受，不舍地闭上眼。不久，他觉得膝盖骨处，有一股热气直扑，睁开眼睛一看，大黄狗又回来了，正舔着他的膝盖骨——他受伤的地方。老邮差俯下身，从口袋里掏出手帕，替狗擦去眼泪，喃喃地说"去吧！"此时，狗箭一般地朝儿子的方向跑去……

（生朗读）

师：你的朗读很有感情。那么，你先谈谈吧！

生:情节设计(一)单一没有波澜,故事线条化,不太吸引人;情节设计(二)曲线发展,有波折,情节设计(二)更胜一筹。

生:我觉得情节设计(二)从老邮差看,由温柔对狗,到打狗,再到帮狗擦泪;从狗看,由不愿走,到被迫走,再到自愿走,形成了情节的多处转折,相当精彩。

生:我认为情节设计(二)更好。因为从情节设计(一)到情节设计(二),老邮差与狗的一次交锋变成三次交锋,三次看似重复,其实使情节倍增。

生:我认为情节设计(二)中的打狗行为是蓄势,为最后狗自觉跑向儿子的行为蓄势,形成前后情节上的反转。

师:同学们不仅英雄所见略同,而且分析出了专家的水平。(播放PPT第10页)情节设计(二)比情节设计(一)确实高明很多,情节设计(二)更加丰富曲折,人与狗的情感水位不断攀升,更具有艺术魅力。现在,我们趁热打铁,牛刀小试一下,老师给同学们提供一则小小说的故事梗概,请同学们选择一种反常情节模式,虚构结尾,控制在200字以内。(播放PPT第11页,展示表1)

表1

故事梗概	结尾
有一个聪明过头的国王,定了一套奇特的刑罚。他命令下属建造了一座巨大的竞技场,并在场中设置了两扇大门,门后分别藏着美女和老虎。如果百姓被怀疑有罪,就会被带到竞技场,站在两扇门的前面,强迫他二选一。如果打开门是老虎,代表老天爷认为你有罪,处罚就是被老虎吃掉;如果打开门是美女,代表老天爷认为你无罪,补偿就是带着美女远走高飞。可是,有一天,国王发现女儿谈恋爱了,对象不是王公贵族,而是平民年轻人。国王大怒,下令要杀年轻人,因为这个国家规定,平民不能跟贵族谈恋爱,违法要处死刑。但臣子阻止了他,因为不符合国王自定的刑罚。国王只好下令把年轻人带到竞技场,让他面对两扇门。看台上坐满了看热闹的人,身陷绝境的年轻人心想,公主或许就在其中,说不定她能提供一些暗示,让他保住一命。他一转头,果真看到公主。公主想了很久,终于微微指了指右边的门……	原结尾: 年轻人便慢慢走向那扇门,所有人都屏息以待门打开的结果。此时,公主缓缓走出竞技场……
	曲转式:
	倍增式:
	反转式:
	其他:

(生创作五分钟,师巡视创作情况)

师:好,我看到大部分同学都完成了,现在同学们就来展示下自己的作品吧!先从课代表开始吧!

生:年轻人毫不犹豫地打开右边的门,迎接他的却是空无一物的结果。这时,公主走了下来,张开双臂紧紧地拥抱了年轻人……多年后,年轻人也成了年迈的国王,当有一位内侍告诉他,他唯一的女儿爱上了一个平民小子后,他好似想到了什么,闭上双眼……

师:你的结尾比较圆满,有情人终成眷属。可以谈谈你的虚构技巧吗?

生:其实,我的结尾用了"倍增式",我想让国王的遭遇,让年轻人也体验一次,让他懂得什么才是可怜天下父母心。(生笑)

师:构思巧妙,我给你点赞。我们再看看其他同学的构思。

生：年轻人缓缓地走向右边那扇门，频频望向公主。当他即将推开门的那一刻，他再次望向看台上公主的位置。看台上挤满了看热闹的人，不见公主身影。他频频回头看向的公主似乎只是他的幻觉。老虎的号叫声从门背后传来。

师：你把年轻人写死了。你这个作家有点残忍。（众生笑）你是怎么考虑的？

生：我揣摩公主的心理是这样的，自己得不到的东西，宁可毁灭也不可以让给别人。（众生笑）

师：看来，有一点内在逻辑。（生笑）我们再请一位同学。

生：年轻人慌乱的内心得到了平复，他相信公主的指引可以让他走向"新生"。他的脑海里浮现出曾经美好的画面，此刻他下定决心，愿以自己的生命还公主一个圣洁的名声。于是，他勇敢地走向左边的门。

师：你也把年轻人写死了。（众生笑）

生：我是让年轻人主动选择死的。（生笑）看起来更凄惨些，背后却是以爱为支撑的。这样一来，本该"向右走"转向"向左走"，实现情节的反转。

师：好了，同学们的结尾都很出彩，都有做小说家的潜质，现在，老师也给你们提供两则结尾，请同学们来点评下，做一下评论家。（播放PPT第12页）

结尾一：此时，国王突然跳下竞技场……国王对他说："年轻人，我再多给你一个选择。竞技场的另一边还有三扇门。三扇门的后面分别是老虎、老虎、公主。现在请你决定，要选择这两扇门，还是另外三扇？"

结尾二：年轻人便慢慢走向了"左边"那扇门，他一边走，一边心里想："公主从小就蛮不讲理，绝不可能把最心爱的玩具让给别人，所以她指向的一定是老虎！"就这样，年轻人自以为是地走向相反的那扇门。正当年轻人打开门时，看台上的公主摇摇头，发出叹息声："唉，我就知道，他从来就没有相信过我！"

生：结尾一是倍增式，由"两扇门选择"扩大成"三扇门选择"，让选择的情节倍增。

师：我追问一下，你觉得"两扇门"和"三扇门"的差异在哪里？

生：三扇门，年轻人活命的概率又降低了。两扇门，活命的机会是二分之一；三扇门，活命的机会是三分之一。

师：对，但三扇门中有公主，这是对年轻人人性的考验。

生：第二则结尾是反转式，本该走向"右边"的他，却走向了"左边"。

师：跟刚才同学的结尾有点类似，但反转的因果逻辑一样吗？

生：不一样。这个结尾把原因落在"公主从小蛮不讲理，绝不可能把最心爱的玩具让给别人"。而刚才同学的结尾是年轻人要主动成全公主的圣洁。

师：你觉得孰优孰劣？

生：我觉得这个结尾反而让小小说也有了另外一层深意，更高明些。

师：（播放PPT第13页）你的鉴赏能力不错。好，同学们，这节课我们集中学习了小小说写作时要努力把握的"因果逻辑"和"反常情节"。学以致用乃最高境界，现在我给同学们布置一个课后作业——填写"虚构训练卡"，构思小小说。

要求:遵循因果逻辑,展开虚构和想象,巧设反常情节,先完成"虚构训练卡"(见表2),构思大致框架,再写一篇1000字左右小小说。

以下两题任选其一:

(1)以《卖油翁》为核心,写一篇故事新编。

(2)故事核心:姚城有一家小吃店,生意一直不温不火……可有一天,生意突然火爆,成了网红店。

表2

名称	故事的具体内容	方法
故事核心		
启动情节		
虚构展开(1)		
虚构展开(2)		
……		
高潮		
结局		

注:用6—10句话虚构你准备写的小小说。

师:那么,这节课我们就上到这里,下课! 同学们再见!

【教学反思】

统编高中语文必修上册第六单元的单元写作任务是"叙事要引人入胜",写作提示中指出:"叙事要引人入胜,就要注意写出情节的曲折起伏,……还可以灵活运用悬念、抑扬、意外(反转)等叙事技巧,让自己笔下的故事更有趣味。"就小小说写作而言,如何巧妙地虚构故事,使小小说情节波澜起伏,引人入胜,这对大多数学生来说还是有一定难度的,因此找准写作指导的切入点尤为重要。本堂课试图以探究情节的"内在逻辑"和巧设"反常情节"为抓手,引导学生深刻理解和体会小小说在虚构和想象时应遵循的原则,从而指导学生进行小小说写作。

本堂课围绕这一教学目标,设计了探寻"因果逻辑"和巧设"反常情节"两个任务。就探寻"因果逻辑"这一任务而言,笔者在课前布置了预习任务以三个问题引导学生深入阅读文本,然后在课堂上充分展开讨论,探究《促织》中诸多反常情节的合理性,既立足了文本,又尊重了学生的主体性,是能充分体现新课程理念的。在巧设"反常情节"这一任务,设计了"细读""归类""对照""演练"四项活动:(1)细读《促织》第七段,感知"反常情节"的设置;(2)依据对《促织》第七段的讨论,归纳"反常情节"的一般模式;(3)选择两则片段,以对照为抓手,让学生深入体会"反常情节"的魅力;(4)采用让学生续写结尾的形式进行演练。从"细读"到"演练"是一个循序渐进的过程,学生从具体感知到实际操作,教学目标得到了切实的落实,实现了飞跃。

　　整堂课从学生反映来看,这样的教学目标和课堂设计是有效的。学生参与面较广,课堂活动效果较明显,在"细读"和"对照"两项活动中,学生的发言水准较高,促成课堂教学的顺利推进。在"演练"活动中,学生积极活跃,出现了一些很有见地的结尾,说明学生对"因果逻辑"和"反常情节"有了较为深层的认识,并能合理运用,从而使课堂的教学目标得以达成。

　　此外,课堂总有缺憾。课后从学生反馈来看,课堂容量还是较大,时间有点局促,部分课堂讨论还不够充分,导致浅尝辄止,尤其在"演练"活动中,未能让更多的学生展示结尾。在今后的教学中,笔者建议:(1)充分借助预习任务,缩短"导入"和探究"因果逻辑"两个环节时间,可把探究"因果逻辑"环节的讨论直接改为"预习结果展示";(2)可以删去"演练"活动中"请你点评"这一块内容,把时间让给学生展示结尾,让学生充分讨论,以期待思维的火花。

小说面面观：小小说习作讲评

执教/浙江省余姚中学　丁雨萌

本课课件

【专题目标】

基于小小说习作，巩固上一专题中"因果逻辑"和"反常情节"这两个知识点，并思考优秀小小说借助这两点所达到的立意旨趣。

【预习任务】

分 AB 两组，就下列问题做好准备：

1. 哪几篇习作在因果设置上欠合理，该怎么改进？
2. 哪几篇习作在情节处理上比较突出或存在不足？
3. 你欣赏哪几篇习作的立意？

【教学实录】

任务一：我来秀一秀

师：同学们，经典的作品，大浪淘沙，经得起读者挑剔的眼光。课前同学推荐陆同学的《奇遇》、余同学的《寻家》为课堂讨论的习作，那我们先有请陆同学和余同学上台展示（播放 PPT 第 1—4 页，展示表 1 陆同学的《奇遇》"虚拟训练卡"和表 2 余同学的《寻家》"虚拟训练卡"）。

表1

名　称	故事的具体内容	方法
故事核心	姚城一家小吃店老板因收留流浪狗而名声大噪，成为网红店	
启动情节	在生意一直冷清的唐老板店前出现了一只瘸腿流浪狗，老唐抛给它一块肉，狗叼着肉跑了	

名　　称	故事的具体内容	方法
虚构展开（1）	此后,这只流浪狗常来,每次都叼着肉摇着尾巴离开,再后来,门口聚集了好多狗,黄的、白的、黑的……	
虚构展开（2）	太多的狗成了本就冷清的小店的负担,却引来不少人驻足	
高潮	一张"流浪群狗照"在网上突然走红,小店也因此生意渐好	
结局	原来妻子走后,唐老板一直孤居,而这只流浪狗很像前些年妻子留下的那只斑点狗	

表 2

名　　称	故事的具体内容	方法
故事核心	姚城"寻家"小吃店因小吃做出了"家的味道"而成名	
启动情节	开在校园旁边的一家小吃店,生意冷清,就像闹市中的一块静地	
虚构展开（1）	一个民工走进小吃店,留下了一张便签;一个女孩走进小吃店,也留下了一张便签;一个青年人……	
虚构展开（2）	他们说,这些便签会给他们带来一种"家的味道"	
高潮	此后,店门前就贴满便签,上面写着各种地名和人名,原来店主专为在外奔波劳累的人,制作各种家乡小吃	
结局	因家境贫寒,为节省在外地读大学的女儿往返的路费,抚慰女儿的思乡之情,店主就亲手制作家乡小吃寄给她	

师:两篇小小说写得温暖人心,又各有千秋。请同学说一说它们在因果逻辑和反常情节的设置上有哪些成功之处。

生:整体上来看,《寻家》这篇小小说的悬念感更强,有让人想要一探究竟的感觉。

师:如何营造这种强烈的悬念感? 主要是借助因果逻辑的展开,还是反常情节的推进?

生:我觉得主要是靠因果逻辑的展开实现的。

师:作者是怎么安排的?

生:大家留便签是为了尝到"家的味道",之所以能尝到"家的味道",是因为店主根据便签内容制作小吃;而店主为漂泊在外之人做家乡小吃,缘于女儿在外漂泊求学。

师:太棒了! 你读小小说的眼光非常敏锐。的确,《寻家》写了店主从为外地求学的女儿做家乡小吃,以解思念之情,到为所有异乡人做家乡美食的变化。在因果关系的层层剥开中,读者感受到店主的大爱与人与人之间的温情。至此,小小说的主题和情感也得以攀升和递进了。谁再来谈谈《奇遇》?

生:小说开始时,流浪狗的聚集给小店带来了严重的经济负担,但是流浪狗的聚集却又让小店的生意好起来了,情节上读起来波澜起伏,很有意思。

师:哦,你关注到了一个反转情节。其实作者在情节的设置上很有技巧,情节上不仅有反转,还有其他比如倍增和曲转,你能识别出来吗?

生:小店从收留了一只流浪狗到收留了一群流浪狗,这是情节的倍增扩大,但是小店因为流浪狗的聚集,负担更重了,这是一次曲转。

师:不错,讲得准确。我觉得你很有评论家的潜质,很多评论家是小说家的知己,看来你也是陆同学的知音啊。(学生笑)

师:陆同学,你的作品反响很热烈,现在以作者的眼光,能不能和大家分享些创作的心得?

生(陆同学):对比《寻家》,我写的《奇遇》更侧重情节的设置,把故事的因果关系置于结尾。所以大家读到最后会发现,老唐收留流浪狗其实是因妻子走后曾留下一只相似的斑点狗,这样,反常情节也在因果逻辑上顺理成章了。

师:嗯,对因果逻辑和反常情节的处理巧妙,思路也很清晰!

任务二:大家来找茬

师:同学们,创作优秀的小小说,技巧的运用很关键。但如果使用不当,不仅不能提升作品的艺术品格,反而会让读者疑虑丛生,阅读难以为继。(播放PPT第5页)课前,老师将同学们分成两组,A组梳理同学们习作中"因果逻辑"失调的案例,B组梳理"反常情节"设置的问题,现在请同学们谈一谈阅读习作中的发现。

师:A组谁争做子路,先来谈谈?

生:我想说说黄同学的《卖油翁外传》。这个故事中很奇怪的一点就是陈尧咨和卖油翁居然是父子关系,我读完后十分惊讶,根本没想到。所以我又重读了几遍,试着去找隐藏的线索,发现没有任何铺垫。

师:我赞同你的想法。小说看似在情节上有意料之外的突转,但是前期的铺垫不够,导致最后因果关系的揭示过于突兀,对吧?(生点头)

生:我的想法和他差不多。

师:果然英雄所见略同啊。我们都知道,"礼乐射御书数"是古代贤士的必备素养。不知咱们这位"英雄"(指学生)的射箭技术和单同学《卖油翁射箭》中的卖油翁比如何?(学生笑)

生(挠头):我应该比不上他,毕竟我没练过射箭,但是单同学的《卖油翁射箭》中卖油翁和陈尧咨比射箭居然赢了。(在座学生大笑)

师:看来卖油翁在射箭方面的确技术过硬,那么他是在哪里,又是什么时候习得这项技术的?卖油翁难道不卖油了?

生:不大清楚,好像没写。

师:哦!也就是说小说在前期没有做任何交代,对吗?(生点头)如此,我们就觉得卖油翁在和陈尧咨的比试中获胜,着实有些突然了。你觉着怎么改比较妥当?

生:嗯……有没有可能这个卖油翁以前打过仗,射箭技术本身还不错?

师:当然可以,赋予他多一重身份,更合理了。但我们故事的核心是"卖油翁",卖油翁酌油时手法娴熟,这同他的射箭技术又有何关联?

生:可能是年轻时练习打仗射箭的技艺,打下了基础,酌油和射箭手法类似,所以老翁的酌油技术也达到了上乘。

师(点头):有道理。还有没有其他可能？小小说的创作就是要穷尽所有的想象才好玩。

生:卖油翁有"秘笈"——射箭时他习惯把油抹在箭镞上,以减少射出的箭受到的风的阻力,所以能成功。

师:此处应该有掌声。(学生鼓掌)物理学得好,小说改得佳,可谓文理兼修。两种情节的设置,既合情又合理,达到了逻辑的完美自洽!

师:再来品读郑同学的处女作《迟来的网红店》。郑同学,从读者的角度重新审视自己的创作,有没有改进的空间?

生:现在看起来和前一篇有类似的问题。尤其是年轻母女对这位店主的帮助好像有些刻意了。

师:也就是缺乏行为动机,对吧。怎么完善一下合适?

生:可以再插叙一段文字,专门回忆老店主年轻时候做慈善,救济好多人,包括这对母女。只不过他不记得了。

师:不错,情节的处理更自然了,构成了因果呼应。陀斯妥耶夫斯基说,"作家最大的本领是善于删改。谁善于和有能力删除自己的东西,他就前程远大",也许你会是下一个陀思妥耶夫斯基,我们期待。

师:同学们,大家这个年纪,是最富有创造力和想象力的黄金时期,只要稍加雕琢,我们的作品就能成为一块经得起推敲的美玉。现在我们完全可以总结一下,因果逻辑失调的主要问题大致有刻意强加、主观臆想、缺少铺垫、生搬硬套。(播放PPT第6、7页)大家可以再次反观自己的习作,寻找问题。期待大家精心打磨后的成稿。

师:接下来是B组同学的时间,你们组派代表上台来谈谈?

生:我个人观感,就是觉得好几篇小说读起来很乏味,有流水账的感觉,缺乏想象力和悬念,也缺乏情节起伏。

师:总结你刚才指出的问题,就是情节波澜不惊,没味道。

师:其他人呢?

生:我觉得小小说其实就是讲故事嘛,谁的故事讲得好,谁就能抓住读者的心,小说就成功了。就像《百年孤独》,虽然他的人物很复杂,名字都很相近,但语言就很有张力,情节也让人意想不到。我读到的几篇同学的习作都挺不错的,但就是有点说教味,很催眠。好像在和你讲道理。

师:议论性的语言太多,说教味太浓了。看来大家阅读小说的经验很丰富!出乎我的意料。B组同学主要指出两点问题——一是情节扁平化,二是以说理代替讲故事,这都会削弱小说的可读性。(播放PPT第8页)

任务三:请你来评荐

师:(播放PPT第9页)小小说评论家刘海涛说,"微小说作者的立意在于建立了'因果关系'的情节链的'因'——通过寻找事件的原因,来让读者发现有震撼力的情节的'起因',寻找到或者说发现了'有震撼力情节'的起因,就等于找到了写作者在这篇作品中立意的'母体'"。小小说是"螺蛳壳里做道场",常通过在因果关系的情节中埋下起因来蕴藏作品的立意。现在我们一起来读一篇小小说,大家试着运用所学从因果关系、情节、立意等角度写一段不超过30字的点评。(播放PPT第10、11页)

诚　德

潘秀民

古老的姚江畔蜿蜒着一条古街,人们都爱上那里吃面食。

在街头的拐角处有一家小面馆,叫"诚德",老板姓李。生意一直不温不火,可是有一天,这家店竟像着了魔一样红火起来。

同街的店主们都眼红了。有说李老板撞了财神的,有说他得了盖世秘方的……最眼红的要数临街郝老板的店,店面装修一等一精致,人走进店门,仿佛踏入人间仙境,各种设施应有尽有,据说连厨子都是御厨传人。照理说,生意应该要好于"诚德",可是现实却给他打了脸。郝老板决定要一探究竟。

伙计去吃了碗面,回来摇摇头说,面筋劲道足,但味道无特别。

掌柜去吃了碗面,回来摇摇头说,调料常规,并无玄妙。

于是,郝老板实施了新的促销计划:所有菜品一律降价、加量。可好景不长,没过几日,顾客还是如往常一样,终究比"诚德"少。此时,坊间有传闻,说"诚德"暗地和郝老板较劲,使了什么歪门邪术,让郝老板交上霉运;甚至有人说,黄昏时常看见"诚德"伙计给一个陌生人送饭,神神秘秘,那人可能大有来头。

这次,郝老板亲自出门,要拆穿"诚德"的把戏。他做好了一切准备,还带了摄像师,决定记录下店里的一举一动。这时,店中铃声响起,从门外走进来几位衣衫褴褛的老人,只见顾客都纷纷自觉让座,几位老人挑了偏僻的位置坐下,店里伙计立马给他们上菜。

郝老板疑惑不解,后来,听伙计说"诚德"有个"爱心服务"——专门为子女外出打工或无依无靠的老人提供"爱心伙食"。一传十,十传百,顾客皆因"诚德"助人为乐而慕名前来。

再后来,姚城多了一家"老来乐"新餐馆,不知道店主是谁,有人看到郝老板常去,有人也看到"诚德"老板常去……

师:时间差不多了。谁先来谈谈?

生:我觉得这个标题很有指向性,乍一读似乎与《大学之道》有关系。

师:对,小小说的标题有讲究。标题是小说的眼睛,经典小说的标题基本有丰富的蕴藉或者强烈的象征意味。调动你的阅读体验,能再举几个例子吗,比如——

生:《变形记》,还有契诃夫的《变色龙》,《复活》也是。

师:阅读很广泛。那么这个标题——

生:诚德,就是诚心正德,既是店名,其实也是面馆之所以能"火"起来的原因。

师:哦!一语双关。"诚德",诚心正德,解读很独到。正因为面馆对社会上这些老人的真情关爱,才有越来越多的顾客慕名前来,这样的因果逻辑安排有一定的合理性。

师:这对小说主题的揭示有何帮助?

生:作者想通过这个故事鼓励人们传递爱心,关注到一些孤寡老人的生活困境。

师:没错,鲁迅曾说,小说必须是"为人生"的,这说明小说家关注到了社会上存在的某些问题,意图通过"讲故事"方式起到引领风尚的作用。

所以同学们,小小说虽然是虚构的文学作品,但要基于对现实的洞察和观照。还有同学来说说吗?

生:从小小说创作的技巧看,它在情节的设置上综合了各种情节模式。

师:说说看。

生:比如郝老板想要打探诚德面馆的店,先后派了伙计、掌柜前去"暗访",没有结果,只好自己亲自上阵,这属于情节的倍增。

师:有何好处?

生:能把悬念留到最后,吸引读者的阅读兴趣。

师:对,将悬念贯穿到底,层层铺垫,吊足读者的胃口。还能发现其他细节上的铺垫吗?

生(沉默,重读文本):就是他特意写吃饭的老人都是衣衫褴褛的,符合身份。

师:对了。有人说,"魔鬼藏于细节",这个细节写得尤其真实。你刚才谈到还有其他情节设置上的技巧。

生:还有情节的曲转。就是郝老板这个人物,本来他千方百计想要打探面馆红火的秘密,最后他竟然和李老板同开"老来乐",这是我没想到的,其实也有点反转的味道。

师:你的鉴赏力不一般啊。小说家写作的秘诀都被你层层剥开了。掌声送给你!(生齐鼓掌)还有谁愿意谈谈?

生:刚才同学说的那个情节,我觉得设置得不是很合理。

师:愿闻其详。

生:原来郝老板视对方为最强劲的竞争对手,为什么转头就合开餐馆了呢? 我觉得很矛盾啊,不符合这个人物个性。为实现意料之外的效果,牺牲了人物的合理性。

师:你很有批判性思维,敢于质疑!

生(举手):郝老板这个人物在品质上也没有表现出明显的缺陷吧。我觉得他和李老板更多的是生意场上的竞争,最后他们合开餐馆的行为恰恰表明他有高尚的一面。所以我觉得是能够接受的。而且小小说本身就篇幅有限,留白很重要,没必要过分详尽。

师:嗯,留白的艺术是高明小说家的必修课。恰到好处的留白是画龙点睛,包括这个故事讲到"老来乐"餐馆便戛然而止,言有尽而意无穷。

师:两方争鸣,各有说法。其他同学怎么看?

生:我觉得我们是不是先入为主了? 人是很复杂的,也许郝老板本身就是一位重义之人,至少可以看到作为餐馆经营者,不管是环境的装修,还是菜品的把控都很严格,这样的人,我觉得并不会唯利是图,也不会心胸狭隘。所以最后的情节也是情理之中;那如果郝老板本身看重盈利,那么后期的转变更凸显了"诚德"面馆对他的影响。

师:看来创作的魅力还在于阐释的各种可能性。

生:我看时也有同样的疑惑,但我觉得不至于构成人物的矛盾,毕竟我们对郝老板这个人物也没有完全了解,作者似乎也没有费心刻画他。但确实,如果能在前期埋个伏笔,情节推进上可以更自然,整体上或许也更完美。

生:我认为取决于作者创作这篇小小说的意图。如果是为了塑造典型形象的,那么人物个性的把握是关键,但像这篇,显然是想借此传播社会正能量,立意高于人物,既然无法面面俱到,人物的塑造只要实现基本的逻辑自洽就可以了。

师:真是精彩!同学们,阅读是有门槛的。一篇小小说诞生之后,解读权就移交到读者手中。优秀的读者能见常人所不能见者。老师很惊喜,见证到同学们思维碰撞的电光石火。

(播放 PPT 第 12 页)

师:这节课我们深度鉴赏了大家的小小说处女作,收获了启迪,丰富了经验,老师翘首以盼未来大家代表作的诞生!课后,请大家遍观班内伙伴作品,推荐本次活动的优秀习作,届时我们将集结成册,在校内隆重推出。(播放 PPT 第 13、14 页)好,下课,同学们再见!

【教学反思】

"大单元微专题"是落实新课程标准行之有效的教学模式,微专题教学能助推学生深化核心概念,提升关键能力,形成建构主义思维。结合本次教学,现将课堂大体情况交代如下:

1. 聚焦文本,提炼专题

实施微专题教学,如何使用教材选文值得考量。关注到本单元选材,依次是《祝福》《林教头风雪山神庙》《装在套子里的人》《促织》《变形记》,文言小说《促织》凡 1700 言,从体量上看,堪称小小说的典范,斟酌之下,笔者选定《促织》作为本专题,即小小说阅读教学的起点。

本单元属于"文学阅读与写作"任务群,鼓励学生拿起笔头,敢写、能写、善写。因此,微专题教学必须注重前后教学内容的勾连性和任务设计的层级性,"以读促写",实现读写一体化。本课紧承上课时《飞翔的翅膀:小小说的虚构与想象》,在培养学生对小说类文本阅读力和感知力的基础上,循序渐进,着眼其创新思维的激发和语言实践的训练。

2. 以"小"窥大,重识乾坤

教学内容,小说不"小"。小说教学素来是高中语文教学的重难点,有时或因选文体量过大,学生在课堂上无法读深学透。相较而言,小小说短小精悍,围绕小小说活动,便于课堂展开并拓展学生课余创作,既不存在阅读上的压力,又能培养学生的核心素养,在现实课堂中可操作性较强。

教学角度,着眼精微。本课以小小说创作中"因果逻辑"和"反常情节"两个知识点为抓手,焦点集中,据此拓展,达到"尺水兴波"的效果。

任务设计,"小子"舞台。本课三项任务依次为:"我来秀一秀",旨在展示;"大家来找茬",意在探究;"请你来评荐",落于评价。整体设计上,不忘学生,鼓励学生自由发挥,发扬其主体性,提高其创作自信,并在交流中强化小说阅读和创作技巧的运用。

3. 课堂引领,动态生成

语文课堂中的即时生成,是教师课堂推进的"障碍",也是学生思维的鲜活再现。本课教学推进至第二项任务,即B组同学对"反常情节"优劣的讨论,因课堂时间及容量的限制,难以开展更充分的深度研讨,导致课堂的现场生成内容过少,不利于调动学生思维,故有待调整。

此外,完成第三项任务时,个别学生对《诚德》这篇小说提出了不同于预设的新看法,这时教师应当善于抓住这些意料之外的契机,给予学生自由探讨的空间,稍加点拨,剥茧抽丝,达成目标。

第七单元

《红楼梦》朋友圈:梳理人物关系,感知人物形象

执教/绍兴市第一中学　谢澹

本课课件

【专题目标】

完成以《红楼梦》人物身份发朋友圈的活动,在活动中进入小说内部——通过筛选朋友圈"点赞"人物,梳理人物之间错综复杂的关系;通过朋友圈的转换性写作,聚焦人物性格特点,理解人物形象;通过朋友圈留言互动的创造性写作,勾画事件脉络,揣摩人物心理。

【预习任务】

1. 阅读整部《红楼梦》(人民文学出版社 2008 年版)。

2. 就前八十回的某个情节(除"宝玉挨打"和"抄检大观园"外,这两个情节留待课堂深入研讨),模拟小说中的人物,"发布"一条朋友圈。

(1)向老师报备朋友圈选题(包括人物、情节)。老师记录选题,当选题重复时,后报的学生更换选题。

(2)根据选定的人物与情节,设计朋友圈,并写明设计理由。要求:

①内容符合小说情节;②口吻符合人物性格;③鼓励创意,譬如可为人物取昵称、画头像,也可为朋友圈配图,不超过九张;④字迹清楚干净,尽量不要涂改。

【教学实录】

师:各位同学交上来的朋友圈作业我都看了,发现了很多问题,今天我们就来上一堂"如何发好'红楼'朋友圈"的课。(播放PPT第1页)

我们首先来看一位同学写的朋友圈——(播放PPT第2页)

贾雨村:哎!冯渊的案子真是让我断得头疼啊!不过总算是解决了,只能说那冯家的只是为了多拿些银子。现如今银子也给了她们,薛公子也就无碍,这案子只得这么胡

乱结了。

> 噫！我真是倒霉，刚上岗就遭此折腾。（第四回）

（生笑）

师：大家都笑了，你们觉得这个朋友圈写得怎么样？

生：我觉得他写得很通俗。（生笑）

师：你到底认为这样写是好呢，还是不好？

生：还好吧。

师：说得很委婉，是怕这个同学不高兴吗？（生笑）但我还是听出了你潜在的立场（生大笑），大家觉得呢？

生：我觉得最好还是不要这么通俗，因为贾雨村是文人，会写诗，如果能用诗句的话，会更符合他的形象。

师：说得有道理，不过这个对同学来说比较难，对吧？其实我们同学也用了一个文言感叹词（生笑：噫），为了和之前这个"哎"避重吧（生笑）。大家再看看，这个朋友圈有没有问题？

生：这是贾雨村发的朋友圈，他说自己"胡乱结了"这个案子，一般人在朋友圈都想展现自己正面的形象，他这么堂而皇之公开说……不太好吧。（生笑）

师：有道理。这么说，贾雨村大概是不想做这个官了。这个朋友圈选材于——（生：葫芦僧乱判葫芦案），贾雨村乱判的目的是什么？

生：讨好薛家、贾家。

师：是啊，你们看小说里，这事办得多隐晦啊，办完后，就把知情的门子给打发了，朋友圈相当于社交场合，这种事其实是不太适合发朋友圈的，如果一定要发朋友圈，也要用曲折的方法。这位同学在朋友互动区域，还设计了一个门子和贾雨村的互动，门子说，"贾大人，你为何要赶我走"，贾雨村说，"你知道得太多了"。（师生大笑）这个也是同样的问题，门子和雨村可不可以互动？当然也是可以的。这样互动可不可能？应该不可能，是吧？当然我觉得也许雨村是把门子"拉黑"了。（生笑）同学们要知道，朋友圈是一个公开场合，你们改写的时候要充分考虑到这个情境。

师：我们再来看一个同学写的朋友圈——（播放PPT第3页）

> 凤姐：可怜蓉哥儿的媳妇没了。受珍大哥哥之托，我协理宁国府，操办丧事。可惜红颜薄命！宁国府底下的人欠管理，成日偷鸡摸狗的，只能任她们损我"脸酸心硬"，好好立规矩了。出殡前的几日是真的忙。缮国公诰命亡故了，王夫人、邢夫人打祭送殡；西安郡王华诞，要送寿礼；镇国公诰命生了长子，得预备贺礼；我兄弟王仁连家眷回南，得写家信票叩父母，准备带往之物。又撞上迎春生病，每日请医用药。我连茶饭也没工夫吃。刚到了宁府，荣府的人跟到宁府；回到荣府了，宁府的人又找到荣府。我怕背后有人说我不好，日夜不眠，尽心尽力将事情安排妥当了。伴宿那晚，若不是受男儿教养，没有闺阁礼仪束缚，我也不能挥霍自如了。多谢各位给我这个机会！加油，继续努力。（第十四回）

师:这个朋友圈有没有什么问题?

生:我觉得还挺好的,就是最后"加油,继续努力"这个稍微有点出戏。

生:王夫人是凤姐的姑姑,邢夫人是凤姐的婆婆,凤姐发朋友圈,不可能叫她们王夫人和邢夫人。

生:凤姐应该不会在朋友圈公开说宁国府底下的人"成日偷鸡摸狗"。

生:凤姐是文盲,只会看不会写。(生大笑)

师:啊,我们同学忽然想起来凤姐文盲的事情,这倒是个问题,怎么解决呢?

生:发语音,通过语音转换。(生笑)

师:这个可以。

生:凤姐作为当家人,她的账号可以团队经营。(生笑)

师:这个也可以。技术的问题总是好解决的。我们来看内容,大家觉得这段话,熟不熟悉?(生沉思)你们知道这段话哪里来的吗?这大多简单改编自小说中的原文啊,我们同学可能觉得写朋友圈有什么难的,抄原文就可以。其实不是这样的,你看,小说里是叙述者的话,你用凤姐的口吻发朋友圈,就有各种问题,比如刚才同学说的称呼的问题、情境的问题等。朋友圈原则第二条——不能照抄原文,其实这还是要充分考虑情境的要求。

师:下面我们再来看一组同学改写的朋友圈的问题。(播放PPT第4页)

> 以袭人口吻发"枫露茶"和"包子"事件,评论区可以有晴雯和王夫人的互动吗?(第八回)
>
> 以贾芸口吻发"捡到手帕",可以有贾芸和小红的互动吗?(第二十六回)
>
> 黛玉发的朋友圈,北静王能看到吗?薛蟠能看到吗?第二十七回湘云发的朋友圈,北静王能看到吗?(第三十七回)
>
> 以宝玉口吻发与蒋玉菡结交的事件,评论区蒋玉菡能看到袭人对宝玉说的话吗?北静王能看到袭人对宝玉说的话吗?(第二十八回)
>
> 以贾政口吻发灯谜,竟然出现秦可卿回复!(第二十二回)

生:第一个不能。晴雯是丫鬟,王夫人是夫人,地位不同,她们不可能是朋友圈好友,何况王夫人要到抄检大观园的时候才认识晴雯。不符合故事情节。

生:第二个不能,封建社会男女授受不亲,贾芸和小红不可能互加好友。

生:第三个都不能,和刚才同学的理由一样。

师:黛玉和湘云是小姐,男女问题的要求更严。

生:第五个不能,蒋玉菡能看到的话,他必须既是袭人的好友,又是宝玉的好友,他不可能是袭人的好友,所以看不到。北静王也同样。

师:思路清晰,分析有理。

生:第六个(生大笑)不可能,秦可卿早就死了。

师:哈,"细思极恐"吧。(生笑)我们还是要尊重生活逻辑。这一组告诉我们,在写互动的时候,一定要熟悉情节,尤其是前后关系;同时我们要知道一点古代文化礼仪。

师:再来看一组。(播放PPT第5页)

"你凭什么说我送的花不好？有本事你送啊！信不信我把你头拧下来！"贾宝玉回复贾环可不可能这样说？（第三十七回）

以林黛玉口吻发吃醋心情,互动区宝玉道歉,林黛玉说,"过来说罢",贾母说,"宝玉,去吧",这可能吗？（第八回）

袭人会不会对宝玉说"别又和林姑娘出去玩了"这样的话？（第二十三回）袭人会不会对宝钗说,"哎呦,听到宝玉喊骂,不知道你发怔在想什么呢？是不是金玉良缘呐？"（第三十六回）

（生大笑）

生:第一个,宝玉说话没这么粗鲁。

师:这里的宝玉简直化身——(生笑:薛蟠)

生:第二个。(生大笑)黛玉不可能这么说,贾母也不可能这么说。太不矜持了。(生笑)

师:确实啊,尤其同学们注意到没？这是在互动区,我感觉要"官宣"了啊。(生笑)

生:第三个。袭人是这么谨慎的一个人,她的身份也是丫鬟,不可能说这样的话。

师:现在大家思路都很清楚了,为什么写的时候,就犯这样的错误呢？(生笑)好了,我们再总结一下,你的改写一定要符合人物特征,不是你写了宝玉的名字就是宝玉了,而是你写的话像宝玉,才是真的宝玉。

师:最后,我们来看几个特殊事件。(播放PPT第6页)

(1)贾环给宝玉泼灯油这样的事件怎么发朋友圈？（第二十五回）

(2)秦可卿之病之死（第十、十三回）、贾瑞之死（《风月宝鉴》口吻,第十二回）、秦钟之死（宝玉口吻,第十六回）,这些事件怎么发朋友圈？

(3)贾政对灯谜的不安怎么发？（第二十二回）

(4)平儿救贾琏怎么发？（第二十一回）

(5)宝玉在金钏生日会怎么发朋友圈？（第四十三回）

(6)"颂谎计"怎么发？（第五十四回）

(7)"紫鹃试忙玉"怎么发？（第五十七回）

(8)王熙凤吃醋,贾琏和平儿如何发朋友圈？（第四十四回）

(9)宝玉、凤姐"遇五鬼"怎么发？（第二十五回）

师:这是我们同学当时的选题,选的时候可能没有仔细想过朋友圈这个情境,今天再来看看,是不是会觉得有点困难？第一条,是贾环内心隐秘的心理,要怎么发呢？第二条,这几个人的死都不算太光彩,怎么写？第三条,贾政的不安带有预言性质,但适合公开吗？第四、五、七、八条都触及一些禁忌,要怎么发？第六条,观点性的情节怎么发？第九条,和科学不符的事件怎么发？这些请相关同学好好想一想,课后可以和同学讨论,或者来找我,确实不适合发的,我们可以替换成其他情节。

师:接下来,我们再来看一个同学写的朋友圈。(播放PPT第7页,展示图1)

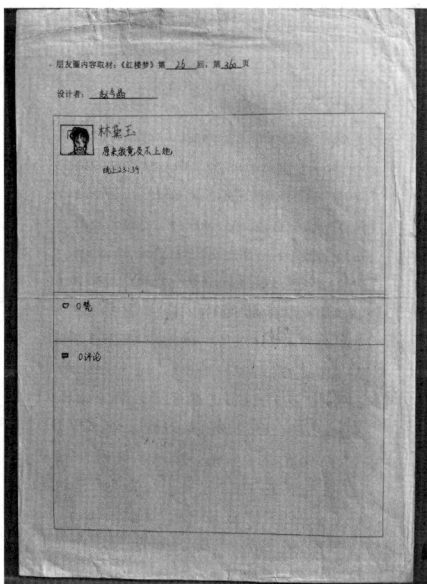

图1

这个同学是以林黛玉的口吻,取材于小说第二十六回,林黛玉被拒门外,宝玉和宝钗欢声笑语这一情节。这个朋友圈只有一句话,"原来我竟及不上他"。发布时间是"晚上23:39"。(生笑)这个朋友圈"0赞""0评论"。大家觉得怎样?

(生鼓掌)

师:大家也觉得写得好,是吧? 我也认为写得很好。我们来看看这位同学的设计理由——(继续播放PPT第7页)

在看到第二十六回中黛玉被宝玉误关门外这一情节时,我能猜想到像黛玉这样多愁善感、心细如发的女孩子,此时的内心一定是思绪万千,在脑中会把所有相关的、不相关的事统统联系到这件事上,会觉得原来自己在宝玉心中并没有那么重要,自己是多么可笑。午夜,万千思绪聚于内心,却又无人可诉说。书中提到黛玉回潇湘馆后,独自抱膝哭泣,直到二更多天才睡了,所以我设计了23点39分。深夜,没人会看到这条朋友圈,黛玉也不会让它久留,也许十几分钟,也许几小时,马上就会删了它。所以这条朋友圈干干净净,无人点赞,也无人评论。

师:大家看这个同学设计的朋友圈,第一,深入体会了人物的内心,第二,细致提取了小说的信息,确实不错。不过,我要补充一点,这里的"0赞""0评论",更合理的做法是黛玉主动屏蔽了其他人,而不是因为夜深无人见,因为这样的心理活动不合规、不合礼法,不能见光。当然,我认为,如果能开放给宝玉一个人看,效果也许更好。(生大笑)

好,今天的课我们就上到这里,课后,请同学们对照下面几条自检自己设计的朋友圈,进行修改。(播放PPT第8页)

(1) 所选人物与情节符合小说吗?

(2) 写作内容适合朋友圈发布吗?

(3) 改写后人物口吻符合人物性格吗?

(4) 如果设置了朋友圈发布的时间和地点,时空合理吗?

(5) 所列"点赞"人物会"点赞"吗? 有没有遗漏?

(6) 互动符合人物性格和情节吗? 还可以设计怎样的互动?

我们要把同学的朋友圈结集成册,所以书写要整洁。另外,向各位同学征集这个册子的封面设计。下课!

(以下是本次活动的一些成果展示)

(1) 封面设计

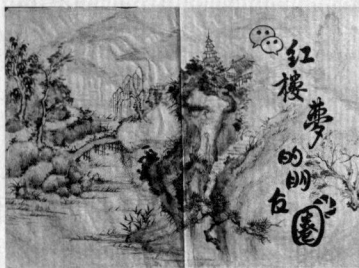

图2

(2) 朋友圈举例(扫左侧二维码,查看大图)

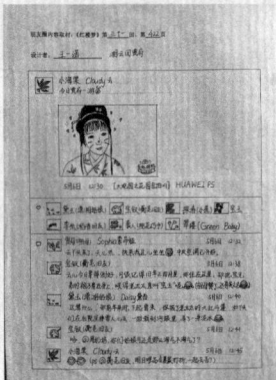

图3

图4

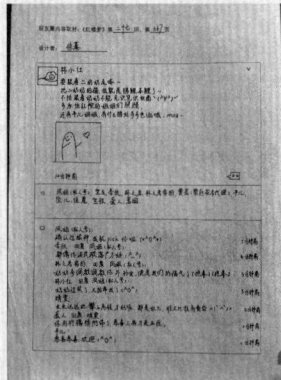

图5

林小红的设计理由

① 小红:小红是个伶俐人,朋友圈内容极言自己被凤姐选中的欣喜与幸运,即使怡

红院中的大丫头们多待她并不和气,依旧表示感谢;又向凤姐处的平儿示好,以搞好关系。其头像是一朵红云,"云"与"芸"同音,以表达心好贾芸之私心。

②点赞者:凤姐事务繁杂,故有私人号、工作号之分;贾芸是个伶俐之人,因工作关系加小红好友,故标注自己职务;李纨、袭人、宝钗等人素日和气待人,处处"点赞";而黛玉等人与小红素无交集,故不"点赞";坠儿、佳蕙、茗烟三人都曾与小红交谈,言语较为亲密;晴雯、绮霰一干人平日与小红不睦,此时心怀妒恨,更无"点赞"之心。

③留言互动:凤姐对小红颇为赏识,出言相赞;林之孝家的则"天聋地哑",朴厚和善,并无阿谀称颂之言,只是单纯称谢;晴雯向来心直口快,见小红得志便出言相讥;袭人向来贤德和气,忙出言相拦。之所以小红不屏蔽晴雯诸人,是她即将离开怡红院,不必居其人之下,说明自己去向,省得他人风言风语。小红伶俐,由此可见。另外,凤姐第一个留言,其他人都从其后,表现其威势与争先要强、爱夸耀张扬的性格。

【教学反思】

相对于四大名著中的其他三部来说,《红楼梦》有着非常鲜明的特质:它的人物几乎都是肉身凡胎,虽然贾宝玉与林黛玉有前生之缘,虽然警幻有太虚之幻境,虽然世外大荒山一直昭示另一种生活,但这多是为了给小说蒙上神话的外衣和强化宿命的结局。《红楼梦》没有变化多端的妖魔鬼怪,没有卓尔不群的英雄豪杰,没有刻骨铭心的"大事件",缺少动人心魄的"大场面",它所写的就是一个家庭折射出来的社会样貌,一群闺阁女子演绎的生离死别。一场场特色各具的宴会、一段段不乏机锋的对话、一个个可叹可惜的姑娘……这样的烟火人间构成了《红楼梦》的日常,而这种日常恰恰为朋友圈写作提供了现实土壤。

朋友圈写作活动相对于一般的课堂教学有以下几个优点:

第一,有助于引导学生在情节中看到细节。挑选朋友圈内容是发朋友圈的第一步,《红楼梦》中固然有很多让人耳熟能详的故事,像黛玉葬花、共读西厢、宝玉挨打、探春理家、香菱学诗、抄检大观园……但如果止于对情节的了解,就大大丧失了阅读的乐趣,也无法体会到《红楼梦》的魅力。而朋友圈写作是一个微观写作,"以小见大"是它的天然要求,要写好朋友圈必然需要深入情节背后,体会细节的动人之处。比如,黛玉葬花这一情节,无论是以宝玉口吻还是黛玉口吻发朋友圈,都必然涉及对葬花场景的描述、对葬花行为背后的意蕴探索以及葬花者内心情感的表达,这种沉浸式体验是问答式学习所缺乏的。

第二,有助于引导学生在故事中看到人物。我们通常的阅读习惯是关心情节是怎么样的,朋友圈写作却自然地让学生将目光集中在人物身上,细读故事、揣摩人物性格与心情,同时作为转换性写作,它还要求写作者回到故事现场,以当事人的眼睛和心情去历练一切——如果你选择的是林黛玉,那么你的口吻则必须是林黛玉式的。凤姐的口吻不适合她,因为凤姐太泼辣也太俗气了;湘云的口吻不适合她,因为湘云太豪放也太轻松了;宝钗的口吻不适合她,因为宝钗太温和也太玲珑了;晴雯,这个常常被视为黛玉影子的姑娘,她的口吻是否适合呢?竟然也不!因为她尽管"伶俐",尽管"掐尖要强",但她毕竟是一个丫鬟,而且素日"不使心"。因此,研究"什么样的语言才是林黛玉的",其实就是研究"林黛玉在这个场景里是怎样一个人",与人物贴得越近,写作就越容易成功。

第三,有助于引导学生从实处中勾连虚处。读小说,我们常常发现一个场景在场的人物其实有很多,小说家常拈出其中最为典型的人物加以描写,那么,其他在场人物在这一背景中,有何思何想呢? 作为一个朋友圈好友,在看了这个朋友圈之后,又有何思何想呢? 这些就需要学生在梳理人物关系的基础上,基于人物特点和情节发展做合理想象,补白画面。这时,朋友圈写作成为创造性写作,给予学生更多空间。

总之,朋友圈写作作为微观写作、转换性写作和创造性写作,是一个帮助学生在"文本"与"表达"之间架筑桥梁的任务,需要读懂文字才能声口相连;是一个在"我"与"他们"之间构建联通的任务,只有共心共情才能贴合人物;是一个在"故去"与"今天"之间打通阻碍的任务,理解过去,也观照当下。

《红楼梦》琅琊榜:鉴赏主要人物的形与神

执教/绍兴市第一中学　陈雪萍

本课课件

【专题目标】

重点阅读与贾宝玉、金陵十二钗有关的回目,通过细节鉴赏、两相对照、矛盾探究等方式,探究红楼人物"形"之异、"神"之殊,把握主要人物性格与内心世界的复杂性,并更好地理解小说的主旨意蕴。

【预习任务】

1. 选择性阅读:在通读整部《红楼梦》的基础上,重点阅读与贾宝玉、金陵十二钗有关的回目。

2. 名片制作:按十二钗人物(巧姐除外)设置 11 个小组,每组设计完成一张人物名片。名片设计要求如下:

(1) 名片要素:姓名、外貌特征、特长、主要经历(工作)、人物判词、性格特征、穿越至现代的职场身份,其他诸如人物花名签等可酌情添加;

(2) 分点概括性格特征,需有典型情节,最好是细节的印证,并标明回目出处;

(3) 现代职场身份至多写三个,需与《红楼梦》中相应人物的特长与个性匹配,最好简述理由;

(4) A4 纸单面,字数 200 字左右。鼓励创意,可配图画像,但须彰显原作人物形与神。

3. 问题探究:(1)林黛玉与薛宝钗哪个更有才华? 从诗才、口才、杂学三方面,梳理著作前八十回中相关内容,并讨论。(2)有人说贾宝玉属于中国古典小说中的"新新人类",你觉得这种说法有道理吗? 试从学业表现、对待女孩的态度、社会担当等角度梳理探讨,并标明回目出处。全班分成三组,每组梳理一个人物。

【教学实录】

任务一:绘群芳之谱

师:(播放 PPT 第 1、2 页)《红楼梦》人物众多,主要人物个个精彩。同学们在通读《红楼梦》整本书的基础上,已经重点阅读了与贾宝玉、金陵十二钗有关的回目内容。首先请同学们说说这些文字所描写的金陵十二钗人物分别是谁,并至少用一个形容词概括其形象特点。以"开火车"的方式,用"怎样的××"句式回答。(播放 PPT 第 3、4 页)

(1)腮凝新荔,鼻腻鹅脂,温柔沉默,观之可亲。

(2)鸭蛋脸面,俊眼修眉,顾盼神飞,文彩精华,见之忘俗。

(3)一双丹凤三角眼,两弯柳叶吊梢眉,身量苗条,体格风骚,粉面含春威不露,丹唇未启笑先闻。

(4)两弯似蹙非蹙罥烟眉,一双似泣非泣含露目,态生两靥之愁,娇袭一身之病。

(5)(   )意欲扑了来玩耍,遂向袖中取出扇子来,向草地下来扑。只见那一双蝴蝶忽起忽落,来来往往,穿花度柳,将欲过河去了。倒引的(   )蹑手蹑脚的,一直跟到池中滴翠亭上,香汗淋漓,娇喘细细。

(6)(   )卧于山石僻处一个石凳子上,业经香梦沉酣,四面芍药花飞了一身,满头脸衣襟上皆是红香散乱,手中的扇子在地下,也半被落花埋了,一群蜂蝶闹穰穰的围着他,又用鲛帕包了一包芍药花瓣枕着。

(7)我但凡是个男人,可以出得去,我必早走了,立一番事业,那时自有我一番道理。

(8)我听见你们大家赏月,又吹的好笛,我也出来玩赏这清池皓月。顺脚走到这里,忽听见你两个联诗,更觉清雅异常,故此听住了。

生:(1)是温柔的迎春。

生:(2)是精明的探春。

生:(3)是泼辣的凤姐,王熙凤。

生:(4)是多情多病的林黛玉。

生:(5)是活泼娇美的薛宝钗。

师:原文中有没有"薛"字? 这一回,回目叫什么?

生:没有,应该是"宝钗"。这一回应该叫"滴翠亭杨妃戏彩蝶",因为宝钗相对比较胖吧。

师:嗯,有所谓"环肥",所以黛玉就是——

生:"燕瘦"。

生:(6)是率真的湘云。

生:(7)是志向高远的探春。

生:(8)是清雅的妙玉。

师:同学们形容甚恰! 我们再来看看,这些文字主要从哪些角度描摹人物?

生:(1)—(4)是肖像和神态描写,(5)(6)主要是动作描写,(7)(8)用了语言描写。

师:不错。脂砚斋评"人人俱尽,个个活脱,吾不知作者胸中埋伏多少裙钗"。我们可以通过小说家描摹的人物特有之形,比如外貌、神态、动作、语言,来揣摩人物特有的个性神韵。(教师板书:人人俱尽,个个活脱;形,神)

师:我们分成十一个小组,完成了金陵十二钗除巧姐外的十一个人物的名片绘制,大家的作品已经在软板墙上集中展示。我们每个小组在名片制作中都特别关注了表现人物性格的一些细节。现在,请小组派代表分享这些发现。要求分享者说出回目,听的同学打开著作,进一步感知红楼人物的形与神。我们就按金陵十二钗的排列顺序进行。(播放 PPT 第5页)

生:我先来说说林黛玉。第四十五回"金兰契互剖金兰语,风雨夕闷制风雨词",蘅芜苑的婆子送来燕窝,黛玉的应对彬彬有礼。我印象特别深的是写黛玉"命人给他几百钱,打些酒吃,避避雨气"。后面迎春的丫鬟与柳家的发生矛盾时,又说"二位姑娘就是大肚子弥勒佛,也吃不了五百钱的去"。可见黛玉何等慷慨!

生:我们组对宝钗比较有争议,尤其是她对待黛玉的态度上。宝玉给黛玉起的字"颦颦",之后只有宝钗一直这么叫"颦儿"。但其实宝玉取字时她并不在场,可见是听说。能这么上心,可见她对黛玉一直是有真情的。

生:元春,我印象最深的就是哭的细节。第十七回至十八回元妃省亲中,元春"满眼垂泪""呜咽对泣"半日,才忍悲强笑,安慰贾母、王夫人,说着不禁又哽咽起来;见了宝玉,"一语未终",又是"泪如雨下"。简直比林黛玉眼泪还多。

师:为什么写这么多哭?

生:身不由己,元春称宫廷是"不得见人的去处"。她说宝玉"比先竟长了好些"可见入宫已有时日,又说"一会子我去了,又不知多早晚才来",权势富贵需要多少代价,元春可以说是个牺牲品。

生:那我也来说说探春的眼泪吧。第七十四回"抄检大观园",探春发了一番"百足之虫,死而不僵,必须先从家里自杀自灭起来,才能一败涂地"的议论,"说着,不觉流下泪来"。她对这个家族有着很深的情感,只恨无能为力,虽见证了那么多不堪,但还是存有温情,不然怎么会"不觉"就流泪?曹雪芹这一笔真的神了!

生:第三十六回"绣鸳鸯梦兆绛芸轩,识分定情悟梨香院"最后,家里人打发人来接的时候,"那史湘云只是眼泪汪汪的,见有他家人在跟前,又不敢十分委屈"。在"家人"面前,她比谁都听话。这是湘云的另一面。

师:如何理解湘云在姐妹们面前的率真孩子气?

生:在她们面前,她真正感觉有了家,因此流露真性情。其实她不是真的不谙世事。

生:史湘云,我还想说一个细节。

师:好。

生:第三十八回开诗社,螃蟹宴上,"史湘云陪着吃了一个,就下座来让人,又出至外头,令人盛两盘子与赵姨娘周姨娘送去"。后来"又命另摆一桌,拣了热螃蟹来,请袭人、紫鹃"等"一处共坐",还命婆子和小丫头等也都坐了,随意吃喝。她想得比谁都周到。宝钗都没想到的姨娘和丫头们,她却想到了,而且还"盛两盘子",可见螃蟹多;"拣了热螃蟹",可见湘云心细;"一处共坐",可见平等——史湘云是真正的人人平等啊!(众生鼓掌)

生:妙玉,我想讲她的"送人"。第四十一回"品茶栊翠庵",贾母已经出来要回去,妙玉"亦不甚留,送出山门,回身便将门闭了",真的是孤高自傲,不慕权贵。而在第七十六回"凹晶馆联诗",妙玉送黛玉湘云至门外,"看他们去远,方掩门进来",在自己觉得值得的人身上,妙玉是何等真情深情啊!我在想,如果她知道刘姥姥那么知恩图报,她也一定会对刘姥姥刮目相看的。(众生笑)

生:迎春真是一个寂寞的人。第三十八回众姐妹酝酿菊花诗,迎春"又独在花阴下拿着花针穿茉莉花","又"可见她被边缘化已是常态,但她也有自己的世界,自得其乐。

生:惜春在第七十四回抄检大观园的时候,下了死心赶走入画,一心想保全自己,这种冷漠真的挺恐怖的。但再想想,真的不能全怪她,与迎春、探春比,她的地位是最高的,却一直被边缘化。第四十回,刘姥姥拉着惜春说,"我的姑娘,你这么大年纪儿,又这么个好模样,还有这个能干,别是神仙托生的罢"。这真是对惜春才华的最高赞美了。

生:王熙凤大家实在太熟悉了。都说凤姐虚伪、见风使舵。凤姐就是凤姐,蛮横又爱面子。(众生笑)第四十四回"变生不测凤姐泼醋,喜出望外平儿理妆",凤姐要"房中无人"才向平儿道歉。当然,能道歉,说明她对平儿是真心尊重的。

生:平儿在第四十四回受委屈了,贾母找平儿,"原来平儿早被李纨拉入大观园去了"。能在平儿受委屈时主动去安慰,李纨的好心就不算是表面功夫,她不是一个死守教条的空壳。

生:李纨也不是"槁木死灰",第五十六回"敏探春兴利除宿弊,贤宝钗小惠全大体"谈到蘅芜苑和怡红院的出利息之物,李纨对香料花草的行情了如指掌。可见她原先理家有方,而且她也并没完全失去生活情趣吧。

生:第五回"游幻境指迷十二钗,饮仙醪曲演红楼梦",秦氏正在房外嘱咐小丫头们好生看着猫儿狗儿打架,忽闻宝玉在梦中唤他的小名,因纳闷道,"我的小名这里从没人知道……"富贵生活中,"极妥当""温柔平和""重孙媳中第一个得意之人"的秦可卿,也不过是一个得体的空壳罢了。

生:秦可卿虽然这么早就死了,但感觉她也是曹雪芹的一个托儿!(众生笑)第十三回"秦可卿死封龙禁尉",秦可卿离世前托梦给王熙凤时冷笑道"婶子好痴也",然后这一番话真真用心良苦,知其不可而为之,对贾家的现状和未来有最敏锐最清醒的认识。(有学生鼓掌)

师:同学们的分享非常精彩,超乎我的想象。一是真正细读作品,捕捉到了可能被一般读者忽略的细节,读出了人物的真心真性真情;一是善于运用前后勾连、纵横比较、联想想象,对人物形象的把握更丰富立体。还有,挖掘出了黛玉之外那么多"流泪","千红一哭,万艳同悲",真曹公知音啊!

任务二:辨钗黛之才

师:林妹妹、宝姐姐,我们读《红楼梦》往往喜欢把这对姐妹放在一起读。课前,两大组同学已从诗才、口才、杂学三方面,对前八十回中相关内容做了梳理,找到了一些印证材料。现在,我们把黛玉与宝钗这两位女主角的才华,两两对照,期待大家对人物的"形"与"神",有更多的发现。(播放PPT第6页)先请同学们做一道选择题。(播放PPT第7页)

在第二十五回,凤姐问大家觉得前日里派人送来的暹罗贡茶味道如何,每个人的回答皆不相同。下列选项中属于宝钗说的一项是( )。

A. 那是暹罗进贡来的。我尝着也没什么趣儿,还不如我每日吃的呢。

B. 味倒轻,只是颜色不大好些。

C. 我吃着好,不知你们的脾胃是怎样?

D. 论理可倒罢了,只是我说不大甚好,也不知别人尝着怎么样?

师:大家的答案主要集中在 B 和 C。先不急着翻书找答案。我们先回顾大家的梳理。诗才方面,两组同学的梳理如下。大家有什么发现?(播放 PPT 第 8 页)

诗才

林黛玉:替宝玉代作,被元妃评为四首之冠(第十八回);作《葬花吟》《秋窗风雨夕》《五美吟》等(第二十七、四十五、六十四回);菊花诗夺魁(第三十八回);芦雪广联诗(第五十回),凹晶馆联诗(第七十六回);教香菱学诗(第四十八回);鹦哥会念诗(第三十五回)……

薛宝钗:帮宝玉改诗,道"绿蜡"来历(第十七回至十八回);海棠诗社居首(第三十七回);咏螃蟹绝唱(第三十八回);诗论:只要头一件立意清新,自然措词就不俗了……(第三十七回)

生:都挺厉害的,都是能写满分作文的才女。(众笑)

生:他们都帮助宝玉写,还善于评论。不过黛玉更专业一点,还做了香菱的老师,香菱是高徒,黛玉绝对算名师了。

生:作诗写诗,是黛玉日常生活的一部分。黛玉的诗人气质,鹦鹉都被熏陶了。而且,她的诗歌更是真性情的自然流露,更带感伤气息,比如《葬花吟》《秋窗风雨夕》。

师:我们再来看看同学们对于两位才女的"口才"梳理。(播放 PPT 第 9 页)

口才

林黛玉:辞饭、让座(第三回);"天天有人来"之论,责备雪雁,旁敲宝玉(第八回);对宝钗敞开心扉(第四十五回);对仆人的言辞、旁人评价(多处)……

薛宝钗:为金钏事件安慰王夫人(第三十二回);劝湘云开社作东要瞻前顾后(第三十七回);劝黛玉不读《牡丹亭》等杂书(第四十二回);提醒岫烟注意装饰节俭(第五十七回);就尤柳事件劝母亲(第六十七回)……

生:都是大家闺秀,谈吐不俗,只是表现出的性格不一样。

师:具体说说哪里不一样。

生:黛玉小心翼翼,耍小心眼;宝钗则是大姐姐般懂事明理,说话思维缜密、富有理性,而且有很强的说服力,不得不服。

生:我之前举过例子了,黛玉的话语其实也很温暖体贴的。

师:我们来看一组黛玉说过的话,再评论。(播放PPT第10页)

请在括号中填上一个表情词,并读一读。

(1)黛玉(　　)回道:"舅母爱惜赐饭,原不应辞,只是还要过去拜见二舅舅,恐领了赐迟去不恭,异日再领,未为不可。望舅母容谅。"(第三回)

(2)黛玉(　　)道:"我就知道,别人不挑剩下的也不给我。"(第七回)

(3)黛玉一面接了,抱在怀中,(　　)道:"也亏你倒听他的话。我平日和你说的,全当耳旁风;怎么他说了你就依,比圣旨还快些!"(第八回)

(4)黛玉(　　)道:"我也知道你们忙。如今天又凉,夜又长,越发该会个夜局,痛赌两场。"……黛玉听说(　　)道:"难为你。误了你发财,冒雨送来。"(第四十五回)

师:括号里都填一个字——

生:笑。

师:我们请个女生读一读这些"笑语"。〔一女生读,读(2)(3)句的时候众生笑〕

师:(2)(3)句的"笑"与其他几句有什么不一样?

生:这两处应该是冷笑,笑里藏刀的那种,也不是刀,藏的是自卑,是醋意。(有生笑)

师:具体说说。

生:黛玉刚进贾府,深受贾母疼爱。她生性敏感自尊,容不得居于人下,但这个话恰恰暴露了她寄人篱下的自卑感。至于醋意,这一回回目就有"黛玉半含酸",明着数落雪雁很听紫娟的话,实际奚落宝玉听宝钗的话。而且,曹雪芹还要补一笔"宝钗素知黛玉是如此惯了的"。哦,为什么"如此惯了",还有一个重要的原因,就是她太在乎宝玉了。(有学生鼓掌)

师:那么后来有没有改变?

生:后来黛玉与宝玉关系稳定了,黛玉就好起来了,这种醋味没有了,黛玉更温和友善了。

师:黛玉的醋主要因宝钗而起,小说哪一回,黛玉和宝钗真正成了情投意合的知心姐妹?

生:第四十五回。"金兰契互剖金兰语,风雨夕闷制风雨词"。

师:什么叫"金兰契"?

生:注释里有。"金兰契"就是比喻情投意合的知心朋友。第四十二回中"兰言"就是知心话。

师:我们一起来看看第四十五回中姐妹的一些知心话。(播放PPT第11页)

金兰语

黛玉叹道:"你素日待人,固然是极好的,然我最是个多心的人,只当你心里藏奸。从前日你说看杂书不好,又劝我那些好话,竟大感激你。往日竟是我错了,实在误到如今。细细算来,我母亲去世的早,又无姊妹兄弟,我长了今年十五岁,竟没一个人像你前日的话教导我……"

宝钗笑道:"……你放心,我在这里一日,我与你消遣一日。你有什么委屈烦难,只管告诉我,我能解的,自然替你解一日。我虽有个哥哥,你也是知道的,只有个母亲比你略强些。咱们也算同病相怜。你也是个明白人,何必作'司马牛之叹'……"

师:请同学用一个字概括这两段话的情感,并说说理由。

生:真。黛玉真诚地剖析了自己,也表达了对宝钗由衷的肯定与感激。宝钗的话里,对黛玉的关心照顾是发自真心的,对自己没有好兄弟的感叹也是由衷的。

师:不错。《红楼梦》中的人物大多是"圆形人物",通过姐妹的口才,我们也可以看到她们性格的丰富性与发展性。宝钗恪守封建伦理规则,比较理性,但也真诚善良;黛玉天性敏感孤傲,但随着与宝玉关系的发展稳定,个性渐趋合群圆融。接下来我们还要看看大家对钗黛二人杂学的梳理。(播放 PPT 第 12 页)

杂学

林黛玉

戏曲:偶得《西厢记》,看完了书,只管出神,心内还默默记诵。又听得《牡丹亭》,想:"原来戏上也有好文章。可惜世人只知看戏,未必能领略这其中的趣味。"(第二十三回)

薛宝钗

医药学:劝阻宝玉喝冷酒(第八回);说出王夫人说不清的丸药名(第二十八回);评论黛玉药方(第四十五回);知晓市场药材真伪(第七十七回);

绘画:论山石树木、楼阁房舍、人物布局,列绘图所用材料,谈起稿步骤(第四十二回);

戏曲:向宝玉介绍《山门》《寄生草》等(第二十二回);遍读"西厢""琵琶""元人百种"(第四十二回)……

师:通过同学们的梳理,我们很清晰地发现,论杂学,宝钗远胜于黛玉。基于这个认知,再回到前面的那道选择题,你们觉得答案应该是什么?(播放 PPT 第 13 页)

生(齐声):B。

师:理由呢?

生:薛宝钗知识广博,对茶叶也有专业的评审眼光。

师:基于这种专业评审眼光,宝钗评价更客观、全面。当然,这个评价也能反映她个性中对"淡"的偏好吧。黛玉、宝钗,她们的花名签分别是什么?

生:"芙蓉"与"牡丹"。

师:为什么不可以互换一下?

生:"芙蓉泣露"很符合黛玉敏感、忧郁的气质,也与她的流泪匹配。"牡丹",花中之王,高贵大气,当然要配宝钗这样的大家闺秀。

师:美呈现不同的形态,不同的神韵。曹雪芹对形象的塑造,形神统一。(板书:统一)我们再想想,小说为什么要花那么多笔墨写钗黛的才华?

生:体现出她们非凡的出身与教养。

生:会让宝黛爱情更曲折,不吃醋,故事就不精彩。(生笑)

生:表现主题,越美,越有才华,悲剧就越悲。林黛玉越耍小性子其实就是越深情,即便后来不用吃醋了,但眼泪还是渐渐流干了。宝钗那么温柔隐忍克制,终究是孤独的、凄凉的。而且,那个判词里两个人就合在一块的,她们是"万艳同悲"的典型代表。

任务三：识宝玉之"新"

师：我们再来说贾宝玉。（播放PPT第14页）有人说他属于中国古典小说中的"新新人类"。探讨这个问题前，我们先想一想中国古典小说、戏剧中的公子一般有怎样的特征？

生：追求功名利禄。

生：追求花好月圆携得美人归。但透露出的绝对是封建的男尊女卑思想。

师：贾宝玉呢？第三组同学从学业表现、对待女孩、社会担当三个角度对贾宝玉形象做了梳理。先来看学业表现。（播放PPT第15页）大家有一致看法，贾宝玉只是不喜欢读应试取功名的书，但其实他聪颖博学。我们来讨论的是，为什么贾宝玉游园题撰压清客，而海棠诗社处末位？

学业表现：聪颖有才与不学无术

他人评价：冷子兴、贾雨村、北静王等人评价（第二、十五回）；《西江月》两首，王夫人说道，兴儿概述（第三、六十六回）……

人物言行：给黛玉取字，替袭人改名（第三回）；游园题撰压清客（第十七回）；《葬花吟》后"安在哉"之论（第二十八回）；写《姽婳词》《芙蓉女儿诔》（第七十八回）；应试中举（第一一九回）；海棠诗社处末位（第三十七回）；园中游卧逛荡无事忙（第三十六、三十七、七十回等）……

生：清客有意奉承，而李纨评判公允。

生：题撰就是在表现宝玉的聪颖和才华。说他"四顾一望，便机上心来"。严厉的贾政"点头微笑"是侧面烘托。高考作文都考了。海棠诗社，宝玉应该是故意装的，他喜欢居于姐妹之下，他特别关注黛玉，担心黛玉，体现对黛玉的体贴，一往情深。

师：你试着举个细节。

生：比如，当探春先交了稿子给迎春，宝钗也说想好了，宝玉就"背着手""踱来踱去""因向黛玉道""又向黛玉道"，对黛玉又是担心又是提醒，简直自己的都顾不得了。

师：我们再来看看"对待女孩"方面。大部分同学认同贾宝玉是闺阁良友，但部分同学认为他其实软弱又自私。我们试着从金钏被撵与龄官画字部分入手，进一步探讨。（播放PPT第16页）

对待女孩：真诚周到与软弱自私

行为：专情黛玉；善待姐妹丫鬟（如晴雯撕扇、龄官画字、安慰平儿、香菱换装）；爱不自主；金钏被撵时溜走；抄检大观园时无为……

言论：女儿是水做的骨肉（第二回借冷子兴口传出）；女儿未嫁是宝珠，老了是鱼眼睛（第五十九回借春燕之口传出）……

生：对龄官这样一个陌生女孩，宝玉又是担心，又是提醒，自己成了落汤鸡浑然不觉。对

女孩子有点痴。

生:龄官画字,宝玉仔细猜出是个"蔷"字,而且见她画来画去,一直是"蔷"字,宝玉真的看痴了,在这时,宝玉觉知女孩子的眼泪不是都为他而流的,他对黛玉的感情也更专一了。

师:真可谓纯情深情了。宝玉被评价为"情不情",就是说他以真情、温情、深情对待包括草木在内的无情物。那么金钏被撵事件中的宝玉又该怎么评价?

生:这里绝对要给"差评",宝玉太没有男子汉的担当了。(众笑)

师:能不能找个细节来作为你的理由?

生:刚刚说着什么"只守着你",见王夫人起来,却又"早一溜烟去了"。胆小鬼一个。

师:贾宝玉在《红楼梦》中出场时几岁?出家时几岁?从第二回冷子兴介绍中可知,宝玉出场时七八岁;从第二十五回一僧一道言语中可知,宝玉为13岁。有学者推知,小说第十八回至第五十三回宝玉为12岁;从五十三回至七十回,宝玉13岁;宝玉出家当为19岁。如果我们把宝玉还原成一个12岁的孩童,那么溜走是不是也就无可厚非?我们接着看宝玉的社会担当。(播放PPT第17页)

社会担当:拥有与缺少

他人评价:两首《西江月》——

无故寻愁觅恨,有时似傻如狂。纵然生得好皮囊,腹内原来草莽。潦倒不通世务,愚顽怕读文章。行为偏僻性乖张,那管世人诽谤!

富贵不知乐业,贫穷难耐凄凉。可怜辜负好韶光,于国于家无望。天下无能第一,古今不肖无双。寄言纨袴与膏粱:莫效此儿形状!(第三回)

自我评价:今风尘碌碌,一事无成……当此,则自欲将已往所赖天恩祖德,锦衣纨袴之时,饫甘餍肥之日,背父兄教育之恩,负师友规训之德,以至今日一技无成、半生潦倒之罪,编述一集,以告天下人……(第一回)

言论:凭他怎么后手不接,也短不了咱们两个人的(第六十二回);我能够和姊妹们过一日是一日,死了就完了。什么后事不后事(第七十一回)……

师:为什么把第一回内容写成"自我评价"?我们先回顾一下宝玉前世今生的身份。

生:宝玉前世是青埂峰下一块被弃的补天石,也是灌溉绛珠仙草的神瑛侍者。今生就是贾宝玉,贾府贵公子。

生:大观园里的富贵闲人绛洞花主。

师:因为前世今生的身份关联,所以我把第一回内容概括成自我评价。我们先请三个男同学来读一读这三组材料。(师纠正"饫甘餍肥"读音。生读完言论部分,众生笑)

师:从这些评价与言论看,宝玉有担当吗?

生:《西江月》中说"无能""不肖",没有才能,"于国于家无望";自我评价也是"一事无成""半生潦倒";从言论中更可以看到宝玉根本无心承担家族大业,也没什么忧患意识与远见。肯定属于没担当的人。

生:第一回这个自叙的口吻充满愧疚、自责、悔恨,可见当时真没担当。

师:有理有据,很有说服力。回到我们开始说的"新新人类",谁能来小结一下宝玉的"新"？

生：宝玉不喜欢读求取功名仕途的书，却喜欢诗词歌赋，并且表现出极好的天赋和才华。这个算一点"新"吧？

师：立足形象本身，说宝玉喜好不同于一般人，当然算。

生：宝玉的"新"在于对女孩子的平等相待，并且认为女孩子更高一筹。这一点与男尊女卑的传统观念是很不一样的。

生：我觉得宝玉是个无业游民（众生笑），至多是个无事忙。家族、家国担当是没有的，是一个纨绔子弟，只是情感比较丰富，比较善良罢了。所以，也不算新。

师：是的。宝玉的"新"，新在与仕途功名、正统价值观冲突，新在与男尊女卑的传统社会背景不符。当然，作为一个富贵公子，他不可避免地带有纨绔习气，他的叛逆是不彻底的。这种"冲突""不符""不彻底"也可以说是宝玉孤独宿命的注解，宝黛爱情悲剧的预示，贾府衰亡之音的预奏。

师：同学们，鉴赏《红楼梦》的人物，我们的三个任务聚焦金陵十二钗和贾宝玉，通过细节捕捉、两相对照、矛盾探究等方法，辨识人物之"形"——形貌、动作、神态、语言等，揣摩人物之"神"——性格、情感、思想等，也借此助力探究小说的主旨意蕴。后生可畏，我欣喜于同学们的细读与发现。读不尽红楼，品不尽红楼人物。近千个人物形象，每一个都独具个性，奇异生彩，成为不朽的艺术典型。相信同学们在后续阅读中会有更多发现与收获。（播放PPT第18页）

【教学反思】

部编版必修下教材第七单元为《红楼梦》整本书阅读单元，阅读指导第三点为"关注人物形象的塑造"，要求学生理清主要人物之间的关系，欣赏作者对人物形象的细腻描写，把握人物复杂的性格和丰富的内心世界，能更好地理解作品的内涵与主旨。在学习任务中也专门列出了"体会人物性格的多样性和复杂性"这一项以供教学参考。《红楼梦》近千个人物个个独具个性，课堂教学需要筛选聚焦到个别，首先考虑主要或较主要的人物。学生已基本完成通读《红楼梦》一遍并已梳理主要人物关系。因此，笔者把教学内容定在"鉴赏主要人物的形与神"。借"形"的发现，促成文本细读，让阅读印象更清晰、准确，也借机打开对"神"的探究之门，体会、把握人物复杂的性格和丰富的内心世界，让阅读真正成为阅读，而非隔着文本、文字的"贴标签"。

本教学将鉴赏人物范围缩小到金陵十二钗与贾宝玉，布置有针对性的阅读任务，给了学生充分的阅读准备时间，并对他们各项预习任务的进展情况予以关注。两节课设计"绘群芳之谱""辨钗黛之才""识宝玉之'新'"三个任务。第一个任务先要求学生由形识人，再分享名片制作中的细节发现；第二个任务让学生在两相比照中更深入体会钗黛的不同，体会她们性格与内心世界的丰富性与发展性；第三个任务以矛盾探究的方式，引导学生探究宝玉之"新"，进一步体会宝玉的内心世界，也由此助力学生理解小说主旨内蕴。

学生在预习中的梳理，使细节阅读有了一定的落实；学生在课堂中的发现足够让人惊喜。比如，发现元春、探春、史湘云的眼泪各有隐匿的悲伤，妙玉的两次送客显性情。学生真正地关注了细节，并且形成了比较自然的勾连或比较。这是阅读的方法，也是能力，值得肯定与提倡。

    当然,对于小组任务,如何让每个成员都充分地动起来,依然是一个问题。笔者在这个课堂活动结束后,以课前分享的方式,开启人人参与的"红楼琅琊榜"续集。经典阅读,永远在路上。

永恒的《红楼梦》:《红楼梦》主题的多元性探讨

执教/绍兴市第一中学　吴巍巍

本课课件

【专题目标】

赏析《红楼梦》女性人物形象、宝黛爱情、凤姐治家,探讨《红楼梦》丰富多元的主题。

【预习任务】

通读《红楼梦》并完成三个预习任务。

1. 群文联读。比较四大名著中女性人物在外貌特点、性格特点、价值地位、命运结局、评价态度等方面的差异。

2. 制作一本《宝黛爱情纪念册》。这是宝玉送给黛玉的生日礼物,请以宝玉对黛玉说的经典情话为主线进行设计。

3. 撰写一份《凤姐治家大事记》,需包括事件内容、衰亡悲音、衰亡原因三个部分。

【教学实录】

师:同学们,《红楼梦》的特殊价值在于它的说不尽和永恒性。这节课我们主要通过"进行一次群文联读""制作一本《宝黛爱情纪念册》""撰写一份《凤姐治家大事记》"三个任务来探讨《红楼梦》多元的主题。(播放 PPT 第 1 页)

师:今天我们的第一个学习任务就是通过对四大名著中女性人物的对比,研读探究《红楼梦》女性之"美"。

任务一:进行一次群文联读——四大名著之女性连连看

师:全班同学已经分成四个小组,分别研读四大名著中的女性形象。请同学们大声说出自己小组的组名。

生:齐天大圣(《西游记》小组)!(生笑)

生:梁山好汉(《水浒传》小组)!(生笑)

生:乱世英雄(《三国演义》小组)!(生笑)

生:十二金钗(《红楼梦》小组)!(生笑)

师:组名都很有个性。各小组成员已经在充分研读指定作品、分析其中有代表性的女性人物的基础上,完成了相应表格(见表1)。下面请各小组代表发言,呈现你们的阅读成效。首先有请齐天大圣小组。(播放PPT第2页)

表1

名著	代表人物	外貌特点	性格特点	价值地位	命运结局	评价态度

生:我们小组研讨的是《西游记》中女性人物的特点。我们选择的女性代表是观音、女儿国国王、白骨精。严格来说,只有女儿国国王能够真正称得上是女人和女性。在《西游记》中要找到一个正常的女性太难了,所以我们找了一个神的代表观音和一个妖的代表白骨精。《西游记》中的女性大多是超越凡人的,在屈指可数的凡人中,女儿国国王也非普通人,而是一个王者。(生笑)其外貌的特点我们总结为非凡美,性格特点是扁平、鲜明、超俗,价值地位是工具性、丧失人性,命运结局是永生、成王、死亡,评价态度是神化、异化、妖魔化。

师:齐天大圣小组火眼金睛,神、妖、王原形毕现。下面有请梁山好汉小组。(生鼓掌)

生:我们选择的《水浒传》中的女性代表是孙二娘、潘金莲、林娘子。外貌特点是驳杂美,性格特点是扁平、单一、鲜明,价值地位是工具性、男尊女卑,命运结局是死亡,评价态度是丑化、弱化、脸谱化。

师:这个小组的发言非常简练。我想采访一下梁山好汉小组,为什么选择了孙二娘、潘金莲、林娘子这三个人物作为《水浒传》的女性代表。

生:孙二娘、潘金莲、林娘子代表了《水浒传》中三种不同类型的女性人物。孙二娘是大胆泼辣的女将,潘金莲是心狠手辣的淫妇,林娘子是贤淑坚贞的妻子,她们分别是职业女性、另类妇女、家庭主妇的代表。(生鼓掌)

师:梁山好汉小组选取的女性人物极具代表性,在《水浒传》中存在感比较低,被边缘化。下面有请乱世英雄小组。(生鼓掌)

生:我们小组研讨的是《三国演义》中女性人物的特点。我们选择的女性代表是貂蝉、刘备夫人糜夫人、袁绍之妻刘夫人。《三国演义》讲述的是男人和天下的故事,女性人物数量很少。在外貌上呈现的是一种模式化的美,性格扁平单一,也很鲜明。在《三国演义》中女性呈现出工具人特征,是男性的附庸和牺牲品,缺少灵魂,地位卑微,其命运结局是消亡。作者罗贯中的态度是弱化女性地位和价值,将其模式化、工具化。

师:"东汉末年分三国,烽火连天不休,儿女情长,被乱世左右",《曹操》这首歌唱得好,在《三国演义》中重要的是阴谋、阳谋、明争、暗夺,女性是男性权利之争的筹码,是战场纷争之外的点缀。下面有请十二金钗小组代表压轴出场。(生鼓掌)

生:我们小组的研读任务是最轻松的也是最繁重的。轻松是因为《红楼梦》中的女性实在是太多了,触目皆是,繁重还是因为《红楼梦》中的女性实在是太多了,乱花渐欲迷人眼,想要有所取舍,太难了。经过我们小组成员的集体讨论,慎重考虑,我们最后选择的女性代表是林黛玉、史湘云、尤三姐。外貌特点是自然美,性格特点是美好、丰富、独特,价值地位是女清男浊、自由独立,命运结局是毁灭,评价态度是美化、丰富化、个性化。

师:《红楼梦》中的女性美得自然、丰富、独特。感谢各小组向我们分享了研读成果。通过群文联读,分类比较,同学们能不能说一说在《红楼梦》中女性美的内涵?

生:《红楼梦》肯定了女性之美,这种美是独立的,能够体现女性个体生命的价值,是有别于男性的。

生:《红楼梦》中的女性美是丰富的,表现为黛玉的才情、湘云的豪爽、尤三姐的刚烈。

生:《红楼梦》中的女性美最后走向消亡。黛玉吐血而亡,湘云夫死守寡,尤三姐挥剑自刎。

师:《红楼梦》为我们呈现了女性的青春之美,丰富深化了对女性美的内涵的认识。(播放PPT第3页)

《红楼梦》主题之女性"美"

(1)为美正名,肯定了女性之美。《红楼梦》冲破了前人设置的思想牢笼,颠覆了前人对女性身份地位的认识,赞美了自然、青春、纯真、诗意、智慧、坚毅、独立等女性应有的价值与美。

(2)各美其美,丰富了女性之美。黛玉的才情、宝钗的贤淑、湘云的豪爽、香菱的纯真、袭人的温婉、尤三姐的刚烈,红楼中的女性之美是一场青春的盛宴,可谓争奇斗艳,异彩纷呈,各美其美,美美与共。

(3)美之毁灭,深化了女性之美。"千红一哭,万艳同悲",悲的也是美的,因为这现实的黑暗和人生的悲剧也是真实的生活和生命,它激起了我们内心深处对美的敏锐的感受与体会,它让我们对诗意与远方有了更清醒的认识和更深切的希望。

任务二:制作一本《宝黛爱情纪念册》

师:宝黛爱情是《红楼梦》的主体故事和贯穿始终的主线。我们通过制作《宝黛爱情纪念册》这一任务,探究红楼爱情之"情"的主题。(播放PPT第4页)

师:生日宴会是《红楼梦》中贾府常有的娱乐活动,给人印象深刻的、正面描写的具体的生日聚会共有五次。同学们知道是哪五次吗?

生:王熙凤、贾母、贾宝玉。(生积极响应)

师:还有贾敬和宝钗。林黛玉的生日活动只在计划给薛宝钗过生日时被顺带提及。假设宝玉想给黛玉过一个特别的生日,送一份特别的生日礼物——《宝黛爱情纪念册》,我们来替宝玉设计一下。具体要求请看PPT。(播放PPT第5页)

《宝黛爱情纪念册》制作要求

要求:①以小说中宝玉对黛玉说的经典情话为主线设计。

②内容为情话加插画。情话需直接摘录原文,并标注出处与说情话时涉及的主要

背景、场景或情节。插画根据情话涉及的主要背景、场景或情节绘制。(也可以直接选取各版本《红楼梦》及参考资料中的插画)

③ 按照时间顺序绘制,所选情话应有角度,能体现宝黛爱情发展的层阶性。

④ 设计需符合人物性格,尊重原著。

⑤ 纪念册需有封面,封面需有标题,副标题为"宝黛爱情纪念册",主标题自己设计(如"我懂你心""为你而来")。

师:接下来我们进行成果展示。交流作品,并评选"黛玉最钟情的纪念册"。请同学们先看一下 PPT 上的评分细则。然后每个小组推选一位评委,评委不给自己小组打分。(播放 PPT 第 6 页,展示表2)

表2

小组编号	情话(20分)	插画(20分)	总体设计(10分)	宝玉契合度(20分)	黛玉契合度(20分)	爱情契合度(10分)	总分(100分)

生:老师,八个评委已经产生。(生踊跃)

师:接下来有请各小组组长进行一分钟拉票演讲。

生:(展示作品,如图1)我们小组选取了宝玉的经典情话,按照时间线索清晰呈现了宝黛从一见如故到情窦初开到心心相印的爱情发展变化过程。插画选用了八七版电视剧《红楼梦》中与情节相关的对应画面,用影像记录了宝黛爱情的精彩瞬间。手绘版的封面、手写版的封底寄语、线装书的设计、蓝色的精致吊坠都体现了我们的创作态度与创作理念。希望大家喜欢我们的作品。谢谢大家。(生鼓掌)

图1

生:(展示作品,如图2)同学们,我们的作品是将中国古典文学与绘本相结合碰撞出的绚丽火花。童话的爱与纯净,正如宝黛的爱恋不含杂质。拟物的形象设计,正是脱离了封建礼教的人性牢笼,奔向自由与爱的呼告。暖色调的背景,是黛玉人生中的一抹亮色。黛玉所追求的理想爱情,就是这样一个纯真明丽的世界,而宝玉"我懂你心",所以这份生日礼物黛玉一定会喜欢。谢谢大家。(生鼓掌)

图2

生:(展示作品,如图3)大家好,这是我们小组设计的宝黛爱情纪念册,名为《贺芳辰》。封面上"贺芳辰"这三个字的字体参考了宋徽宗的瘦金体,意指宝玉与之一样"无俗才"的特点。封面以水墨枯石为主,寓意海枯石烂,爱情永恒。内容上选取爱情名言,配图辅以水墨风格。我们挑选了共读西厢、黛玉葬花的经典情节,又加以园林式的取景视角,以合"大观园"的布局形貌,尾声处浓墨重彩的、绚丽的荷花即将走向枯萎,预示两人关系的悲剧结局。底色卡纸选取藏青,是仿古书常用的颜色,更显厚重,心意深切。愿诸位悉心赏之,爱而赞之,谢谢。(生鼓掌)

师:同学们的演讲和制作一样精彩。现在拉票环节和评分环节已经结束,我点评几句,这不影响最后的评选结果。这三个小组的作品各具特色,各美其美。从完整度上说,第一组胜出。第二组的亮点在于采用了儿童绘本的风格,从图画到文字全是两个同学自己手绘手写完成。问题在于选取情话、情境时,保留了第三人称"宝玉""黛玉",这与宝玉送给黛玉的生日礼物这个前提不符。第三组的国画风无疑给人惊喜。时光流转,这是一份穿越时空的爱情见证,是美丽的礼物。

师:通过制作与评点《宝黛爱情纪念册》,相信同学们对宝黛爱情有了更丰富深切的体会。你觉得宝黛爱情之"情"有怎样的内涵?

生:这种情显然是宝黛之间的爱情,它超越世俗的门第、功名、富贵等观念,在"情"的领域中互求知己,互求精神寄托,追求的是一种灵魂的契合。

生:这种情是宝玉的"情"。他的情是普泛的,是一种博爱。宝玉以情来认识世界,区别善恶,处理事件,审度人生。

图3

生:这种情是充满悲剧色彩的。宝黛这种至纯至洁的理想爱情与当时封建社会的伦理观念、社会秩序、社会习惯相对立。这是爱情的悲剧。

师:同学们把握得非常到位。我们来小结一下宝黛爱情之"情"的内涵。(播放 PPT 第7页)

红楼梦主题之宝黛爱"情"

① 爱情之"情"。这种情互求知己,互求精神寄托,是一种灵魂的契合。肯定"情"的价值,追求"情"的解放是曹雪芹的审美理想。

② 宝玉之"情"。宝玉是"情不情",而在各种情感中,他最为珍视的,是与林黛玉的恋爱之情。这种"情"也是对民主、平等、自由精神和人性解放的追求与肯定。

③ 悲剧之"情"。这是追求"情"与追求"利"两种不同价值观相冲突的悲剧,是封建统治阶级所不能容许的叛逆者的悲剧,更是作者关于"情"的审美理想在当时的社会条件下必然要被毁灭的悲剧。

任务三：撰写一份《凤姐治家大事记》

师："凤姐治家史"可以作为"宝黛爱情"主线之外而独立存在的另一条主线。王熙凤的治家活动，驱动荣宁二府内部主子群体与奴仆群体纵横交错的关系，关联贾府与朝廷、官府、寺观、村野等社会政治经济生活的多元层面。我们通过撰写《凤姐治家大事记》，探究《红楼梦》封建贵族家庭"衰"之主题。请同学们试着完成表3。（播放PPT第8页）

表3

事件	衰亡悲音	衰亡原因

师：凤姐治家有哪几件大事？涉及哪几个回目？

生：第十三回，王熙凤协理宁国府；第十五回，王凤姐弄权铁槛寺；第四十四回，变生不测凤姐泼醋；第五十三回，凤姐腊月力办年事；第七十二回，凤姐因病暗观其变。

师：从《凤姐治家大事记》，我们能听到贾府走向衰亡的悲音。请同学结合事件，进行具体分析。

生：从王熙凤协理宁国府事件，我们能看到贾府的奢侈靡费，月满则亏。从王凤姐弄权铁槛寺，我们看到王熙凤弄权谋私，也能看到贾府与官府官官相护、暗中勾结的丑恶社会现实。从变生不测凤姐泼醋，凤姐处理小家庭夫妻矛盾这一事件，我们看到贾琏的偷情成性，好色懦弱。

师：讲得很好，我们现在把机会留给下一个同学，凤姐治家大事还有哪些？

生：凤姐腊月力办年事，体现了贾府的财政收入主要来自田租、地租、朝廷恩赏、俸禄和灰色收入。即使如此，贾府也依然入不敷出。凤姐因病暗观其变，贾府明争暗斗，各种关系错综复杂。

师：凤姐治家透露出衰亡悲音，同学们能不能由此进一步分析一下贾府走向衰亡的根源。

生：贾府走向衰亡的原因是贾府生活奢侈靡费，贾府男性无才治家，贾府矛盾错综复杂。

生：我补充一点，还有一个社会原因，品爵、经济、礼教等封建制度的弊端。

师：在理清凤姐治家大事的基础上，我们可以来深入探究《红楼梦》封建贵族家庭"衰"之主题。（播放PPT第9页）

《红楼梦》主题之封建贵族家庭之"衰"

① 揭示时代衰亡之结局。以贾氏家族为代表的封建贵族世家因政治、经济、生活等多方面原因而致的从盛到衰的历史进程，揭示了封建礼教、封建制度的罪恶，预示了封建时代必将走向衰亡的历史结局。

② 兴起人生衰亡之哲思。贾府大厦倾塌，红楼姊妹飘零，理想世界幻灭，渗透着对有限生命、无常命运的忧患之情，引发人们对兴衰的此消彼长、命运的别无选择、人的存在行为的荒谬性的种种哲思。

师:同学们,我们通过三个任务探究了《红楼梦》丰富多元的主题。精彩的成果展示让我相信同学们真正走近了《红楼梦》,读懂了红楼女性的青春之美,读懂了宝黛爱情的真心真情,也读懂了贾府衰亡的悲音。而《红楼梦》永恒,一如我们阅读的河流深远悠长。下课!

【教学反思】

"体会红楼梦的主题"是部编版必修下教材中第七单元整本书阅读《红楼梦》中的一个微专题学习任务。丰富多元的主题、说不尽的《红楼梦》,需要一条比较长的阅读时间线,也需要一个有效的教学抓手。为此我设计了"进行一次群文联读——四大名著之女性连连看""制作一本《宝黛爱情纪念册》""撰写一份《凤姐治家大事记》"三个任务性活动。课堂实录只是三个成果的展示,更多的工夫与收获在课堂之外。这三个任务的设计初衷就是希望借此给学生一个深度阅读《红楼梦》的路径,是否走到目的地并不重要,最重要的是一路走来的繁花似锦,旁逸斜出。

三个任务的成果展示无疑让人欣喜。尤其是《宝黛爱情纪念册》自制线装书时的一针一线、用彩铅作画时的色彩调配、国画创作时的泼墨挥毫,让我相信同学们真正走近了《红楼梦》,读懂了宝黛爱情的真心真情,也尝试着用这永恒的"情"照亮自己的人生。

在《红楼梦》整本书阅读教学中,作为一个老师最需要的是给学生一盏灯照亮前行的路,而微专题教学、任务性活动就是其中的一道微光。

艺术大观园:《红楼梦》艺术性欣赏举隅

执教/绍兴市第一中学　陈忆宁

本课课件

【专题目标】

品读相关回目,从网状艺术结构和日常化描写两个角度一窥红楼"艺术大观园"。

【预习任务】

1. 通读前六回,整理其中出现的主要人物,将他们分入神话世界、大观园内的世界和大观园外的世界中,并思考三个世界之间的关系。

2. 精读第六回,编制情节发展的思维导图,探究这一回中主体情节与次要情节之间的组织形式和关系,思考这种形式对小说主旨呈现、人物塑造、情节发展等的作用。

3. 浏览第三回、第三十九至四十二回,重点筛选林黛玉进贾府、刘姥姥进大观园中体现的贾府规矩,分小组绘制"贾府用餐指南"。

【教学实录】

师:《红楼梦》是一部具有高度思想性和艺术性的文学作品,今天我们要走进红楼梦的"艺术大观园",来看一看红楼梦的结构艺术和描写艺术。(播放 PPT 第1、2页)

任务一:千丝万缕结尘网——欣赏网状艺术结构

师:(播放 PPT 第3页)中国古代长篇小说最常见的结构方式有两类。一是组合式,就是把在同一历史背景下的众多人物和事件,大体依照时间的推移组合成总体结构,比如——

生:《水浒传》。

生:《三国演义》。

师:很好。第二种是单线式,就是以一个或几个人物为中心线索,依照他们的活动次第展开情节,比如——

生:《西游记》。

师：四大名著中的三个都是按照常见的结构方式写作的。那《红楼梦》呢？鲁迅先生曾说，"自有《红楼梦》出来以后，传统的思想与写法都打破了"。今天我们的第一个学习任务就是要一起来探究曹雪芹的《红楼梦》在艺术构思上究竟较传统写法有何突破。（播放PPT第4页）

活动一：回目联读，纲举目张，初探《红楼梦》结构艺术

师：（继续播放PPT第4页）《红楼梦》第六回第三段开头写"按荣府中一宅人合算起来，人口虽不多，从上至下也有三四百丁；虽事不多，一天也有一二十件，竟如乱麻一般，并无个头绪可作纲领"，然后从一个"小小人家"开始讲起这整个故事，这好像在表明整个《红楼梦》的故事到这里才刚刚开始，那前面五回在讲什么？我们不妨把小说前六回连在一起看，就可以发现当中呈现了三个世界——神话世界、大观园内的世界和大观园外的世界。课前，同学们已经将前六回中出现的主要人物按类别划分好了。那接下来小组讨论，根据人物归属，分解前六回，找出小说三条主线及对应的三个开头。

生：神话世界由一僧一道构成，他们牵出了小说石头神话、木石前盟的一条线。

生：大观园内的世界主角是贾宝玉、林黛玉、薛宝钗，还有其他一众姐妹。他们构成了小说宝黛爱情一条线，对应的开头就是宝黛初见。

生：大观园外的世界讲述了贾府由盛转衰的过程。这个过程的见证者是刘姥姥，所以这条故事线的开头是刘姥姥进荣国府。

师：很好！按照同学们的梳理，我们从《红楼梦》里找出了三个世界、三条故事主线。（播放PPT第5页，展示图1）那这三个世界、几个故事、多个人物之间有怎样的相互关系？

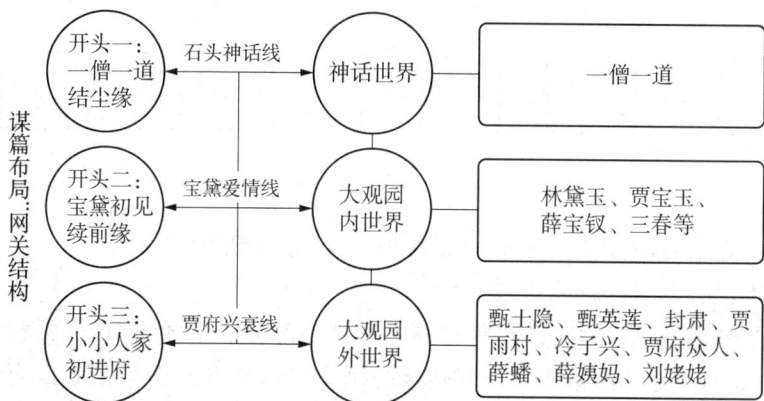

图1

生：在大观园外的世界里，甄士隐对贾雨村有知遇之恩，同时神话世界里的道人又来到了凡间，与甄士隐一家有了交集，最后还带走了落魄了的甄士隐。

师：嗯，你发现了神话世界和大观园外的世界是有交集的，串联起这两个世界的关键人物是一僧一道。还有吗？

生：神话世界是一个虚幻的世界，大观园内外的世界是相对现实的世界，一僧一道从虚幻的世界来到现实世界，由一块石头的神话勾连了宝黛爱情一条线，贾宝玉同时又是贾府盛衰故事里的重要人物。

师:好,你发现了神话世界里的石头跟宝黛爱情故事有关联,还找出了连接大观园内外两个世界的关键人物——贾宝玉。大家有没有注意到,刚才这位同学的回答还有一个很好的地方,他有自己的提炼,他说这三大世界有虚和实之分,神话世界是悬于现实世界之上的虚幻的世界,那么大观园内外的世界能不能也进行一下区分和提炼。大观园意味着什么?

生:大观园内的世界是一个纯净的、洋溢着青春活力的世界。大观园外的世界感觉更物质、纸醉金迷,有腐朽的味道。

师:说得很好,所以大观园可以说是众儿女的一个——

生:精神家园。

生:理想世界。

师:是的。一个是虚幻的神话世界,一个是理想家园,一个是充斥的权力、礼制的现实世界。对三个世界的关系,还有补充吗?

生:这三个世界里的故事不是独立的,故事里的这些人物也都在几个世界里穿梭。我就感觉几条故事线交错在一起,有前世今生,还有爱恨情仇。(众生笑)

师:是的,你的感觉是对的。整个小说,各种人物在各个世界中穿梭交织出丰富的情节、错综复杂的矛盾,就好像一张网一样。这就是《红楼梦》有别于其他古代小说的结构形式——网状艺术结构。

活动二:寻踪觅迹,抽丝剥茧,编织"《红楼梦》十字绣"

师:同学们,《红楼梦》的网状结构不仅体现在整体架构布局上,还体现在故事情节的发展中。请同学们再次快速浏览小说第六回,补出主体情节之外的旁枝内容。(播放PPT第6页,展示图2)

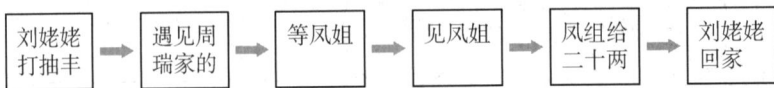

图2

师:我们一起来看,刘姥姥第一次来荣国府,是来干什么的?

生:打抽丰。

师:也就是来求富贵的远房亲戚施舍的。那这一部分的主体情节发展就是刘姥姥见到了凤姐——凤姐给了二十两银子——刘姥姥心满意足地离开。但大家有没有发现,曹雪芹没有让情节推进得那么顺利,而是让情节横生出了很多枝节,甚至加入了一些"阻力",延迟、放缓了情节的推进。大家快速浏览这一部分内容,找出这些横生的枝节,并说说为什么。

生:周瑞家的带着刘姥姥去见凤姐,但凤姐没有马上出现,刘姥姥在倒厅等,在等待的过程中,刘姥姥看到了贾府丫鬟,还被房间里的陈设震惊。

师:那你给我们念一念具体的描写,让我们也震惊一下。

生:写平儿"遍身绫罗,插金戴银,花容玉貌",以至于刘姥姥差点把她当成了凤姐儿。写了屋子"满屋中之物都耀眼争光的,使人头悬目眩",写刘姥姥不认识钟,被吓了一大跳。

师:确实,这凤姐的屋子够华贵的,那你看曹雪芹为什么要在这里安排刘姥姥等凤姐?

生:想透过刘姥姥的眼睛让我们感受到这个时候贾府的奢华,从一间居室、几个丫鬟身上就能看出来。

师:很好,这里延迟刘姥姥见到凤姐,让我们感受到了贾府的奢华,从物到仆人。还有吗?

生:刘姥姥见到凤姐之后,两人的对话进行得也不是非常顺利,不断有人进出问事,刘姥姥刚要开口要钱,贾蓉又来了。这些打岔的情节表明凤姐儿作为一家之主很忙,前面刘姥姥提到凤姐此时年纪也不大,从这里也可以看出凤姐能干。

生:贾蓉来借玻璃炕屏,和凤姐的对话让我感觉他俩关系不同寻常,好像在暗示什么。

师:你怎么会有这种感觉?

生:开头有对他的外貌描写,看得出贾蓉是个美男子,但是他跟王熙凤"嘻嘻的笑""眉开眼笑",又跟王熙凤撒娇,感觉有点油腻。(众生笑)

师:嗯。贾蓉油嘴滑舌,笑得猥琐,看来是个纨绔子弟。这是你看到的贾蓉的形象特点。贾蓉在小说中的正式亮相,给我们留下的印象不大好。当然,后面会更差。(众生笑)那你看,贾蓉和凤姐分别是什么辈分,什么关系?

生:凤姐的丈夫贾琏是贾蓉的叔叔,所以凤姐是贾蓉的婶婶。

师:两人的年纪呢?

生:贾蓉十七八岁,凤姐大概二十岁。

师:好,大家想一想,根据两人的年龄、辈分,谈话时候的表现和他们背后的家族,曹雪芹要借着贾蓉借屏风这件旁枝小事,说什么?

生:虽然两人年纪差不多,但在这个家族里凤姐是贾蓉的长辈,作为一个大家族应该要有最起码的礼数,这是乡土中国啊,长幼有序,男女有别,但在他们身上看不到这种礼节。可能曹雪芹想借着两人的对话让我们感受到这个大家族一个阴暗的、正在坍塌的角落。

师:说得很好,"一叶知秋"啊!借着这横生的枝叶,我们初次感受到了贾蓉并不是一个恪守叔侄之礼的君子,后面的情节里我们能慢慢看到他的颓废与堕落,而他的堕落正是整个贾府悲剧的缩影和必然。(继续播放PPT第6页,展示图3)

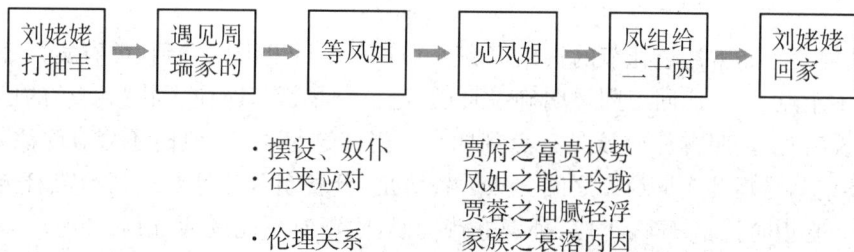

| 刘姥姥打抽丰 | → | 遇见周瑞家的 | → | 等凤姐 | → | 见凤姐 | → | 凤组给二十两 | → | 刘姥姥回家 |

· 摆设、奴仆　　　贾府之富贵权势
· 往来应对　　　　凤姐之能干玲珑
　　　　　　　　　贾蓉之油腻轻浮
· 伦理关系　　　　家族之衰落内因

图3

师:有没有同学能帮我们总结一下这些旁枝存在的意义?

生:通过旁枝,我们见识到了贾府的富贵,也看到了凤姐、贾蓉的性格形象,还有贾府内部的隐秘角落。

生:这些旁枝让故事更真实,就像是日常生活中发生的一样。

师:两位同学说得都很到位,这些旁枝看似不经意发生,其实全是曹雪芹精心设计,人物形象、人物关系,甚至家族兴衰都藏在里面。这样主次交错的情节在小说中有很多,大家在阅读的时候可以留意,并做些停留和思考,这就是曹雪芹的"织网"艺术。

任务二:"食"尽人间烟火气——欣赏日常化描写

师:(播放 PPT 第 7 页)刚刚同学提到了小说写得很真实,的确,《红楼梦》写的都是"家庭闺阁琐事",是贵族家庭的日常生活。而这当中,最日常的活动就要数吃饭了。据统计,《红楼梦》前八十回的叙事中,有 54 回描写了包括宴会在内的吃饭活动,其中宴会描写共计 36 处,分布在 23 回中;正式宴会之外的日常吃饭描写共计 70 处,分布在 40 回中。(播放 PPT 第 8 页)

活动一:拟一份指南——"食"中有"大礼"

师:在课前,我们已经为初入贾府的林黛玉绘制了一份"贾府用餐指南"。(播放 PPT 第 9 页)接下来,我请一组同学来介绍一下他们的设计。(播放 PPT 第 10 页,展示图 4)

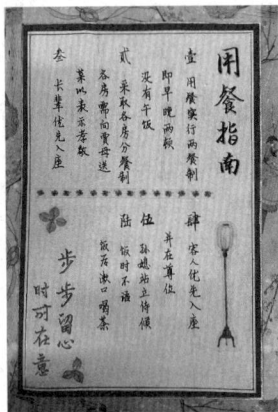

图4

生:贾府是个非常注重礼节的贵族家庭。从多个回目里可以看到,贾府实行"两餐制",早餐是上午十点,第十四回王熙凤明确说自己"巳正吃早饭",对应古礼"朝食"的巳时,晚餐具体时间没有写,按照古礼应该是三点到四点。当然这是主食,他们还会有吃酒娱乐的时间,比如宴请刘姥姥是在早晚餐之间。然后各房是"分餐制",并且要送菜给贾府至尊贾母,以示敬意。吃饭时长辈、宾客上座,孙媳立侍伺候,吃饭时不能说话,饭后还有一系列流程,先漱口再喝茶,这在林黛玉进贾府的情节里可以看出来,规矩很多。贾府的饭菜精致,吃饭的用具也很精美,在宴请刘姥姥的情节里极致地显出了贾府的富贵奢华。

师:整理得很详细,还专门去查了资料,很好。还留意到了他们吃的餐具,具体用的是什么?

生:乌木三镶银箸、乌银洋錾自斟壶。

师:什么样见过吗?是我们都没听过见过的,不过都是用"银"做的。为什么?

生:试毒?

师：自己家里吃饭还要试毒？

生：哦！人心险恶，大家族关系复杂，各自心怀鬼胎，互相提防。

师：所以你看，他们注重的"礼"只是形式上的，而心理上或者行为上——

生：不守礼。

师：比如？

生：前面讲的王熙凤和贾蓉，不过这个比较隐晦。后面贾瑞是比较猖狂的。还有秦可卿和贾珍等，红楼梦里很多这种混乱关系。

师：是啊，大家能做足表面功夫，能守住看得见的"礼"，但守不住心里的魔。一个大家族光鲜的外表下是逐渐被蛀空的心。这就应了探春说过的一句俗语——

生："百足之虫，死而不僵。"她说外头是杀不死的，都是先从家里自杀自灭的。大概是这个意思。

师：对的，你读得很熟了。大家看，从一个吃饭礼节里，我们看到了贾府的富贵荣华、礼制森严、人心戒备，它有它的殷实与虚空。

活动二：看两次"吃饭"——"食"中探"乾坤"

师：那接下来我们一起来看两处具体吃饭的情节。（播放 PPT 第 11 页）

那时赵姨娘已去，三人在板床上吃饭。宝钗面南，探春面西，李纨面东。众媳妇皆在廊下静候，里头只有他们紧跟常侍的丫鬟伺候，别人一概不敢擅入。

……

里面鸦雀无声，并不闻碗箸之声。一时只见一个丫鬟将帘栊高揭，又有两个将桌抬出。茶房内早有三个丫头捧着三沐盆水，见饭桌已出，三人便进去了。一回又捧出沐盆并漱盂来，方有待书、素云、莺儿三个，每人用茶盘捧了三盖碗茶进去。（《第五十五回》）

师：第五十五回写到探春、宝钗等人在议事厅吃饭的情形。品读这一回，联系前因后果，你从这一次"看不见""听不见"的吃饭中"看"到了什么？

生：这里不写里面人在吃饭时的样子，而是写房间外丫鬟们的反应，"早有"丫头捧着水，"又捧出"沐盆和漱盂，把饭后的种种礼节写出来，让我感受到这群丫鬟这时候大气都不敢出。

师：你从这丫鬟们一系列的动作里感受到了一种紧张压迫，她们为什么这样？

生：被探春吓的。

师：在这之前她们那么害怕探春吗？

生：之前不怕，看探春不过是个庶出，长得又温和，不由得就不拿她当回事，有意刁难。等到她爆发了，觉得不好惹了，又换了副嘴脸。

师：探春好歹也是贾府的小姐，那你们看，这是群怎样的丫鬟媳妇啊！

生：她们看人下菜碟，欺软怕硬，很有心机。

师：这就是豪门生活啊。（众生笑）规矩多也就算了，底下的下人还那么难处。用曹雪芹的评价，这帮仆妇向来"蓄险心""欺幼主"。仆人尚且如此，更何况里面的主子了。前面我们借着刘姥姥的眼睛看到了贾府仆人的富贵，这里我们又借着这餐饭看到了仆人们狡猾的嘴脸。这是曹雪芹一贯的写作手法,欲写贾府之大荣枯,先写甄士隐之小荣枯,欲写贾府之权势豪奢,先写其下人之豪奢权势嘴脸。

师:还有吗?

(无人回答)

师:刚才大家是从房间外众人的反应态度来看的,那屋内人呢?

生:写里面"鸦雀无声""并不闻碗箸之声",这时候探春还在生气,应该是都吃不下饭。探春虽然看起来温和柔弱,但是被激怒,爆发起来还是很有性格脾气的。

师:具体说说你从这回里看到了探春是个怎样的人。

生:前面跟吴新登家的交锋时候,她丝毫不被狡猾的婆子牵着鼻子走,不断反问,不落下风,很精明能干,后来跟赵姨娘的对骂里能看出她很有原则,不徇私。

师:大家还记得探春的判词吗?

生:才自精明志自高。

师:她有她的骄傲,也有她的委屈,庶出、女儿身都不是她能选择的。所以当她被奴仆刁难,被赵姨娘辱骂时,她又有很多的委屈和眼泪。这些都藏在这顿寂然无声的饭里。

师:我们再来看第七十五回的一处吃饭。细细品味这一次"吃饭",揣摩人物语言心理,说说有何深意?(播放PPT第12页)

> 贾母因问:"都是些什么?上几次我就吩咐,如今可以把这些蠲了罢,你们还不听。如今比不得在先辐辏的时光了。"……因见伺候添饭的人手内捧着一碗下人的米饭,尤氏吃的仍是白粳米饭,贾母问道:"你怎么昏了,盛这个饭来给你奶奶?"那人道:"老太太的饭完了。今日添了一位姑娘,所以短了些。"(《第七十五回》)

生:看这里吃饭的氛围,还有贾母的话,"如今比不得在先辐辏的时光",有一种冷清、凄凉的感觉。

师:是的,这是抄检大观园后,贾母留尤氏在自己房中吃饭。抄检大观园这个情节在《红楼梦》里是浓墨重彩的一笔,至此之后,贾府的衰迹尽显。

生:鸳鸯说,"如今都是可着头做帽子了,要一点儿富馀也不能的",还有给尤氏吃的是不好的米饭,贾府这时候已经没有之前那么富足了。

师:我们刚才讲了用餐之道,待客之礼,这是贾府看重恪守的。但看看现在,贾母的这句责备的问话,这时候已经到了连形式上的礼节都难以维系了。物资匮乏啊!

生:这里下人的一句话有双关,"老太太的饭完了",也在暗示贾府的匮乏,好像在咒贾母要死了。

师:是的,这句话听着不怎么吉利,这时候贾母确实离寿终不远了,所以下人的这句话就带有"谶语"的性质了。我们通过这几处日常的吃饭描写看到了贵族生活的横截面,也读出了小说中不同的人物形象和命运,还感受到了大家族的矛盾纠葛,小说文本内容形成前后对照和呼应,也使得小说情节的发展具有某种命定的神秘色彩,这其实就是日常化描写中的"草蛇灰线,伏脉千里"。

师:今天,我们走进《红楼梦》的艺术大观园,一窥其网状艺术结构和日常化的描写。但这只是大观园内的一隅,这部"艺术的绝大著作"当中还有"特犯不犯"的叙事笔法、"草蛇灰线、伏脉千里"的写作手法、"正邪两赋、善恶相兼"的人物塑造方式等。这些留给大家课后继续探索与发现。课后,请大家选择一种艺术特色,再入文本展开自主探究,完成一份500字以上的探究报告。(播放PPT第13页)

【教学反思】

《红楼梦》被誉为"艺术的绝大著作",其中蕴含了众多艺术特色,要在有限的专题时间内带学生入门,必须做取舍与思考。我从中选取了网状结构艺术和日常化的描写艺术来进行教学是基于有用和有趣两个维度。

有用——网状结构艺术是其区别于很多中国古代小说的地方,三个世界的交叠交织便于呈现小说丰富深刻的主旨,也令主旨的表达更具层次感。学生把握了小说网状结构就能对小说有一个整体宏观的认识,对进入文本、解读文本、探究主题大有裨益。

有趣——《红楼梦》有大量日常化的描写是众多初读者对小说的第一印象,有些读者甚至会因此产生对小说"怎么整天都是在吃饭聊天""那么点事都要写出来""太琐碎了吧"的误解。而要消弭这些误解,需要读者真正静下心来品读这些寻常小事,寻味小事背后的用心。"吃饭"这事小且有趣,我们恰恰可以借此来引起学生兴趣,并从中发现作者的匠心。

本课采用任务活动的形式带领学生在做中思、做中学。了解结构艺术需要严谨的逻辑思维,于是我布置了为人物分类和绘制思维导图的预习任务;要发现日常吃饭中的"乾坤",就从绘制"贾府用餐指南"开始,再层层深入,看到"规矩"中包藏的人心善恶,以及体味"规矩"破立中蕴含的家族兴衰。

在第一次试教时,我设计的任务是让学生对前六回中出现的人物进行分类并让他们自主划分出几个世界,由此出现了多种分法,本身这一命题也没有统一答案,于是在这一环节消耗了很多时间且没有结果,于是第二次教学时我更换了预习任务,直接明确三个世界,让学生从三个世界中找出三条故事主线,由此明确小说的网状结构。在探究情节发展的网状结构时,学生的分析能力不错,能较为流利清晰地表达出旁枝的意义。不过我也发现了仍有部分学生不会区分主次情节,同时教授这个内容时需要注意主次情节的划定和明确,这也反映了学生在小说阅读中的短板和问题。在日常化描写的活动环节,学生的兴趣明显提高,制作的"贾府用餐指南"也很精美——找准学生的乐趣所在以此激发他们的阅读兴趣,以"画"促读,这个方法屡试不爽。不过限于时间,品读相关"吃饭"回目发现"食"中之味,展开得还不够深入,很多有意思的回目,如螃蟹宴等没能一一呈现并分析,其他老师在进行这个活动时也可以替换相关回目,做一丰富与精进。

小说风向标:《红楼梦》回目欣赏

执教/绍兴市高级中学　袁来

本课课件

【专题目标】

围绕风向标,聚焦回目对于小说发展的引领和暗示作用。精读《红楼梦》第十六回,认识回目概括重要事件的特点、回目对仗结构对矛盾冲突和主题揭示的作用、一字评对人物塑造与小说发展的影响,从而掌握通过欣赏回目阅读小说的基本方法。

【预习任务】

1. 浏览《红楼梦》回目,归纳回目特点。

2. 阅读小说第十六回,梳理这一回的主要事件,思考这些事件对整部小说的影响。

3. 回目中,在人物名字前加一个字的评价被称为"一字评",如"贤袭人"。在目录中找一找回目中的一字评,并思考这些评价的作用。

【教学实录】

师:(播放 PPT 第 1 页)我们评论《红楼梦》时,经常会引用鲁迅先生的这番话,一部《红楼梦》"经学家看见《易》,道学家看见淫,才子看见缠绵,革命家看见排满,流言家看见宫闱秘事",不同读者通过自己的阅读,都读出了自己的《红楼梦》。作者自己也说,"满纸荒唐言,一把辛酸泪。都云作者痴,谁解其中味?"面对如此皇皇巨著,我们不免感叹,一入红楼深似海,曲终犹恐在梦中。那么,有什么东西可以提示小说的发展方向,引领我们走向深处,为我们的阅读提供便利吗? 当我们翻开一部小说,我们首先可以看点什么? 今天,我们就一起探讨一下"小说风向标:欣赏《红楼梦》的回目"。

任务一:概括事件藏玄机

师:(播放 PPT 第 2 页)我们一起浏览一下《红楼梦》的回目,归纳回目的特点,可以从内容和形式两个角度进行概括。

生：这些回目从内容上概括了事件，一般采用主谓结构，谁干什么或怎么样；形式上分为上下句，是对仗的。

师：这样的回目拟定不仅很有美感，而且颇有深意，我们一起来领略一下。我们先找一找作者概括事件时的特点，以小说第十六回为例，先请同学们梳理出第十六回写到的主要事件。

生：第十六回有贾政庆生、元春晋妃、黛玉回转、琏凤闲话、凤姐放账、嬷嬷讨情、蓉蔷营弊、开建省园、秦钟病逝等情节。

师：这么多事件为什么独独选"元春晋妃"和"秦钟夭逝"做回目呢？

生：因为它们重要。

师：怎么重要？

生：篇幅长，并且出现在这一回的首尾位置，能够概括回目。

师：元春晋妃篇幅长吗？还是通过赖大之口侧面得知的呢。我们可否从整本书的视域来观照？

生：对整本书而言，这两个情节是小说发展的关键节点，其中元春关系着贾家的盛衰，至于秦钟的重要性不是很明白。

师：确实，在一回中交代这么多事情，可见作者的技巧高超，叙述有侧面——通过人物说出来的；有穿插——在事件中串联事件；有截止——暂停不表的。但回目挑选的是对整本小说更有影响的关键事件。虽然元春晋妃篇幅不多，晋升原因也没有细表，但通过回目，我们可以看到贾元春德才兼备的形象，她关乎着贾家的兴衰荣辱。秦钟夭逝一节明确了宝玉"情种"的人生选择，朋友去世，更是把宝玉从园外推向了"阳光灿烂的大观园内"。这就是回目要传递的风向！

任务二：上下对仗含意味

师：除了囊括关键事件，回目上下句对仗的意义何在呢？我们看一下这些回目。（播放PPT第3页）

- 比通灵金莺微露意，探宝钗黛玉半含酸
- 滴翠亭杨妃戏彩蝶，埋香冢飞燕泣残红
- 享福人福深还祷福，痴情女情重愈斟情
- 敏探春兴利除宿弊，时宝钗小惠全大体
- 寿怡红群芳开夜宴，死金丹独艳理亲丧
- 凸碧堂品笛感凄清，凹晶馆联诗悲寂寥
- 老学士闲征姽婳词，痴公子杜撰芙蓉诔

（小组讨论）

生：这些回目充满了对比意味。

师：具体说一说。

生:金玉良缘和木石前盟;宝钗含蓄,黛玉带讥;宝钗闲戏,黛玉情泣;贾母祷虚福,黛玉重真情;探春除宿弊,宝钗全大体;群芳开夜宴,尤氏理亲丧;贾政闲征词,宝玉痴撰谋。这里有人物形象的对比,也有悲喜情绪的对比。

师:很好,体现了一种朴素的辩证法。有人说《红楼梦》里悲凉之雾遍布,是不是说这种对立本身才是人生真相呢? 正如第十六回回目中上句喜,下句悲,上句走向鼎盛,下句面临落幕。一喜一悲相互映照,喜中含悲,福中藏祸,祸福总相倚。

师:总结一下,作者借助回目,点明关键事件,勾连前后,形成脉络。通过回目上下句对仗,展现冲突,隐含思考。通过回目这一风向标,我们得以窥见情节的发展、主题的表现。

任务三:一字评价深内涵

师:(播放 PPT 第 4 页)说到人物形象对比,《红楼梦》中有一些回目是通过鲜明的"一字评"实现的,如"贤袭人"对"俏平儿"、"醉金刚"对"痴女儿"、"呆霸王"对"冷郎君"、"俏平儿"对"勇晴雯"、"敏探春"对"时(识)宝钗"、"慧紫鹃"对"慈姨妈"、"憨湘云"对"呆香菱"、"情小妹"对"冷二郎"、"苦尤娘"对"酸凤姐"、"痴丫头"对"懦小姐"、"俏丫鬟"对"美优伶"、"老学士"对"痴公子"等,我们挑几个品读品读。

师:第五十六回,宝钗"一字评"有两种版本,一为"识宝钗",一为"时宝钗"。这两个一字评分别是什么含义,你喜欢哪一个?

生:"识"是识时务者为俊杰。薛宝钗识人、识事、识大体,处处周全,受人欢迎。第五十六回,薛宝钗施以小惠,是基于对人性的基本认识,从而获得了园中嬷嬷的普遍支持,"识"字能很好地表现人物性格。

生:我喜欢"时",孟子称颂孔子,"圣之时也",大意是能看清形势,用行舍藏。王熙凤说她"不干己事不张口,一问摇头三不知";她"万缕千丝终不改",总能凭借好风上青云。称"时"符合她的人物形象,并且耐人寻味。

生:刚才两位同学讲得都有道理,但在这一回中,我觉得用"识"就可以了,更符合这一回的内容,也更好地对应探春的"敏"字。

师:所以通过讨论,我们发现一字评彰显着人物性格,也暗合了主题内容。大家看香菱,同一个人物,在第六十二回被评为"呆香菱",第八十回却是"美香菱",这是为什么呢?

生:"呆"的意思是天真单纯吧,符合这一回"情解石榴裙"的桥段,当着小叔子贾宝玉的面就换脏裙子,不避讳、不顾忌,所以叫"呆"。

师:那么你觉得这一回称她呆,作者是什么样的态度?

生:我觉得是喜爱,是好笑吧。

生:"美"香菱,应该是长得很美吧,所以薛蟠才会缠着要娶她嘛! 刚才看的第十六回里,贾琏也说她标致来着。

师:除长得美之外,有没有什么特别的用意呢? 带着作者什么样的情感呢?

生:香菱确实长得漂亮,但是用"美"字配合后面的"屈受贪夫棒",我觉得更有一番美被摧残的意味。

师:说得太好了,从天真单纯到美被摧残,变化之大、之快令人扼腕。放眼来看,不仅香菱的"美"在被摧残，大观园中的其他女子又何尝不是呢？从"呆"到"美"，传递出作者的无限感伤。

任务四：同看回目探新知

师：（播放PPT第5页）综上所述，我们从回目的事件选择、回目结构的对仗、对比，以及一些一字评中，感受到作者的匠心别具，感受到藏在回目里的暗流涌动。以回目为风向标，我们对小说的人物形象、主题内涵、情节布局有了更加宏观而精准的把握。接下来就把时间交给大家，请你以小组为单位，选择一个回目，谈一谈通过回目风向标得到的重要信息。

（小组讨论，代表发言）

生（第一小组）：我们组讨论的是二十一回"贤袭人娇嗔箴宝玉，俏平儿软语救贾琏"。其一，一字评恰当到位。之所以说"贤袭人"，是她规劝宝玉注意分寸礼节，连宝钗都说她"有些识见""深可敬爱"。"俏平儿"是说平儿不仅机敏，还俊俏漂亮，因此惹得贾琏兴起。其二，从内容上看，小说借袭人和平儿的对比，一个劝，一个圆，展现出两者对于主子的不同情感；同时通过这两个人物也可以看到宝玉和贾琏的差异，深化了作者对于"情"与"性"的思考。

生（第二小组）：我们组讨论的是第二十七回"滴翠亭杨妃戏彩蝶，埋香冢飞燕泣残红"。这一回实际上是林黛玉与薛宝钗之间的对比，表现出两位主角外形、个性、结局的差异。但我们更觉得这一回的回目不仅突出了形象，更突出了画面上的美感，令人回味。一个挥扇扑彩蝶，一个荷锄葬落花，充满诗意。作者借回目对此加以定格，使之成为经典。

生（第三小组）：我们组讨论的是第三十回"宝钗借扇机带双敲，龄官划蔷痴及局外"。回目意蕴深厚，上句说宝钗指桑骂槐，表面上骂丫鬟，实际上骂的是宝玉，可以看出宝钗周全又机变的性格。深究宝钗生气的原因，很大程度上是宝玉把她比作杨妃，这刺激了她的选妃失败，也揭示了宝钗对于功名富贵的追求。另外，宝钗也在为宝黛间的感情而吃醋，"敲"字表现出三人之间的矛盾关系。更有意思的是下句，字面上说龄官划蔷波及局外人宝玉的情绪，仔细一想局外人并非局外，宝玉又何尝不是个痴情人呢？龄官在《红楼梦》中虽然只是很不起眼的戏子，作者却大胆地用她来作回目，从中我们也看到了作者的大悲悯，看到他对每一份情感的珍视。然而无论宝玉如何悉心呵护大观园中的女子，也难免最终分崩离析的下场，凸显了情感的无奈与人生的虚无。

师：以上小组都能透过回目进入文本，登堂入室，娓娓道来。当我们开始关注回目，我们似乎掌握了打开文本的密钥。就《红楼梦》而言，回目本身也是美的部分，它虽然不好懂，但却是小说的风向标。也许当我们再次阅读它，可以通过一则则回目重新串联我们的红楼阅读之路，捡拾散落在茫茫书海中的夺目瑰宝。看懂它们，我们也就看到了更多精彩。因此，我们说，万千阅读题目始，一回一目总关情。今天的课就到这里，下节课我们讲一讲《红楼梦》中的诗词风向标，课后思考一下《红楼梦》中的诗词又为我们提供了哪些重要信息和阅读便利。

【教学反思】

"整本书阅读与研讨"是普通高中语文必修课程七个学习任务群之一，《红楼梦》作为必修下册的整本书阅读篇目,内容博大,思想深邃。教材虽给出了阅读指导和参考学习任务,但是教师仍然大有可为,下面是我的思考与体会。

1. 整本书阅读须有着力点

整本书汪洋恣肆,阅读教学时尤其应该删繁就简。与其面面俱到,不如取其一斑;与其令人望而生畏,不如让人见之可亲。当我们感到阅读困难的时候,不妨回归原点,回归素读,回归阅读最初的模样。《红楼梦》作为我国特有的古典长篇章回体小说之一,具有鲜明的体式特点,回目就是其中之一。它是经典作品的有机组成,是作者匠心打造的重要部分,不仅具备鲜明的审美特征,也发挥着许多重要的叙事功能。细参作者对于回目事件、人物的选择、概括、评价……可以整体把握小说的发展脉络,领略作品的主题和内涵,感受《红楼梦》回目整饬、精要、诗意等魅力,培养学生的思维品质,提高文学审美能力,激发阅读古典名著的兴趣和热情。

2. 阅读指导须有大框架

授人以鱼,不如授人以渔,与其说这是一次"红楼解梦"的实践,毋宁说是一次阅读方法的指导。课程标准关于整本书阅读任务群的目标,表述为"在阅读过程中,探索阅读整本书的门径,形成和积累自己阅读整本书的经验"。明知回目是阅读《红楼梦》的出发点,但如果浮光掠影,流于表面就会损害作品的伟大与独特性。其实,整本书阅读本身就是一个真实的任务情境,学生通过这个情境关注文本内容,通过几个学习活动渐入佳境,有助于真正理解《红楼梦》回目的特点与作用。教案中从内容和形式两个角度看回目是框架,由此引申出内容上回目取舍事件,形式上强化对比、定评人物的特点,进而理解回目对于形象塑造、情节安排、主题表现的作用。课堂分为四个任务,既独立又联系,既并列又递进。这些设计让阅读指导落地生根,看得见,够得着,有助于学生入乎其内,出乎其外,掌握良好的阅读方法,养成良好的阅读习惯,提高阅读效率。

3.《红楼梦》教学须有长准备

教学往往是厚积薄发的过程。课堂学习的要求毕竟不同于个人阅读,学生限于认知水平和某些客观条件,很难真正读通、读懂《红楼梦》。而且经典的魅力就在于常读常新,见仁见智,一味强求统一既无可能也非必要。当然,教学也不能泛泛而谈,随意发挥,它是有组织促发展的课堂活动。因此,教师前期需要做好大量的备课工作。

回顾这节课,最后一个任务有一定难度,因此学生讨论多停留在前几回。但它是对学习的实践与检验,是学以致用、活学活用。建议把它放在课后进一步讨论挖掘,形成一定的学生作品集。有老师受此启发,教授《鸿门宴》一课时也采用了"拟回目"这一活动,其中有些同学的答案比较精彩,如"猛樊哙闯帐护主,豪项王赐彘赏士""同生死樊哙护驾,闻曲直项王无言""张良留谢礼不失,亚父碎玉意难平"等,不能不说是教学的意外之喜。

《红楼梦》回目最重要的功能是叙事,至于后面的对比、评价则并非回回如此。如果有学生愣是从三个方面去看回目,则可能陷于泥淖,走入胡同。

揆诸当下,长文节选,背景宏大;整书阅读,手足无措。教学的重点在于培养学生阅读的兴趣,提高核心素养。"深入浅出,找准切口,以点带面,有的放矢"是我们本堂课的目标,也是我们未来教学的基本方向,希望未来的教学循之有径,其道大光。

学术的初阶:把握综述写作的基本规范

执教/绍兴市第一中学　刘明玉

【专题目标】

聚焦教材"学写一篇研究综述"的学习任务,检索、阅读一定范围、数量的《红楼梦》研究论文,掌握该类文体写作的基本规范。

【预习任务】

1. 自行查阅文献综述的相关知识,阅读 1—2 篇文献综述的例文。
2. 围绕选题"贾宝玉研究",想办法查找最近三年的研究论文不少于 10 篇。
3. 认真阅读这些论文,并尝试概括并评价,写作一篇 500 字左右的综述短文,并上交。
4. 思考文献综述在写法上有哪些特点和注意事项。

【教学实录】

任务一:找到文献检索的门径和方法

师:同学们,读完《红楼梦》如果发现一些感兴趣的问题,想进一步探究学习,你会怎么做?(播放 PPT 第 1 页)

生:去网上查资料。

生:去图书馆查专业的研究期刊和《红楼梦》研究的著作。

师:不错。我们要努力把感性认识提升到理性分析,就要尝试阅读专业研究的学术文章,上图书馆是一个很好的选择,同时我们也要利用网络便利条件,学会使用专门网站来检索。课前布置了查找"贾宝玉研究"的学习任务,你们是怎样查找的呢?(播放 PPT 第 2 页)

生:我是用"百度"查的,发现有个"百度学术"的专栏。

生:我是用"中国知网"查的,这个网站感觉比"百度"更专业,是专门的期刊学术网站。可以通过搜索"作者""关键词""题目"等方式检索各种研究论文,检索结果可以按照时间顺序排列,一目了然,既全面又方便。

师:很好,这就是在做中学。查找学术论文,对我们来说还是比较陌生、有一定难度的任务。我们这位同学通过摸索,迅速了解了"中国知网"这个专业的学术论文搜索引擎,并对不同的搜索网站有个比较判断,这很好。还有别的查找方式吗?请同学们继续分享。

生:我在学校图书馆找到一本《人大复印报刊资料索引》,问了图书馆的老师,发现也是专门用来查找论文资料的。而且它这个内容还做了区分,有的是全文刊登,有的只有一个摘要,还有的只有一个题目。

师:你看出它这个区分标准是什么了吗?

生:感觉是根据研究文章的重要程度来区分的。最好的文章是全文转载,其次收录内容摘要,再次一点的只收录一个题目,以备查找。而且我还发现,我在网络上查到的有些文章,在这个《人大复印报刊资料索引》中连题目都没有收录。可见,不同的收录情况本身就代表了对文章的认可度。

师:说得很好。通过这次对资料检索的学习,大家各有收获。我们要树立专业意识,检索文献资料,要借助专门的文摘和索引类期刊,比如《人大复印报刊资料索引》;或者借助专门的网站搜索引擎,比如"中国知网""万方""维普"等。同学们通过查找资料,掌握了一定数量的研究文献,这是写作文献综述的前提。(播放 PPT 第 3 页)

任务二:理解文献综述的特点和要求

师:课前我还布置了一个任务,请同学们自行查阅文献综述的相关知识,阅读1—2篇文献综述的例文。我请同学来说说何为文献综述。(播放 PPT 第 4 页)

生:文献综述就是对多篇文献的综合概述。

生:文献综述就是在一篇文章中概括多篇论文的观点,方便读者快速了解。

生:我感觉不光是概括,还要评价好坏优劣,目的是指导读书和思考的方向。

师:几位同学都说到了自己的发现,虽然讲得不够全面,但都讲到了文献综述的一些要点。我们要明确一下文献综述的概念。(播放 PPT 第 5 页)

> 文献综述是就某一领域或某一方面的问题,在搜集大量相关文献资料的基础上,通过阅读、整理、分析、提炼,梳理相关研究的主要观点、最新进展,对其做出综合性介绍、阐述、评论的一种学术论文。

师:这里需要注意的要点,一是要简练概括论文主要观点,二是要适当分析评论,三是要根据论文情况提出学习研究的建议。文献综述对高中生而言,既是学习的挑战,也是探究的助力。学会文献综述,懂得查找文献资料,获取有用信息帮助解决问题,这是推进深度学习的重要方法。

师:课前我们布置了"贾宝玉研究"这个选题,要大家查找近三年的研究文章来撰写综述。从大家上交的习作来看,大部分同学都是按照这个选题来写的。但也有个别同学写的是"林黛玉研究",还有同学可能审题不仔细,概述的论文涉及《红楼梦》的方方面面,写成了

"《红楼梦》研究"的综述。我这里要问问这位写"《红楼梦》研究"综述的同学,你是怎么查的资料,怎样挑选研究论文的?

生:我上次记错了。(众生笑)以为是只要是跟《红楼梦》相关就可以了。然后我就在"关键词"搜索里直接搜"红楼梦",出来了很多文章,然后要求不少于10篇,我就随便选了10篇文章来进行梳理、写作。

师:大家觉得这样完成的综述写作,可能会有什么问题?

生:《红楼梦》研究的范围很广,查出来的文章很多,随便挑10篇,不一定有代表性,概括出来的内容就不能准确反映实际情况,这样的文章指导意义就不足。

师:说得好。材料占有不足,挑选不精,写出来的文献综述的价值就不高。反过来讲,要想文献综述的价值高,就要怎样?

生:尽可能多地找全论文,并以此为基础精选分析。

师:可如果查出来的论文数量非常大,作为初学者我们短时间根本看不过来,没法挑选,那该怎么办?

生:那就缩小范围,只选取某一个研究点,把论文的数量控制在一个合适的范围内,这样既避免遗漏,又易于概括。

师:对!现在大家能理解为何我们确定的选题是"近三年贾宝玉研究情况"了吧?就是为了避免内容太泛,搜出来的文章太多,无从下手,且限定为"近三年"也是为了紧扣时效,关注近期热点,把握前沿动态,体现研究的新成果、新动向,这更符合文献综述的写作目的——指导我们进一步学习研究。当然,有同学说那我写"近三年林黛玉研究"行不行?当然行!选取哪一个研究点进行综述,应该首先建立在个人的兴趣点上。我们这位同学阅读《红楼梦》,对林黛玉非常感兴趣,想了解关于"林黛玉研究"的成果和现状,因而确立了"近三年林黛玉研究"的综述写作,这是值得表扬的。因为,由兴趣而生发出来的探究,更能持久、深入,更易取得成果。而我们课前统一"贾宝玉研究"的综述写作,只是为了便于我们统一讲解、评改。(播放PPT第6页)

选题要点

(1) 兴趣:结合所学知识选取最感兴趣的相关主题,查阅相关文献资料,摸底其量与质,确定合适的撰写方向。

(2) 范围:注意选题的范围要适度,范围越大则文献资料越多,归纳整理的困难也越大,容易淹没在文献资料中。

(3) 时效:注意选题的目的是指导学习研究,要着眼前沿动态,重点关注近期热点,体现研究的新成果与新动向。

任务三:尝试评析、修改习作

师:(播放PPT第7—9页,印发两篇习作给每位同学)下面我们一起来看看这两篇"贾宝玉研究"的文献综述习作。

学生习作1：近年来的贾宝玉研究情况综述

我看完《红楼梦》，又读了好多关于贾宝玉的研究论文，发现贾宝玉不光是大观园的女儿们喜欢他，研究者们也很喜欢他。大家都在分析他的性格特点、思想特征和命运走向等，总之，就是很关心他。这也给我极大的兴趣和鼓舞。

蒋虹发表在《牡丹》2020年第16期上的一篇文章，专门分析了贾宝玉的"好色"，指出他是"中国古典文学中公然'好色'的正面形象"，因为他的好色有其独特性。这篇文章我觉得很有眼光，我看的时候都笑出声来了，我妈还奇怪问我怎么回事。梁归智的文章，我印象也比较深刻。他研究贾宝玉的人生结局，说高鹗后四十回续书歪曲了前面八十回预示的贾宝玉人生走向，说他会经历婚恋沧桑、家族覆灭，而最终拥抱红尘。尤其是"拥抱红尘"这点，是"含着眼泪的微笑"，很打动我。

其他的很多研究，有说贾宝玉是"多余人"的，有说贾宝玉中举的原因的，有说贾宝玉认同封建伦理的，还有专门分析他"用情"的，最多的还是研究他的人物性格及其形成原因的。反正公说公有理，婆说婆有理，我也就呵呵了。

学生习作2：近年来的贾宝玉研究情况综述

近几年的《红楼梦》研究中关于贾宝玉的研究，有不少亮点。梁归智通过探佚研究提出了贾宝玉人生结局的三个关键词——婚恋沧桑、家族覆灭和拥抱红尘，不同于高鹗后四十回续书的婚恋败局、家族变故和看破红尘。胡世强分析贾宝玉人物形象的三重色彩，指出他具有神话色彩、神仙色彩和叛逆色彩，体现了人物形象的丰富性和复杂性。柴斯羽在《唐山文学》上的两篇小文章，指出了贾宝玉的身上有支持封建伦理道德的思想，也有高度同情社会底层人物、边缘人物的人性的光辉。张芸嘉《浅论贾宝玉的性格及成因》认为贾宝玉的性格是矛盾的，既叛逆又顺从，既温柔又刚烈，既果断又犹豫，既独立又依赖，并从社会原因、家庭原因和个体原因上进行了成因分析。范蕾、乔艳敏分析贾宝玉的多元化形象，从"无能""不肖""意淫""专情""佛性"等关键词揭示其独特性格。伍微微指出"痴"是贾宝玉形象的鲜明特点，这"痴"与狂、呆、傻、迂、怪、僻相生，"痴"中见狂放、呆傻、木迂、乖僻，更见天然、真实、纯净、无欲。蒋虹的《贾宝玉"好色"之独象》，从"非性别之'清纯'""非占有之'意淫'""非功利之'痴呆'"三个方面分析了其"好色"之独特性。李凤双把贾宝玉与现代作家端木蕻良笔下的人物丁宁进行比较研究，指出贾宝玉和丁宁都是"正邪两赋"的悲剧性人物，具备率真、自然、淡泊名利、多情多艺等共同特征。

师：可以同桌讨论，参考以下讨论标准，说说存在哪些毛病。（播放PPT第10页）

讨论参照标准：

（1）结构完整不完整？题目、正文、文献参考是否齐全？

（2）语言是否简洁、言之有物？

（3）语段是否是议论性的？用语是否客观、准确？

(4) 对单篇论文的观点概述对不对？准不准？

(5) 有没有对多篇论文的分类梳理？好不好？

(6) 有没有对所涉论文的评论分析？

(7) 有没有对今后研究学习的指导建议？

（学生阅读和讨论，时长 5 分钟）

生：第一篇综述，我觉得不够严肃，不像学术性文章。比如，"我看的时候都笑出声来了，我妈还奇怪问我怎么回事""我也就呵呵了"等语，就是口水话，显得太随意了。

师：你提到了文章语体色彩的问题。文献综述是学术文章，用语要严肃、简洁、准确。要避免描写类用语，更不能有像"呵呵"这类网络语言。

生：我还发现这篇文章没有注明参考文献的出处信息，文中提到的论文只说了作者，有的连论文作者都没有说。我觉得这是行文的基本格式没做好，很不规范。这个问题，第二篇文章也有，没有论文题目，没有参考文献。

师：问题提得很准确。这两篇文章在基本规范上都很有问题。这里，我们需要强调一下文献综述的完整结构，一般包括文题、摘要、正文、参考文献四个部分。我们这次只写 500 字的小短文，摘要可以不要，但题目和参考文献不能少。这次大家的习作，参考文献的问题比较普遍，有的没写参考文献，有的虽然写了，但不规范。（播放 PPT 第 11 页）

如何注明参考文献

参考文献有脚注、尾注、随文注等形式。一般采用尾注，文中和文末对应编号要一致，依次列明参考文献的以下要素。

(1) 单篇论文类：作者、文章名称、期刊名称、年份期号等；

(2) 专著书籍类：作者、书籍名称、出版社名称、出版年份、引文页码等。

生：我觉得第一篇文章提到的几篇研究论文，只说了内容主题，没有明确的观点概述，更谈不上综合分析。而且废话很多，除了前面已经提到的"笑出声来了""呵呵了"，其实整个第一段也全是废话，没能提供对研究有用的信息。

师：有道理。综述首先是要概述论文的观点，没有观点就失去了综述的价值。那该怎样概述论文的观点？

生：看论文的摘要。

师：对！摘要就是简要陈述论文的观点、方法、写作目的等内容的，是我们写作文献综述的基础材料。两篇习作还有哪些问题？

生：没有深入的评论分析。第一篇写得非常情绪化，不断强调个人的感受，"给我极大的兴趣和鼓舞""我觉得很有眼光""我印象也比较深刻""很打动我"等。我觉得这些话都不是在评价观点内容。第二篇文章就是罗列了几篇论文的基本观点，也没有评论。

师：这位同学很有慧眼，看到了比较深入的问题。综述不是简单的论文观点的罗列、材料的堆砌，也不是写阅读论文的"读后感"，只凭个人感觉和喜好，浮浅随意地谈感受，而是要立足"摘要"进一步概述观点，找准合适的角度对各篇论文进行分类梳理，并简要、公允地评

论分析,力求能对研究学习有所指导启发。(播放PPT第12页)

文献综述写作注意要点

(1) 规范的文体意识。不能写成"随笔""读后感",要用语准确、简洁、严谨。

(2) 规范的文体结构。包括文题、摘要(小短文可不要)、正文、参考文献等部分。

(3) 规范的写作技巧。单篇概述论点,群文分类讨论,合理评价,研究展望建议。

师:下面留给大家一点时间,对照刚才我们讨论的要点,看看自己之前所有写的文献综述的习作,存在哪些问题,并做修改完善。稍后,我们再下发一篇综述范文,供大家学习参照。(下课前5分钟,下发范文,播放PPT第13—15页)

近三年来贾宝玉研究情况综述

检视近三年以来红学研究中关于贾宝玉的研究,发现以下情况:

一是研究聚焦贾宝玉人物形象,充分挖掘人物形象的丰富性、复杂性和独特性。胡世强指出贾宝玉具有"通灵宝玉的神话色彩""神瑛侍者的神仙色彩""贾府继承人的叛逆色彩"等多重性[1];范蕾、乔艳敏则用"无能""不肖""意淫""专情""佛性"等关键词揭示其多元形象[2];蒋虹从"非性别之'清纯'""非占有之'意淫'""非功利之'痴呆'"三个方面分析贾宝玉"好色"的独特性,强调他是"中国古典文学中公然'好色'的正面形象"[3];伍微微则更进一步指出"痴"是贾宝玉形象的鲜明特点,其"痴"与狂、呆、傻、迂、怪、僻相生,"痴"中见狂放、呆傻、木迂、乖僻,更见天然、真实、纯净、无欲[4]。这些研究基本立足于文本细读,对于阅读小说、把握中心人物形象富有启发性。

二是研究深挖贾宝玉思想性格,分析其成因。张芸嘉认为贾宝玉的性格是矛盾的,"既叛逆又顺从,既温柔又刚烈,既果断又犹豫,既独立又依赖",并从社会原因、家庭原因和个体原因上进行了成因分析[5];王猛、刘香环则专门就贾宝玉"女儿是水做的骨肉,男人是泥做的骨肉"之名言,进行思想探源,指出其源出自"女娲抟土造人"的上古神话,是作家创作深层心理中女性崇拜意识的体现[6]。前者专注小说文本,后者则更多地跳出了文本进入作家创作、社会文化心理等多层面的探讨。

三是研究着眼贾宝玉命运发展,打通小说文本内容与作家创作背景,通过探佚研究与比较分析,讨论续作与原作的差异性和合理性。梁归智提出贾宝玉人生结局的三个关键词应是"婚恋沧桑""家族覆灭"和"拥抱红尘",不同于高鹗续书的"婚恋败局""家族变故"和"看破红尘"[7];季臻祺则着眼第一百一十九回的贾宝玉中举,指出其"绝非曹雪芹本意",而是出于高鹗"衷情科举"之心理在小说情节设置上的投射[8]。这些研究对于读者深入研读原作与续作,具有一定的启发。

此外,一些论者选取新视角、新思路进行比较探究。比如,李凤双把贾宝玉与现代作家端木蕻良笔下的人物丁宁进行比较研究,指出贾宝玉和丁宁都是"正邪两赋"的悲剧性人物,具备诸多共同特征[9]。孙鹏分析贾宝玉为柳家媳妇揽事的原因,认为其对当代社会上级的领导艺术、下级的工作方法以及上下级的相处技巧提供了有益启示[10]。虽然这些论断本身谈不上什么创见,但"古今比较""跨界分析"也体现了研究开拓求新的尝试,可以启发更开阔的探究思路。

参考文献:

① 胡世强:《贾宝玉人物形象三重色彩分析》,载《宝鸡文理学院学报(社会科学版)》,2018年,第6期

② 范蕾、乔艳敏:《浅析〈红楼梦〉中贾宝玉形象》,载《文学教育》,2018年,第10期

③ 蒋虹:《贾宝玉"好色"之独象》,载《牡丹》,2020年,第16期

④ 伍微微:《正是人间痴儿郎 至真至纯话痴情——论贾宝玉之"痴"》,载《铜仁学院学报》,2018年,第11期

⑤ 张芸嘉:《浅论贾宝玉的性格及成因》,载《唐山文学》年,第2018年,第2期

⑥ 王猛、刘香环:《贾宝玉"水、泥论"渊源再探》,载《曹雪芹研究》,2021年,第1期

⑦ 梁归智:《贾宝玉结局之谜(下)》,载《名作欣赏》,2018年,第4期

⑧ 季臻祺:《贾宝玉中举探因》,载《江南论坛》,2021年,第4期

⑨ 李凤双:《正邪两赋的新人形象——丁宁与贾宝玉比较研究》,载《牡丹江教育学院学报》,2021年,第2期

⑩ 孙鹏:《试析贾宝玉为柳家媳妇揽事》,《大众文艺》,2018年,第14期

师:今天我们通过评析与修改习作,学习了文献综述写作的基本规范。但从学会基本规范到写好文献综述,还有很长的路要走。这里面还包含着一个"方法"与"学养"的辩证问题——光有娴熟的方法技巧,而没有深厚的学养,是写不出高质量的文献综述的。因而,我们强调研究要立足经典原著的文本细读,立足理论素养的学习提升,立足博观约取的阅读积累。只有这样,面对各类论文才能做出合理的述评,提出敏锐的洞见。(播放PPT第16页)课后,请同学们运用课堂所学,根据自己对《红楼梦》阅读的兴趣点,选取一个恰当的研究点,在全面查找研究资料、广泛阅读相关论文的基础上,写一篇700字左右的综述文章。下课!

【教学反思】

部编版高中语文教材必修下册第七单元"《红楼梦》整本书阅读",其"学习任务6"是"体会《红楼梦》的主题",要求"查找关于《红楼梦》主题的研究论述,深入思考《红楼梦》的主题,写一篇综述"。其后的"写作指导"所配的就是《学写综述》一文。显然,教材的这一学习任务具有双重目的:在内容上是希望引导学生理解和探究《红楼梦》的主题,这是较高难度的学习任务;在形式上是希望学生在查找论文资料的基础上,梳理既有研究成果,学会学术文体文献综述的写作,这对高中生来说是陌生的、高难度的学习任务。

基于上述认识,我在教学的操作层面,对这一学习任务进行了降低难度的处理。一是在内容上并不纠缠于"《红楼梦》主题的研究论述",强调契合学生的阅读兴趣,结合了"学习任务5"的作品人物研究的相关认识,让学生更容易入手。二是定位写作教学,拓展高中生写作的新领域。考虑到学生是从零起步,课堂应立足于学生相关阅读、写作的初步感性体验,引导、强化其对综述这一学术类新文体基本规范的了解。

　　从学术研究的素养训练来说,综述写作的前提要延伸到"如何选题确定""如何搜集资料"等问题。这些问题不属于写作技巧的问题,却是学生探索研究的起点。作为从零起步的新领域的教学,应该要让学生明白如何恰当地选题、高效地查找资料,通过写作实践和习作讲评,引导学生直观、清晰地体会综述写作的原则与要点。在我班级的实际教学中,基于学生的水平情况,我从便于讲解、评改的角度考虑,在课前布置任务时规定了统一的综述主题,布置了统一的写作任务。明确要求以"近三年贾宝玉研究情况"为主题,让学生查找不少于10篇研究论文,进行写作。课堂讲评选取了比较典型的两篇习作,供学生讨论,着重从结构形式、文体意识、语体色彩、内容特点等方面给予学生基础性指导训练。为了让学生有参考、有比较,课堂提供了分析讨论的"话题点",并在课堂收尾时、学生动手修改习作后,下发了习作范文,便于学生学习借鉴。

　　当然,如果学生层次好、水平高,可以让学生根据兴趣自选主题、自查论文进行阅读、概括,这样更容易调动学生兴趣,发挥学生长处,最终呈现多样丰富的文献综述,在班级交流中起到很好的同伴互补助读作用。有条件的班级还可以将学生作品结集成册,做一本《〈红楼梦〉研究指引》,促进学生下一步的学习研究。

《红楼梦》阅读嘉年华:《红楼梦》文创产品成果展

执教/越州中学 王雨纯

本课课件

【专题目标】

整合梳理书中出现的各式日常生活描写,创作《红楼梦》主题周边产品,个性化品味《红楼梦》生活细节所体现的丰富内涵。

【预习任务】

1. 阅读整部《红楼梦》,重点关注小说生活细节的刻画。

2. 以三人小组为团队创作;在了解文创产品的制作理念与创意形式基础上,以《红楼梦》日常生活为灵感,制作至少一份文创产品。

3. 完成一份"《红楼梦》文创"制作札记表,重点阐述作品由来、作品内容与特点,以及制作作品时遇到的关键问题。

【教学实录】

师:同学们,欢迎大家来到我们《红楼梦》文创产品成果展。关于《红楼梦》,曾有一个非常精妙的比喻——它好像一棵参天大树,贾府盛衰和宝黛钗爱情悲剧是其主干,其上覆盖细细碎碎、密密层层的树叶就是其中的日常生活细节,它们"淡淡写来",背后却蕴含着无限内涵。今天的展示会就让我们着眼于以《红楼梦》中的日常生活细节为灵感创作的红楼文创产品。(播放PPT第1页)

有请班内人气投票前三的小组先来向我们展示讲解!

环节一:书签展示——茶具细盘点,红楼奢雅初感知

(教师播放PPT第2页,展示第一小组产品照片〔图1〕和制作札记表〔表1〕)

图1

表1

产品	内容	特点	制作由来	制作问题
"盏中茶"书签	成窑五彩小盖钟签、狐瓟斝签、点犀盉签、绿玉斗签	"茶具判词":"俏红梅,俊巇崿,白髫笑醑醉""身长玉立,丰神俊朗"	第四十一回"栊翠庵茶品梅花雪怡红院劫遇母蝗虫":妙玉名贵的茶具	狐瓟斝与点犀盉的判词怎么写?两者与钗黛的关系是什么?

生(第一小组):我们小组选择的是制作《红楼梦》书签,一组一共四张,取名"盏中茶",主要以第四十一回"栊翠庵茶品梅花雪"中妙玉的各色精美茶器为灵感。四张书签上我们分别画上了成窑五彩小盖钟、狐瓟斝、点犀盉、绿玉斗,分别对应第四十一回妙玉在栊翠庵招待贾母、薛宝钗、林黛玉与贾宝玉的四种茶具。正因此,我们还在不同茶具边写上了相应的"茶具判词"。如贾母喝的成窑五彩小盖钟,即为"俏红梅,俊巇崿,白髫笑醑醉";贾宝玉的绿玉斗,则配上了"身长玉立,丰神俊朗"。

生(第一小组):之所以选择制作"盏中茶"书签,是因为我们在阅读第四十一回时深深被大观园内的"壕无人性"震惊到了(笑),实在印象深刻。妙玉作为大观园内最不起眼,应该最清心寡欲的女道士,随便待客的最普通茶具就是官窑白瓷,招待贾母的成窑五彩小盖钟,就因为刘姥姥喝了一口,妙玉就嫌脏要扔掉,我们看着就肉痛。

后来我们通过查阅资料,发现明朝时,"瓷器上品者无过成窑,成窑上品者无过五彩,明神宗时御前成杯一双,已值钱十万"。于是我们更肉痛了。(全班大笑)

而且妙玉给宝黛钗三人使用的三种茶具,一个比一个珍奇,狐瓟斝上刻着晋代富翁王恺与宋朝苏轼的题字;点犀盉是用上好的犀牛角做的;绿玉斗更是被妙玉自己说"不是我说狂话,只怕你家里未必找的出这么一个俗器来呢"。就这么四个杯子,极生动地烘托渲染出贾府生活的精致、风雅与极致奢靡,我们深深被震撼。

生(第一小组):关于制作书签时的问题则是狐瓟斝、点犀盉这两个杯子的判词我们不是很会写,感觉这两者与钗黛二人的联系并不十分明晰,不像绿玉斗,在形象上就和贾宝玉很相配,玉器还能帮助妙玉向宝玉传情。

师:瓟瓟斝与薛宝钗、点犀盉与林黛玉,这两个组合内部有何联系?一个绝佳的问题,根据刚才同学描述的两个茶具的形制细节,大家试着推测看看?

生:我们学过《五石之瓠》,觉得瓟瓟斝应该是葫芦切半做的。一个葫芦怎么可能从晋代传到宋代再传到妙玉手里,一看就是假的。以妙玉的性格,肯定不喜欢薛宝钗假情假意的圆滑,故意给她用一个假的茶具。

(部分学生有质疑,但无法反驳)

师:大家有没有在现实生活中见过斝这种器具?

生:没有。

(教师展示一张商周时期青铜斝的图片)

生:啊!斝是一种礼器!那会不会有可能是因为宝钗一向很注重礼法纲常,所以把斝给她用。黛玉则更飘逸,所以用犀牛角杯,取"身无彩凤双飞翼,心有灵犀一点通"的诗意。

生:那可能是妙玉觉得跟黛玉身世惺惺相惜,也更欣赏黛玉的才情,所以给她用代表灵犀的杯子。

师:一部《红楼梦》,看似记录闺阁琐事,蕴含无限精妙内涵。妙玉四个茶具既让大家深切感受到贾府生活的极尽奢与雅,也帮助我们体察到小说人物之间的微妙关系。大家的讨论言之均成理,事实上,光是揣摩两个茶具,已经使我们获得了前所未有的精神享受。当然,红楼生活必然不止于一味的烈火烹油、鲜花着锦,还有些什么?我们欢迎下一组。

环节二:月历牌展示——时节巧梳理,红楼礼乐试推敲

(教师播放PPT第3页,展示第二小组产品照片〔图2〕和制作札记表〔表2〕)

图2

表2

产品	内容	特点	制作由来	制作问题
月历牌	农历一月月历:标注元春生日、元春省亲、宝钗生日、春节、元宵;农历二月月历:标注开诗社日、黛玉生日、花朝日	农历一月月历背景:元春省亲 农历二月月历背景:宝琴立雪	第十七回至十八回"大观园试才题对额 荣国府归省庆元宵":礼教的规训;第五十回"芦雪广争联即景诗 暖香坞雅制春灯谜":青春的放飞	宝琴立雪是在几月份?

生(第二小组):我们小组以"元春省亲""宝琴立雪"为灵感,为红楼梦中人制作了农历一月与农历二月两份月历牌,投影给大家。两张月历牌的内容如下:农历一月月历上我们标注出的重要日期有初一(元春生日)、十五(元春省亲)、二十一(宝钗生日),此外还有春节、元宵节这两个传统佳节。农历二月月历我们为增加趣味性设计了英文书写,其中二月初二标红,因为根据李纨提议,将每月初二定为开诗社日;二月十二日画圈,为林黛玉生日;二月二十二日画线,既为花朝日,也是众人搬进大观园的日子。

我们两张月历牌最大的特点是背景图。农历一月绘制了元妃省亲的背景图,主要刻画了小说第十七回至十八回元妃于正月元宵节回府省亲,在荣禧堂接见贾母、王夫人等人的场景。农历二月的月历上,我们根据小说第五十回,绘制了琉璃世界白雪红梅与身披凫靥裘、踏雪撷梅的薛宝琴,同时依据文中情节,还绘有一旁抱着炉钩釉花觚的丫鬟,远处石桥上两位穿着大红猩猩毡雪衣的姑娘。

生(第二小组):之所以选择制作这两个月份,是因为我们发现正月与二月都拥有各色节日,但风格迥然不同:正月过年与元宵节,恰逢元春省亲,是贾府排场最铺张的大型节日,充斥着各种繁文缛节,到处是礼教的规训;二月花朝日、开诗社日则完全是由大观园中的女孩子自行组织嬉戏,多么自由,真浪漫!或许正因如此,曹雪芹把正月分给了恪守礼教的薛宝钗做生日,二月则给予了超凡脱俗的林黛玉,与二人的气质也相符。

而之所以选择元春省亲与宝琴立雪这两张背景图,则是因为我们觉得元春省亲场面更宏大,也更极端反衬出礼教的无情——在第十七回至十八回中有这样一个情节,元春对父亲贾政哭诉,"田舍之家,虽虀盐布帛,终能聚天伦之乐;今虽富贵已极,骨肉各方,然终无意趣"。然而贾政的反应却是对她感恩戴德,还要求她"勤慎恭肃以侍上"。

二月份画宝琴立雪实际上正是我们要讲到的制作问题,主要考虑到二月天气尚冷,却正是梅花盛开的时节,所以挑选了全书中最经典的画面之一——宝琴立雪探梅。但其实我们并没有在书中明确找到宝琴立雪是在几月份。

生:我觉得应该是在十月份!因为第四十八回还在说香菱进大观园,"展眼已到十月",紧接着就写她学诗以及众多亲戚姐妹进园在雪里争奇斗艳,所以这场雪应该下在十月。

生:我也发现了。第五十回后半段,贾母笑道,"这才是十月里头场雪"。

生:但这不可能啊!十月份怎么可能既下大雪又有红梅呢?

生:我觉得没关系,薛宝琴究竟是不是在二月份探梅并不重要,关键在于宝琴穿着光彩夺目的斗篷,像仙女一样站在雪地里攀折梅花这个生活片段,"凌寒独自开",不正契合二月份花朝节、女儿节的气质吗?

师：说到点子上了。十月里的琉璃世界白雪红梅并不存在，一个理想化的女儿国、大观园也纯然来自曹雪芹的虚构，《红楼梦》"假作真时真亦假"的魅力正来源于此。我们既可以认为这是曹公刻意在借梅花表达女性之高洁；也可以认为这可能是他虚构一个情境来寄托对女儿们的怜惜，毕竟，在重重枷锁束缚的贾府内，一群弱女子的盛放本身就是不合时宜的。

师：感谢月份牌小组带领我们身历其境感知《红楼梦》各色时节，它们有些以封建礼教制度做支撑规训人，有些则饱含生活美学的态度，尽情体现大观园飘逸的青春，而这两者间必然存在矛盾。我们不妨再进一步，将华美袍子上的虱子抖落干净。让我们欢迎下一组。

环节三：团扇展示——扇质两相较，红楼悲剧深探究

（教师播放PPT第4页，展示第三小组产品照片〔图3〕和制作札记表〔表3〕）

图3

表3

产品	内容	特点	制作由来	制作问题
团扇	团扇形制、棕竹扇骨、湘妃斑竹洒金扇纸、山水画、《杏帘在望》	一款跌不折、撕不烂的团扇	第三十一回"撕扇子作千金一笑　因麒麟伏白首双星"：晴雯悲剧命运的导火索	如何能让扇子更加牢固？

生：我们小组制作团扇周边的由来是小说第三十一回中，宝玉与晴雯因为一把扇子大吵一架，这场争执使得晴雯与袭人交恶，继而为王夫人不容，成为导致她最终香消玉殒的重要导火索。为能让晴雯改写自己的悲剧命运，我们给他设计了一款跌不折、撕不烂的团扇（笑）。当然，如果你一定要撕，那也不是不可能，所以我们小组的制作问题也在于此——如何能让我们的扇子更加牢固。（全班大笑）

生：这把团扇的具体内容是——首先我们推测文中晴雯跌折与撕碎的扇子形制应为玉石作骨的折扇，与之相对，我们设计了难以撕开的团扇形制，并使用不易跌碎的竹木扇骨。

其次，由于文中并未提及扇子具体细节，我们仿照后文中出现的石呆子被贾赦强夺的古扇，"全是湘妃、棕竹、麋鹿、玉竹的，皆是古人写画真迹"，使用棕竹扇骨、湘妃斑竹撒金扇纸，并在其上绘制山水画。最后，为与《红楼梦》主题紧密联系，扇面上还书写了宝玉所作《杏帘在望》一诗。

生：对不起，我要针对你们小组提出质疑。我认为这把扇子非坏不可。没有这把跌坏的扇子，凸显不出晴雯的恃宠而骄、刚直任性；没有那把被撕坏的扇子，我们也无法得知晴雯在宝玉无限包容下是这样的恣意快乐，大观园那么多丫头，有谁能像晴雯那样坦坦荡荡做自己，说出"我最喜欢撕的"呢？（学生鼓掌）

生：我觉得扇子在这里不仅仅有推动情节发展的作用，"扇"通"散"，宝玉在与晴雯争吵时候也失言说"你不用忙，将来有散的日子！"晴雯将扇子撕碎，也就是将大观园众人的相守拆散，暗指怡红院最终要分崩离析。

师：说得真好，也真叫人伤感啊。李煜有句诗，"梦里不知身是客，一晌贪欢"。这柄扇正是《红楼梦》"万艳同悲"最好的预言，见证年轻的生命被跌碎、高洁的灵魂被撕毁。

师：感谢团扇小组带领我们细细把玩"晴雯之扇"。吴处厚评晏殊，"吟咏富贵，不言金玉锦绣，而唯说气象"，事实上，描摹悲剧，亦无需鲜血淋漓，而唯看细微。这个看似日常的生活器物，既丰富了晴雯这一有血有肉的人物形象，更饱含着隐喻，直指《红楼梦》的悲剧结局。

环节四：总结——见微乃知著，家常细节涵内蕴

师：第七单元《红楼梦》整本书阅读指导的第四点中说，文中"看似琐屑平常的细节，全是小说家精妙的艺术创造"。课堂的最后，我们有必要回答一个问题，我们究竟能从《红楼梦》众多的日常生活细节中，看出哪些内涵？各个小组可以用几分钟时间讨论一下，派一个代表总结发言。

生：我们从《红楼梦》的日常生活细节中看出贾府是怎样由鼎盛走向衰亡的历程。

生：我们能透过《红楼梦》生活细节描写进一步理解宝黛钗、妙玉、晴雯等各色人物形象，还能梳理出他们之间复杂多样的人物关系。

生：日常生活细节中还蕴藏着小说最大的矛盾——青春生命追求本真纯粹的张扬，遭遇大家族封建礼教制度的重重压制。

生：还蕴含着小说的悲剧本质，时刻暗示着《红楼梦》忽喇喇大厦将倾，一片白茫茫大地真干净的结局。

师：一把扇、一只杯、一个寻常节气，看似闲笔，却无一闲笔，与小说全文的情节流动、人物关系、矛盾冲突、悲剧主旨构成了千丝万缕、草蛇灰线的联系。大家能从纷繁众多的生活细节描写中，探寻到它背后丰富的内涵，堪称是入了"红学"的门。（播放PPT第5页）

师：以小见大，以微知著，希望同学们能继续读细、读深《红楼梦》"家常"，品《红楼梦》人生。（播放PPT第6页）

课后拓展

《红楼梦》所涉及的生活内容,无所不具:灯谜联额、曲艺杂技、酒令笑话、禽畜花木、园林建造、服饰妆容、医药养生、饮食起居……

请你细读一到两个描写日常生活的片段,以《〈红楼梦〉中的_____》为题写一篇短文,说说你所品味出的丰富内涵。

【教学反思】

《红楼梦》小说篇幅长、容量大,需要学生充分借助课外时间完整阅读;其作为文学经典,内容深广,包罗万象,学生可拥有较开放的阅读体验。以制作红楼文创产品的形式展现《红楼梦》整本书阅读成果,正是将活动重心置于课堂之外,鼓励学生多角度走近小说文本,并由此获得个性化阅读感悟。

同时,必修下册第七单元将品读《红楼梦》日常生活细节作为六大阅读支架之一提供给学生,力求引导学生通过细节体察作者深刻的艺术表现力。将制作红楼文创产品与品析小说日常生活细节紧密结合,意在以较生动的学习任务吸引学生尽可能选择精而细的切入点进入《红楼梦》整本书阅读,把握日常生活细节描写背后的丰富内涵。

笔者为此特地选择三个在创作过程中最贴合《红楼梦》日常生活细节的小组展示作品,通过填写一份制作札记表,聚焦学生在制作过程中产生的问题,使其在课堂上自主讨论生发,由此引出三个探究问题:(1)妙玉为什么要分别给予林黛玉与薛宝钗点犀盉与瓟斝?(2)宝琴立雪究竟在几月份?(3)晴雯撕扇之扇为何非碎不可?三个问题由浅入深,串联起小说生活细节描写对于推进情节流动、构建人物关系、凸显矛盾冲突与揭示悲剧主旨的重大意义。

在实际课堂教学过程中,由于学生尚不能对《红楼梦》所包含的众多历史、自然文化知识全方位把握,许多地方需要教师搭建更多课外知识支架。此外,问题(1)(2)中,学生需要通过小组探讨;问题(3)中通过辩论交流,细致阅读、合作推理出许多并未直接呈现在小说生活表层叙述上的人生真相,方能形成极具开放性与个性化的文本理解。

当然,本堂课仍存在较多亟须解决的问题:一是以《红楼梦》周边产品设计制作,品析小说细节虽然是学生喜闻乐见的趣味性活动,却在客观上容易使整本书阅读流于碎片化与浅表化,如何引导学生由"点"的鉴赏转向"面"的沉浸?二是本次实践中三个小组较多关注生活器皿的描绘,《红楼梦》的生活内容繁多,需要给予哪些有力的阅读支架帮助学生尽快领略《红楼梦》生活背后其他的文化内涵?

第八单元

谏议传统:君臣制衡的样本

执教/宁波市第二中学　孙立　杭州外国语学校　林存富

本课课件

【专题目标】

精读《谏太宗十思疏》,联读《齐桓晋文之事》《谏迎佛骨表》《十渐不克终疏》,感受魏征体国情深、切中时弊的剀切之言,体会文中披肝沥胆、直言不讳的刚正之气,领会谏议传统在封建专制社会中发挥的制衡作用。

【预习任务】

1. 通读《谏太宗十思疏》《谏迎佛骨表》《十渐不克终疏》,复习本册第一单元已学习的《齐桓晋文之事》。

2. 结合四篇文章完成预习任务单(表1)。

表1

项目	《谏太宗十思疏》	《齐桓晋文之事》	《谏迎佛骨表》	《十渐不克终疏》	我的疑问
劝谏对象					
劝谏动机					
劝谏主题					
主要策略					
成功与否					

【教学实录】

环节一:讨流溯源知谏议

师:(播放PPT第1页)今天我们要学习的《谏太宗十思疏》是一篇经典的臣子劝谏国君

373

"居安思危、戒奢以俭"的名篇。谁能解一解"谏""疏"这两个字的含义?

生:预习材料中,魏征的《十渐不克终疏》也用了"疏"字,疏是一种议论政治的文体。

生:一般都是指出君主、师长的问题,要求他们改正错误。

生:韩愈的《谏迎佛骨表》标题中也有"谏"字,它是韩愈规劝唐宪宗不可"迎佛骨入宫供养"的名文,可见"谏"是下位者向上位者用言语规劝提出的意见建议。

师:的确,谏疏是在朝官员向国君陈述意见的奏疏。(播放 PPT 第 2 页)《周礼·司谏》注云,"谏,犹正也,以道正人行"。臣下对君主就应该大胆直言,提出正确的意见,以免君主做出不正确的决策。这条注释有两层含义——第一,君主也是会犯错误的凡人;第二,向君主提意见需要胆识。自秦汉以来,谏官制度在中国封建社会中就得到足够重视。"千人之诺诺,不如一士之谔谔"肯定了谏议的正当性和谏官的勇气。

师:可是,魏征劝谏的对象是唐太宗李世民,太宗在位期间出现了政治清明、经济复苏、文化繁荣的"贞观之治"。面对这样的盛世明君,魏征为什么还要谏十思、触逆鳞呢?请看材料——(播放 PPT 第 3 页)

> 朕观古先拨乱之主皆年逾四十,惟光武三十三。但朕年十八便举兵,年二十四定天下,年二十九升为天子,此则武胜于古也。少从戎旅,不暇读书,贞观以来,手不释卷,知风化之本,见政理之源。行之数年,天下大治而风移俗变,子孝臣忠,此又文过于古也。昔周、秦已降,戎狄内侵,今戎狄稽颡,皆为臣妾,此又怀远胜古也。(〔唐〕吴兢《贞观政要》辑太宗语)

生:从材料中可以看出,随着唐朝国势日盛,唐太宗自满的情绪溢于言表,君主一旦自满,创业时的殷忧之情不再,意志也随之松懈,奢侈之风渐起。

师:见证过骄奢淫逸的隋炀帝最终"身死人手,子孙剿绝,为天下笑"的历史教训,魏征会作何感受?

生:肯定是如鲠在喉,不吐不快。

环节二:高超的谏议艺术

师:谏议的方法手段很多,苏洵在《谏论上》中总结为"理谕之,势禁之,利诱之,激怒之,隐讽之",即讲清道理开导他,从形势上禁止他,使用利益引诱他,刺激他以便警醒他,含蓄委婉地讽谕他。本文中,魏征运用了哪些谏议手段对唐太宗进行规劝?(播放 PPT 第 4 页)

生:用"固木之根""浚水之源"来比喻治国"必积其德义",又通过正反对比,论证"积其德义"的重要性,采用的是"理谕之"的方法。

生:列举历来君主的成败皆在"殷忧而道著,功成而德衰",百姓在朝代变更中有"载舟覆舟"的力量,希望君主深切戒慎,采用的是"势禁之"的方法。这个"势"不是一人的气势权势,而是一时的情势,和民心所向、舆论所指息息相关。

生:所谏"十思"皆是针对君主常有的过失而作(见图1),暗指太宗治理朝政中的瑕疵,具有"隐讽之"的效果。

图 1

生：理想的治理可以实现"文武争驰，在君无事""鸣琴垂拱，不言而化"的治国效果，这种强调顺其自然、君臣各尽其分的政治追求，符合天下大同的至高境界，采用的是"利诱之"的方法。

师：为什么魏徵没有采用"激怒之"的谏议方法？（播放 PPT 第 5、6 页，展示图 2）

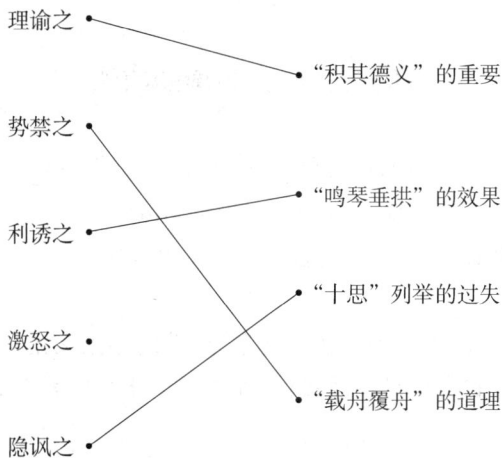

图 2

生："伴君如伴虎"，激怒皇帝可能带来灭顶之灾，在封建专制制度之下，这样的方法臣子不会轻易采用。

师：的确，对于"喜闻顺旨之说"而"不悦逆耳之言"的君主来说，纠正其偏差无异于犯龙鳞，在封建专制制度之下，说什么固然重要，怎么说更为重要。

生：魏徵不开门见山提出"十思"，而是先论证"积其德义"的重要性，就是这个原因？

生：直接提出"十思"的解决方案，是对君主当前行为的直接否定，君主没有面子没有台阶下，一怒之下后果不堪设想，规劝效果也无法保证。

生：从德义入手，给规范君权找到一个标准和依据，就如"固木之根""浚水之源"一样，人君要安国就应该积其德义。而且，从历代君主治国成败得失的角度探讨治国的要义，这是建国伊始唐太宗最想听的。

师：说，是为了让听者接纳。从常识说起，从先代明君普遍的认识谈起，为下文提出"十思"奠定了理论基础。我们的预习作业涉及的几篇同类文章，是否在谏议方法上有共通之处？请大家交流表 1 的填写情况，达成共识。

（学生交流结果如表 2）

375

表2

项目	《谏太宗十思疏》	《齐桓晋文之事》	《谏迎佛骨表》	《十渐不克终疏》
劝谏对象	唐太宗	齐宣王	唐宪宗	唐太宗
劝谏动机	维护封建专制统治	维护封建专制统治	维护封建专制统治	维护封建专制统治
劝谏主题	居安思危,戒奢以俭	发政施仁	停迎佛骨入宫,以免伤风败俗	居安思危
主要策略	对比、比喻论证,说理委婉	取譬设喻、因势利导	旁征博引、举例引用	列举、对比论证
成功与否	成功	成功	失败	成功

环节三:作为制衡的谏议

师:从表2可见,谏议有成功也有失败。《谏太宗十思疏》成功的原因是什么呢?

生:喻巧而理至。比如将"积德义"具象为"固本思源"。

生:词工而句对。比如注重骈散结合、错落变化来铺写"十思"。(教师播放PPT第7页)

师:作为非典型的劝谏之作,《齐桓晋文之事》成功的原因又是什么呢?

生:取譬设喻。比如用"今恩足以及禽兽,而功不至于百姓者"来说明"故王之不王,不为也,非不能也"。

生:因势利导。比如用两次显明的反问"抑王兴甲兵,危士臣,构怨于诸侯,然后快于心与?""为肥甘……王之诸臣皆足以供之,而王岂为是哉?"引导齐宣王否定"仁政"的反面,自然就得出应当"发政施仁""其若是,孰能御之?"的"保民而王"主张。

师:(播放PPT第8页)君臣地位不平等,决定了劝谏是一方对另一方的说服行为,而话语的权力掌握在被说服那方。为了提高说服的效率,臣子常运用类比、比喻等高超的谏议艺术,在迂回中委婉地阐明自己的观点,影响君主。

生:光有高超的谏议艺术够了吗?

生:劝谏最终能否奏效,还是要看君主的修为。

师:我们来剖析一次失败的谏议——(播放PPT第9页)

> 汉明帝时,始有佛法,明帝在位,才十八年耳。其后乱亡相继,运祚不长。宋、齐、梁、陈、元魏已下,事佛渐谨,年代尤促。惟梁武帝在位四十八年,前后三度舍身施佛,宗庙之祭,不用牲牢,昼日一食,止于菜果,其后竟为侯景所逼,饿死台城,国亦寻灭。事佛求福,乃更得祸。由此观之,佛不足事,亦可知矣。(〔唐〕韩愈《谏迎佛骨表》)

师:此表一上,唐宪宗大怒要处死韩愈,"韩愈说我奉侍佛教太过分,还可以容忍;他居然说奉侍佛教的皇帝都是短命的"。左右大臣为他说情,宪宗回应说,"人臣竟然狂妄到这个程度,怎么能赦免呢?"是不是唐宪宗没有唐太宗大气?

生:帝王要有宽广的胸怀和恢宏的气度不假,谏议的迂回委婉也是硬功夫。宪宗不可谓小气,"内怀至忠"的韩愈最终被贬为潮州刺史,深深触怒帝王尚能留得性命,已经是不幸中的万幸。"激怒之"在专制制度面前成为高危行为。

生:韩愈也好,魏征、孟子也罢,他们的劝谏本质都是为维护统治阶级的根本、长远利益,有一颗披肝沥胆的忠诚之心。

师:确实,臣子高超的谏议艺术、披肝沥胆的忠诚之心和帝王的宽容气度,三者缺一不可。作为制度设计的一部分,成功的谏议何以为稳固政权加分? 失败的谏议可以为稳固政权加分吗?

生:成功的谏议往往是顺谏,比喻、引用、对比论证的广泛使用,使得君主乐于听取真知灼见,可以获得"补短"的效果。

生:在使用迂回的策略和委婉的语气同时,"谏而不争"的传统保留了士大夫的清正名声,也用"和而不同"粉饰了专制制度。(教师播放PPT 第10页)

生:在原则性问题上,士大夫每每据理力争。忠烈的死谏则延续了儒家思想"拒谏易位"的正统,虽然失败,不能即时起到效果,也能通过舆论施压扭转情势,让帝王有所收敛,客观上还是维护了封建专制的统治,为稳固政权加分了。(教师播放PPT 第11页)

师:谏议是专制制度的有益补充。(播放PPT 第12、13页)谏官制度是封建统治阶级为了国家的长远利益而设立的一种制度。这一制度最大的受益者——皇帝也同样是谏议最大的阻碍者。虚心纳谏,听取建议,能够成为贤明的君主;倘若皇帝昏庸,即使再完善的谏官制度,也无法挽救王朝衰败的颓势。

课后,请同学们完成以下练习——历代谏议名篇不计其数,除了课内联读篇章之外,还有我们熟知的《触龙说赵太后》《召公谏厉王弥谤》《论积贮疏》《谏逐客书》等。阅读上述名篇,选择其中一篇或几篇,从劝谏语言艺术方面论述谏议文的特点。

(附课后练习参考答案)

其一,善于抓住时机,因势利导地对君主进行劝谏。《触龙说赵太后》先从自身爱子说起,推出"父母之爱子,则为之计深远"的观点,得到赵太后的赞同。

其二,借助形象的比喻,增强形象性,给人以真切的联想。这点在大多数谏议文中都可以看到具体的运用。《召公谏厉王弥谤》将防民之口比成防川,《谏逐客书》将"王者不却众庶"比成"太山不让土壤""河海不择细流",《谏太宗十思疏》则用"固木之根""浚水之源"作比,提出人君安国就应该积其德义的观点。

【教学反思】

统编高中语文必修下册第八单元为文言单元,属于思辨性阅读与表达任务群。以"文言、文章、文化"三融合为旨归,本文教学没有停留于准确理解语意,而是将结构章法作为教学重心——提出"居安思危、戒奢以俭"的观点;在总结历史中,顺势引出对当世统治者的警告,要慎重思考"载舟覆舟"的道理;进而总结"十思",以期实现"文武并用、垂拱而治"的理想政治局面。本单元还收录了《六国论》《阿房宫赋》等篇章,读懂本文,还要在纵向阅读本单元其余篇章和横向联读其他谏议文章中,理解君臣间的合作与冲突,品悟封建社会的治理文化。时空维度展开后,就自然产生了思辨空间。

以下三个要求,应当是检验学生是否思辨地读懂本文、本单元的三把尺子。

1. 读懂这一个:在唐太宗志得意满、多数朝臣噤若寒蝉的情况下,谥号"文正公"的魏征敢为人先,向太宗"频上四疏,以陈得失"(《谏太宗十思疏》就是其中的第二疏),显示了这个谏官不一般的胆识勇气。

2. 读通这一类:魏征不仅仅是一个个体,他的身后是中国封建社会自秦汉以来的谏官传统及其制度设计——专职谏官的设定,单独进奏、可免死罪的"特权",专职机构"谏院"的存在(宋代)。在触龙、李斯、韩愈、王安石等人身上,这种传统超越"谏官"的单一身份,成为士大夫群体的集体底线。他们凭借高超的谏议艺术、披肝沥胆的忠诚之心,得到帝王的宽容,在维护和延长专制中发挥了关键作用。

3. 读出时代感:士大夫"以死相谏"的做法并不被学生认同。其实在封建社会中,谏议的臣子和听议的君王之间似有一种默契的张力。表演式的"死谏"与"宽容"保全了臣子如韩愈"忠直不阿"和君主如唐宪宗"宽大为怀"的美名。这种拉锯制衡的张力,客观上延长了专制制度的"寿命"。"以死相谏"是谏官传统中的高标追求,但未必是身处其中个体的主动选择。

党争传统：论辩与人格精神

执教/江苏省南通第一中学　薛海兵

本课课件

【专题目标】

精读《答司马谏议书》，联读《与王介甫书》等作品，感受王安石的光明磊落、勇往直前、坚定执着、充分自信的改革精神，体会党争中的论辩艺术。

【预习任务】

1. 熟读课内文本和联读文章，能准确翻译《答司马谏议书》全文，能准确而简明地概括《答司马谏议书》与联读文章的段落大意。

2. 对《答司马谏议书》中的论辩内容与技巧有基本认识。

3. 通过精读课文与联读文章，了解北宋党争双方的人格精神在改革与论辩中的投射与体现。

【教学实录】

师：（播放PPT第1页）在中国政治史上，王安石变法是熠熠生辉、烛照丹青的宏伟篇章。在这场变革中，王安石提出了著名的"三不足"，同学们了解吗？

生：王安石的"三不足"指的是"天变不足畏，祖宗不足法，人言不足恤"（板书），它传达了王安石锐意改革的决心与精神。

师：你的阅读积累很丰富，理解也很好。不仅如你所言，这三句话还传达或者暗示了一点，那就是改革总会受到来自各方的种种阻碍，使得改革者不得不面对改革过程中出现的诸多问题与矛盾。王安石变法的阻力主要来自哪里？

生：以司马光为首的保守派的反对和阻挠是熙宁变法的主要阻力。

任务一：学会捕捉和提炼论敌观点

师：在震烁中外的熙宁变法中，以王安石为首的改革派与以司马光为首的保守派之间爆发了激烈的斗争。这场斗争的尖锐与激烈程度,从他们的书信中尚能触摸一二。今天,我们走近王安石的《答司马谏议书》以及联读作品,体会北宋党争双方的论辩艺术,感受他们的人格精神。第一个学习任务是"学会捕捉和提炼论敌的观点"。(播放PPT第2页)

在司马光的《与王介甫书》中,第三段和第四段文字(从"今天下之人恶介甫之甚者"至"此光所谓自信太厚者也")比较集中地表述了他对王安石变法的看法。请找出有关文字,提炼司马光的观点,然后与王安石在《答司马谏议书》中的表述相比较,思考在论辩中如何迅速、准确地捕捉和提炼论敌观点。

(学生思考与讨论)

生:在司马光的《与王介甫书》中,第三段是全文的重点,着重批评了青苗、助役、农田水利诸法,而在本段最后部分,从"夫侵官者,乱政也"至"忽常人之所知耳"一段文字可以看出,司马光对前文所述进行了总结,将王安石新法之弊归结为侵官、征利、生事。

生:我补充一点。在第四段中,司马光引经据典,列举历史上大量"从善纳谏"的例子,对王安石的行事方式进行了火力十足的批评,认为王安石固执己见,"自信太厚",违众拒谏,排斥异己,"方于事上而好下佞己"。

师:补充了另一个重要意见——拒谏。司马光除了运用具体事例之外,还用哪些语句传递自己的想法?

生:从段首的"夫从谏纳善,不独人君为美也,于人臣亦然"与段末的"而介甫拒谏乃尔,无乃不足于恕乎?"等文字,能准确捕捉到司马光的主要观点。

师:这些句子在判断、反诘中直接表达了他的意见。同学们能够从司马光三千多字的阐述中概括出他的主要批评意见,表现出较强的根据任务筛选信息的能力。王安石回击司马光时也是迅速捕捉到了对方的主要观点。请同学们从课文中找到他的表达文字。

生(争着举手):王安石用"今君实所以见教者,以为侵官、生事、征利、拒谏,以致天下怨谤也"一句话,概括出了司马光文中所揭示的问题和主要观点。

师:在王安石主持的熙宁变法如火如荼地开展时,他的昔日好友司马光突然送来一封洋洋洒洒三千多字的书信,王安石知道举着祖宗和舆论大旗的批评者终于降临了。你们想象一下,王安石是如何在这文字的海洋中"披沙拣金"的?

生:一目十行,凡是废话都不看。(其他学生笑)

师:司马光是文学家,他难道不知道怎么写文章,而去跟王安石说废话吗?

生:我的意思是王安石浏览一遍后,大致明白了司马光的批评意图,然后就会挑出那些集中表达观点的语句去加以思考或者回敬。

师:同学们明白他的意思了吗?(点名学生继续回答)说说你的理解。

生:王安石会从纷繁复杂的叙事和议论中找出观点句或结论句,至于其他的材料句和分析说理的文字都可以跳过去。

师:寻找这些观点句或结论句有什么技巧吗?

生:先看段落首尾的文字,再看那些重要论述句。

师:同学们已经掌握了快速捕捉和提炼论敌观点的方法。我们小结如下——(播放

PPT 第 3 页）

> 驳论文开展驳论的前提是准确掌握对方的论点、论据和论证,倾听者或者阅读者需要从对方纷繁复杂的表述中将这三点准确提炼出来,为选择驳论方式、开展论辩奠定基础。在论述文字中,要分清观点句(结论句)、材料句和分析句,勾画段首与段末的相关语句,善于抓住论述句,重视发语词和谓动词等关键词。

任务二:掌握针锋相对回击论敌的方法

师:随着熙宁变法的推进,改革事务千头万绪。对于日理万机的王安石而言,时间与反对派的意见同样重要。我们接下来主要研究王安石在短小精悍的《答司马谏议书》中是如何回复司马光的,主要学习任务和研习要求请看课件——(播放 PPT 第 4 页)

> 面对司马光证据充分、阐述严密的文字,王安石并没有采用同样汪洋恣肆的文笔展开回击,他惜墨如金,却给人理盛气足的印象,给对方有力回击的同时,大大鼓舞了改革派的士气。请同学们开展小组讨论,对王安石的回击文字进行分析概括,总结出他与论敌展开论辩的方法。

师:我们首先要从课文中找到王安石回击的文字,请同学们找出来画上横线。

生:王安石的回击主要集中在第二、第三段文字中。具体的是文章第二段的首句、"某则以谓"领起至段末的文字、第三段"人习于苟且"至"是而不见可悔故也"。

师:你的回答很完美。大家一起把这些文字朗读一遍。(学生齐读)接下来我们将要重点研究这些文字,同学们先熟悉一下它们的翻译。(学生阅读翻译资料)

师:现在请在小组内讨论王安石回击司马光的说理方法。(学生开展小组讨论)

生:我们认为王安石回信的第二段首句特别重要。他从名义和实际的关系入手,认为名义和实际的关系一经辩明,天下的是非之理也就解决了。这就表明他找到了一个理论武器,给人言之有据的感觉。

师:这个发现很重要。王安石为自己的论辩找到了强有力的理论依据,即中国文化传统中的名实相符的理论。

生:他运用名实关系的理论,有一个基本的作用,就是暗示了司马光文中所言名不符实的问题。我们觉得这个特别讲究艺术,有釜底抽薪的意思。

师:同学们在其他两处文字中发现了什么论辩方法?

生:第二处"某则以谓"那段文字中王安石针对司马光所指出的"侵官""生事""征利""拒谏""致天下怨谤"五个问题,以名实相符为依据,针锋相对地一一予以驳斥,四个"不为"掷地有声,光明磊落之气跃然纸上。

师:光明磊落四个字用得特别好,对于改革者而言这特别重要,也就是改革不能夹带私心。请同学们以对"侵官"的反驳为例,加以具体分析。

生:王安石驳斥司马光所言"侵官"问题时,他的理由是遵从皇上的旨意、在朝堂上公开议定法令制度、责成有关部门去执行,并不是"侵官",也就是说,王安石认为自己没有利用改革去侵害其他官员的利益或权力。

师:你们明确了这是驳斥论点,理解了王安石的理由,并且发现了其隐藏的意图,是会思考问题的。对其他四个观点的驳斥文字,我建议每个小组也这样去讨论,形成合理的意见。(学生开展小组讨论)接下来,我们重点讨论王安石是如何回击司马光的第五点批评意见的。

生:王安石说,"至于怨诽之多,则固前知其如此也",认为改革中的反对意见是他早就预知的,似乎在向司马光讲明一个不言自明的规律,那就是改革从来就不会一帆风顺,智慧的改革者对艰难险阻有足够的预期,这也很好地体现了他"人言不足恤"的大无畏精神。

师:王安石对于第五点批评意见的反驳仅仅是这一句吗?

生:我们刚才找到的第三处文字也是他反驳的内容,是对第二段末句展开的具体阐述。

师:原来它们是回答同一个问题的整体,大家把它们连起来齐读一遍。(学生齐读"至于怨诽之多"到"是而不见可悔故也")那么,这里从哪些方面具体展开的呢?

生:他讲人们苟且偷安、安于现状,讲士大夫无心国事、取媚世俗,讲皇上励精图治,讲自己有志改革,几乎将可能的情况都分析到了,是对五个批评意见的反驳中最详尽具体的。

生:这个反驳中,王安石罕见地使用了举例论证的方法,他用盘庚迁都的例证,讲盘庚面对怨怒之声而能坚定不移,讲盘庚坚持深思熟虑、科学合理的改革思路,表明了对改革有足够的自信,而且也可见他"虽千万人吾往矣"的勇往直前的气魄。

师:从同学们的分析可以看出,王安石对第五点意见是根据需要采用了重点回敬的方法。我们现在做一个小结,看看王安石在回信中主要运用了哪些驳斥方法。(播放 PPT 第 5 页,展示图 1)

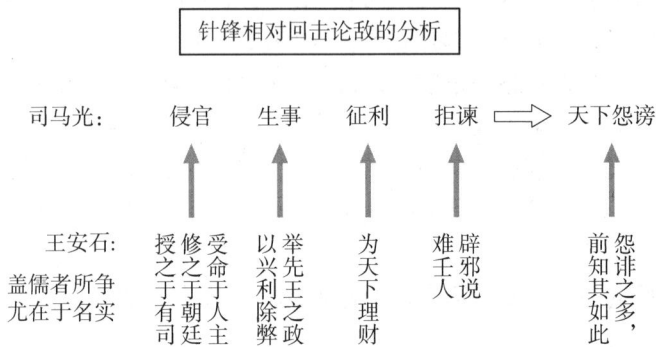

针锋相对回击论敌的分析

司马光: 侵官　生事　征利　拒谏　⟹　天下怨谤

王安石:
盖儒者所争尤在于名实

授之于有司　修之于朝廷　受命于人主

以兴利除弊　举先王之政

为天下理财

难壬人　辟邪说

前知其如此　怨诽之多,

图1

生:我留意了刚才的分析,老师已经暗示我们主要是三种方法——一是运用理论,高屋建瓴;二是针锋相对,驳斥论点;三是集中火力,重点回敬。(学生鼓掌,播放 PPT 第 6 页)

师:孺子可教也!(学生笑)你回答得太棒了,会听课,会概括!好,我们现在回到问题上继续讨论。同学们能够想象王安石如此具有力量的回信给司马光带去的"打击"吗?

生:在司马光的《与王介甫第三书》中,他对侵官、生事、征利和拒谏的回复又做了辩驳,但是从"不当无大无小,尽变旧法,以为新奇也""苟有司非其人,虽日授以善法,终无益也""谓之不征利,光不信也""光岂劝介甫以不恤国事,而同俗自媚哉"等语句可以看出,司马光的大小之争、假设语气和自我辩护中,已经对王安石的回击没有还手之力。

师:看来驳斥的力量并不来自话多,王安石的论辩言短义长,短小精悍,鞭辟入里,言辞犀利,应该对我们学习批判性思维和发表驳斥意见有所启发。

任务三:感受作者的人格精神

师:改革者与反对派之间的论争是观念、利益之间的博弈,局外人却也可以从这种博弈中窥见两者的人格精神。在刚才的讨论中,我们对此已经有所涉及,接下来我们集中讨论这个问题,主要任务请看课件。(播放PPT第7页)

> 司马光给人以温和谦卑之感,王安石素有"拗相公"(性格固执)之称;而发端于司马光与王安石之间的北宋党争,也从起初的主张之争发展到后来的意气之争。请同学们认真研习《答司马谏议书》,感受在改革的推进与受阻之中,王安石所体现出来的政治改革家的人格修养与改革精神。

生:从文章的开篇,我们可以看到王安石接到司马光的来信之后所表现出来的沉着冷静与态度坦率。比如他说"游处相好之日久,而议事每不合,所操之术多异故也",其中道明两人特殊的关系和交往经历,又直言不讳地讲明矛盾的症结在于"所操之术多异故也",实在是胸怀坦荡,令人敬佩。

生:文章开篇的客套话与收篇文字之中蕴含的坚决自信之意,委婉的口吻中蕴含着锐利的锋芒,同时也一语点破以司马光为代表的保守派的思想实质,直刺对方要害,无比犀利。

师:你所说的"保守派的思想实质"是什么?

生:他说自己"未能助上大有为""如曰今日当一切不事事,守前所为",就指出了保守派安于现状、不思作为、墨守成规的特点。这是作者所不屑的,是指桑骂槐的写法。

生:我觉得第二段的反驳文字中流露出的光明磊落的精神,第三段所表现出来的勇往直前之意,以及两段文字中所蕴含的王安石充分自信与坚定执着的精神,都特别可贵。

师:请你们为王安石的人格精神做一个小结,也可以尝试以对话或简单表演的形式呈现,设想在对话中体现这种精神所应有的神情、语气语调,以及肢体语言。稍后我们请小组来展示。(学生投入讨论交流)现在,哪一组先来分享?

生:我们试试吧!我们认为,王安石身上最主要的人格魅力在于他对改革的极大热情和对艰难险阻的无所畏惧,在于谦谦君子之中掩藏着的锐利锋芒。我和××同学稍稍展示一下。(学生鼓掌,两位展示,台词略)

师:请同学们来点评。

生:他们的情境设置很巧妙。将对话设置在书信往来之后的某个朝会现场,自然真切,而且两个人的基本意见都得到了充分展示。

生:我感觉应该将司马光表现得更正面一些。司马光与王安石当初关系很好,后来反对熙宁变法也是出于理念不同,是典型的"君子和而不同"。

师:你说得很好。虽然政治斗争是残酷和尖锐的,但是对两人人格的认可上要客观,他们之间的诚挚与坚守都要表现出来。

生:老师,我建议小组展示的台词中增添一些具体的历史事件,可以使得表演更加丰满,也让人物的抒情和议论有所依托。

师:你的建议很有必要,人物对话或舞台表演终归是要有些故事性和戏剧性。当然,同学们还是要尽量从正面展示王安石,尽管文献中有一些关于熙宁变法中王安石做法的负面记载。(学生继续尝试展示)

同学们,这堂课我们充分讨论了改革家王安石的论辩艺术和人格精神,他为改革辩护的据理力争和坚守之心给我们留下了深刻印象。改革是一场没有硝烟的战斗,改革者一定要有"走自己的路,让别人说去吧"的勇气和霸气!

【教学反思】

这篇文章的教学设计和实践都算是常规操作,无论是文章联读还是任务驱动,无论是小组讨论还是对话展示,都是根据教学需要设定,呈现的是原生态的真实课堂。本课教学目标、教学重点与教学任务的设计,严格依照教学的原则和课型要求加以落实,力求展现科学性与艺术性兼备的雅正课堂。统编教材必修下册第八单元是"负责与担当"的人文主题,属于"思辨性阅读与表达"学习任务群,课后的"学习提示"又明确要求将"变革的决心"和"说理艺术"作为学习重点,这样的教学设计与实践是比较贴近课程标准要求的尝试。

此外,课堂教学中我比较重视方法、规律的提炼与传授,在每一个任务中都加以落实,这也是学习论辩艺术的题中之意。整个教学过程比较流畅自然,这主要得益于学生的前置学习比较充分,尤其是对文本内容和联读作品的熟悉程度都较高。文言文常规教学首先需要解决语言教学的问题,前置学习是必需的环节,也是真实教学的表现与基础。只不过这堂课上没有展示前置学习,而是利用前置学习的成果。总之,原生态设计、循证课型、方法提炼和前置学习四点,是本堂课能顺利展开和具备推广复制可能性的重要特征与载体。

史论传统：资治之通鉴

执教/浙江省杭州外国语学校　黄琼

本课课件

【专题目标】

联读三苏的同题史论《六国论》，了解中国史论传统，掌握史论借古鉴今，为统治者出谋划策的特点。读古文，做新人，尝试用史论思维思考当下问题并实现对传统史论思维的超越。

【预习任务】

自行分小组，每组 5 人左右，定好组长。

利用课下注释和《古汉语常用字字典》独立预习课文后，小组进行文本研读：(1)用图示法呈现本文的行文思路(包括论点、论据和论证方法)；(2)进行感悟与质疑。

小组活动的评价标准见表1。

表1

小组成员	阅读 (40分)	讨论 (20分)	笔记 (20分)	时间利用 (20分)
1.（组长）				
2.				
3.				
4.				
5.				

说明："阅读"指有效阅读课文和资料，对关键信息做好标注。"讨论"指课内外每个讨论环节都积极思考，有效发言。"笔记"指每个环节都做了阅读和讨论笔记，笔记具有思辨性。"时间利用"指合理利用时间，没有浪费课内外时间。

【教学实录】

师:今天我们一起学习《六国论》。同学们的预习都很认真,特别是这两位。(播放 PPT 第 1、2 页,展示图 1、图 2)

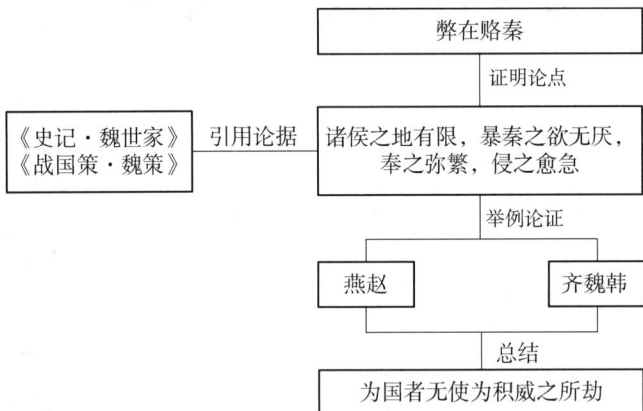

```
                    ┌─────────────┐
                    │   弊在赂秦    │
                    └─────────────┘
                           │ 证明论点
┌──────────┐  引用论据  ┌────────────────────┐
│《史记·魏世家》│─────────│ 诸侯之地有限,暴秦之欲无厌,│
│《战国策·魏策》│          │ 奉之弥繁,侵之愈急        │
└──────────┘           └────────────────────┘
                           │ 举例论证
              ┌──────────┐      ┌──────────┐
              │   燕赵     │      │  齐魏韩    │
              └──────────┘      └──────────┘
                           │ 总结
                    ┌──────────────────┐
                    │ 为国者无使为积威之所劫 │
                    └──────────────────┘
```

感悟:北宋在和辽、西夏的边疆战事中吃败仗,为求和,每年送对方钱物,这与古时六国为保自身而向秦割地求和很相像。苏洵借此事,意指国家之危。别看北宋现在靠钱财换来了一时安宁,这不过是一个安寝,而灭亡之危已迫在眉睫矣。(高一 8 班 金同学)

图 1

```
            ┌─────────────────────┐
            │ 苏洵观点:六国破灭,弊在赂 │
            │ 秦,为国者无使为积威之所劫 │
            └─────────────────────┘
             ╱                      ╲
┌────────────────────┐  ┌────────────────────┐
│ 赂秦                 │  │ 未尝赂秦             │
│ ①秦之所大欲,诸侯之所大患,│  │ ①举例论证。齐,附于     │
│ 固不在战矣(对比)       │  │ 秦;燕,派刺客;赵,      │
│ ②先祖得其不易,却被子孙如 │  │ 用武不终             │
│ 视草芥(对比)         │  │ ②若均未发生,则还可     │
│ ③诸侯之地有限,暴秦之欲无 │  │ 与秦相较             │
│ 厌(对比)            │  │                    │
│ ④抱薪救火(引用)       │  │                    │
└────────────────────┘  └────────────────────┘
              ╲                      ╱
            ┌─────────────────────┐
            │ 告诫:为国者无使为积威之所劫 │
            └─────────────────────┘
```

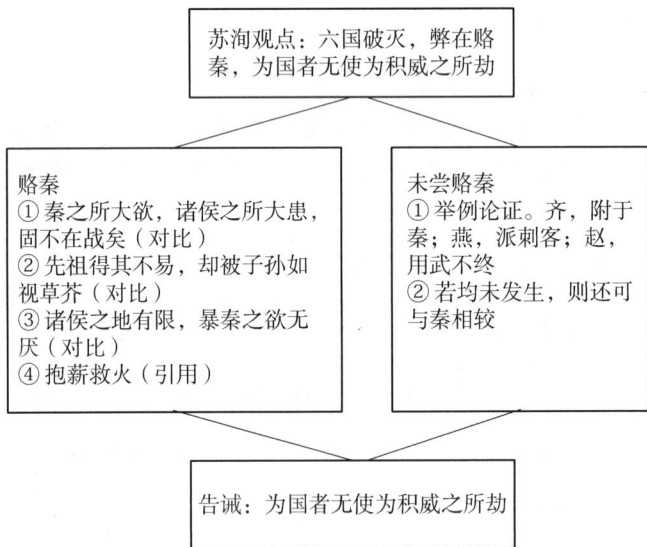

感悟:整篇文章观点鲜明。联想苏洵所处的北宋动荡环境,苏洵用自己的方式表达了勇猛战斗的希望。虽然未能如愿,但其忧国忧民体现得淋漓尽致。(高一 8 班 胡同学)

图 2

师:这两位同学都提到了苏洵《六国论》的写作背景,文章阐发六国灭亡的缘由,是为了借古鉴今,告诫北宋统治者不应向辽和西夏输送财物以求一时安宁,而应积极作战。

任务一：激发思维火花，瞄准阅读靶心

师：其实三苏都写过《六国论》，参考苏洵观点，借助以下资料，大家猜测苏轼、苏辙的主要观点可能是什么。小组内讨论，推选出最佳答案，小组代表发言交流。（播放 PPT 第 3—7 页）

> 至和元年（1054）十一月，苏洵谒张方平于成都，张方平《文安先生墓表》云："听其言，知其博物洽闻矣。既而得其所著《权书》《衡论》。"（曾枣庄《三苏评传·三苏交游考》）
>
> 苏洵谒张方平，有苏轼同行。苏轼《乐全先生文集叙》："轼年二十，以诸生见公成都。"苏轼《张文定公墓志铭》："晚与轼先大夫游，论古今治乱及一时人物，皆不谋而同。轼与弟辙以是皆得出入门下。"（曾枣庄《三苏评传·苏洵年谱》）
>
> 《六国论》是苏辙嘉祐五年（1060）应制举时所进献的五十篇策论之一，五十篇策论有进论二十五篇，进策二十五篇，收在苏辙《栾城应诏集》卷一至卷十。（《唐宋名家文集·苏辙集》）
>
> 今内外官属，较之先朝，已逾一倍……则国计民力安得不窘之哉？臣以谓冗兵耗于上，冗吏耗于下……谓设官太多也，则宜艰难选举，澄汰冗杂。
>
> 今天下之人皆谓之贤，陛下亦知其贤，然不能进；天下之人皆谓之不肖，陛下亦知其不肖，然不能退。（〔元〕佚名《宋史全文·宋仁宗五（皇祐元年至至和二年）》）
>
> 国家者，政有大小，事有缓急。当今事大而急者，在于根本未建，众心危疑。不以此时早择宗室之贤，使摄储副之位，内以辅卫圣躬，外以镇安百姓，万一有出于意外之事，可不过为之防哉。（〔元〕佚名《宋史全文·宋仁宗六（嘉祐元年至嘉祐八年）》）
>
> 绅士是封建解体、大一统的专制皇权确立之后，中国传统社会中所特具的一种人物……这种我们所谓绅士的人物也常被称作士大夫。因之，它也常被认作和封建时代的大夫和士一类的人物，其实士大夫和大夫士却有很重要的区别。
>
> 在封建制度中，大夫和士是统治阶级的一层……是握有政权的。封建制度中，政权并不集中在最高的王的手上……每个贵族都分享着一部分权力……封建解体……集中成了大一统的皇权，皇帝是政权的独占者……他在处理政务时固然雇用着一批助手，就是官僚。可是官僚和贵族是不同的。官僚是皇帝的工具，工具只能行使政权而没有政权。贵族是统治者的家门，官僚是统治者的臣仆。（费孝通《皇权与绅权·论绅士》）

（学生阅读并讨论）

生（第一小组）：我们觉得苏轼、苏辙的观点应该和张方平有关，因为他们都跟着张方平学习。但可惜没有材料可以看到张方平的观点。

师：可以注意一下材料中"论古今治乱及一时人物"这句话，从中可以看出他们对国家大事的关注。可以推测，对社会问题的探讨可能是苏轼和苏辙《六国论》的大方向。

生（第二小组）：我们小组认为他们的主要观点应该是反对冗兵、冗官，还有人员太杂，贤人不能得到重用。

师:嗯,人才的任用问题是一个可能的观点。

生(第三小组):我们的感觉是当时北宋没能统一思想,人心比较散乱。因为材料中说"根本未建,众心危疑",整个国家缺乏稳定的保障,有点人人自危、人心涣散。

师:这一部分文字,老师略作解释。"早择宗室之贤,使摄储副之位"意思是劝皇帝仁宗早立太子,"储副"意为国之副君,这里即太子之意。所以这个小组同学讲得非常好,他们读到了人心散乱这个信息。

生(第四小组):人心散乱有道理,但我们觉得重心可能还是中央内部各官僚集团之间的权力斗争,所以才劝皇帝早立太子。

师:嗯,这组同学据此做了进一步的推测——政治集团内部互相斗争,无法团结。

生(第四小组):再补充一点,互相斗争,无法团结,斗争双方都只看重自己的利益,往往忽视了国家的整体利益。

师:只顾自身利益,往往最后连自身利益都保不住。

生(第五小组):我们对第一小组有补充。我们觉得苏轼和苏辙《六国论》会谈到人才选拔机制的问题。因为从材料看,当时北宋人才的主要问题是贤才没法真正被用起来,而对不肖的人,又没法把他们赶下来。所以我们认为这是当时国家的大问题,文章里肯定会谈到。

师:很好。而且材料中反复强调"今天下之人",看来这个问题已经在社会层面引发了较大矛盾。

任务二:锤炼思辨能力,贴紧文本章法

师:归纳一下,同学们猜测的观点主要有——第一,反对冗兵、冗官,建议制定合理的人才选拔机制;第二,揭示人心涣散、人人自危的社会问题;第三,反对官僚集团内部斗争,建议团结合作,着眼天下大利。这些都是关乎国家命运的大事。接下来,请大家阅读苏轼、苏辙《六国论》原文,验证自己的猜测是否准确,独立阅读后,小组交流讨论他们的主要观点和论证思路。(播放PPT第8页)

(教师发放苏辙《六国论》、苏轼《六国论》,学生阅读并讨论)

生(第三小组):我们小组来说一说苏辙的《六国论》,苏辙认为六国有对抗秦国的能力,只要他们联合起来就可以打败秦国。他还提出了联合起来的方式,就是让与秦国相邻的韩、魏两国去抵抗秦国,其他国家在背后协助韩、魏。这和之前我们小组猜测的观点很接近。苏辙认为六国灭亡是缺乏联合团结,目的在指出北宋官僚集团不团结。

师:嗯,你们看出了文中借古鉴今的要旨。那请你们再来说一说苏辙的论证思路。

生(第三小组):苏辙从自己看史书的体验中得出当时之士虑患疏,见利浅,且不知天下之势的观点,接着分析天下的形势,特别指出韩、魏是六国战胜秦国的关键,最后建议六国要保护韩、魏,使秦国无法越过韩、魏攻打六国。

师:很好。苏辙的主要观点是"虑患之疏,而见利之浅,且不知天下之势也",由此指出"虑患"的关键在于保护韩、魏,据此他给出了"厚韩、亲魏以摈秦"的建议。从借古鉴今的目的来看,是在提醒宋朝统治者要周全考虑,长远计划。你们小组还有什么补充?

生(第三小组):苏辙提出这样的建议,当然有他的道理。但是我们在刚刚的讨论中都觉

得,苏辙这个想法是不可能实现的。因为当时各个国家并不确定秦能统一六国,国与国之间没法做到真正交心。更何况苏辙是站在全知视角说的,他是知道了历史结果之后来说这些道理的,他的建议太过理想化,有一点事后诸葛亮的感觉。

师:你们是觉得这种观点有比较多的个人因素掺杂在里面,对吧?因此它不够全面、客观。当然,苏辙这种事后诸葛亮式的讨论,对于六国的灭亡是无法挽回了,不过对于后世也许还是有一些借鉴意义的。你们这个小组归纳出了苏辙《六国论》的观点和论证思路,发现了他的观点和北宋现实之间的联系,也发表了自己的意见与困惑,非常好。下面我们再来听听下一组的发言。

生(第二小组):我们来讲一讲苏轼的《六国论》。他的观点是要把读书人养起来。他觉得读书人是很厉害的,你要是把读书人放到民间,他们会带领群众造反,所以国家要把读书人养起来,让他们为国家服务。这和我们小组之前的猜测,要解决冗兵、冗官问题有点接近,又不太一样。我们原以为苏轼会建议缩小"士"的规模,没想到他说要把他们好好养起来。

生(第五小组):我们想补充一下,我们觉得苏轼的《六国论》不只有养士,因为他在第一段的最后说要对人才区别对待,使他们"各安其处"。后面苏轼又说要用选拔机制把人才选出来,协助统治者来治理人民,还要让下层人民也各安其分。所以苏轼的意思是用合理的人才选拔机制来规范人才的使用,由此来解决冗官的问题。

师:这样一补充,逻辑上更自洽了。

生(第二小组):我们还有一个问题,苏轼最后一句话说普通人学习道就易于驱使。我们不知道这样想对不对,苏轼想表达的是让普通人笨一点,这样他们就会听话。我们觉得很震惊!这是我们读原文前没有料到的。

师:这里苏轼化用了《论语·阳货》中的话,和孔子的本意不太一样,确实有你们说的这层意思。宋人崇尚反思内省,标榜自成一家,所以文学创作喜好独树一帜,苏轼这篇尤其。你们小组很敏锐,发现了这一特征。课后可以读一读苏轼的《贾谊论》,历史对贾谊早有一定的评价——怀才不遇,有志未申。苏轼却并不认为贾谊未被重用,朝廷有什么责任或过错?这种论点是非常特别的。欢迎大家看了原文之后进行讨论。其他小组还有没有补充?

生(第四小组):我们小组还注意到一点,苏轼的《六国论》并没有全文都讲六国,他文章后半部分在讲秦始皇,甚至讲到了汉朝,所以我们就在讨论他为什么要把这两段放上去。我们觉得我们读不懂苏轼,他这篇《六国论》是不是偏题了。

师:苏轼与苏辙的《六国论》是他们参加制举考试时所进献的策论之一,当时两人约二十岁。苏轼这篇《六国论》原题为《论养士》,因此不拘于六国的历史。苏辙在其《栾城遗言》中说,"子瞻文奇,余文但稳耳",这"奇"字道出了苏轼在立意、构思方面的特点。可以说你们小组对苏轼文章风格的感受和苏辙如出一辙,非常厉害。

任务三:培养质疑精神,拓宽阅读视野

师:同学们刚才在讲的过程当中,都把握住了苏轼、苏辙文章的观点和论证思路,也印证了之前猜测的观点并有了新的发现及困惑。同时我们也发现一个很有意思的现象,他们的

文章具有相当浓厚的个人色彩,因此他们的观点也往往容易引起争论。在同学们的预习作业中,有将近一半的同学对苏洵的《六国论》提出了质疑,下面请其中一个同学来说一说,你对苏洵的《六国论》提出了质疑,认为他写得不对,那么,如果让你来写一篇《六国论》,你又会怎么写?(播放PPT第9页)

生:我来说。我从去年开始就在看整套的《大秦帝国》,看了之后我认为秦的兴盛,六国灭亡,是因为秦国的变法。在战国的初期,各国都进行了变法运动,但是与秦国不同,六国的变法没有触动根基,都不够全面、彻底。但秦国的商鞅变法从根本上撼动了整个秦国的旧体制,让秦国富强起来。

师:你说得很好。我们请其他同学来点评一下你的《六国论》。

生:我觉得他讲得很有道理,我很赞同。

生:我也很赞同,但是好像这个观点是历史上比较统一的观点,历史课本上也是这样讲的。

师:哦,你联系到了历史课本,非常灵敏。那么大家可以想一想,历史课本和我们今天课堂上的《六国论》一样吗?

生:不一样。三苏的《六国论》是为了借古鉴今而写的,他们的写作有一个目的,即为当时的宋朝解决问题。历史课本没有这个目的。

师:对。史论作者有一个强烈的"借古鉴今"的意图在心里,所以他们会从这个角度出发去选择历史事实,并根据自己的需要来对这些历史事实进行有所侧重的分析。我们要按这样的方式来理解史论,也可以按这样的方式来写作史论。(播放PPT第10—12页)

轲自知事不就,倚柱而笑,箕踞以骂曰:"事所以不成者,乃欲以生劫之,必得约契以报太子也。"左右既前斩荆轲,秦王目眩良久。(〔汉〕刘向《战国策》)

三十年,无忌归魏,率五国兵攻秦,败之河内,走蒙骜。魏太子增质于秦,秦怒,欲囚魏太子增。或为增谓秦王曰:"公孙喜固谓魏相曰'请以魏疾击秦,秦王怒,必囚增。魏王又怒,击秦,秦必伤'。今王囚增,是喜之计中也。故不若贵增而合魏,以疑之于齐、韩。"秦乃止增。(〔汉〕司马迁《史记·魏世家》)

《资治通鉴》所引之书多达数百种,有极高的史学价值,但因为以"鉴前世之兴衰,考当今之得失"为目的,它又并非一部单纯叙述历史事件的书,而是有很强的政治功用。他们试图用回顾历史、总结经验教训的方式,找到解决现实问题的出路。(《资治通鉴·前言》)

历史往往会惊人地相似。有研究者忽然发现:目前世界的政治格局非常相似于中国战国时代七雄争霸天下,进而秦国成为唯一的超级大国,扫灭六国,统一天下的形态,或者说,目前的世界政治格局,正是中国战国时代政治格局在全球范围内的放大,而人类的全球化趋势也越来越显著。这不由得把人们的思维拉回到了中国的战国时代,拉回到了秦国统一中国的历史之中。人们迫切地想从中寻找到未来的某些答案。(姜若木《大秦帝国·前言》)

考史、写史要受限于客观的史料；但论史则可以掺入个人意见，成为文学家挥洒的宽广天地之一。"评史""论史"本就是在关注历史的文体中主观色彩最丰富的一种体裁。

正如王基伦先生所言：史论作者具有双重身份。他是阅读古籍文献的"读者"，同时他又是书写阅读经验的史论"作者"。面对古籍所呈现的事实与意旨，他如何认定采信或是予以否定驳辩？一般"客观的"阅读，把文献作者记载时的本意当作文本的唯一意义，认为通过阅读，达到符合原文献作者本意的对文本的理解，是阅读的最终目的。为达此目的，读者所要做的就是设身处地、重复文献作者的思想和行动，复制出文献作者的本意。因此，尊重历史事实的叙述，是阅读初始的基本态度。而随着历史的演进，人们在不断反观历史的过程中，总是在吸收那些对当下有用的经验与教训，史论便成为议论文之一体，写作目的无一例外地要针对时政而发，于是阅读文献史书的目的，绝不止于被动接受而已。他们希望从旧有典籍中找出新的诠释意义，给予当代政治环境崭新的思考。因此我们发现北宋史论讨论的古代人物或事件，大多集中在国君、大臣身上，尤其三代圣王的淳美之治更是心向往之的论述重点。二苏也不例外。当他们面对古籍所呈现的事实、意旨时，或是勇于否定驳辩，或是发挥想象力，关注史料的空白，填补古籍所不清楚的地方。在这种情况下，史论作者常在不同程度上超越历史的原貌，进行着"主观阅读"之旅。因为"史论"毕竟与历史著述不同。历史著述是对历史事件的理解而重新进行的"历史建构"，而"史论"属文学范畴，它是文学家对于历史事件进行的"意义建构"，二者大相径庭。

（何玉兰《略论苏洵、苏轼史论散文的艺术特色及价值》）

师：我们看最后一则材料，其中画线部分的观点和刚刚同学们的发现很相近，相较于客观的读史，史论是带有作者主观的，针对时政，诠释对当下有用的经验和教训。（播放PPT第13页）明确了这个区别之后，我想进一步说，我国是一个非常重视历史传统的国家，从一开始史家就并非所谓"纯客观"地记叙历史。《春秋》是我国第一部编年体史书，相传为孔子编撰，虽然记事简洁扼要，但后人仍可从字里行间探求到孔子的褒贬，即所谓"微言大义"，这实际上就开启了后世史论的思维模式。贾谊的《过秦论》是开史论先河的名篇，《资治通鉴》以"鉴前世之兴衰，考当今之得失"为目的，《大秦帝国》是史论在当下的传承。这就是我国的史论传统。回到三篇《六国论》，大家觉得从史论角度来看，哪一篇最好？

生（众）：苏洵。

师：为什么？

生：苏洵在借古鉴今方面处理得最好。切入点小，让人很容易就读懂他讽今的内容。

生：虽然苏洵举的荆轲的例子和《史记》不一样，但是苏洵用这个例子来证明自己的观点，逻辑上比较严密。而且他对每个国家的情况都做了具体分析和比较，苏辙和苏轼的例子都比较笼统。不过我还是觉得苏辙的想法太不现实了，苏轼的想法又太奇怪了。

生：最后北宋灭亡和它割地赔款求和也确实有关，苏洵的告诫具有一定的预见性。

师：大家分析得很好，史论就该这样读。这三篇《六国论》，还属老爸的最厉害。请同学们课后阅读孙皓晖《中国文明正源新论》中的《战国之兴亡反思——新六国论》，想一想"六国论"这个史论旧题在当下有何意义。下课！

【教学反思】

部编教材的编写体现了课程整合的理念,通过整体设计学习任务群发展高中学生语文综合能力。下面结合本次教学,从三方面进行说明。

1. 强调整合,使语文学习接近真实的语文实践

史论重在借古讽今、以史为鉴,学生通过预习可以了解苏洵《六国论》的写作背景和现实意义,课堂上需引导学生举一反三,加深印象。因此笔者进行翻转处理,让学生阅读三苏传记和宋朝历史资料,猜测苏轼、苏辙的《六国论》可能持有的论证观点。让学生通过阅读与交流、梳理与探究进入三苏当时的写作现场,体会文字与现实的密切关系。

2. 运用典型材料设计语文学习任务

"六国论"的同题文章不少,选三苏的文章主要原因如下:一是三苏之学,皆以古今成败得失为议论之要,契合必修下第八单元"责任与担当"的人文主题;二是三篇文章各有特点,可以让学生在比较参照中互见其立意、构思方面的差异,具有较高鉴赏性;三是父子同写一题,相互竞趣,能引起学生天然的兴趣。因此笔者制作了一份学案,以引导学生联读三篇《六国论》为核心,锤炼思辨能力,紧贴文本章法,同时鼓励学生静下心来阅读纸质文字——夯实文言还在久久为功,语文学习任务不忘踏踏实实。

3. 指向深度阅读与写作

史论既为解决现实问题而作,又囿于一时一地的局限,学生读史论产生质疑是自然而然的事。课堂上,笔者尽量关注学生的现场质疑,并顺着这些质疑拓展课堂空间,也拓宽学生的阅读视野。同时,大胆质疑也需要缜密推断,立足基本文学知识。当学生对三苏的一家之言表示怀疑时,笔者引导学生把握史论的文学性特征,从而推动学生读古文,做新人,尝试用史论思维思考当下问题,实现对传统史论思维的超越。

本课两个课时包含课文字词句意的落实,学生预习比较认真,这个过程用时约半小时,因篇幅限制,并未在实录中录入。课堂上提供了三批资料,第一批资料可以要求学生采用速读方式,找到关键信息即可;第二批资料提供译文,鼓励学生自学,但要保证充足的阅读时间;第三批资料因时间关系未能展开。建议老师们可适当增加一课时,让阅读和讨论更充分。

文赋传统:体物写志者也

执教/杭州外国语学校　李芳

本课课件

【专题目标】

精读《阿房宫赋》,参读欧阳修《秋声赋》和苏轼《后赤壁赋》,认识文赋体察物象、抒写情志的传统,了解文赋在铺排、用韵、句式等方面较之于"俳赋"和"律赋"不同的特点。

【预习任务】

1. 精读《阿房宫赋》,以金圣叹评点为例,尝试点评《阿房宫赋》的三处文句(见表1)。

表1

序号	语句	金圣叹点评	语句	我的点评
1	六王毕,四海一,蜀山兀,阿房出。	起笔四句,每句三字,共只四三一十二字耳,早写尽秦始混一已后,纵心肆志,至于如此。真乃突兀大笔。		
2	燕赵之收藏,韩魏之经营,齐楚之精英。	横写六国珍奇。		
3	几世几年,剽掠其人,倚叠如山。	竖写六国珍奇。		

2. 阅读《秋声赋》和《后赤壁赋》,各找出一处行文中的铺排,思考其作用。

例如:盖夫秋之为状也:其色惨淡,烟霏云敛;其容清明,天高日晶;其气栗冽,砭人肌骨;其意萧条,山川寂寥。(《秋声赋》)

【教学实录】

师:同学们好!今天我们一起来学习杜牧的《阿房宫赋》。赋是怎样一种文体?晋代陆机在《文赋》中说"赋体物而浏亮",意思是"赋具体地描述事物而明朗",我们要把握"具体"和"明朗"这两个关键词。阿房宫是一个怎么样的建筑?阿房宫内有哪些人?有哪些物品?杜牧会如何具体描述且获得明朗的效果呢?(播放 PPT 第 1、2 页)

任务一:画写促读,认识"体物"

师:早在《史记·秦始皇本纪》中就有描写阿房宫的语段,请一位同学来读一下。(播放 PPT 第 3 页)

> 先作前殿阿房,东西五百步,南北五十丈,上可以坐万人,下可以建五丈旗,周驰为阁道,自殿下直抵南山,表南山之颠以为阙。为复道,自阿房渡渭,属之咸阳,以象天极,阁道绝汉抵营室也。

师:朗读铿锵有力,但有一个字音更正一下。"属之咸阳"的"属"字,这应该读什么?是什么意思?

生:zhǔ,意思是"连接"。

图1

师:很好。修造天桥,从阿房跨过渭水,与咸阳连接起来。课前请同学们用简笔勾勒阿房宫,现在我请王同学结合画作介绍一下《史记》中的阿房宫。(继续播放 PPT 第 3 页,展示图1)

生:据我了解,阿房宫直到秦朝灭亡还没有完全建成。我先画前殿,东西长五百步,南北宽五十丈,是很宽大的一个景象,占地面积很辽阔,南边有山,但我不知道"阙"是什么意思,就画了个类似"缺口"的东西,不知对不对?然后我又画了渭水。

师:谢谢。"阙"是指门阙,就是在南山的顶峰修建门阙作为标志。(播放 PPT 第 4 页)同学们想用什么词来形容阿房宫?

生:很宏伟,自然环境好,依山傍水。

生:神秘朦胧,结构错综复杂。

生:壮阔或者说壮观。

师:好的。其实这么壮观的阿房宫早在秦末就被项羽烧毁了,"项羽引兵西屠咸阳,杀秦降王子婴,烧秦宫室,火三月不灭"(《史记·项羽本纪》),而唐代作家杜牧正是在《史记》记载的基础上通过想象描写阿房宫的。(播放 PPT 第 5、6 页)我们一起来看看同学们根据《阿房宫赋》第一段创作的画,请他们分别结合画作说说杜牧笔下的阿房宫,先请沈同学。(播放 PPT 第 7 页,展示图2)

生:我主要抓住的是"廊腰缦回,檐牙高啄;各抱地势,钩心斗角。

图2

盘盘焉,囷囷焉,蜂房水涡,矗不知其几千万落",我想体现的是走廊和各个连廊那种像人的腰一样婀娜的感觉,然后还有歌台。

师:歌台在哪里?

生:右边这里(用手指)。"一日之内,一宫之间,而气候不齐",我想表现阿房宫上下的延伸感,就是一种山上和山下的感觉,为它的"气候不齐"做出解释。

师:很难想象"气候不齐",我们听说过东边日出西边雨,但这种情况非常少见的,何况阿房宫只是一处建筑而已,为何气候不一样呢?你的解释是阿房宫依山而建,有高下之分,所以导致气候不齐。其他同学有不同的理解吗?

生:我的看法不一样,"气候不齐"不是指真正的气候不一样,应指人的感受不一样,"歌台暖响"给人以"春光融融"的感受,"舞殿冷袖"则给人以"风雨凄凄"的感受。

师:很好,你把语言放到环境中去理解。还有不同的理解吗?

生:我认为"气候不齐"的基础就是阿房宫规模非常大,在这样一个庞大的宫殿里,好像外面世界的气候都不能影响到这个宫内了,它自己已经成为一个庞大的世界,独立于世,在这个世界里它有自己的"气候不齐"。同时我还读出一种暗讽,阿房宫内歌舞升平,而百姓却异常辛苦。

师:你认为阿房宫的确庞大,而且你还联系了社会背景来解读,歌舞升平的背后却是百姓"凄风苦雨"般的生活。这让我联想到爱伦·坡的小说《红死病的假面具》,放弃拯救百姓之责,顾自享乐的亲王最终也被病毒所杀,课后大家可以读一读这篇经典小说。接下来,我们请徐同学来联系画作介绍阿房宫。(继续播放 PPT 第 7 页,展示图 3)

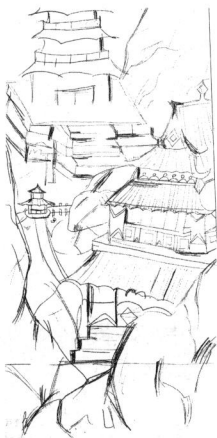

图 3

图 4

生:我主要想表现阿房宫的楼阁连绵、长桥卧波、钩心斗角等。(以手指相应位置)

师:好的。"长桥卧波,未云何龙?复道行空,不霁何虹?"我们学校有"复道"吗?

生:有,就是在一号楼分别和二号楼、三号楼的三楼、四楼相连的通道。

师:对的。再请朱同学。(播放 PPT 第 8 页,展示图 4)

生:我比较侧重表现建筑和山的关系,因为我觉得光画建筑的话,并不能体现它的绵延感,我想用山来衬托阿房宫的庞大,画出绵延几百里的感觉,远的地方用阴影来表现,意思是房屋一直延伸到远处。我还画了烟雾,是根据第二段的"烟斜雾横"而画。

师：这也就有了人的活动，画面更加生动了。朱同学用山来衬托阿房宫，你们觉得是正衬还是反衬？

生：正衬。

师：山是大自然鬼斧神工之作，而阿房宫却由民众建造，究竟要付出多少人力物力才可以建造出堪比山体的阿房宫？（稍停）到现在为止，我们通过几位同学的画作，形象地了解了杜牧笔下的阿房宫。那么，大家思考并概括一下，杜牧是从哪些角度来描写阿房宫的？

生：从占地面积、自然环境、结构特点、活动氛围等角度来写的。

师：你是从内容上来概括的。

生：从宏观和微观的角度来写，宏观比如"覆压三百余里"，微观比如"钩心斗角"。

生：从正面和侧面结合来写，正面比如"五步一楼，十步一阁"，侧面比如"蜀山兀"，把整个蜀地山上的树木全部砍伐光了，才能来建造阿房宫。

师：你们是从写法的角度来概括的。大家都有自己的理解，角度不一样，回答很丰富。从内容上来讲，杜牧主要写了"代价之巨大（蜀山兀）、规模之宏大（三百余里）、楼阁之密集（几千万落）、构建之精妙（长桥复道）、歌舞之极盛（气候不齐）"等。（播放PPT第9、10页）作家、诗人臧克家在《诗人之赋——读杜牧的〈阿房宫赋〉》中评价此段"既不作自然主义的铺陈，又不流于空疏，笔墨不多，却把阿房宫的形象、规模、气魄通过具体描写表现了出来，给读者一个鲜明突出的印象"，你觉得评得怎样？

生：很恰当！正好抓住了赋"具体"和"明朗"的特点。

师：杜牧在描写阿房宫的外部建筑后，紧接着聚焦阿房宫内部的人和珍宝。我们先一起读第二段，通过文字，走进阿房宫内宫女们的内心世界。

（学生朗读）

师：哪个同学来说说宫女们心理的变化过程？（播放PPT第11页，展示表2）

表2

句序	文句	概括	心理	诗句
第1句	妃嫔媵嫱，王子皇孙，辞楼下殿，辇来于秦。	宫女来历		十二楼中尽晓妆，望仙楼上望君王。（〔唐〕薛逢《宫词》）
第2句	朝歌夜弦，为秦宫人。			
第3句	明星荧荧，开妆镜也；绿云扰扰，梳晓鬟也；渭流涨腻，弃脂水也；烟斜雾横，焚椒兰也。	宫女梳洗		
第4句	雷霆乍惊，宫车过也；辘辘远听，杳不知其所之也。	宫女等待		寂寂花时闭院门，美人相并立琼轩。含情欲说宫中事，鹦鹉前头不敢言。（〔唐〕朱庆馀《宫词》）
第5句	一肌一容，尽态极妍，缦立远视，而望幸焉。			
第6句	有不见者，三十六年。	宫女结局		尽是离宫院中女，苑墙城外冢累累。少年入内教歌舞，不识君王到老时。（〔唐〕杜牧《宫人冢》）

生：最初她们从六国来到秦国的阿房宫，从"宫殿的主人"变成了"宫殿的宫人"，身份发生了变化，然后通过梳妆打扮想得到皇上的宠幸，"缦立远视"呈现了宫女的静态，让我好像看到了一座雕塑，我感受到她们流露出来的忧伤，最终"有不见者，三十六年"，这是一个悲剧。

师：你能用几个词语来概括这一变化过程吗？

生：茫然若失、有所希冀、忧伤、彻底失意。

师：很清晰。还有同学要补充吗？

生：这些宫女刚来到秦国的时候，是悲伤、凄凉、为己不平的，她们有亡国之恨，有沦为宫人的巨大落差，然后她们来到秦宫后，为秦宫的奢华而倾倒，被秦国实力之盛而征服，震惊、崇拜且心生喜悦，开始精细地打扮自己以获得君王的青睐，但是在期盼中不断失望，喜悦与伤感交替，最后彻底心灰意冷。

师：分析得很细致。梳妆打扮的行动中或许也有很多的无奈、挣扎和不得已。

生：我想说说等待，"有不见者，三十六年"，这是无意义的等待，这是无意义的消耗！

师：我感觉你很激动，很为这些宫女不值。"尽是离宫院中女，苑墙城外冢累累。少年入内教歌舞，不识君王到老时。"（杜牧《宫人冢》）什么是"冢"？

生：坟墓。

师：（播放PPT第12页）她们或许曾经都是活色生香的少女，到最后变成一个个死寂的坟包里埋着的几根枯骨，令人唏嘘。作者描写出她们从无奈接受现实来到秦国，满心期望得到帝王宠幸，盼望、失望、希望、苦望纠缠乃至绝望的心理发展过程。我们读到了"美"，更读到了"惨"。活人尚且被如此对待，更何况珍宝，"鼎铛玉石，金块珠砾，弃掷逦迤"，汤同学说"宫中珍宝，皆只当是寻常"，的确，面对如此种种，杜牧开始抒发情志。

任务二：诵读议论，理解"写志"

师："不歌而诵谓之赋"，有节奏地诵读赋，最能感受赋的文辞美、音乐美、情感美，感受其蕴蓄在文内的充沛气势。我请大家以小组为单位为《阿房宫赋》第三段设计一个简单的朗诵方案，下面谁来说说你们的方案。（播放PPT第13、14页）

（生呈现小组的朗诵方案〔表3〕）

表3

句序	文句（朗诵处理）	说明
第1句	嗟乎！‖	表达作者之悲叹。
第2句	一人之心，千万人之心也。‖	憎恶昏君，怜惜千万百姓。
第3句	秦｜爱纷奢，人亦念其家。‖	读出对比，前句责怪，后句悲悯。
第4句	奈何取之尽锱铢※，用之｜如泥沙？⊙‖	用质问语气，先快后慢，强调对比，突出抢夺之疯狂，挥霍之随意。

续 表

句序	文句（朗诵处理）	说明
第5句	使负栋之柱，多于南亩之农夫；‖架梁之椽，多于机上之工女；‖钉头磷磷，多于在庾之粟粒；‖瓦缝参差，多于周身之帛缕；‖直栏横槛，多于九土之城郭；‖管弦呕哑，多于市人之言语。※↑‖	六句排比，语速逐渐加快，语调逐渐上升，读出愤激之情。
第6句	使天下之人，不敢言｜而敢怒。‖	读出百姓普遍的、广泛的不满和愤怒之情，"敢怒"要铿锵有力，掷地有声。
第7句	独夫之心，日益｜骄固。‖	读出痛恨、讽刺之感。
第8句	戍卒叫，函谷举，楚人｜一炬，可怜｜焦土！⊙↓	语调逐渐下降，于严峻中读出惋惜和深叹。

注：字下加"·"表重读；"｜"表停顿，不换气；"‖"表停顿，换气；"↑"表升调；"↓"表降调；"※"表语速快；"⊙"表语速慢。

师：从朗诵方案可以看出，这组同学认真研读文本，甚至切入字缝之间，较为准确地把握了作者的情感，设计贴合情感表达的需要，是很有价值的设计。根据这个设计，我们一起来读一读。

（学生朗读）

师：听了同学们的朗读，我充分感受到了《阿房宫赋》美的文辞、丰沛的情感，内心震动。同学们，我们知道公元前207年秦朝便灭亡了，那一千多年后，杜牧为何要写这篇《阿房宫赋》呢？我们先读一读第四段，再根据课前查阅的资料，联系历史，说说作者的写作目的。

（播放PPT第15页）

（学生朗读）

生：我在《上知己文章启》中看到杜牧自言"宝历大起宫室，广声色，故作《阿房宫赋》"，可见杜牧是借古讽今，劝唐朝统治者以史为鉴、以人为本，必须实行仁政。

师：是的，"水能载舟，亦能覆舟"，如果统治者眼中没有百姓，心中没有百姓，这个国家必然会灭亡。

生：我在《历代辞赋鉴赏词典》中看到"杜牧生活在晚唐，正是唐代社会走向衰败的时期，阶级矛盾和社会各种矛盾都很尖锐""通过对阿房宫的具体描写，揭示出秦始皇穷奢极欲的罪行和秦王朝灭亡的原因""文章的主旨，在当时的历史条件下无疑是有进步意义的"。

师：是的，"唐敬宗宝历年间（825—827）广建宫室，追求声色之乐"（李浩、王军主编《长安吟咏》），十六岁的马球皇帝唐敬宗大兴土木，二十三岁的诗人忧虑满怀。"杜牧想起尚未落成便被项羽付之一炬的阿房宫，于是展开想象铺排纸笔，以极其华美的语言，全力渲染其雄伟精致与壮丽"（张锐强著《诗剑风流：杜牧传》）。豪华宫殿，美女如云，珍宝万千，这是帝国的盛况，却是万千百姓的惨状，如若唐不以"秦不爱民乃至覆亡"为鉴，必将江河日下，"后人

哀之而不鉴之,亦使后人而复哀后人也"更值得历代统治者反思。(播放 PPT 第 16 页)

任务三:联读佳作,分辨文赋

师:同学们,赋作为一种文体的名称,早在战国时代后期便已出现。在其发展演变过程中,往往受到同时代的诗歌或散文的影响。文赋是赋的一种,它是在主张"文以明道""反对骈文,提倡古文"的唐宋古文运动影响下而产生的赋,与俳赋、律赋有很大不同。我们再来读一读欧阳修的《秋声赋》和苏轼的《后赤壁赋》,并根据"俳赋"和"律赋"的特点在下表"文赋"一栏横线处填入合适的信息。(播放 PPT 第 17、18 页,展示表 4)

表 4

俳赋	律赋	文赋
又称"骈赋",始于魏、晋,盛行于南北朝时期。"俳"是俳偶,"骈"是骈俪,都是指字句对仗。俳赋的主要特点是追求字句上的工整对仗,音节上的轻重协调。	主要是适应唐、宋科举考试用赋而产生的一种既讲究对偶,又限制音韵的新赋体。它是在六朝俳赋基础上变化而来的。律赋的体制,讲求俳偶,以限韵为基本特点。律赋比骈赋更注意对仗工整,平仄和谐。特别是对押韵有严格的限制。	一反俳赋、律赋在骈偶、用韵方面的限制,更_____而近于_____。文赋并不完全排斥_____,但也只是用来增强气势,不像俳赋那样一味追求声色的华丽。文赋也用韵,但比较_____。虽然也有铺陈的特点,但基本摒除了僻字和_____的毛病。

生:文赋更散文化而近于古文,不要求完全对仗,像《阿房宫赋》中"覆压三百余里""蚤不知其几千万落""后人哀之而不鉴之,亦使后人而复哀后人也"等使用散句,使表达更加贴合需要,议论更加畅快淋漓。

师:很好。骈散结合使文章既节奏明快、音韵和谐,又有一种错落有致的美。

生:文赋并不完全排斥对偶,像《秋声赋》中的"百忧感其心,万事劳其形"。

师:是的,比如《阿房宫赋》起头的四句"六王毕,四海一,蜀山兀,阿房出",也使用了对偶。

生:我觉得"文赋"也用韵,但是比较自由,不像"律赋"那样要限韵,我在《阿房宫赋》中找到很多韵脚。

师:有兴趣的同学可以在课外逐一梳理一下。

生:文赋虽然也有铺陈的特点,但基本摒除了僻字和堆砌辞藻的毛病,这三篇文章中的绝大部分字我都认识,没有特别生僻的字。

师:很好!通过这样的辨析,我们对文赋的认识就更加清楚了。欧阳修创作于宋仁宗嘉祐四年(1059)的《秋声赋》和苏轼创作于宋神宗元丰五年(1082)的《后赤壁赋》都是文赋,堪称文赋中传诵不衰的经典。请阅读两赋,根据文赋体物写志的特点,完成表 5,说一说这两篇文赋的物象和情志分别是什么。(播放 PPT 第 19、20 页,展示表 5)

表5

课文	物象	情志	金圣叹点评	你的理解
《阿房宫赋》	阿房宫	借阿房宫修建与毁灭的历史事实,对天下兴亡做了深刻的反思。	"后人哀之而不鉴之,亦使后人而复哀后人也。"言尽而意无穷。	
《秋声赋》			"奈何以非金石之质,欲与草木而争荣?念谁为之戕贼,亦何恨乎秋声!"讥世不必忧而故自忧人。	
《后赤壁赋》			"道士顾笑,予亦惊寤。开户视之,不见其处。"然则道士化鹤耶?鹤化道士耶?鹤与道士,则必有分矣,此之谓"无尽藏"也。岂惟无鹤无道士,并无鱼,并无酒,并无客,并无赤壁,只有一片光明空阔。	

生:《秋声赋》的物象是"有声之秋"和"无声之秋"。

师:能具体说一说吗?

生:"有声之秋"就是"自然之秋","无声之秋"比喻"人生之秋"。

师:好的,我理解了。那么作者要抒写的情志是什么呢?

生:作者要说"人生不易,忧劳伤身"。

师:的确,"有动于中,必摇其精",人生中有许多事情让身体劳累,只要内心被外物触动,就一定会耗损人的精气,人到中年的欧阳修要表达的情志正是"人事忧劳更甚于秋的肃杀"。

生:《后赤壁赋》的物象是"江上的冬景",有"江流""断岸""巉岩""栖鹘"等,要表达的情志应该是"月夜登临的情趣与内心怅然若失的苦闷"。

生:我认为情志应该是"内心的豁达",从"开户视之,不见其处"可以看出来作者把一切都收束在光明空阔之感觉中,和《赤壁赋》"不知东方之既白"有异曲同工之妙。

师:对《后赤壁赋》情志的理解确实存在诸多分歧,有人理解为"超脱的情怀",有人则认为"苦闷和矛盾",同学们可以在课余进行更加细致深入的思考。

师:同学们,经过今天的学习,我们认识了赋"体物而浏亮"的特征,了解了文赋与俳赋、律赋的不同,在欣赏三篇文赋中,我们感受到了赋体文章的魅力。(播放PPT第21页)

2007年春,《光明日报》开辟"百城赋"专栏,并公开发表了"开栏的话",其中一段:

从江南到漠北,从东海到西疆,灿若星河的中华名城叙述着泱泱华夏的辉煌。在中华民族复兴的伟大时代,传统在创新中传承,文明在进步中光大。幸福安康、勤劳勇敢的人民和他们绚丽多彩、日新月异的城市,科学发展,共建和谐,一同推动着中国历史巨轮滚滚向前。今天的城市是欣欣向荣的中国缩影。盛世方写华章……本报将刊登100个城市的辞赋,诚邀您欣赏评点。

师:《光明日报》这一创举获得了社会强烈的反响,好评如潮。请大家根据这一资料谈谈赋作(尤其是文赋)在当代复兴的意义。

生:当今语言干渴,苍白无力,复兴赋作有助于丰富语言,提升文学素养。

师:为什么你说"语言干渴"?

生:在网络上有很多没有营养的废话,意思空洞,比如"尬""打脸""6""栓Q""上一次听到这种事还是在上一次"等,不能引发我的联想和想象。

生:在中华民族复兴的伟大时代,赋作(尤其是文赋)复兴可以歌颂盛世伟业和民族精神,可以使文学殿堂更加光辉灿烂,也可以为新闻业的发展注入活力,吸引受众。

师:你的理由很充分,所以你坚定地认为要复兴文赋。

生:赋,既古又新。说古,因盛于楚汉;说新,因百年失声。骤然复出,重登主流媒体之上,让人耳目一新,有重回汉唐之感。这种古韵新声使对索然无味的快餐式媒体失去阅读兴趣的读者,会获得"咀嚼文字"的美感和"享受阅读"的快乐。

师:好的,同学们都充分表达了自己的想法。辞赋的衰落已有百年,当我们今天再读到情文并茂、意味隽永的《阿房宫赋》时,不免欣赏赞叹!我们对前人创造的精华是应该继承和发展的,这是我们学习的目的,也是我们作为读者的一份责任。下课。

【教学反思】

　　《阿房宫赋》是《普通高中教科书 语文 必修 下册》第八单元中的课文,该单元对应学习任务群6——思辨性阅读与表达。作为古代经典文赋,此作在具体描写阿房宫建筑、美女、珍宝的基础上,抒发感慨,发表议论,揭示出秦统治者骄奢淫逸的罪行和秦王朝灭亡的原因,劝诫当今统治者以史为鉴,施仁爱民。让学生准确理解"赋"这种文体"体物而浏亮"的特点,把握作者观点、态度和语言特点,并能在区分"文赋""俳赋""律赋"的过程中认识到文赋的特质,进一步加深对文赋的文学价值和艺术价值的认识,是我设计本课教学点和教学内容的主要出发点。我认为,学习文言文既要得体,又要有趣。"得体"是指恰如其分地把握文言文的特质,深挖其精华。"有趣"是指贴合学生兴趣爱好,有时代感。在追求得体方面,我让学生以金圣叹点评为例点评《阿房宫赋》,使学生的阅读更加专注深入,努力去发现文赋的魅力,为正式教学打下扎实的基础;而《秋声赋》《后赤壁赋》两篇文赋的联读,使学生对文赋的认识由单篇到多篇,多篇成类,从而发现这一类的特征,这是比较有说服力的。在追求有趣方面,我让学生结合《史记·秦始皇本纪》和《阿房宫赋》简笔勾勒阿房宫,这不仅让擅长绘画的学生有了用武之地,更主动地阅读理解文言,也使教学有了生动的抓手,教学现场文画相衬,学生津津有味;而在最后设计"谈赋作(尤其是文赋)在当代复兴的意义"这一环节,旨在建立"文赋"与"当下"的关系,强化"为我所用""为时代所用"的意识。在实际教学过程中,两节联课80分钟,学生始终专注,在认识阿房宫的特点、宫女的心理发展变化过程、秦统治者穷奢极欲的本质以及杜牧的写作用意这些关键点上,都表现出了浓厚的兴趣和探索的热情,他们的思辨能力也得到了发展。若要完善此设计,我认为,可课外给学生提供一两篇俳赋和律赋的文章,让学生切实感受"骈俪""限韵"的特质,从而对文赋的"自由"和"适当的华丽"有更清晰的认识。

同伴观察，互评共进：小论文展评会

执教/浙江省嘉兴市第一中学　奚素文

本课课件

【专题目标】

在阅读思考、写作成稿的基础上，通过对"六国灭亡最重要原因探究"小论文的讲评，经历同伴观察的过程，明晰本次写作任务的评价标准，互评共进，交流碰撞，反思省察，从而进行有成效的修改。

【预习任务】

1. 完成"六国灭亡最重要原因探究"的小论文写作，建议：①在阅读苏洵、苏辙、李桢、司马光、魏晓立等论六国灭亡原因群文的基础上写作；②观点明确，理由有 2—3 个层次，并基于证据；③不少于 700 字。

2. 将班级以 4—6 人一组分成若干小组（少于 4 人难以进行多样本观察，多于 6 人不利于组织运行）。可由教师确定组长、组员，保证一组内有不同写作层次的学生；也可由学生投票选定组长，组长负责组建。

【教学实录】

师：从上周三到周日同学们基本完成了"六国灭亡最重要原因探究"的小论文写作，恭喜大家，这次挑战任务已经完成了大半！（播放 PPT 第 1、2 页）

任务一：分享收获，聚焦难处

师：那么，在这次小论文写作过程中，你有怎样的收获？遇到什么样的困难？分享一下你的真实感受和想法吧。（教师播放 PPT 第 3 页，学生思考）

生：这次写作跟以前不一样，老师提供了十页左右的阅读材料，信息量很大，很考验阅读的耐心，真的挺挑战人的。

师：但你还是读下来了吧？

生(点头):读完了,但后面是快速浏览的。

师:看来我们以后要多做这样的训练啊。

生:我也想说说写前的阅读。确实以前没有读过这么多材料再进行写作的经历,尤其老师给的材料各家各执一词,不同立场者有不同观点,让我了解到更多六国灭亡的历史细节,拓宽了论述思路。(有人点头,但也有人皱眉,师请一位皱眉的同学谈谈想法)

生:看多了也带来一个问题,感觉自己有点无所适从,写的时候难免会不自觉想抄点别人的。

师:确实会带来一个问题——如何在引述前人的论述与阐述自己的思考之间做好平衡?

生:我倒觉得阅读他人的文章,也帮助我以积极主动的心态去思考表达,我就带着"挑刺""找茬"的心态去读,也训练了我的批判性思维,所以,我这次写作是比较顺畅的。

师:所以,你一下子写了两千多字是吧?(生自信地点头,同学们惊讶,鼓掌)

生:老师,我就不好意思了,我勉强写到七百字,我感觉看多了都看花眼了,觉得该写的都被写光了,我最大的难处就是感觉自己的文章层次比较单薄。

师:这位同学很真诚地表达了自己的困惑。

生:我也有同感,觉得自己的文章还不够深刻,没有上升到本质的穿透力。

师:你所说的"本质的穿透力"是什么?

生:除了事实论据之外,可能还需要结合科学的理论,如生产力、生产关系、历史规律,不能一味凭空议论,我觉得这方面做得不好。

师:好的,你能意识到这些已经很了不起啦。当然,我们高中生没有特别深的理论基础也是正常的,但有一些这方面的知识,能帮助我们更好地架构文章,写出层次感。

师:好的,同学们,刚才的交流触及了一些非常有价值的问题。首先,没有阅读就没有高质量的写作,我们站在巨人的肩膀上,登高望远,比单凭自己苦思冥想思维要开阔、深刻一些,我们今后还要加强类似这样的读后写作挑战训练。当然,这确实也带来一个问题,如何去梳理前人的论述,在综合思考、判断后,找到一个合适的切入点去写。我们等一下试着去解决这个问题。

任务二:对比观察,明确标尺

师:"文章三分写七分改",接下去就是修改、完善的工作。今天这节课,我们要做的事情就是明确评价标准,然后进行小组互评,最后综合同学意见有方向地修改。

同学们,等一下你们就要做小老师了,打算用什么标准去评价同伴的文章呢?

生:我觉得,可以参考我们刚才交流到的困难处,比如,借鉴他人观点又能有自己的切入点,能做到这点的就是好文章。还比如刚才说到的,写得深入、有层次的就是好文章。

师:很好,结合刚才的写作体验交流来说,从困难处找评价点。还有别的角度吗?

生:字数。刚才同学说到勉强写到七百字或者写不到,肯定不行。

师:是的,七百这个数字是哪里来的呢?(同学们似有所悟)

生:老师,标准就是作文任务要求的——第一,在阅读苏洵、苏辙、李桢、司马光、魏晓立等论"六国灭亡原因"群文的基础上写作;第二,观点明确,理由要有2—3个层次,并基于证据;第三,文章不少于700字。

师:对啊,同学们,审题很重要啊。但是"要求"比较抽象,在具体的文章中如何辨别? 我们需要结合具体的例子来看。下面所用的例子大多来自咱们班同学的初稿。(播放PPT第4页)

济济人才,海内一心
——论秦灭六国之因

其一,秦国君臣之才寻到了正确的方向,顺应了时代大潮所趋。

其二,秦国君臣之才背后有一种韧劲和信仰。

论六国灭亡之因
——人才的两种"打开方式"

其一,六国君臣之才未寻到正确的方向,拘泥于小聪明,未顺应时代大潮所趋。

其二,六国君臣之才缺乏一种渗骨入血的韧劲和信仰。

师:这是同样提到"人才因素"的两篇文章,课件上展示的是两篇文章的题目和主要层次,你觉得哪篇更切合这次的写作任务?(生沉思)

生:我觉得是第二篇,第一篇是写秦战胜六国的原因,第二篇才是在写六国灭亡的原因。

生:老师,秦战胜六国的原因,不就是六国灭亡的原因吗?

师:的确是紧密关联的,但是陈述的主体不同,今天我们的写作任务是要求谈"六国灭亡的最重要原因",讨论的主体是六国,大家表述的时候注意侧重点。可能不止一位同学出现这个问题,审题还是要严谨啊。(播放PPT第5页)

我认为六国灭亡的最重要的原因是不善用人。在这一点上,秦国做得比其他国家都好。

六国不敌秦国灭亡自古以来为众多学者所研究,不少人认为,客观的自然条件决定了一个国家的命运。但我还是以为,六国灭亡的根本原因仍是君主不善治理。

师:这两段文字分别是两篇文章的开头,你觉得哪一篇更有说服力,或者更有思辨力?

生:第二篇吧?(语气不是很坚定)

师:大家赞成吗?(大多点头)能说说理由吗?

生:第二篇似乎先考虑了别的原因,再提出自己的观点,感觉思维更全面一些。

师:有没有想到哪篇文章也是这样做的?

(大多数同学齐声说《六国论》)

师:能背下开头吗?

生(齐):六国破灭,非兵不利,战不善,弊在赂秦。赂秦而力亏,破灭之道也。或曰:六国互丧,率赂秦耶? 曰:不赂者以赂者丧,盖失强援,不能独完。故曰:弊在赂秦也。

(教师播放PPT第6页)

> 文章的精彩,不仅仅在论点精辟,而且在于主动提出对论敌有利的论据,然后加以分析,使之转化为有利于自己的论点,从而深化自己的论点。(《孙绍振论高考语文作文之道》)
>
> "深化自己的认识,一个很重要的标志就是,学会说'但是'。"(《苏教版高中语文必修三·让你的认识更加深刻》)

师:这就是论述文写作特别重要的"论敌意识",在与论敌的辩驳中深入论证。我们再回到这个写作任务——"六国灭亡最重要原因探究"小论文,一个"最"字也要求我们应对多种可能原因进行分析、比较后提出自己的观点,切忌武断地提出自己的观点。下面这段话就很好地运用了"但是""并不然"这类转折词来使自己的论述具有思辨力,背后体现的其实是作者的"论敌意识"。(播放PPT第7页)

> 司马光怅然,"向使六国能以信义相亲,则秦虽强暴,安得而亡之哉",其实并不然,他的想法过于理想化。六国所有行为的出发点,并不是"我要怎么限制秦国",而是"我要怎么壮大自己",所谓"没有永远的朋友,只有永远的利益",各国都是以本国利益作为出发点的,合纵只是表面上的团结,其中各国都有自己的"小心思",这样也就不免相互之间推诿扯皮,最终导致"纵散约败"。(孙昀冉)

师:说到这里,我们再来看一段目前学界研究批判性思维的著名学者董毓教授说的话,"批判性思维不等于否定,而是谨慎反思和创造。……谨慎态度是中性的,它既不是肯定也不是否定,而是'先不慌作决定'"。(播放PPT第8页)

师:所以,同学们,这就意味着我们在发表自己的观点之前,应该对前人的观点做一个阅读、梳理、权衡、思考,在此基础上审慎地提出自己的观点,这个梳理的过程学术上称为"综述"。同学们,说到这里,刚才我们交流到的问题——如何在阅读中以积极主动的态度思考别人观点的合理性,而不是被别人"牵着鼻子走",是不是有答案了?读的时候应该认真梳理前人的观点,加以比较、权衡,再形成自己的判断,最终提出自己的观点。那么,如何梳理呢?我们可以画一张表格。(播放PPT第9页,展示表1)

表1

比较维度	六国(韩赵魏楚燕齐)	秦

师:同学们,你们阅读材料后,觉得六国与秦有哪些比较的维度?我们头脑风暴一下。先请政治课代表来说说。

生:生产力与生产关系。

师:这是政治术语了,分别包括哪些呢?能说细点吗?

生:生产力,包括人口、地理环境、经济情况等,生产关系包括政治制度、文化等。

师:好,不愧是政治课代表!还有没有别的分法?

生：我想到外交和内政，外交政策可以分为游说、赂地、连横抗纵等策略，内政包括制度、人才、经济改革等。

师：非常好，内外之分。还有没有别的分法？

生：客观的、主观的。客观的比如地理环境等，主观的比如统治者的思想、能力，百姓的愿望等。

师：好的。刚才我们同学说需要一些科学理论让自己的文章更有穿透力，其实，有了这样一些分类之后，回去再去读一读那些材料，理一理有哪些观点、分别是怎样论述的，在此基础上再进行权衡、判断，就能够避免"挑花眼"的问题，自己写的时候层次也能更分明。（播放PPT第10页）

> 观点：而在我看来，六国灭亡的最大"黑手"还是其自身之弊。
> 理由一：弊端之一是它们目光短浅，缺乏前瞻性，注重蝇头小利。
> 理由二：六国还有一个重要的弊端是政治头脑的落后。

> 观点：而在我看来，六国灭亡的最大"黑手"还是其自身之弊。
> 理由一：在外交上，它们目光短浅，缺乏前瞻性，只注重蝇头小利。
> 理由二：在内政上，没有做到养精蓄锐，实力不增反减，败亡成定局。

师：大家看这里有两篇文章的框架结构，分别是初稿和改后稿，其中的理由二是不同的，你觉得哪一篇是改后稿？

生：应该是下面那篇吧？（看师点头，继续说）因第一篇的分类有问题，"政治头脑落后"也还是"目光短浅，缺乏前瞻性"的问题，只能算一个层次。第二篇，分类就比较科学，"外交上""内政上"，层次就清晰了。

师：很好。同学们，写作任务要求有二至三个层次，意味着层次之间不能重复。而且，两个层次都应该指向总的观点。大家注意了，我们拿到一篇文章，应该先看总观点和相关层次，从宏观上判断其合理性，再关注微观细节，比如用句、用词、错别字、标点的规范等问题。（学生点头）

师：同学们，那么一段之内，如何做到逻辑严密，分析有力呢？（播放PPT第11页）

> 诚然，秦国优越的地理区位和雄厚的积累给六国带来了危机感和压迫感，而且事实上也存在如燕王者"始有远略"，不仅意识到六国不应相攻而应将矛头对准秦地，而且很早地意识到避免割地赂秦。但是，在六国地界相接而矛头相对的形势面前，彼此戕害是唯一的选择，因为团结的表皮之下是背叛的风险、退却的可能，这种随时背叛带来的灭亡风险，几是不可承担的。况且，史实也并非没有证明团结的失败，贾谊《过秦论》一句"九国之师，逡巡而不敢进"中便可见一斑——"逡巡"的背后是团结的表面下各自明哲保身的实质。总而言之，这不能诉之以"没有远见"，不能责之以"失之仁义"，因为这种战略是必然的结果。

生:从老师加点部分可以看出,这一段用了很多关联词。

师:对的,关联词特别能体现句与句之间的逻辑关系。除此之外还有吗?

生:还用到了《过秦论》里的话,让论证有依据。

师:很好,论证要有依据,写作任务里要求我们"基于证据",但要注意这个证据必须是真实的、可靠的。比如下面的例子,你看下面两段话哪一段有问题?(播放PPT第12页)

> 战国时候,秦国地处山西之地,盛产煤矿、铁矿,资源丰富,依靠这些用于贸易,获取了大量的财富。
>
> 先来看"战",苏洵认为"非兵不利,战不善",事实上,秦国在兵器及战术上确实略胜一筹,有考古发现,秦国兵器制作精良,其尺寸规格相差"仅几毫米"(《通用技术·必修1》江苏凤凰教育出版社),也就是说,如果弩被击坏了,秦人可以就地取其他完好的部件重组一套——战场上的效率和攻击力就高了,就是所谓的"兵稍利"。

生:我猜测第一段有问题。但我不确定,感觉上"煤矿"作为燃料好像没这么早。

师:历史课代表能确定吗?

生:煤好像汉代才用到吧?我们现在的产煤大省可能也不是当时秦所在地吧?

师:这事我特地请教了历史老师,他给我的回复是"根据目前史学界公认的说法,这里有两点说法有悖史实,一是根据目前考古资料,最早汉代才使用煤炭做燃料,秦国以'煤矿'进行贸易获取财富,是没有依据的。二是根据目前高等教育出版社的《大学中国史》地图显示,当时秦国不在今天的产煤大省山西,秦主要在关中,在渭河平原,后分为韩赵魏三国的晋才是我们现在的山西省处。春秋战国时所说的'山东''山西',以崤山为界,与现在的'山西省'不一样"。第二篇比较严谨地标注了证据出处,体现良好的文献意识。

任务三:同伴互助,小组评改

师:好,同学们,现在我们总结一下本次作文的评价标准。我这里提供一个参考的评价标准,现在请同学们以小组为单位,在你们组评价记录单上对小组成员的习作进行评价,并在记录单(图1)上填写得分情况。如果在评改过程中发现其他值得注意的评价标准,也可以提出来,我们一起讨论。(播放PPT第13页)

小组互评,同伴观察

评价标准参考:

A (30分)有论敌意识,在权衡比较中提出自己的观点

B (30分)观点明确,框架合理,有2—3个层次

C (30分)逻辑严密,基于可靠证据

D (10分)字数不少于700字

波浪线画出亮点,直线画出有问题处,必要时旁注。

你是否还发现其他值得注意的评价标准?

"六国灭亡最重要原因探究"小论文小组评价记录单

组长：＿＿＿＿＿＿＿＿　　记录者：＿＿＿＿＿＿＿＿

评价标准：

    A.

    B.

    C.

    D.

成员名单	标题	A(30)	B(30)	C(30)	D(10)	总分(100)

评改过程中,你们的收获：＿＿＿＿＿＿＿＿＿＿＿＿＿＿＿＿＿＿＿＿＿＿＿＿

如发现其他值得注意的评价标准请写下来：＿＿＿＿＿＿＿＿＿＿＿＿＿＿＿＿＿

图 1

师：评改我们课下分小组进行,请同学们认真评阅,用波浪线画出亮点,直线画出有问题处,必要时写旁注,认真完成评价记录单。

【教学反思】

新课标认为,写作是基于真实读者的动态创生过程。基于这样的理念,本次课堂在以下3个方面做了努力和尝试。

1. 基于阅读的写作

没有阅读就没有高质量的写作,本次小论文写作一个大的挑战是学生事先需要看相关资料,这其实是学生与前人进行对话的过程,其中还涉及一种学术训练——撰写论文综述。一开始布置任务的时候并没有想到让学生先梳理、综述再写作,在学生分享写作体会的过程中,体会到这项工作的重要性,讲评时就提供六国与秦"比较维度"的整理来推动学生自己课下去做,期望学生写作时能分出合理的层次。这也是本次教学比较遗憾之处,下次应该在布置写作任务时就对此进行强调并事先做好指导。

2. 贴着学生教

写作既然是一个动态的过程,要让学生体验完整的写前构思、写中成文、写后修改的过程,并有意识地引导学生分享自己的写作体验,"你有怎样的收获？遇到什么样的困难？"这样的问题既有利于增强学生的过程意识,也帮助教师掌握学情。在这个分享环节,"引述前人的论述与自己的思考之间如何做好平衡""如何去梳理前人的论述,找到一个合适的切入点去写",这些都是非常有价值的问题。此外,在讲评时要尽量使用本班同学初稿的例子,让他们有切实的感受。

3. 放权但不放任

自主修改作文的能力非常重要,老一辈语文大家叶圣陶先生曾说"学生的自主修改权在自己",新旧课标也都将自主修改能力作为写作能力的重要指标。我注重把修改、评价权还给学生,与学生一起探讨评价标准;但放权不意味着放任自流。教师需要经历写作过程,在观察学生作品样本的基础上寻找适切的评价点。具体教学时,尽量用比较法、举例法,让学生理解、运用这个评价标准,能"像专家一样"去审视和评价同伴作品。通过这样的同伴观察,学生的元认知能力、自主修改能力也在提升。以下是学生们评改后的体会:

"同学们的观点与自己的不相同,在对自己不认同的观点进行质疑的同时,反思自己的观点有无逻辑错误。"(生一)

"一方面汲取他人的长处,另一方面需要精读,对察觉逻辑问题的敏锐性有一定要求。"(生二)

"在相互的评价、修改过程中,以读者的目光去检验写作如何表达观点,更有利于培养我们的读者意识。"(生三)

后记　七彩足印

行者常至,为者常成。一个人,在大地上行走,必然会留下脚印。一群人从2016年走到2023年,历时7年,《大单元·微专题——高中语文名师教学实录》就是7年跋涉的最后足印。

相约晚八点

7年前,我还是浙江省名师网络工作室的主持人。那时,新课标的讨论稿已经在网上流传。我首先就被"任务群"这个概念惊艳到了。从1981年从事语文教学以来,我接触过不少版本的教学大纲和课程标准,但从没有见过如此明确的对语文课程内容的表述。于是,我们工作室15位学科带头人,利用暑假研读新课标讨论稿,每个人认领一个学习任务群进行研究。那个暑假的好多个晚上,我们相约晚八点,在网络工作室研讨,有主讲,有对话,有记录。最后,一本厚厚的新课标讨论文稿《相约晚八点》靓丽结集。

永福路的光阴

一次偶然的机缘,我把《相约晚八点》的文集带到上海。何勇先生凭着多年的编辑经验,感觉到这个文集可能对一线教师具有引领和参考的价值,便派易英华编辑参加了我们工作室的研讨活动,此后,易英华编辑多次在沪甬之间奔波,几乎加入了我们的工作。这个外表娇小的美女编辑,却有着宏大的计划,她建议将每个学习任务群的研讨,扩展成一册书。在她的鼓舞下,我策划了全书的框架,形成了以4种核心素养为纲,以18个学习任务群为目,以120个学习专题为实践形式的顶层设计。经过15名学科带头人20多次的研讨和实践,最后,我们在上海永福路上海教育出版社的办公室里定稿杀青。2018年4月,一套16本的"新课标、新语文、新学习"丛书正式向全国发行。回望来路,那时我们就形成了这样的认知,新课标要进入课堂,学习任务群要落实,专题教学是必经之途。

教研基地的封面人物

2017年10月上旬,在蔡可教授和郑桂华教授陪同下,我们邀请到了课标组组长王宁老师。"我是看了一些你的文章,了解了你组织的一些活动后,才答应来的。"这是王宁先生到宁波后说的原话。3位专家经过一天近乎公益性的工作后(非常敬佩、实在愧疚),高度肯定了我们的工作,并提出了改进建议。王宁先生、蔡可教授和郑桂华教授写的鉴定书,我们至今奉为圭臬。那时候"新课标"还没有颁布,部编教材尚未启动,我们的专题教学已经开始设计,部分专题已经过课堂的实践了。基于此,《语文学习》特地开出专栏,每期一个学习任务群,刊登我们对于 18 个学习任务群的解读和专题教学的案例。一年后,教育部课程教材发展中心在全国培植国家级的学科教研基地,宁波市的高中语文学科很荣幸地被评定为全国仅有的 3 个教研基地之一。课程中心的刘月霞主任在常州会议上旗帜鲜明地肯定和表扬我们的实践探索,何成刚处长多次来宁波指导,这些都是我们前进的动力。本人也参加了部编教材的编写工作。根据教材编写的体例,我产生了"大单元统筹、微专题教学"的想法。整整 3 年时间,我们策划了 24 次"教材进课堂"系列主题研讨活动,设计了必修 100 个微专题教学、选择性必修 80 个微专题教学,其中绝大多数设计经过了课堂的实践。承蒙语文报社的厚爱,必修 100 个、选择性必修 80 个微专题教学设计在《语文教学通讯》2021 年 7、8 合刊和 2022 年 1、2 合刊,分别推出。语文报社刘远社长亲自顾问,主编王建锋先生和我们多次联络,甚至为学科带头人的一张照片来回反复沟通多次,于是本人那张"老脸"和教学设计的主干力量——三批学科带头人的照片都上了封面。

复盘和反思

从任务群的专题活动策划到新教材的微专题教学设计,再到课堂实践,我们的专题教学从"T 形台"走到"常态课堂"——那就跟教材贴得更近了,与教学融得更紧了,对于推广也更具普适价值了。承蒙复旦大学出版社朱建宝和张彦珺两位编辑垂青,催促我们把教学过程记录下来,形成教学实录,让更多教师可以直观微专题教学的原貌。为此,复旦大学出版社副总编辑张永彬教授亲自顾问此事,朱建宝先生多次往来沟通,张彦珺编辑凭着扎实的专业功底和之前从教的教学经验,对全书的每一篇实录,提出精准的审读建议。我们组织了国内 120 名一线骨干教师——他们多数是名师、特级教师、正高级教师,特别是浙江省内的参与者,很多是面向全国直播过他们的专题教学的——对自己的课堂加以描述再现,反观自照。少部分尚未经过课堂实践的,也重新修改,反复试教,最后完善成教学实录。如今这套《大单元·微专题——高中语文名师教学实录》,就是他们对于教学的复盘和反思。

价值的旗帜在飘扬

不是为了某个人,而是我们有共同的价值判断——这世上,有些事情还是值得一做的。于是地不分南北,人不分老少,很多人参与到此事中来。时任宁波市教育局分管局长的张力鸣先生对项目大力支持,保驾护航,使得探索得以持续。宁波市教研室高中语文教研员毛刚飞老师作为搭档,分担了部分工作,减轻了我的杂务之劳。宁波市几乎所有重点中学都承担过微专题教研活动,从校长到教研组长,从校务会议到会场布置,从教师试教到调试直播,保证了每一次活动都顺利成功。中国教研网的技术人员,往返于甬京之间。每次微专题教学的平均收看人数都在万人之上。还有那些在全国有着一定影响力的名师、特级教师和正高级教师,躬身入局,匠心设计,潜心实践,专心整理,亲自参与实录的撰写。特别是我的三批学科带头人以及相关教师,从"相约晚八点"开始,在专题教学领域"筚路蓝缕,以启山林",从精美的工作简报编辑到短视频的制作,从专题设计的试教到教学实录的整理和校阅,从 PPT 制作的辅导到公众号的编辑,始终保持着探索的热情、教学的专注和无私的奉献,使得每一篇实录,都来自课堂,带着名师的"灵气",透着一线的"地气"。宁波直属高中的十几位优秀青年教师,不顾教务繁忙,多次集中,反复审核、校对样稿,为保证丛书的质量付出了辛勤劳动。尤其是郑义广老师,纯粹厚道,不求名利,不厌其烦地帮我处理杂务,常常工作到深夜。在名师如云的群体中,他默默无闻,只知耕耘,不问收获。

现在我已退休,处江湖之远,未能忘情于语文。每当夜深人静之际,总会回想起那些打磨课例的细节,那些一起感受课堂悲欢的时刻。这七年,我们努力地探索课标进课堂、教材进课堂、评价进课堂,但留下的课例实录难免还有遗憾。那么,就让这套丛书,作为一串坚实的脚印,记录我们的来路,也希望能启示后来者的行旅吧。

褚树荣

2023 年 8 月 21 日

图书在版编目(CIP)数据

大单元·微专题:高中语文名师教学实录:必修. 下册/褚树荣主编.—上海:复旦大学出版社, 2024.2
ISBN 978-7-309-16903-4

Ⅰ.①大… Ⅱ.①褚… Ⅲ.①中学语文课-课堂教学-教学研究-高中 Ⅳ.①G633.302

中国国家版本馆 CIP 数据核字(2023)第 118362 号

大单元·微专题——高中语文名师教学实录(必修 下册)
褚树荣 主编
责任编辑/张彦珺

复旦大学出版社有限公司出版发行
上海市国权路 579 号 邮编:200433
网址:fupnet@ fudanpress.com http://www.fudanpress.com
门市零售:86-21-65102580 团体订购:86-21-65104505
出版部电话:86-21-65642845
常熟市华顺印刷有限公司

开本 787 毫米×1092 毫米 1/16 印张 26.5 字数 628 千字
2024 年 2 月第 1 版第 1 次印刷

ISBN 978-7-309-16903-4/G·2505
定价:85.00 元